国家出版基金项目
NATIONAL PUBLICATION FOUNDATION

"十三五"国家重点图书出版规划项目
交通运输科技丛书·公路基础设施建设与养护
特大型桥梁防灾减灾与安全控制技术丛书（一期）

Disaster Mitigation System and Equipment for Large Span Bridge

特大型桥梁综合防灾减灾技术系统与装备

宋 晖 陈艾荣 李 惠 黄李骥 著

人民交通出版社股份有限公司
China Communications Press Co.,Ltd.

内 容 提 要

本书以特大型桥梁为对象，对风-雨振、地震等灾害作用下缆索及塔、梁、墩等构件的灾变效应和防灾减灾系统进行研究。揭示了特大型桥缆索风-雨振控制机理，以及塔、梁、墩等构件的控制机理；针对缆索研发了单根缆索一系列减振装备，包括多种磁流变阻尼装置及吊杆/拉索减振的 on-off 多模态控制算法、纳米材料阻尼装置、负刚性阻尼装置、斜拉索多重调谐质量阻尼系统（多 TMD），以及斜拉桥索网、悬索桥索网系统及辅助索体、辅助索连接接头；对塔、梁、墩等构件研发了一系列防灾减灾系统，包括主梁连续连接装置、主梁竖（侧）向支承装置、格构式组合断面、基于磁流变弹性体材料的变刚度调谐质量阻尼器、形状记忆合金塔（墩）梁连接装置。

本书可供桥梁工程领域和防灾减灾领域的研究机构、高等院校和设计咨询单位的技术人员、教师和学生使用。

Abstract

In large span bridges, complex disaster response and mitigation system for cables, towers, piers, girders and key members upon wind-rain or earthquake are studied.

Mitigation and control mechanism is revealed for cables, towers, piers and girders. A series of equipment are developed for vibration mitigation of single cable, including magnetorheological fluid damper, multi-mode on-off algorithm, nano material damper, negative stiffness damper, multi-tuned mass damper, and cable network system for cable-stayed bridge and suspension bridge. A series of disaster mitigation systems are developed for towers, piers and girders, including continuous girder connection, vertical/lateral girder supports, lattice composite towers/piers, variable stiffness tuned mass damper and shape memory alloy connection.

This book provides reference for researchers, teachers and students from institutes, colleges and consulting companies in bridge engineering and disaster mitigation.

序

科技是国家强盛之基，创新是民族进步之魂。中华民族正处在全面建成小康社会的决胜阶段，比以往任何时候都更加需要强大的科技创新力量。党的十八大以来，以习近平同志为总书记的党中央作出了实施创新驱动发展战略的重大部署。党的十八届五中全会提出必须牢固树立并切实贯彻创新、协调、绿色、开放、共享的发展理念，进一步发挥科技创新在全面创新中的引领作用。在最近召开的全国科技创新大会上，习近平总书记指出要在我国发展新的历史起点上，把科技创新摆在更加重要的位置，吹响了建设世界科技强国的号角。大会强调，实现“两个一百年”奋斗目标，实现中华民族伟大复兴的中国梦，必须坚持走中国特色自主创新道路，面向世界科技前沿、面向经济主战场、面向国家重大需求。这是党中央综合分析国内外大势、立足我国发展全局提出的重大战略目标和战略部署，为加快推进我国科技创新指明了战略方向。

科技创新为我国交通运输事业发展提供了不竭的动力。交通运输部党组坚决贯彻落实中央战略部署，将科技创新摆在交通运输现代化建设全局的突出位置，坚持面向需求、面向世界、面向未来，把智慧交通建设作为主战场，深入实施创新驱动发展战略，以科技创新引领交通运输的全面创新。通过全行业广大科研工作者长期不懈的努力，交通运输科技创新取得了重大进展与突出成效，在黄金水道能力提升、跨海集群工程建设、沥青路面新材料、智能化水面溢油处置、饱和潜水成套技术等方面取得了一系列具有国际领先水平的重大成果，培养了一批高素质的科技创新人才，支撑了行业持续快速发展。同时，通过科技示范工程、科技成果推广计划、专项行动计划、科技成果推广目录等，推广应用了千余项科研成果，有力促进了科研向现实生产力转化。组织出版“交通运输建设科技丛书”，是推进科技成果公开、加强科技成果推广应用的一项重要举措。“十二五”期间，该丛书共出版72册，全部列入“十二五”国家重点图书出版规划项目，其中12册获得国家出版基金支持，6 册获中华优秀出版物奖图书提名奖，行业影响力和社会知名度不断扩大，逐渐成为交通运输高端学术交流和科技成果公开的重要平台。

“十三五”时期，交通运输改革发展任务更加艰巨繁重，政策制定、基础设施建设、运输管理等领域更加迫切需要科技创新提供有力支撑。为适应形势变化的需要，在以往工作的基础上，我们将组织出版“交通运输科技丛书”，其覆盖内容由建设技术扩展到交通运输科学技术各领域，汇集交通运输行业高水平的学术专著，及时集中展示交通运输重大科技成果，将对提升交通运输决策管理水平、促进高层次学术交流、技术传播和专业人才培养发挥积极作用。

当前，全党全国各族人民正在为全面建成小康社会、实现中华民族伟大复兴的中国梦而团结奋斗。交通运输肩负着经济社会发展先行官的政治使命和重大任务，并力争在第二个百年目标实现之前建成世界交通强国，我们迫切需要以科技创新推动转型升级。创新的事业呼唤创新的人才。希望广大科技工作者牢牢抓住科技创新的重要历史机遇，紧密结合交通运输发展的中心任务，锐意进取、锐意创新，以科技创新的丰硕成果为建设综合交通、智慧交通、绿色交通、平安交通贡献新的更大的力量！

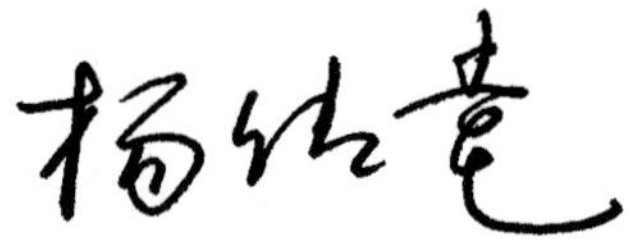

2016 年 6 月 24 日

前　言

本书依托琼州海峡大桥工程,针对风-雨振、地震等复杂建设条件和综合防灾减灾等重大工程技术问题,采用理论分析、数值模拟、模型试验等多种方法,系统地对特大型桥梁综合防灾减灾技术系统与装备进行了阐述,本书着重介绍了以下内容:

(1)缆索阻尼技术系统与装备。主要阐述了气体补偿式磁流变液阻尼器、速度自感知和自集能两种被动智能磁流变液阻尼器,基于磁流变液阻尼器的悬索桥吊杆/斜拉桥拉索减振的多模态 on-off 控制算法,悬索桥吊索振动的被动智能磁流变液阻尼器自适应系统。

介绍了利用液体在纳米环境中流动的高耗能特性,研制了智能型一维和二维纳米流体阻尼器,为悬索桥吊杆和斜拉索索端附加阻尼器控制系统提供了一种耗能能力更强、频率适用范围更宽、体积更小的阻尼控制装置。

阐述了斜拉索上设置多 TMD 控制斜拉索多模态振动的参数优化设计方法;建立了多 TMD 控制斜拉索多模态振动的分析理论;阐述了一种被动吹气套环控制装置,阐述了实际工程应用的全孔套环的套环尺寸和安装间距的合理取值范围。

阐述了一种能够提供负刚度出力、耗能能力增强的负刚度阻尼控制装置,并建立了斜拉索-负刚度阻尼器控制系统的动力特性分析理论和参数设计方法。

(2)索网技术系统与装备。阐述了特大型缆索承重桥梁索网与辅助索的设计方法与过程,解决了辅助索及其附属构件设计分析方法理论的难题。针对斜拉桥索网结构、悬索桥长吊杆索网结构的关键构造节点,阐述了具有耐疲劳抗冲击的辅助索体与连接接头,阐述了特大型缆索承重桥梁的索网结构局部构造设计的关键问题。

(3)抗灾变关键装置技术系统与装备。阐述了实现多塔斜拉桥在跨中纵向伸缩释放主梁轴向力,并在跨中传递弯矩、剪力和扭矩的连续连接装置,解决千米级多塔斜拉桥由于跨径过大而导致桥塔设计困难的问题。阐述了三向弹性减震支承装置,将水平位移转变为竖向压缩变形、水平摩擦摆动减震与竖向阻尼减震相结合的方式,解决了特大型桥梁横向静载力大、水平位移大的问题。

基于格构式组合断面的桥墩形式,发展了一种格构式组合塔墩阻尼系统,系统研究了阻尼器形式及其数量和安装位置对桥墩抗震性能的影响。研制了基于磁流变弹性体材料的变刚度调谐质量阻尼器,解决了桥塔施工期刚度和质量变化引起的调谐质量阻尼器频率调节问题。

阐述了一种具有高耗能减震性能的形状记忆合金塔(墩)梁连接装置,并介绍了形状记忆合金塔(墩)梁连接装置的参数设计方法以及相应的抗震分析方法。

(4)系统阐述了特大型桥梁缆索承重系统、塔梁墩等关键构件的各种不同类型防灾减灾技术系统与性能指标、适用范围与设计方法,为桥梁设计者提供了适用范围广、应用简洁明了的系统解决方案,推动了特大型桥梁防灾减灾技术的创新与进步。

本书的编写得到了交通运输部"十二五"重大科技专项资助。另外,中交公路规划设计院有限公司冯清海,哈尔滨工业大学刘敏、关新春,同济大学马如进,大连理工大学李芦钰,江苏法尔胜缆索有限公司薛花娟,西南交通大学周凌远,成都市新筑路桥机械股份有限公司刘海亮等参与了撰写,为本书的编著付出了艰辛的劳动,在此一并表示感谢。

虽倾其所能、尽心而为,但错误在所难免,恳请批评指正,谢谢。

2018 年 12 月

目　录

1 概 述

1.1 引言

改革开放四十年来，我国桥梁事业蓬勃发展，建成了一批跨越江河湖海的特大型桥梁，取得了举世瞩目的辉煌成就。西堠门大桥主跨 1 650m，是舟山大陆连岛工程的控制性工程，也是世界上最大跨度的钢箱梁悬索桥；苏通大桥主跨 1 088m，是世界上首座跨径超过千米的斜拉桥；杭州湾大桥总长 36km，横跨强潮影响的杭州湾口，是当时世界上最长的跨海大桥；嘉绍大桥是主跨 428m 的五跨六塔斜拉桥，是世界上最长、最宽的多塔斜拉桥；刚刚通车的港珠澳大桥，全长 55km，是世界上最大的桥-岛-隧集群工程。这些桥梁，不论是斜拉桥、悬索桥还是跨海长桥，都创出了中国桥梁的靓丽名片。

"十三五"期间，建成或正在建设的有泉州湾大桥、虎门二桥、深中通道等多座特大型桥梁；"十四五"期间，计划建设琼州海峡大桥、六横岛跨海大桥等多座跨海、跨江和山区的桥梁工程。同时，随着"一带一路"倡议实施和国际区域经济融合发展，世界各国都在加快规划研究更加宏伟的跨国和跨洲大通道，如巴拿马运河大桥、博斯普鲁斯海峡跨海工程、直布罗陀海峡跨海工程、费马恩海峡跨海工程、巽他海峡跨海工程等。特大型桥梁也将迎来更大发展空间。

当桥梁建设从内陆走向外海，从平原走向山岭，不仅面临着更复杂、更恶劣的建设条件，也面临着更艰巨的挑战，比如强震、强风、深水、巨浪、船撞、软基等。我国是世界上发生自然灾害最严重的国家之一，灾害种类多、频次高、分布广，美国、日本也是灾害多发国家，比如中国的汶川地震，美国的洛杉矶大地震、卡特里娜飓风，日本的阪神地震，这些灾害给人们带来了巨大的伤害和严重的财产损失。鉴与此，桥梁工程防震减灾形势严峻，使得学术界和工程界对防灾减灾学科进行了深入思考。

桥梁作为交通生命线工程中的重要组成部分，在防灾减灾体系中承担着维系国民经济正常运转、保障灾害发生情况下基本通行的重要职责，特大型桥梁更是在整个交通网中具有举足轻重的重要地位；我们需要研究桥梁自身在灾害中的损伤、破坏、甚至倒塌的灾变响应，甚至还需要关注次生灾害所造成的更大范围影响。特大型桥梁的防灾减灾，重点在于两方面，一方面是"防"，即做好防护和预防工作，降低灾害向桥梁传递的能量；另一方面是"减"，即减少和减轻桥梁在灾害情况下所受的损失。这两方面都是用代价最小并且成效显著的措施来提升防灾减灾能力,增强运行的可靠性和耐久性,迅速恢复灾后交通承运能力。

如规划建设的琼州海峡大桥,水深超过50m,100年设计风速51m/s,地质、水文及气象等建设条件极其复杂,为满足30万吨级油轮和15万吨级集装箱船通航要求,主通航孔可能会优先考虑修建1000m级三塔斜拉桥、3000m级双塔悬索桥或协作桥。随着跨径的增大,桥梁构件更高、更长、更柔,结构特性表现出自身刚度越来越小、阻尼越来越低的趋势,对地震、强风等动力作用更加敏感。这几种桥型方案技术要求超出国内外现有的桥梁技术水平,为了应对这些挑战,特大型桥梁防灾减灾技术已经从依赖结构自身能力抵御确定性单一动力灾变,向着利用防灾减灾技术系统与装备来高效控制多种动力灾变下结构响应的方向发展,迫切需要研究解决复杂条件下特大型桥梁的灾变效应和控制机理,研发防灾减灾系统与装备,从而解决防灾减灾技术问题,保障特大型桥梁结构与运营安全。针对我国灾害频发,交通基础设施、防灾减灾技术相对薄弱的状况,以及面对未来重大工程需求,交通运输部设立了“十二五”交通运输建设重大科技专项,专门进行特大型桥梁防灾减灾技术系统与装备的研究。

1.2 桥梁灾害与特大型桥梁防灾减灾系统

桥梁灾害是特定时段发生的,作用于桥梁结构和相关设施的,可能超出桥梁承受能力的非常遇事件的总称。

桥梁的主要灾害包括自然灾害和人为灾害。自然灾害包括强风、暴雨等气象灾害;地震灾害、山体崩塌、滑坡、泥石流等地质灾害;洪水、风暴潮、海啸等水灾害等,人为灾害有船撞、环境污染、火灾、爆炸、交通事故和恐怖袭击及战争等。

在桥梁结构设计阶段,主要考虑的灾害为强风(风雨)和地震。

风对桥梁的作用是一个十分复杂的现象,它受到风的特性、结构的动力特性和风与结构的相互作用三方面的制约。风致破坏的典型桥梁是美国华盛顿州的塔科马Tacoma悬索桥。在为调查这一事故而收集的桥梁风毁资料中,人们还发现,自1818年起至少有11座悬索桥遭到风毁。对于特大型桥梁,涡振和颤振是可能导致灾害的重要风致振动;对于缆索承重桥梁,斜拉索和吊索(也称“吊杆”)等构件柔度大,对风致振动也非常敏感。

我国是地震频发的国家,地震时地面运动引起桥梁结构的振动,使结构内力和变形大幅度增加,从而导致结构破坏甚至倒塌。2008年的汶川地震、2013年的雅安地震、2014年的昭通地震都给桥梁道路等基础设施带来了巨大损失。桥梁的震害主要是上部结构、下部结构及其支承连接构件破坏。上部结构自身在地震中较少破坏,而在地震中的移位往往导致碰撞、甚至落梁,下部结构的震害轻微时为混凝土剥落,严重时发生截面的弯曲破坏甚至剪切破坏。桥梁支座、伸缩缝、剪力键、支承连接件等,被认为是桥梁结构体系中抗震性能比较薄弱的环节,可能发生支座移位、锚固螺栓拔出、剪断,以及连接件破坏等。

针对风-雨和地震等灾害，本书对特大型桥梁中的关键构件——缆索构件和塔梁墩及其连接装置的灾变效应与控制机理、防灾减灾系统和装备进行了系统阐述，提出了缆索阻尼系统和多种阻尼器、索网系统和塔梁墩关键装置，为特大型桥梁防灾减灾提供了系统解决方案。

1.3 国内外发展现状

1.3.1 缆索结构灾变效应及控制机理

对特大型桥梁缆索结构而言，灾变效应主要来自外界的环境作用，包括车辆荷载、风、风雨共同作用及地震、火灾、甚至爆炸等各种荷载效应。然而，从缆索结构自身而言，灾变效应主要来自风、风雨激励以及车辆荷载效应。

大跨度悬索桥的吊杆为长细比大、强度高的钢丝绳索，具有质量轻、阻尼小的特征，在外界环境激励下极易产生多种形式（包括涡激共振、参数振动、抖振、斜吊杆索的风-雨振、冰振以及驰振）的风致振动。大跨度悬索桥的吊杆索大多为一组并列或两组并列布置，这就给尾流驰振创造了条件，并且平行索的尾流驰振是所有吊杆风致振动响应最为剧烈的一种，振幅可达索直径的十多倍，常常造成吊杆索之间碰打，导致吊杆索防护层失效和钢丝绳的损伤断丝，诱发吊杆索的过早疲劳破坏，并且造成行人恐慌，危及交通安全。尾流驰振可能发生在两索相距很近的情况，也可能发生在两索相距很远的情况，根据近年来的研究可分为近距失稳区、稳定区及远距失稳区。大量调查报告显示，几乎所有的并列索都会发生尾流驰振。当风速在30m/s左右时，由于雷诺数超过了临界范围的值，尾流驰振有可能不发生。

目前，吊杆振动控制措施主要有三类：机械控制措施、结构控制措施和空气动力学控制措施。机械控制措施是一种通过在吊杆（拉索）上附加阻尼器来提高构件系统阻尼，从而达到降低风致振动目的的减振方法。对于平行吊杆（拉索），工程上常采用在吊杆（拉索）与桥面之间加阻尼器的方法来增加吊杆阻尼，日本Kurushima-Kaikyo桥的吊杆就采用了这种振动控制措施。结构控制措施到目前为止分为两种：一种是早期国外悬索桥采用的水平稳定索，另一种是采用输电线工程中的间隔器，目前大多沿用此方案。利用空气动力学措施进行减振，如Akashi-Kaikyo桥吊杆采用的就是螺旋线措施来改变上下游拉索的气动外形，从而有效地抑制平行吊索的相互干扰效应所引起的风致振动。

在理论研究方面，国内外学者对于影响双圆柱尾流驰振的因素研究基本集中在索间距、风偏角和固有频率。另外，也有对雷诺数、结构阻尼、折减风速、约束条件等的研究，并通过试验、数值分析两种手段得到了一些相同的结论：①上游模型的干扰会导致下游模型发生面外振动为主的尾流驰振；②当来流风偏角较小和较大时，拉索是稳定的，在风偏角的中间区域是不稳定的，会产生尾流驰振；③随间距减小，尾流驰振临界风速相应降低；④固有频率变大可相应提高发生尾流驰振的临界风速；⑤当上游圆柱可自由振动时，下游圆柱的振动反应出现滞后的现象，且随 *W/D* 的增加而增加；⑥结构阻尼的增加会提高临界驰振风速，但对驰振产生的条件（如索间距的范围、不利风偏角等）还未得到定论。

虽然国内外研究学者对尾流驰振现象的研究已经做了不少的工作，但仍然存在许多的问题，如对于尾流驰振的研究，以往的学者往往以试验方法居多，得到的结果离散性比较大，采用数值分析手段的少之又少；少数研究采用了数值方法分析尾流驰振，但大多工作集中在通过下游吊杆的运动方程解的稳定性来简单地判断尾流驰振是否发生，对于具体振动现象的研究很少，且得不到振动的轨迹。

拉索是超长跨径斜拉桥的关键构件，长细比大、阻尼小质量轻，在风雨、交通活载作用下容易发生振动，由于其基频很低，模态密集，因此在较低的风速下就可引起拉索的复杂振动。自从 1974 年在德国汉堡某桥上观察并记录拉索振幅达 1m 的振动开始，学者们关于拉索的振动研究陆续展开。国内方面，关于斜拉桥斜拉索振动记录也有很多，比如杨浦大桥在 1995 发现发生了数次斜拉索大幅振动；洞庭湖大桥上拉索的风雨激振的振幅也有 0.4m 等。

持续的拉索振动对于拉索的使用十分不利，其根部会由于反复的弯曲应力而导致疲劳破坏，同时，拉索的振动还会引起刚性护筒及其锚具的破坏，严重时造成拉索失效，且拉索的反复振动也会使人对桥梁的安全和可靠性产生怀疑，从而导致心理上的不安。所以对斜拉桥拉索振动抑制的研究是目前特大型斜拉桥的研究重点。

拉索振动的控制主要包括空气动力学措施和机械措施。前者主要通过改变拉索的断面形状，使其空气动力学性能得到改善，目前这一措施的具体方案主要通过风洞试验来提出；后者通过在拉索上附加阻尼器或辅助索等机械结构装置，增加拉索的阻尼或形成有干扰效应的索网结构，达到减小振动的目的。

Gimsing 曾在书中提到用辅助索减小斜拉索垂度效应，用来保证斜拉索中统一的轴向刚度。纽约 Brooklyn 桥的缆索承重系统，即采用斜拉索加筋来提高结构刚度的 Roenling 体系，也可以被视作一种由辅助索和主索共同构成的“索网结构”。近几年来，辅助索在拉索振动方面有一定应用，例如丹麦的 Farø 桥、日本本州-四周联络工程的 Yobuko 桥、法国的 Normandie 桥、英国的 Second Severn 桥、瑞典的 Oresund 桥、挪威的 Helgeland 桥、美国的 Fred Hartman 桥、Charles River 桥和 Dames Point 桥都采用了将辅助索作为抑振的措施，而且采取辅助索的措施之后，拉索的振动得到了较好的抑制，这也在很大程度上推动了辅助索的研究和发展。

在理论研究方面，美国的 Ehean 和 Scanlan 首先运用有限元的方法分析了三维索网结构减振效果，从能量重分布的角度探讨了辅助索的减振机理。Virlogeux 描述了观察到的法国诺曼底大桥上某一根辅助索断裂的现象。分析指出，辅助索的减振效果和其刚度、初拉力以及内阻尼有关，设计合理时辅助索减振的效果十分明显。试验方面，日本的 Yamaguchi 等基于能量-阻尼理论对辅助索减振机理进行了分析，并开展了一系列关于简单索网结构的试验，索网结构由两个不同长度的拉索和两根对称布置的辅助索组成。

值得一提的是,辅助索在实桥上的应用往往是因为桥梁拉索的振动幅度过大,例如丹麦Farø桥和日本名港西桥斜拉索都经历过严重的风-雨激振,美国Fred Hartman桥由于拉索大幅风-雨振动,上百个桥面焊缝出现疲劳开裂。

根据已有研究,当斜拉索长度大于150m时,就存在发生有害振动的风险,需要添加辅助索进行抑振,且对于超过400m的超长斜拉索,辅助索可以有效地抑制其振动。但目前由于对安装辅助索后的索网结构的振动特性缺乏足够的理论和试验研究,对其减振机理尚未完全了解,所以没有成熟的设计方法。工程实践表明,设计不当的辅助索在安装后易发生断裂,也可能引发主索聚乙烯(PE)套管的损坏。此外,对安装辅助索之后的主索内力重新分配没有进行详细分析,可能会给桥梁结构安全带来隐患。因此,对斜拉索的辅助索减振措施的动力特性研究已十分必要和紧迫。

1.3.2 防灾减灾技术系统及装备

1)缆索系统/结构的风-雨振制(抑)振技术

缆索的空气动力学问题历史悠久。由于缆索结构弹性大、结构阻尼较小,在动荷载作用下极易发生振动。缆索结构发生的风致振动现象主要包括:①吊索上发生的涡激振动;②阵风引起的主缆抖振;③吊索上发生的古典驰振;④在吊索上发生的尾流扰动,或尾流驰振、共振性抖振;⑤与雷诺数相关的阻力失稳;⑥参数激振;⑦吊索或者拉索上的风-雨振;⑧高速涡激振动;⑨倾斜干索驰振。这些已知的振动现象中,部分激励机制能很好地解释,部分机理目前尚不明确。

在现有已建或者规划的缆索承重桥梁结构中,通过大量研究,人们认为对缆索危害较大的是拉索的参数共振和风-雨激振。斜拉索风-雨振动是20世纪80年代发现的一种风致振动现象,指一定风速范围内在风、雨联合作用下而引起的斜拉索的大振幅振动,这是目前已知的斜拉索最强烈的振动形式。日本名港西大桥、荒津大桥,丹麦法罗桥及我国杨浦大桥、武汉长江二桥、南京长江二桥、江西湖口大桥、鄂黄长江大桥、洞庭湖大桥等多座斜拉桥的斜拉索都曾发生过强烈的风-雨振动。至于悬索桥,1993年在德国易北河上的Dsmitz桥几乎垂直的吊索上也观测到了风-雨振动,其中26根直径为120~130mm的钢吊索在与节点板连接的部位发生了疲劳破坏。日本著名的悬索桥——明石海峡大桥也观测到了吊索显著的风-雨振动。

缆索的剧烈振动会导致锚固区出现裂纹、索套破裂,严重时两相邻索可能相互碰撞,降低缆索的使用寿命,增加桥梁的养护费用,甚至引发桥梁事故,过大的振动也会引起过桥者的不适与恐慌。由于问题的复杂性,斜拉索、吊索风-雨振动的理论分析模型尚有待于逐步完善,而制振措施的研究则着眼于解决工程实际问题,并进入了工程应用的阶段。

目前,缆索振动控制方法主要有改变拉索结构、采取空气动力措施和安装机械阻尼器三大类。

(1)缆索风-雨振制(抑)振的结构措施

缆索风-雨振制(抑)振的结构措施主要是增设辅助索,即用数道副索将部分或全部主索连接起来,通过将原本独立的各主索彼此联成一个索网,使原来各主索独立的振动被约束成索网系统的整体振动,从而提高了主索的刚度及频率,以达到减振的目的。辅助索又分为连接到桥面上的锚固式和不连接到桥面上的非锚固式两种形式。结构措施不仅对抑制风-雨振动有效,同时也能抑制其他形式的缆索振动。

对于特大型悬索桥,为了提高悬索桥的结构刚度和气动性能,研究者提出了若干结构方案。针对缆索系统的结构措施可以归纳成三种类型:①交叉吊索系统或者垂直与水平索的联合系统;②单主缆系统或者空间缆索系统;③三主缆系统或四主缆系统。英国工程师 Gordan Rose 为白令海峡提出的空间索网桥方案中,通过附加索网和三维主塔,对各个方向都提供有效支承,附加索网包括三对额外纵向索面和二次索,可大大提高桥梁的气动性能和抗震性能。

在斜拉桥中,主要通过改变拉索的结构特性来达到抑制拉索振动的目的。目前,采用辅助索制振是减小斜拉索大幅振动的有效方法。Yamaguchi 等人通过试验和数值的方法对由两根主索和两根辅助索组成的简单模型进行了分析,结果表明辅助索有一定的阻尼效果,当辅助索比较柔或者辅助索有比较好的耗能能力,其阻尼效果更大。鉴于 Yamaguchi 等人的模型过于简单,魏建东和杨佑发以某大跨度斜拉桥模型的半个索面为例,采用有限元方法分析了辅助索的阻尼、张力等因素对斜拉索面外、面内制振效果的影响,结果表明:面外振动不易得到控制,对面内振动,增加辅助索的阻尼可提高制振效果,而辅助索的内力对制振效果影响不大;采用辅助索后,主索的张力变化不大,增加辅助索内力可以使索网的频率略有增加。孙利民等人以苏通大桥的半索面为例,通过数值仿真分析表明:增大辅助索的拉力或刚度,能有效地提高拉索的自振频率,对克服通常只有在较低频率时才能发生的参数振动效果明显;辅助索制振提高了斜拉索的刚度,但要预测附加阻尼的大小比较困难。

(2)缆索风-雨振制(抑)振的气动控制措施

气动措施是通过改变光面斜拉索外形,使其具有良好的空气动力特性,从而消除导致气动不稳定的因素,达到抑制或减小风-雨振动的目的。气动措施具有养护维修费用低、不影响结构美观的优点。研制出阻力系数小且能有效抑制风-雨振动的斜拉索外形,具有重大工程应用价值。结构措施和气动措施各有优劣,欲使制振措施更加合理,达到美观、有效、耐久,还需科研工作者的不懈努力。

气动措施在减小斜拉索风-雨振的大幅振动时效果尤其明显。目前常用的气动措施有:纵向平行肋条(或刻槽),单向或双向螺旋肋条,分布的凹纹或凸纹,表面光滑护套做成矩形凸起或 V 形、圆形凹坑,在索表面沿轴向螺旋加设带状结构或间隔缠绕带状物等。法国 Normandie

大桥的斜拉索加设不同间距和不同直径的螺旋带状物，南京长江二桥拉索每间隔0.55m加设了直径8.0mm的螺旋缠绕物用于避免风-雨振。气动措施的具体实施方案通常由斜拉索节段模型风洞试验来确定，目前仍没有成熟的理论分析与设计方法。

(3)缆索风-雨振制(抑)振的机械阻尼器技术

安装机械阻尼器实现缆索的振动控制是指在缆索的某一个或几个位置处安装控制装置，以达到减小振动的目的。安装阻尼器是20世纪80年代开始采用的拉索制振措施。拉索第一代减振阻尼器指内置式的阻尼橡胶圈和油压式阻尼器。内置式的阻尼橡胶圈既有一定的抑振作用，又不影响外观，而且造价较低，对于索长小于300m的结构，可起到较好的减振效果。拉索第二代减振阻尼器克服了油压式阻尼器漏油、温度影响大等缺点。近年又发展了一种新型智能阻尼器——磁流变阻尼器(MR)，采用亚纳米智能材料磁流变体制造，可实现对振动的半主动控制。

常用的被动阻尼器有橡胶阻尼器、黏滞阻尼器和黏性剪切阻尼器等。被动黏滞阻尼器以其可靠稳定的性能、成熟的技术和简单易行的控制系统，已经被成功安装在许多斜拉桥(如法国的Brotonne大桥、美国佛罗里达的Sunshine Skyway大桥、日本的Aratsu大桥、国内的南京长江二桥和钱塘江三桥等)上用来减小斜拉索的振动。黏性剪切阻尼器也已被安装在武汉长江二桥、荆江大桥和山东滨州黄河公路大桥斜拉索。由高耗能橡胶材料制成的橡胶圈安装在斜拉索与索套之间的橡胶阻尼器是为了抑制由风引起的抖振等低幅、高频振动，而不是为了抑制具有大幅、低频特点的风-雨振，就斜拉索的振动控制而言，其减振效果不是最理想的。黏滞阻尼器对张紧索的振动控制研究表明，黏滞阻尼器控制斜拉索的振动存在单一振型最优阻尼力，而且附加的最大振型阻尼比正比于阻尼器到桥面索端的距离和索长的比值。Main等人通过对非线性被动阻尼器控制张紧索的振动研究，揭示了振型阶数和振动幅值对非线性阻尼器动力特性的影响，研究结果也表明，非线性被动阻尼器对斜拉索的振动控制可以取得比线性黏滞阻尼器更好的控制效果。Li、Liu和Ou开展了超弹性形状记忆合金(SMA)耗能器对斜拉桥拉索振动控制的研究，提出了斜拉索-SMA耗能减振体系并进行了系统的研究。Hoang和Fujino理论分析了斜拉索抗弯刚度、垂度和阻尼器支撑刚度对斜拉索-黏滞阻尼控制系统模态特征的影响，得到了考虑上述影响因素的振型阻尼比和优化阻尼系数解析解，并给出最优振型阻尼比和优化阻尼系数的折减和修正系数。Hoang和Fujino基于阻尼器耗能原理，从理论上分析和研究了非线性被动阻尼器控制斜拉索多阶模态振动的动力特性，研究结果表明，非线性被动阻尼器可以更有效地控制多阶模态的振动，能够取得比被动阻尼器更好的控制效果。

近年来，国内外的研究结果均表明，半主动智能控制系统是缆索减振最有效的控制系统，其控制效果远好于被动阻尼器。Duan理论分析和试验研究结果表明了在合理的控制范围下，斜拉索-磁流变液阻尼器半主动控制系统能够获得比最优黏滞阻尼更大的阻尼比。李惠、刘敏及欧进萍利用欧进萍等提出的结构主动、半主动和智能控制系统优化设计方法，设计了山东滨州黄河公路大桥斜拉索-磁流变液阻尼半主动控制系统。数值计算和现场试验结果都表明,半主动磁流变液智能阻尼器可以附加斜拉索,比被动阻尼器获得更大的阻尼比,取得更好的减振效果。基于张紧索的振动控制研究理论,Li、Liu 和 Ou 提出了基于斜拉索上有限测点的加速度反馈控制算法,解决斜拉索-磁流变液阻尼半主动闭环控制的问题。Zhou 等人考虑斜拉索垂度的影响,研究了斜拉索面内外耦合振动的磁流变阻尼器半主动控制,研究结果表明,磁流变半主动控制系统能够取得比优化线性黏滞阻尼器更好的控制效果。Boston 等人采用遗传算法研究了斜拉索的优化半主动阻尼特性并得到其解析解,研究结果表明,该算法可以取得比最优被动控制和线性二次型调节器(Linear quadratic regulator,LQR)控制器更好的耗能。

到目前为止,特大型桥梁缆索振动磁流变液阻尼器智能控制系统的研究尚处在理论、试验和少数工程应用阶段,其应用价值和应用市场已经得到了认可,但缺少批量的、标准化和工业化生产能力和技术,缺少相关的设计制造技术和系统检测评价标准。

2)特大型桥梁抗灾变关键装置技术系统

(1)桥梁用附加阻尼耗能防灾减灾技术

20 世纪 70 年代初,Kelly 等人提出了阻尼减振的概念,把结构承受荷载的功能与耗散地震能量的功能分开,输入结构的地震能量大部分由安装在结构上的特殊耗能装置来吸收。由于耗能装置吸收和耗散了大部分的地震输入能量,并减小了结构的位移和内力,从而有效地保护了结构。此外,一些阻尼减振装置的刚度在结构振动过程中会发生变化,从而使得整体结构的动力特性发生改变,这通常对减小结构振动反应是有利的。近年来,各种用于土木工程的被动阻尼减振装置的研究、开发和应用取得了很大的进展。目前已有研究或者使用的桥梁用附加阻尼耗能装置,根据其在桥梁上的布设位置主要可以分为塔梁(墩梁)间的阻尼耗能装置和塔柱间的阻尼耗能装置两类。常用的阻尼减振装置根据耗能机理不同主要分为以下四类:黏滞阻尼器、黏弹性阻尼器、金属屈服阻尼器和摩擦阻尼器。

目前在大跨度桥梁中的应用,以黏滞阻尼器居多,且已在金门大桥、江阴长江大桥、西堠门大桥、苏通大桥等多座大桥中得到实际应用。目前对于黏滞阻尼器的研究,最初主要集中在线性黏滞阻尼上。研究结果表明,虽然线性黏滞阻尼器对结构有良好的减振效果,但在强烈的近场地震动作用下会产生较大速度反应,特别是对周期较长的大跨度桥梁结构,这种影响更为显著。而非线性黏滞阻尼器在结构产生较大的速度下可以显著降低阻尼力的峰值,且耗能能力更强。但是以上黏滞阻尼器由于对压力作用下的密封性要求很高,长时间使用,其耐久性和耗能可靠性是需要关注的重要方面。针对耐久性的要求,在建筑结构中已广泛使用的金属阻尼器由于具有附加刚度和阻尼大、耗能机制可靠、耐久性强等优点值得借鉴。在金属阻尼器中,处于研究前沿的是具有自复位能力的形状记忆合金新型材料(Shape Memory Alloy,SMA)。

SMA 的超弹性可回复应变高达 6% ~8%,超弹性屈服应力在 400 ~500MPa,与钢材相当,但其极限强度超过 1 000MPa,极限变形可以达到 20%。利用 SMA 的超弹性特性、高阻尼且在较大变形后能恢复的特点,可以将 SMA 制作成被动控制装置来减小结构的动力反应。目前主要有以下两种构造形式:基础隔振和消能器。SMA 基础隔振装置安装在基础与上部结构之间,一方面耗散地震传递给上部结构的能量,防止上部结构损坏;同时在地震后,该装置可恢复到初始状态,无残余变形,是一种较好的隔震方式。而 SMA 消能器则主要通过 SMA 材料的相变过程耗散地震能量,以减小结构的动力反应,已经得到较多的研究。

现阶段,关于 SMA 材料在桥梁上的应用主要集中在 SMA 消能器上。在桥梁结构的关键部位安装耗能元件用以消耗地震能量。2004 年,李惠等提出在斜拉桥的拉索上安装 SMA 耗能器,并对安装超弹性 SMA 耗能器的斜拉索动力响应进行了数值计算,结果表明,SMA 耗能器能够有效减小斜拉索的前几阶振动。Sharabash 和 Andrawes 将 SMA 被动阻尼器附加在斜拉桥桥塔与主梁之间(图 1-1),通过有限元数值分析的方法,研究了 SMA 阻尼器对斜拉桥桥面位移和塔底内力的控制效率,结果表明,SMA 阻尼器对斜拉桥地震反应的控制效果非常明显。

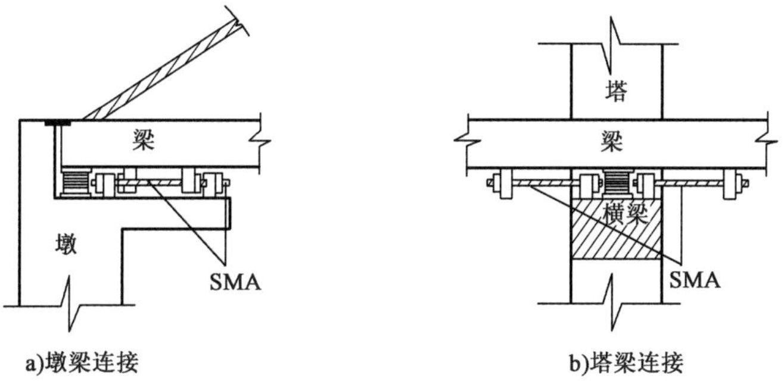

图 1-1 节点位移示意图

除此之外,跨度较大的斜拉桥或悬索桥的主塔在其施工过程中一般都采用风振控制措施,如明石海峡大桥(塔高 300m)、名港中央大桥(塔高 190m)、鹤见航道桥(塔高 183m)、生口桥(塔高 176m)等。在国内,2004 年建成的我国首座采用钢结构桥塔的大跨度桥梁——南京长江三桥,为了减小钢塔的涡激共振,在钢塔施工过程中安装了质量调谐阻尼器(TMD)和液体调谐阻尼器(TLD)进行结构振动控制。

(2)桥梁抗灾变支承技术

近年来,世界多地发生大地震,桥梁的减隔震装置研究受到越来越多的关注。根据桥梁抗灾减震要求,桥梁一般采用阻尼器和减震支座进行减震。目前,在工程中应用的减隔震支座类型主要有:高阻尼橡胶支座、铅心橡胶支座、E(C、T)形钢支座、摩擦摆式支座等。高阻尼橡胶支座是通过高阻尼橡胶的变位耗能来实现减震能力,其结构形式简单,回复性好,但其承载力有限,位移和转角小;铅芯橡胶支座是通过在板式橡胶支座中增加铅芯,利用铅可塑性好的特点通过位移耗能减小地震能量,相对高阻尼橡胶支座其阻尼比大,但也同样存在承载力有限,位移和转角小的缺点;E(或 C、T)形钢支座利用软钢的屈服耗能作用减震,其结构形式复杂,具有初始刚度和二次刚度性能;摩擦摆支座是通过钟摆原理将地震的动能转化为结构的势能并通过摩擦耗能的方式减震,其结构形式和原理简单,周期可控,阻尼比大,但其阻尼比受到摩擦系数的影响大,对竖向力敏感。目前对于桥梁通过增加速度锁定器等方式,使桥梁的结构在不同工况下,调整其约束条件。还有如东海大桥上支座采用了剪力键的方式,当地震力大于支座设计的水平荷载时,支座水平约束失效,释放水平位移,通过滑动消耗地震能量,保护桥梁的主要受力构件。软钢类阻尼器支座是通过一次刚度和二次刚度的设定和调整,来满足桥梁的不同工况下的功能需求。但这种不同工况下的设计一般仅限于两个工况,而且其自身适应能力不强。需研究一种可以对桥梁预期的各项功能能够进行自适应调节的新型支承结构,以满足特大型桥梁结构体系抗灾减震要求。

(3)多塔斜拉桥主梁连续连接技术

随着桥梁建设长距离连续跨越能力要求的不断提高,多塔斜拉桥因其跨越能力强及适用性、经济性好的特点在世界范围内被广泛采用。如希腊里翁-安蒂里翁大桥采用四塔五跨双索面全漂浮斜拉桥体系、法国 Millau 桥为七塔八跨塔梁固结的斜拉桥。1998 年我国香港建成的汀九桥也采用三塔四跨全漂浮斜拉桥。虽然我国对多塔斜拉桥的研究和建设起步稍晚,但也取得了巨大成就。如 2000 年又建成了三塔斜拉桥——岳阳洞庭湖大桥,以及后来的夷陵长江大桥和滨州黄河大桥。目前在建的斜拉桥有 5 座,其中武汉二七长江大桥主跨 616m,建成后不仅是世界上跨径最大的三塔斜拉桥,而且也将跻身主跨排名前 10 名的斜拉桥行列;嘉绍大桥跨度为 70m + 200m + 5 × 428m + 200m + 70m,全长 2 680m,创造了世界上最长斜拉桥的纪录。随着多塔斜拉桥跨度的增加,其构造设计和建造技术难度都将增大。如何减小温度变化对结构内力的影响成为多塔斜拉桥必须解决的关键技术问题。为此,研究人员提出了在主梁中设置刚性铰的方法。目前,桥梁中使用刚性铰构造的工程实例有美国奥克兰海湾大桥引桥和我国的嘉绍大桥。奥克兰海湾大桥为减小温度受力,同时避免在单联引桥边跨设置过渡墩,在引桥主梁中设置了刚性铰,这样不仅解决了上部结构的温度变形问题,同时又保持了桥跨布置的一致性,增强了桥梁的景观效果。嘉绍大桥为解决由于温度变化引起的索塔及基础受力过大问题,在结构的中跨跨中主梁中设置了刚性铰构造。根据数值分析可知,在温度荷载作用下,设置刚性铰后,外侧塔塔底内力减小 50%,在最不利组合作用下,边塔、次边塔内力减小 20% ~43%。由此可见,设置刚性铰有效地减小了索塔及基础的受力,提高了结构的安全度,同时节省了工程造价,又避免了设置过渡墩,降低了船舶撞击的风险。在刚性铰的研究方面,中交公路规划设计院有限公司和西南交通大学对嘉绍大桥刚性铰的受力行为和运动性能开展理论和试验研究,通过数值分析验证了刚性铰在运营阶段的安全性和可靠性,并对刚性铰在使用阶段的工作性能、内支座材料的耐磨性能进行了模型试验。虽然理论分析和试验研究表明刚性铰的设置对于嘉绍大桥内力改善具有积极的作用,但以上装置只是通过机械连接保证了结构在正常使用状态下的静力设计要求。面对 1 000m 跨度的多塔斜拉桥,如何通过附加阻尼进一步增强结构在动力灾变作用下的耗能机制等,仍然存在许多急待解决的技术问题。

1.3.3 防灾减灾技术系统标准

1)桥梁用附加阻尼耗能防灾减灾技术标准

目前,用于大型桥梁斜拉索减振的液体黏滞阻尼器及磁流变液阻尼器的设计和制造技术尚没有统一的技术标准,只是在阻尼器的出力大小、位移行程和频响特性等方面根据设计需要而进行具体的规定。如苏通大桥、西堠门大桥、洞庭湖大桥等重大桥梁工程,依据各自的不同结构要求,对所采用的液体黏滞阻尼器和磁流变液阻尼器提出了针对性的性能指标,但针对复杂条件下特大型桥梁防灾减灾要求的通用性技术标准还为空白,亟待开展研究并取得突破。

SMA 耗能器、复位器以及隔振器在大型桥梁减振方面的应用目前虽有不少的理论和试验研究以及少数工程应用,但尚未有相关的设计制造加工技术和系统检测评价标准。

2)桥梁抗灾变支承技术标准

国际上针对桥梁减隔震技术标准规范的研究较多、也较为系统,成熟的是欧盟、日本等国家和地区。从使用减隔震的目的来看,欧洲规范强调利用周期的延长来降低地震力,使用阻尼装置来控制结构发生的位移;日本规范根据其实际条件,对减隔震的应用更强调增大阻尼以提高吸收能量的能力和将地震力尽可能合理地分布到下部结构中,而不过分追求加长周期来降低地震力。“5·12”汶川地震后,交通运输部及时颁布了新的《公路桥梁抗震设计细则》(JTG/T B02-01—2008),为提高桥梁抗震(减隔震)设计的水平和结构抗震性能起到了积极作用,但该规范对于桥梁减隔震技术或装置的要求涉及很少,尤其是对于特大型桥梁减灾防灾技术与装备就更少了。

桥梁减隔震技术研究的核心内容之一是减隔震装置的研发,根据桥梁结构减隔震技术的需求,提出相关产品及配套装置的技术性能和参数为研制明确性能目标。发达国家的桥梁减隔震技术研究起步较早,研究成果丰硕,相关技术及产品也在多次地震中得到了验证,取得了良好的减隔震效果。1994 年的美国 Northridge 地震和 1995 年的日本神户地震,已经证明了减隔震技术可以提高结构抗震能力和具由良好的减震效果。此后,减隔震装置的应用大量增加,如日本桥梁支座 90% 以上均采用高阻尼橡胶支座。为了规范减隔震装置(产品)的生产及应用,发达国家均颁布了相关标准。比如,欧盟 EN 15129*Anti - seismic devices*、日本《道路桥梁支承便览》等,均对减隔震产品技术性能等方面做了明确的规定。

2006 年,我国发布了第一部关于桥梁隔震橡胶支座的国家标准——《橡胶支座　第 2 部分:桥梁隔震橡胶支座》(GB 20688.2—2006),但该标准仅仅是针对高阻尼橡胶支座设计、制造、验收、安装相关的要求,不能满足特大桥减灾防灾技术或装备的要求。特大型桥梁减灾防灾装置技术标准处于初级阶段,严重制约了相关技术和产品在桥梁工程中的推广应用。

3)多塔斜拉桥主梁连续连接技术标准

由于多塔斜拉桥跨度增加,温度变化引起结构内力成为多塔斜拉桥所面临的关键技术问题之一。在结构主梁的适当位置设置主梁连接装置——刚性铰,通过连接装置释放主梁由温度变化引起的轴向力,同时也减小桥墩和基础的附加弯矩,提高结构的安全性,节约工程造价,是一种可行而安全的技术方案。目前桥梁工程中使用类似连接构造装置的仅有美国奥克兰海湾大桥引桥和我国嘉绍大桥。

连接装置的结构设计和构造应充分保证结构的耐久性、施工的方便性和材料的经济性要求,因此对连接装置的构造形式、各构件刚度、传力方式、传力部件与摩擦材料的耐久性提出相应的技术规范,是今后的重要任务。目前仅西南交通大学在嘉绍大桥刚性铰试验研究和支座偏载专题研究中,对刚性铰的部分构造措施以及传力装置的设置等提出过一些相关建议,尚没有形成统一的技术规范和标准。

4)公路长大桥梁结构监测系统技术条件

20 世纪 80 年代以来,各国对防灾减灾工作日益重视,欧美、日本、韩国和中国香港特别行政区等国家和地区率先提出“主动预防式”的结构健康监测理念,并先后在一些重要的桥梁安装了健康监测系统,开始研究桥梁结构健康监测和养护技术,并迅速成为国内外研究热点。

早期的桥梁结构健康监测系统实际是桥梁结构施工监控和成桥试验系统在时间上的延伸。但由于传感元件的耐久性较差(一般只能使用几个月或几年),不能满足桥梁结构长期健康监测的要求,从而制约着桥梁结构健康监测系统的发展与应用。

20 世纪 80 年代后期,随着材料技术和大规模集成电路技术的发展,美国军方首先提出了“智能材料与智能结构系统”的概念,并开展了大规模的研究。“智能材料与智能结构系统”是指以智能材料为主导材料,具有仿生命和自我调节功能的结构系统。

20 世纪 90 年代中期,美国科学基金会 Directorate for Engineering 推动了传感器技术(Sensors Technology Program)的研究计划,并提出将智能传感器安装和/或埋设于土木工程结构中,构成具有自感知特性的智能土木工程结构(Intelligent Infrastructures)。在美国科学基金会的推动下,结构健康监测系统的研究引起了世界各国政府的高度重视,欧洲科学基金会设立了“智能复合材料结构损伤识别”(Damage Assessment in Smart Composite Structures)的研究计划,日本建设省设立了“智能结构系统”(Smart Structure Systems)的研究计划,韩国科技部以及我国有关政府部门开始设立科研计划资助结构健康监测系统的研究。在各国政府的资助下,经过近 10 年的发展,计算机技术、智能传感器、通信技术、数据分析技术得到了迅速的发展,取得了丰富的研究成果,并开始在桥梁结构健康监测系统中得到应用。

近 10 年来,国外也开展了关于桥梁结构安全监测系统设计指南的研究。2001 年 9 月,加拿大 ISIS 机构(Intelligent Sensing for Innovative Structures)Aftab Mufti 等人发表了《结构健康监测指南》(*Guidelines for Structural Health Monitoring*),主要从结构监测系统的组成、现场静动试

验、定期监测等方面进行了阐述。2002 年 9 月，FHWA（美国联邦公路局）A. Emin Aktan 等人发表了《大型桥梁典型健康监测指南的开发》（*Development of a Model Health Monitoring Guide for Major Bridges*），对桥梁监测系统的监测项目、传感器、数据与传输等内容进行了归纳，提出了相关的系统构建指南。2002 年 6 月，国际结构混凝土协会（FIB）欧洲研究项目组发表了《既有混凝土结构监测和安全评估最新进展研究报告》（*Monitoring and Safety Evaluation of Existing Concrete Structures state-of-the-Art Report*），主要从结构与材料、外观检查、无损检测、监测内容和手段、实施和采集、评估和数据解释、系统分析等几个方面对混凝土结构的主要检测、监测手段和评估方法进行了阐述。

我国桥梁结构健康监测系统的研究与应用始于 20 世纪 90 年代，10 多年来，依托我国大规模基础设施建设的背景，桥梁结构健康监测系统在我国得到了广泛的应用。与世界其他国家相比，我国桥梁结构健康监测系统具有数量多、桥梁规模大的特点。我国上海杨浦大桥、徐浦大桥等较早地安装了结构健康监测系统，但健康监测系统采用的是传统传感器技术；1997 年，我国香港青马大桥安装了较完整的健康监测系统；1998 年，交通部公路科学研究所进行虎门大桥的成桥试验，在成桥试验结束后将部分测试系统固定在桥梁结构上以做长期结构健康监测，并连续进行了多年的定期监测；1999 年，我国江阴大桥建成，并安装了健康监测系统，随着健康监测系统研究的发展，2004 年，对该系统进行了改造升级。

进入 21 世纪，随着计算机和网络通信技术的迅速发展，我国新建设的跨江跨海大桥大多都构建了结构健康监测系统。其中包括杭州湾大桥、苏通大桥、润扬大桥、南京长江三桥、舟山连岛工程、青岛海湾大桥、珠江黄埔大桥、武汉军山长江大桥、武汉阳逻长江大桥、上海长江隧桥、东海大桥等。除了公路桥梁以外，很多铁路或公铁两用大桥也构建了健康监测系统，包括黄冈公铁两用长江大桥、京沪高铁南京大胜关长江大桥、郑州黄河公铁两用桥、芜湖长江大桥等。近 5 年来，很多市政桥梁也加入了健康监测系统的行列，开始构建城市群的桥梁管养系统，包括天津市、武汉市、宁波市、杭州市等。

但是，尽管国内已经有如此众多的桥梁构建了桥梁监测系统，但是尚未建立桥梁结构安全监测系统设计实施标准，造成市场不规范、水平参差不齐等一系列问题。因此，有必要在积累了大量的监测系统设计实施经验的基础上，针对特大型桥梁制定桥梁监测系统的设计技术条件或标准。

2 特大型桥梁灾变效应及控制机理

特大跨径桥梁技术是国家桥梁创新能力的体现,对其开展深入研究具有重要的意义。目前,针对特大跨径桥梁的灾变效应及控制机理的研究还不够深入系统,对缆索结构的风-雨振抑(制)振技术尚不成熟,对索网体系抑振机理的研究还只处在初级阶段,对多塔斜拉桥塔梁墩构件的灾变效应及控制机理也多处于理论研究层面,与实际应用相差甚远。本章以琼州海峡的三个主要桥型方案为依托,深入研究特大跨径桥梁缆索结构及多塔斜拉桥塔梁墩构件的灾变效应及控制机理,主要包括:缆索结构风-雨振机理及抑振技术系统、吊杆尾流驰振效应、索网体系振动及控制机理、主梁连续连接装置、塔梁墩等构件及竖(侧)向支承的灾变效应等。

对于缆索结构的灾变控制机理研究,在风致抖振激励下,主缆的振动位移、主缆与鞍座的切角、应力不作为控制因素,在强风作用下,应尤其关注短索的风致内力与疲劳问题,并对长吊杆的振动进行有效控制,利用数值模拟与气弹模型试验的手段研究了悬索桥平行长吊杆的尾流驰振效应,分析了尾流驰振的影响控制机理,并提出了长吊杆的风致灾变控制设计方法。在索网体系方面,通过数值和试验研究,明确了辅助索的抑振机理,对不同辅助索设计对减振性能的影响进行了探究。

在塔梁墩构件的灾变效应控制机理方面,设置主梁连接装置的结构性能在受力作用下较未设置连接装置的结构具有优越性,力学分析表明,安装 TMD 对减小传递幅值有明显的作用,并通过试验验证了分析的正确性。对于采用弹性阻尼器进行减震,对阻尼器的设置方式和合理参数进行分析,采用减隔震体系可以明显改善结构的横向抗震性能。

2.1 琼州海峡通道桥型方案介绍

在现有材料强度和施工工艺条件的基础上,根据琼州海峡通航要求,拟定了多塔斜拉桥、3 000m级悬索桥及斜拉-悬索协作桥三种桥型方案。

多塔斜拉桥方案采用六塔双索面钢箱梁斜拉桥。其跨径布置如图 2-1 所示,桥跨布置为 $126\text{m}+248\text{m}+5\times828\text{m}+248\text{m}+126\text{m}=4\ 060\text{m}$,边中跨之比为 0.451:1。边跨设置辅助墩和过渡墩,辅助墩处设置竖向支座和横向抗风支座,过渡墩处设置竖向支座和横向抗风支座,每个桥塔塔处设置竖向支座和横向抗风支座。主梁采用分体式钢箱梁,斜拉索采用扇形双索面布置。桥塔采用花瓶形桥塔,其中中间两塔采用四塔柱桥塔,其余桥塔采用两塔柱桥塔,六塔桥面以上同高。中跨跨中设置刚性铰。中塔和边塔均采用设置吸力式裙筒与半刚性连接桩的沉箱复合基础方案，沉箱由顶板、底板、外壁板、内壁板组成，沉箱底板预留抽水孔兼注浆孔。吸力式裙筒由外裙边、内裙边和筒肋组成，其顶面固定在沉箱底板下部的周圈，形成顶面封闭、底面开敞的裙筒。沉箱底部自下而上铺设砂层、级配碎石层，并设置多根按一定间距布置的预制桩，预制桩顶部插入级配碎石层。通过沉箱中部空腔内注水压重和周圈吸力式裙筒内抽水形成负压，实现沉箱平稳下沉。沉箱下沉就位后，通过注浆孔向沉箱底注入水泥浆，水泥浆和级配碎石层、砂层形成半刚性垫层，预制桩通过半刚性垫层与沉箱形成半刚性连接。

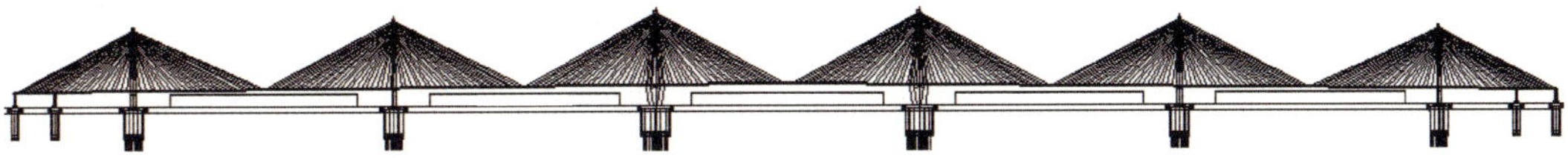

图 2-1　多塔斜拉桥设计方案

3 000m 悬索桥设计方案（图 2-2）为了应对 3 000m 跨度下横向风荷载作用下的加劲梁等结构的高内力和大侧移，加劲梁采用三跨连续方案。桥梁方案主跨 3 000m，两对称边跨均为 1 200m，总长 5 400m，边中跨比 0.4，中跨主缆矢跨比 1/10，矢高 300m，加劲梁采用扁平流线型钢箱梁。

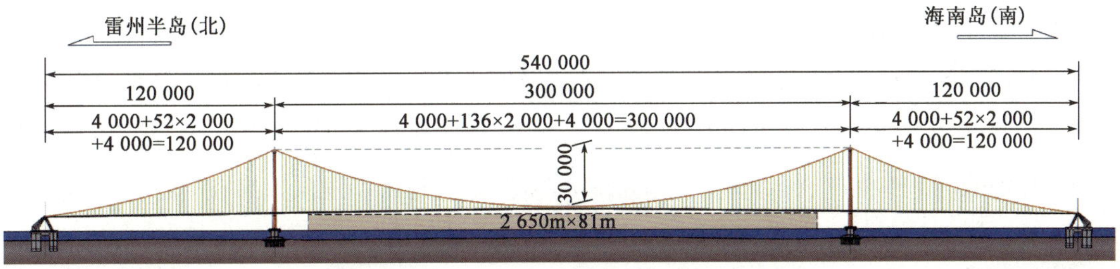

图 2-2　3 000m 悬索桥设计方案（尺寸单位：cm）

3 000m 级斜拉-悬索协作桥方案（图 2-3）主桥跨径组成为（230 + 384 + 3 000 + 384 + 230）m，主跨由等效跨径 1 344m 的斜拉体系与等效跨径 1 656m 的悬索体系组合而成，吊跨比 0.552。斜拉体系边中跨比 0.46，斜拉索最小倾角 25°，斜拉索间距 18m 或 12m；悬索体系主缆跨径为（760 + 3 000 + 760）m，边中跨比 0.255，吊索间距 18m。

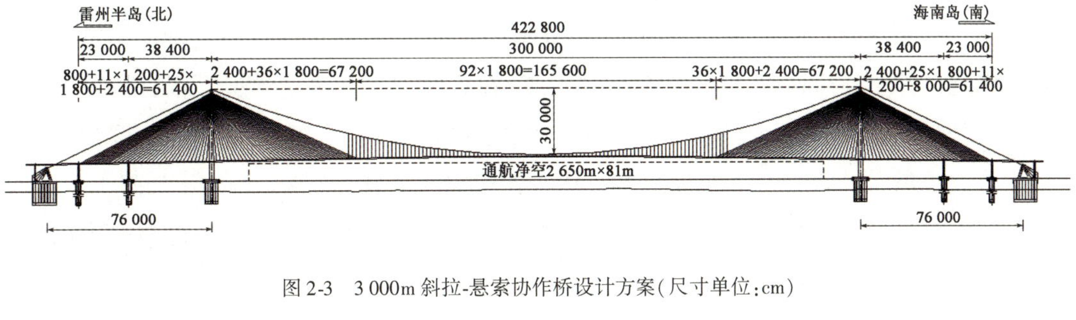

图 2-3　3 000m 斜拉-悬索协作桥设计方案（尺寸单位：cm）

2.2 缆索结构灾变控制机理

2.2.1 缆索结构振动及其控制措施

对于特大型缆索承重桥梁而言,风致振动及灾变主要包括颤振、涡激振动、抖振以及静风稳定性等方面,具体针对各个构件而言,相应的灾变应考虑内容见表 2-1。

缆索承重桥梁风致振动及灾变考虑因素　　表 2-1

构　件	发散振动	非发散振动	静风稳定性
塔	驰振	抖振、涡激振动	—
加劲梁	颤振	抖振、涡激振动	静风稳定性
主缆	—	抖振	—
拉索	尾流驰振	抖振、涡激振动、风雨激振	
吊杆	尾流驰振	抖振、涡激振动	—

1)斜拉索的风致振动及其控制机理

对于斜拉索而言,主要的风致振动形式包括风雨激振、涡激振动、参数共振、抖振等。

针对拉索的风雨激振,目前研究很多。风雨激振是在风和雨的共同作用下,斜拉桥拉索发生的一种激烈的大幅振动。在诸多拉索风致振动中,风雨激振是最强烈的一种,造成的危害也最大。自 1986 年 Hikami 在名港西(MeikoNishi)桥发现风雨激振现象以来,已在世界各地的许多缆索承重大跨桥梁上发现了这种振动。国内外学者通过增加机械阻尼或采用气动措施,可以有效控制拉索的风雨激振。对拉索风-雨振动的影响控制因素有很多,如雨量、风偏角、光面拉索、低阻尼等。

拉索的空气动力学减振措施目前已经取得了一些进展,相应的气动措施主要有:①在拉索 PE 管表面沿轴向开设凹槽或平行凸起肋条,这一剖面形式能控制雨水在凹槽中沿索轴向的流动,因而拉索不会因雨水积聚改变外形,日本已在东神户(Higashi Kobe)斜拉桥上采用带凹槽的拉索,产生较好的风雨激振减振效果,但实用中也发现在高风速作用下,拉索振动幅值仍有增大到 25cm 的情况;②在索表面打凹孔(如日本多多罗桥、我国苏通大桥),即对索进行表面处理,索表面的凹孔可破坏水线和轴向流的形成,在各种雨量及无雨情况下都有极好的稳定性,能有效地抑制风雨激振;③在索表面沿轴向螺旋状加设带状结构或间隔缠绕带状物,二者都能干扰或截断水线的形成,起到减振的作用。拉索空气动力学减振措施实施如图 2-4 所示。螺旋或等距箍条可以破坏水线和轴向流的形成,减弱拉索风雨激振。目前国内普遍采用螺旋形与表面凹孔作为拉索控制风-雨振的主要对策。

图 2-4　拉索空气动力学减振措施实例

以表面凹孔、表面螺旋线气动措施为例，通过针对直径 15.8cm 拉索风雨条件下节段模型试验结果可以发现，在低风速条件下，光索发生了明显的风雨激振，而采用两种气动措施之后，风雨激振得到了明显的控制，试验结果如图 2-5 所示。可见，气动措施对于拉索风雨激振的控制效果是非常直接有效的。

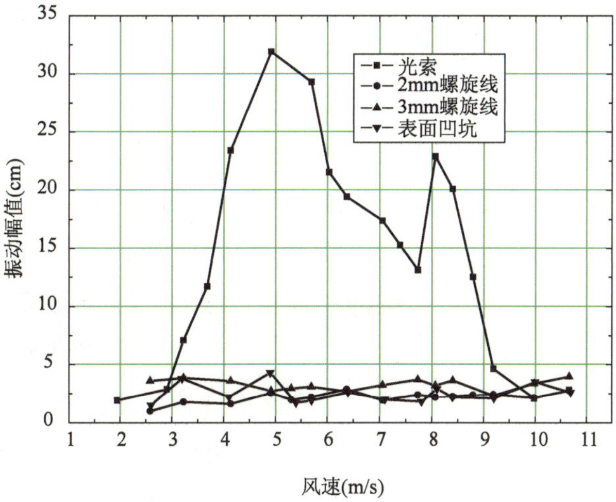

图 2-5　拉索节段模型风雨激振试验结果（$\alpha=22°$，$\beta=27.5°$，$f=0.642\text{Hz}$，阻尼比 0.10%）

同样，拉索采用阻尼控制也能达到部分风雨激振的控制效果，图 2-6 给出了不同阻尼比条件下，拉索风-雨振节段模型试验结果。从图中可以看出，随着阻尼比的逐渐增加，拉索的风雨激振振幅明显降低。当达到 0.24% 的阻尼比条件时，拉索风雨激振振幅得到了控制。

综合气动措施与阻尼减振措施，两者均对风雨激振能够起到明显的抑制作用，而气动减振措施的效果更加明显。

涡激振动是由于气流绕过吊杆或拉索后引起的一种强迫振动，漩涡脱落的频率与来流风速大小存在一定的线性关系。在桥梁工程结构中，当 n_s 接近结构横风向模态的自然频率 n_e

时，即会引起强烈的共振。可见结构发生涡振的风速为：$U_{crit}=\frac{1}{S_t}n_e d$。其中，$U_{crit}$ 为涡振临界风速；S_t 为斯特劳哈尔数；n_e 为漩涡脱落频率；d 为圆柱体直径。

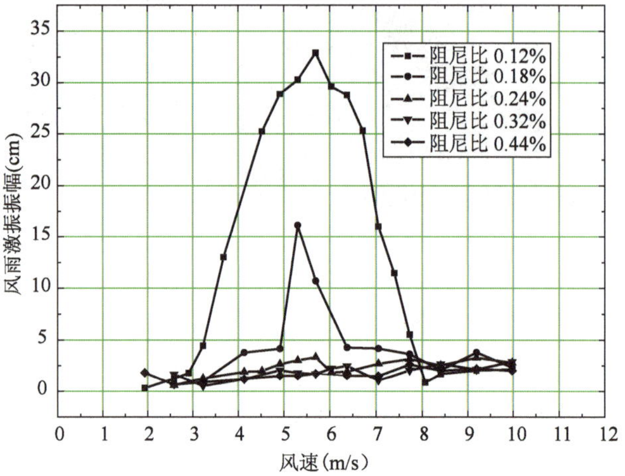

图 2-6　拉索在不同阻尼比下风雨激振振幅随风速变化（$\alpha=35°$，$\beta=27.5°$，$f=0.916$Hz）

一般而言，圆形截面的 S_t 为 0.2。而对于超长拉索或吊杆而言，其直径往往在 0.1 ~ 0.2m，自振频率在 0.2 ~ 0.5Hz，可见对于超长拉索或者吊杆而言，其第 1 阶共振风速往往低于 1m/s，而相对的涡脱能量难以引起大幅度的共振，即使对 2、3 阶共振风速也相对较低，唯有高阶时相对较高，圆形截面的涡脱如图 2-7 所示。可见拉索或者吊杆的涡激振动对于特大型桥梁的长吊杆或拉索而言，往往不会成为主要的风致振动形式。

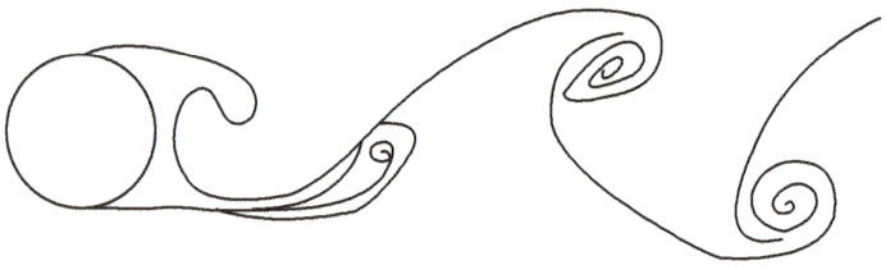

图 2-7　圆形截面的涡脱

抖振响应则是由于来流中的紊流成分，激发索结构的一种强迫振动，这种振动形式虽然不会引起结构的突然破坏，但是过大的抖振往往产生较大的振动位移和索端部的疲劳效应，对拉索的耐久性产生显著的影响。对于特大型缆索承重桥梁而言，抖振效应应该引起关注，尤其是在端部主梁与拉索共同作用下，拉索的抖振效应可能会更加明显，本书将对拉索的抖振响应进行详细研究。

对于斜拉索而言，参数共振也是主要振动形式之一。发生参数共振需满足的两个条件为频率条件和拉索变动轴力幅值条件。当桥面或者桥塔的整体振动频率 f_b 和 2 倍拉索 1 阶自振频率 $2f_c$ 之比接近于 1，同时拉索自身阻尼比也相对较小时，参数共振可能发生。因此，当桥面、桥塔发生等幅有规律的振动（如涡激振动）时，拉索发生参数共振的可能性极大提高，因此，对于拉索参数共振，可以通过抑制拉索两端发生等幅单一频率振动作为避免参数共振的有效途径。拉索参数共振发生条件如图 2-8 所示。同时也可以通过提高拉索自身阻尼比达到降低参数共振发生的可能性。

归纳斜拉索风致振动形式及其控制措施与控制机理，总结见表 2-2。对于特大型斜拉桥而言，采取有效的气动措施，可以抑制明显的风雨激振。对于超长斜拉索而言，在常遇风速范围内难以发生大幅涡激振动，同时在设计中防止桥塔与主梁涡激振动也可以有效地抑制参数共振的发生。所以特大型斜拉桥的长索应重点关注其抖振响应。下文则重点研究辅助索、阻尼器等措施对拉索振动的控制机理和规律。

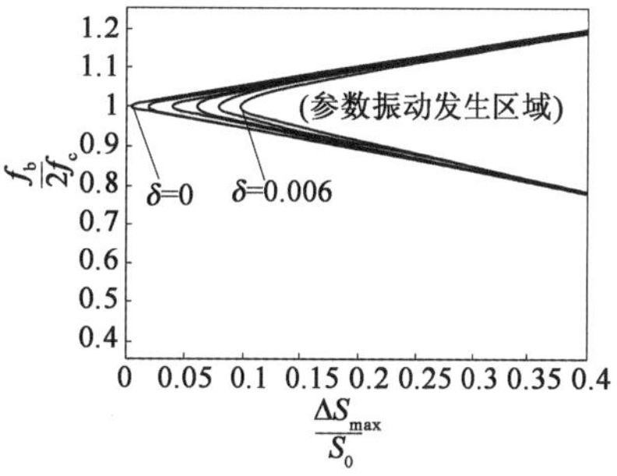

图 2-8　拉索参数共振发生条件

斜拉索风致振动形式及其控制措施与控制机理　　表 2-2

振动形式	振动机理	振动后果	控制措施	控制机理	特大型斜拉桥设计考虑
风雨激振	雨线改变拉索气动外形诱发激振	过大振动 拉索端部破坏 拉索疲劳 视觉不舒适	阻尼减振	控制风雨激振发生条件	—
			气动措施	破坏风雨激振发生条件	应采取有效的气动措施
涡激振动	气流绕过断面产生规则的漩涡脱落激发共振		阻尼减振	控制涡激振动发生条件	—
参数共振	拉索端部规则激励激发强烈振动		控制主梁和桥塔涡激振动振幅	破坏参数共振发生条件	应避免主梁、桥塔发生涡激振动
			阻尼减振	控制参数共振发生条件	—
			辅助索	多根拉索联结形成索网破坏参数共振发生倍频条件	—
尾流驰振	上下游拉索距离较近时，上游拉索的尾流激发下游拉索发散振动		阻尼减振	控制尾流驰振发生条件	平行拉索索面间距较近时应重点考虑
			索间连接器	提高拉索局部振动频率	
			辅助索索网	提高索网振动频率	
抖振	来流风紊流成分激发拉索强迫振动		阻尼减振	降低抖振振幅	应关注长索的抖振效应
			辅助索	提高索网整体性和减振特性，降低抖振振幅	

2)吊杆的风致振动及其控制机理

吊杆的风致振动形式主要有涡激振动、抖振、尾流驰振。针对涡激振动和抖振,其振动形式和控制机理与斜拉索相似。悬索桥吊杆比较特殊之处在于,其吊杆一般采用骑跨式的方式与桥面相连,因此往往两根一组或四根一组,单根吊索的间距一般为直径的 3～15 倍,在此范围内容易引起大幅度的振动,对驾驶员及管理者产生较大的心理影响。

尾流驰振这种现象一般发生在两个柱体的情况,其中一个柱体位于另一个的上游。在一定条件下,由于上游柱体的湍流尾流诱发,下游柱体会产生驰振振荡,这已得到证实。例如束状电缆的一组输电线,由两根、六根、八根或更多的平行电缆所组成,在与跨度垂直的方向上用一些机械隔离子分开,平行布置的悬索桥吊杆如图 2-9 所示。采用隔离子后,隔离子之间的电缆最容易产生尾流驰振。

a)西堠门大桥(四根一组吊杆)　　b)泰州大桥(两根一组吊杆)

图 2-9　平行布置的悬索桥吊杆

图 2-10　吊杆阻尼器控制措施(Kurushima Kaikyo Bridge)

悬索桥吊杆风振将影响吊杆的使用寿命,因此应引起设计和施工人员的重视。吊杆振动控制措施主要有三类:机械控制措施、结构控制措施和空气动力学控制措施。机械控制措施是一种通过在吊杆(拉索)上附加阻尼器来提高构件系统阻尼,从而达到降低风致振动目的的减振方法。对于平行吊杆(拉索),工程上常采用在吊杆(拉索)与桥面之间加阻尼器的方法来增加吊杆阻尼,图 2-10 即显示了日本 Kurushima Kaikyo Bridge 的吊杆振动控制措施。

到目前为止，针对抑制尾流弛振的措施分为两种：一种是早期国外悬索桥采用水平的稳定索；另一种是采用输电线工程中的间隔器，目前大多沿用此方案，并称 Spacer 为减振架，如图 2-11所示。其中，间隔器的作用只是将上下游的吊杆刚性联结，从而产生相互干扰效应来抑制尾流弛振效应。因此，如同输电线工程一样，对于长细比大的吊杆索需要安装多个间隔器才能抑制前几阶模态的尾流弛振。辅助索使单根拉索的自由长度减小，从而提高了拉索的振动频率，并能使能量在不同拉索之间传递。辅助索有刚性和柔性之分，研究表明，柔性辅助索能有效提高拉索的阻尼，有一定的能量耗散作用；而刚性索几乎没有能量耗散。实桥索尾流驰振的振动控制措施如图 2-12 所示。

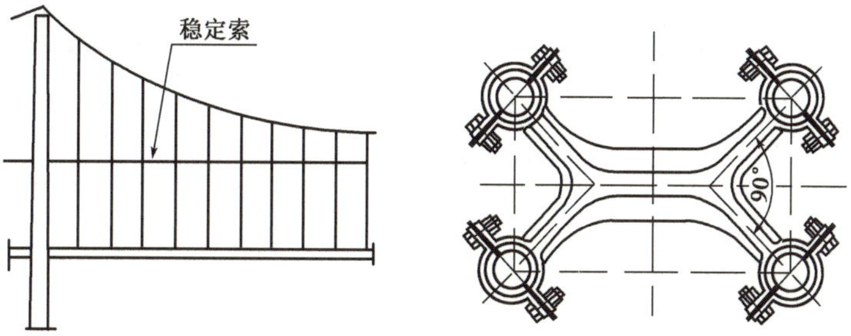

a)稳定索　　b)间隔器

图 2-11　稳定索和间隔器

a)润扬长江大桥　　b) Seto-Ohashi Bridge

图 2-12　实桥索尾流驰振的振动控制措施

最为直接的是利用空气动力学措施进行减振，如 Akashi Kaikyo Bridge 吊杆采用的就是螺旋线措施来改变上下游拉索的气动外形（图 2-13），从而有效地抑制平行吊索的相互干扰效应所引起的风致振动。

归纳吊杆风致振动形式及其控制措施与控制机理，总结见表 2-3。对于特大型悬索桥而言，在常遇风速范围内难以发生大幅涡激振动。但悬索桥吊杆设计给尾流驰振的发生创造了条件，因此应针对悬索桥吊杆的尾流驰振进行研究，避免尾流驰振的发生。同时，特大型悬索桥的长索也应重点关注其抖振响应。本书重点研究采用辅助索、阻尼器、间隔器等对拉索振动的控制机理和规律。

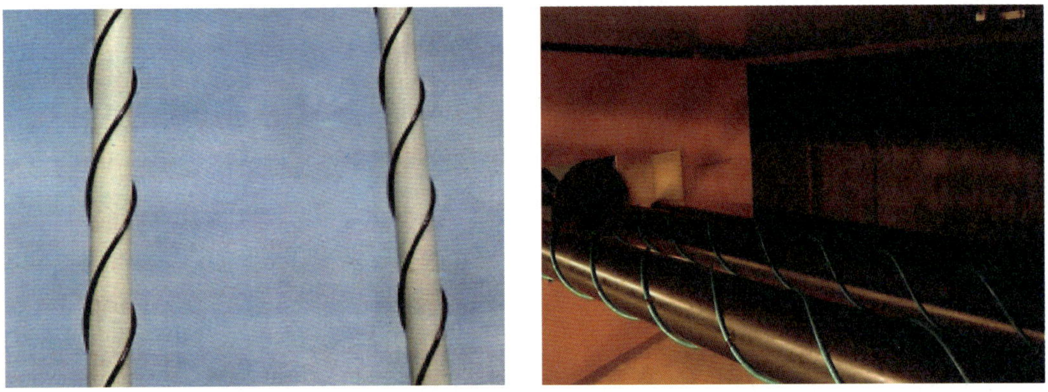

图 2-13　明石海峡大桥尾流驰振的控制措施

悬索桥吊杆的振动振动形式及控制措施与机理　　表 2-3

<table>
<tr><th>振动形式</th><th>振动机理</th><th>振动后果</th><th>控制措施</th><th>控制机理</th><th>特大型悬索桥设计考虑</th></tr>
<tr><td>涡激振动</td><td>气流绕过断面产生规则的漩涡脱落激发</td><td rowspan="7">过大振动吊杆端部破坏；吊杆疲劳视觉不舒适</td><td>阻尼减振</td><td>控制涡激振动发生条件</td><td>—</td></tr>
<tr><td rowspan="4">尾流驰振</td><td rowspan="4">上下游吊杆距离较近时，上游拉索的尾流激发下游拉索发散振动</td><td>阻尼减振</td><td>控制尾流驰振发生条件</td><td rowspan="4">应重点关注吊杆尾流驰振效应，并进行有效的控制</td></tr>
<tr><td>气动措施</td><td>控制上游拉索规则尾流</td></tr>
<tr><td>索间连接器</td><td>提高吊杆局部振动频率</td></tr>
<tr><td>辅助索索网</td><td>提高索网振动频率</td></tr>
<tr><td rowspan="2">抖振</td><td rowspan="2">来流风紊流成分激发拉索强迫振动</td><td>阻尼减振</td><td>降低抖振振幅</td><td rowspan="2">应关注长吊杆的抖振效应</td></tr>
<tr><td>辅助索</td><td>提高索网整体性和减振特性，降低抖振振幅</td></tr>
</table>

2.2.2　缆索结构抖振效应分析方法

抖振是由于来流的不规则紊流引起结构的一种强迫随机振动，这种振动虽然不会引起缆索结构的突然破坏，但长期的抖振容易引起结构的疲劳，从而产生破坏。因此，本书针对缆索结构的抖振进行重点分析。

抖振时程分析中结构受到的风荷载包括静风力、抖振力和自激力。静阵风荷载可根据规范的规定计算，而由脉动风诱发抖振而产生的抖振惯性力时程是多个互相关联的随机过程。分析计算抖振惯性力时程的关键在于脉动风荷载的模拟,因此需要先模拟桥梁周围的脉动风速场,即单独模拟顺风向脉动风速和竖直向脉动风速,然后共同作用在结构上,即可转换为抖振惯性力时程。

抖振响应分析,需要模拟来流的脉动空间风场。空间中某一点的风速通常用一个标准的随机过程来描述,因此其全部特性可完全由功率谱密度函数(PSD)反映。对于体量较大的结构,需要反映空间不同位置风速之间的相互关系,此时,空间的风速为一个时变随机场。对于时变随机场,空间中的任意一点的风速不仅依赖于该点的空间坐标(x_1,x_2,x_3),还依赖于时间t,随机速度场$v(x_1,x_2,x_3,t)$是一个所谓的单变量四维($1v-4D$)随机场。在进行随机风场模拟时,通常首先将三维单变量随机过程进行离散化。令$x_j,y_j,z_j(j=1,2,\cdots,n)$为空间中的$n$个点,$v_j(t)=v(x_j,y_j,z_j,t)$为一维单变量($1v-1D$)随机过程。将上述随机过程集成到一个$n$维向量$v(t)$中,则可以将初始的单变量四维($1v-4D$)随机场转换为多变量一维随机过程($nv-1D$)。

$v(t)$为一个零均值正态随机向量过程,其特征可以由双边功率谱密度矩阵(PSD)$\boldsymbol{S}_v(\omega)$完全描述。该矩阵为一对称、正定矩阵(不考虑虚部),且有如下形式:

$$\boldsymbol{S}_V(\omega)=\begin{bmatrix} S_{v_1v_1}(\omega) & S_{v_1v_2}(\omega) & \cdots & S_{v_1v_n}(\omega) \\ S_{v_1v_2}(\omega) & S_{v_2v_2}(\omega) & \cdots & S_{v_2v_n}(\omega) \\ \vdots & \cdots & \ddots & \vdots \\ S_{v_1v_n}(\omega) & S_{v_2v_n}(\omega) & \cdots & S_{v_nv_n}(\omega) \end{bmatrix} \tag{2-1}$$

对于空间一个点而言,根据谱表现(Spectral Representation)定律,Shinozuka 等人(Shinozuka and Deodatis,1991)给出了一维单变量($1D-1v$)零均值平稳随机过程的数值模拟公式:

$$v(t)=\sqrt{2}\sum_{j=0}^{N-1}A_j\cos(\omega_j t+\phi_j) \tag{2-2}$$

其中:$A_j=\sqrt{2S_{vv}(\omega_j)\Delta\omega}$,$\omega_j=j\Delta\omega$,$\Delta\omega=\omega_u/N$,$j=0,1,2,\cdots,N-1$,$A_0=0$,$S_{vv}(\omega_0=0)=0$。

式中:ω_u——截断频率。

进一步,在一维单变量随机过程模拟研究的基础上,Deodatis(1996)进行了平稳、多变量随机过程的模拟研究。为了模拟目标一维多变量($1D-nv$)平稳随机过程$v_j^o(t)$,$j=1,2,\cdots,n$,首先可对目标双边功率谱密度矩阵$\boldsymbol{S}_v^o(\omega)$进行如下形式的分解:

$$\boldsymbol{S}_v^o(\omega)=\boldsymbol{H}(\omega)\boldsymbol{H}^{\mathrm{T}*}(\omega) \tag{2-3}$$

上述分解可以通过 Cholesky 方法获得。$\boldsymbol{H}(\omega)$为下三角矩阵,且有如下形式:

$$\boldsymbol{H}(\omega)=\begin{bmatrix} H_{11}(\omega) & 0 & \cdots & 0 \\ H_{21}(\omega) & H_{22}(\omega) & \cdots & 0 \\ \cdots & \cdots & \ddots & 0 \\ H_{n1}(\omega) & H_{n2}(\omega) & \cdots & H_{nn}(\omega) \end{bmatrix} \tag{2-4}$$

由于 $\boldsymbol{S}_v^o(\omega)$ 通常为复数矩阵，因此 $\boldsymbol{H}(\omega)$ 也为复数矩阵，其对角元为实数，非对角元为复数。$\boldsymbol{H}^{\mathrm{T}*}(\omega)$ 为其共轭转置矩阵。通过对矩阵 $\boldsymbol{S}_v^o(\omega)$ 进行如式的分解，便可用下式对随机过程 $v_j^o(t)$，$j=1,2,\cdots,n$ 进行仿真：

$$v_j(t)=2\sum_{m=1}^{j}\sum_{l=1}^{N}\left|H_{jm}(\omega_{ml})\right|\sqrt{\Delta\omega}\cos[\omega_{ml}t-\theta_{jm}(\omega_{ml})+\phi_{ml}]\qquad(j=1,2,\cdots,n)\qquad(2\text{-}5)$$

$$\Delta\omega=\frac{\omega_u}{N}$$

式中：ω_u——截断频率；

ω_{ml}——双索引频率；

ϕ_{ml}——在区间$[0,2\pi]$上均匀分布的随机相位角。

为增大模拟样本的周期，双索引频率为：

$$\omega_{ml}=(l-1)\Delta\omega+\frac{m}{n}\Delta\omega\qquad(l=1,2,\cdots,N)\qquad(2\text{-}6)$$

针对背景桥梁开展随机风场模拟，图 2-14 给出了各质点的脉动风速仿真时程图形。图 2-15 为仿真脉动风速时程的功率谱密度函数和目标功率谱密度函数比较，由图可见，仿真风速谱和目标谱几乎完全重合，说明各仿真脉动风速时程自相关随机特性与所需随机特征完全吻合。图 2-16 给出了不同点间仿真脉动风速时程的相干函数曲线，由图可见，仿真相干函数与目标相干函数几乎完全重合，说明各仿真脉动风速时程互相关随机特性与所需随机特征完全吻合。

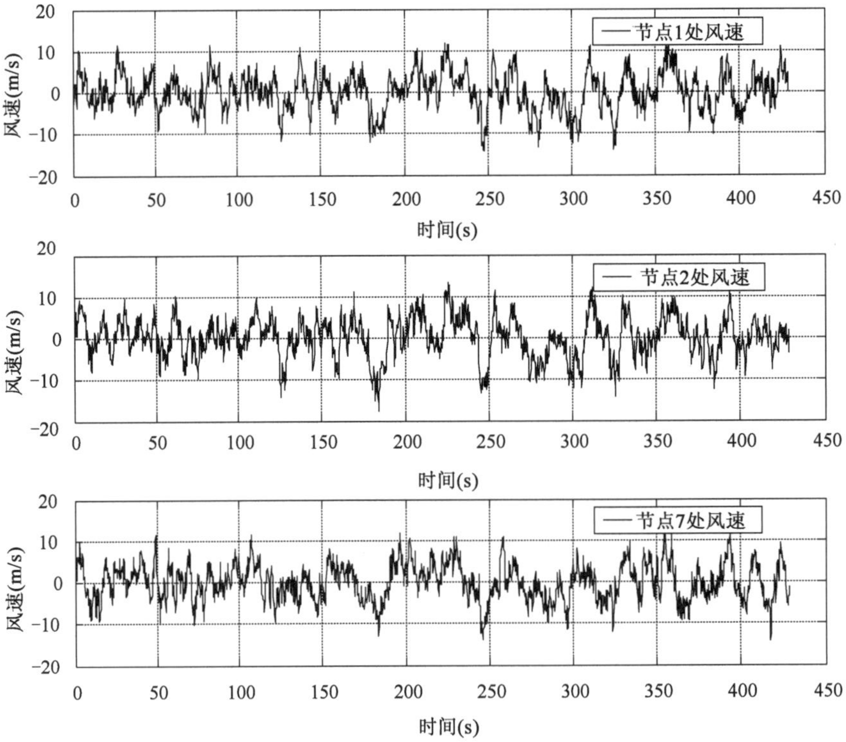

图 2-14 随机风场模拟结果

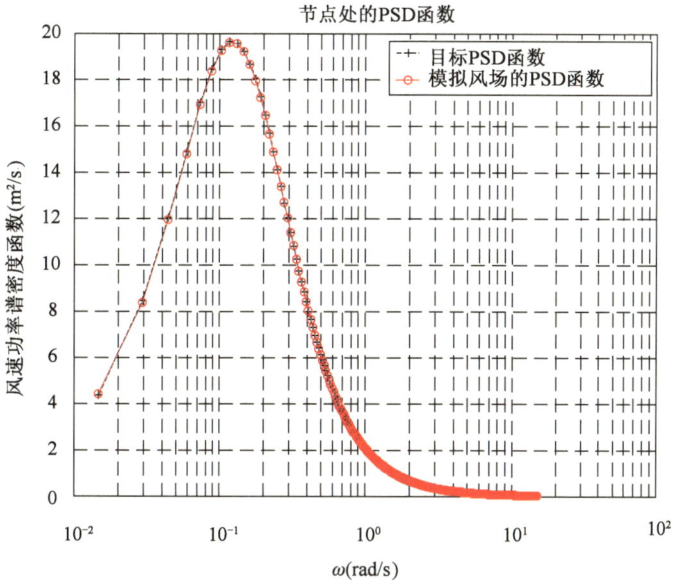

图 2-15　随机风场模拟功率谱密度函数比较图

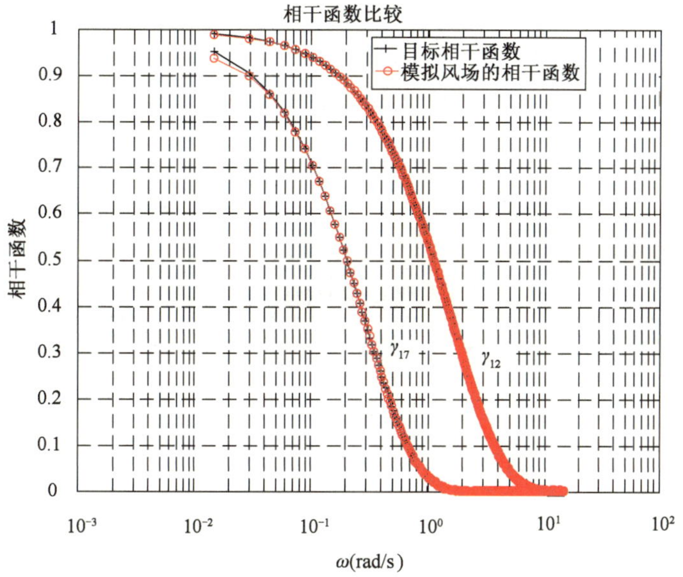

图 2-16　风速时程的相干函数曲线比较图

获得桥梁单元上各模拟作用点的脉动风速时程后，即可得到作用在单元上各模拟作用点的抖振惯性力时程。基于准定常理论，Scanlan 在 Davenport 抖振理论的基础上考虑平均气动刚度的影响以及气动耦合效应，提出作用在桥梁上抖振惯性力公式：

$$F_{\mathrm{H}}=\frac{1}{2}\rho U^{2}B\left\{C_{\mathrm{H}}(\alpha)\left[2\frac{u(t)}{U}\right]+C_{\mathrm{H}}'(\alpha)\frac{w(t)}{U}\right\} \tag{2-7}$$

$$F_{\mathrm{L}}=\frac{1}{2}\rho U^{2}B\left\{C_{\mathrm{L}}(\alpha)\left[2\frac{u(t)}{U}\right]+C_{\mathrm{L}}'(\alpha)\frac{w(t)}{U}\right\}\tag{2-8}$$

$$F_{\mathrm{M}}=\frac{1}{2}\rho U^{2}B\left\{C_{\mathrm{M}}(\alpha)\left[2\frac{u(t)}{U}\right]+C_{\mathrm{M}}'(\alpha)\frac{w(t)}{U}\right\}\tag{2-9}$$

式中：F_{H}、F_{L}、F_{M}——阻力、升力、升力矩；

C_{H}、C_{L}、C_{M}——体轴下风攻角(也称“风偏角”)为 α 的阻力系数、升力系数、升力矩系数，取风攻角为0°工况；

U——各风速块设计基准风速，桥梁不同高度处风速按照规范考虑梯度风效应；

u、w——横桥向和顺桥向脉动风分量；

B——计算三分力系数的参考长度。

2.2.3 有限元分析模型与动力特性

结构动力特性分析采用离散结构的有限单元方法，有限元计算模型以顺桥向为 X 轴，横桥向为 Z 轴，竖桥向为 Y 轴。利用空间梁单元模拟主梁、主塔和墩柱；利用空间杆系单元模拟主缆、吊杆；主缆、主塔和吊杆时均应考虑恒载引起的几何刚度的影响，计算过程考虑几何非线性的影响。

1)3 000m 主跨悬索桥动力特性

本书对结构动力特性分析包括结构的频率、振型及其对应的等效质量。针对悬索桥模型的动力特性及振型图结果，按竖弯、侧弯及扭转振型分类，分别如表2-4～表2-6所示。分析可知，悬索桥的1阶正对称竖弯的频率为0.063 9Hz，1阶正对称侧弯的频率为0.037 6Hz，1阶正对称扭转的频率为0.145 1Hz。

主跨3 000m悬索桥动力特性 表2-4

阶数	振型描述与频率	等效质量	振型图
2	1阶正对称竖弯 0.063 9Hz	$0.570\,170\times10^{2}$	
3	1阶反对称竖弯 0.064 9Hz	$0.713\,813\times10^{2}$	
1	1阶正对称侧弯 0.037 6Hz	$0.515\,330\times10^{2}$	

续上表

阶数	振型描述与频率	等 效 质 量	振 型 图
4	1 阶反对称侧弯 0.078 9Hz	$0.368\ 379 \times 10^2$	
20	1 阶正对称扭转 0.145 1Hz	$0.369\ 488 \times 10^5$	
25	1 阶反对称扭转 0.175 9Hz	$0.383\ 213 \times 10^5$	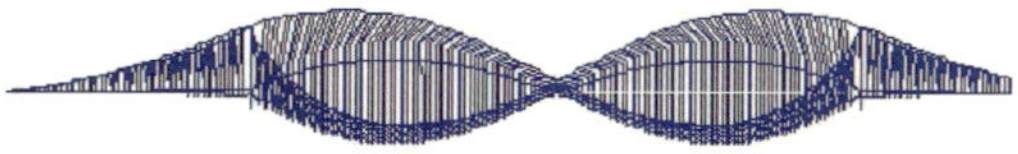

2)1 500m 主跨三塔斜拉桥动力特性

斜拉桥跨径布置为(244 +408 +1 500 +1 500 +408 +244)m,中塔塔高 460m,桥面以上高度为 362.6m,两边塔塔高 386m,桥面以上高度为 306.8m。同样,通过动力特性分析也可得出其动力特性结果,见表 2-5。由分析结果可知,主跨 1 500m 的三塔斜拉桥 1 阶反对称竖弯频率为 0.094 1Hz,1 阶反对称侧弯频率为 0.092 7Hz,1 阶对称扭转频率为 0.359 3Hz。

主跨 1 500m 多塔斜拉桥动力特性 表 2-5

阶数	振型描述与频率	等 效 质 量	振 型 图
2	1 阶反对称竖弯 0.094 1Hz	$0.439\ 612 \times 10^2$	
4	1 阶正对称竖弯 0.128 2Hz	$0.489\ 623 \times 10^2$	
5	反对称竖弯 0.131 2Hz	$0.672\ 941 \times 10^2$	
6	反对称竖弯 0.168 2Hz	$0.108\ 362 \times 10^3$	

续上表

阶数	振型描述与频率	等 效 质 量	振 型 图
1	1 阶反对称侧弯 0.092 7	$0.317\,819\times10^{2}$	
3	1 阶正对称侧弯 0.105 5Hz	$0.317\,279\times10^{2}$	
23	1 阶对称扭转 0.359 3Hz	$0.168\,162\times10^{5}$	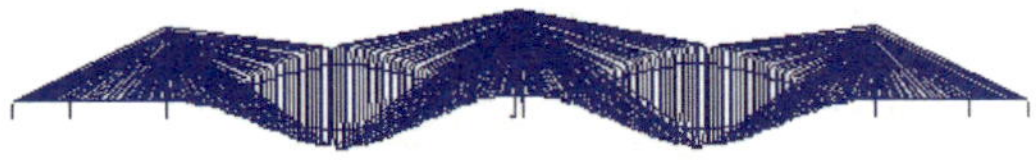
25	1 阶反对称扭转 0.361 1Hz	$0.168\,715\times10^{5}$	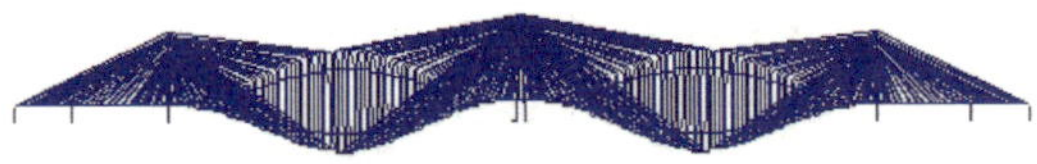
49	2 阶正对称扭转 0.567 0Hz	$0.161\,068\times10^{5}$	
50	2 阶反对称扭转 0.567 2Hz	$0.168\,823\times10^{5}$	

3）主跨 3 000m 斜拉-悬索协作体系桥

同样，建立了 3 000m 主跨的斜拉-悬索协作体系桥，利用 ANSYS 通用程序对斜拉桥进行了建模。主梁、桥塔、刚臂和辅助墩和过渡墩均采用三维梁单元 BEAM4，斜拉索、吊杆和主缆采用只承受拉力的三维索单元 LINK10。斜拉索成桥状态下的初始索力采用刚性支承连续梁法，并参考最大索力计算而得。通过静力与动力特性分析，获得动力特性结果见表 2-6。由结果可见，斜拉-悬索协作桥的 1 阶正对称竖弯频率为 0.093 2Hz，1 阶正对称侧弯频率为 0.037 0，1 阶正对称扭转频率为 0.183 5Hz。

主跨 3 000m 斜拉-悬索协作体系桥动力特性 表 2-6

阶数	振型描述与频率	等 效 质 量	振 型 图
3	1 阶正对称竖弯 0.093 2Hz	$0.625\,401\times10^{2}$	
4	1 阶反对称竖弯 0.098 9Hz	$0.650\,558\times10^{2}$	
10	2 阶正对称竖弯 0.141 8Hz	$0.102\,779\times10^{3}$	

续上表

阶数	振型描述与频率	等效质量	振型图
1	1 阶正对称侧弯 0.037 0Hz	$0.616\ 919\times10^{2}$	
2	1 阶反对称侧弯 0.079 1Hz	$0.589\ 216\times10^{2}$	
22	1 阶正对称扭转 0.183 5Hz	$0.610\ 323\times10^{5}$	
38	2 阶反对称扭转 0.287 5Hz	$0.506\ 321\times10^{5}$	

2.2.4 悬索桥主缆及吊杆的抖振效应

对于特大型悬索桥而言，缆索结构主要包括主缆与吊杆。在风致抖振激励下，主缆的振动位移、主缆与鞍座的切角与应力，吊杆的振动位移、端部转角与应力称为抖振分析主要关注的因素，本书重点研究主缆与吊杆的响应指标，并对振动效应进行评价。

1) 主缆抖振效应

悬索桥主缆位移计算关键点选取如图 2-17 所示，1 ~5 分别为主缆靠近桥塔处、主缆 1/8、主缆 1/4、主缆 3/8、主缆 1/2 处。根据桥面高度处 30m/s 风速下的抖振分析结果可以发现：①悬索桥主缆的位移抖振响应以面外振动响应为主，其次是竖向振动响应，顺桥向的振动响应则非常小；②主缆顺风向位移响应在靠近桥塔处最大，最大值为 0.104m，越远离桥塔主缆顺风向位移响应越小；③由于桥塔的约束，主缆在竖向和面外位移响应在桥塔附近几乎为 0，竖向和面外位移响应随着关键节点与桥塔距离的增加而增加，其最大值都出现在跨中处，竖向位移的最大值为 0.725m，面外位移的最大值为 12.700m，见图 2-18。

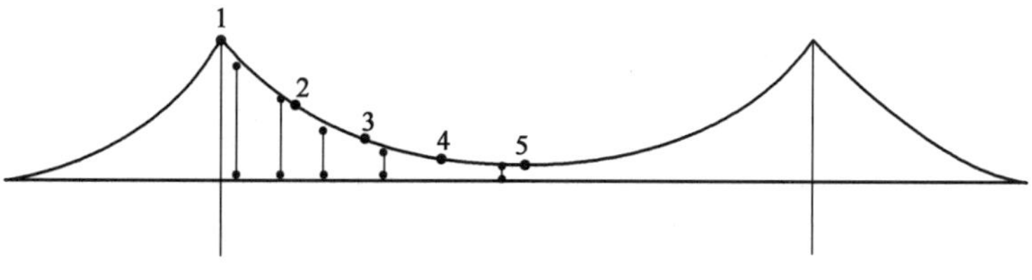

图 2-17　节点位移示意图

1-桥塔；2-主缆 1/8；3-主缆 1/4；4-主缆 3/8；5-主缆 1/2

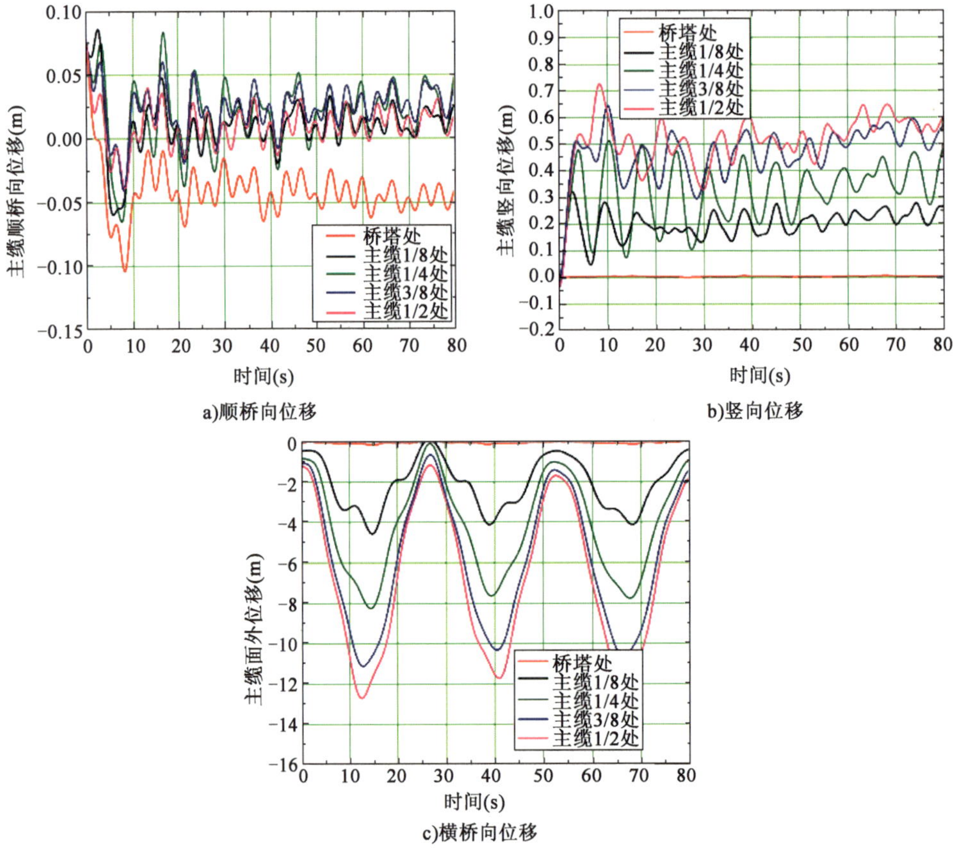

图 2-18 主缆振动位移($U_d=30\text{m/s}$)

考察风致抖振作用下主缆缆力的变化，可以发现，随着风速逐渐增加，主缆风致振动应力没有明显的增加，说明在抖振荷载作用下，主缆的应力没有明显的增加，风致疲劳效应也在可控范围之内，见图 2-19a)。

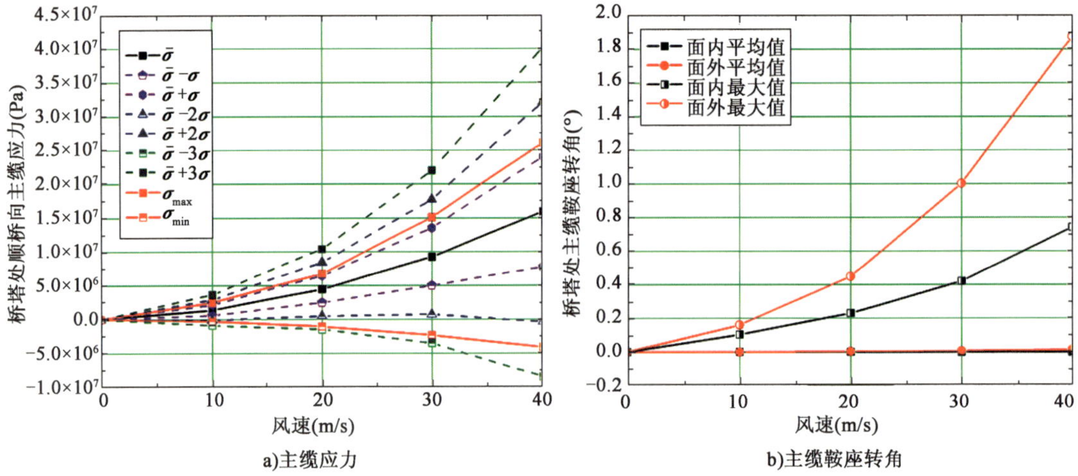

图 2-19 主缆风致振动应力与主缆鞍座转角随风速的变化

同样,分析主缆在风致振动下鞍座处转角变化,结果如图2-19b)所示。由图可见,面外的转动大于面内,且在设计风速范围内,面外转动角度最大约为1.9°,面内转动角度约为0.75°。可见,当鞍座考虑该转角设计后,风致抖振不会引起主缆灾变效应的发生。

2)吊杆抖振效应分析

选取5根不同长度的吊索进行分析研究,其中1号为最长索、5号为最短索,通过分析得到吊杆轴力随风速变化规律。图2-20和图2-21分别表示了5根不同长度吊杆的轴力平均值和方差随风速的变化关系,可以发现:①吊杆的轴力平均值、方差随着风速的增加而增加;②吊杆的轴力与诸多因素相关,但是总体来说,轴力的平均值、方差均随着吊杆长度的增加(越靠近桥塔)而减小。分析原因,长索虽然局部振动较为明显,但是由于靠近桥塔,主梁与主缆的振动则明显很小,激发长索振动反而比短索小。可见在强风作用下,应尤其关注短索的风致内力与疲劳问题。

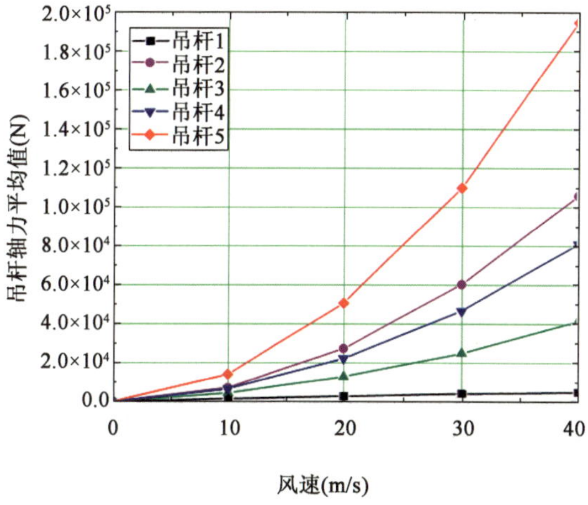

图2-20 不同长度吊杆轴力平均值随风速的变化

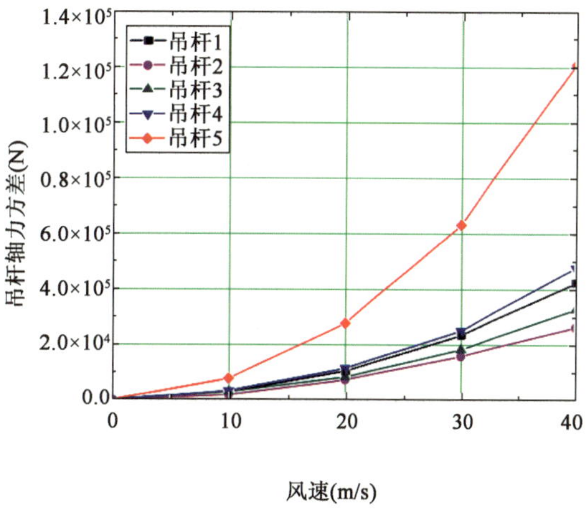

图2-21 不同长度吊杆轴力方差随风速的变化

进一步比较吊索局部风振位移,分析得到不同长度吊索振动位移响应如图2-22和图2-23所示。结果表明,短索虽然整体振动位移较大,但是局部振动并不明显;长索虽然整体振动位移较小,但是局部振动效应相对明显。在30m/s的来流风速条件下,长索的面外相对局部振动位移达到10cm左右,在设计基准风速下(U_{10} = 51.9m/s)的抖振位移振幅最大值约为29cm,对于最长索(L = 300m)而言,振动振幅约为L/1 034。

综合比较不同长度吊索的抖振响应可以发现,短索在设计中应关注风致疲劳效应,长索应关注抖振位移。

3)悬索桥缆索结构的抖振效应及控制对策

前文对悬索桥的抖振灾变效应进行了分析研究,重点关注了悬索桥主缆与吊杆,通过分析得到了两类构件的振动指标,如表2-7所示。

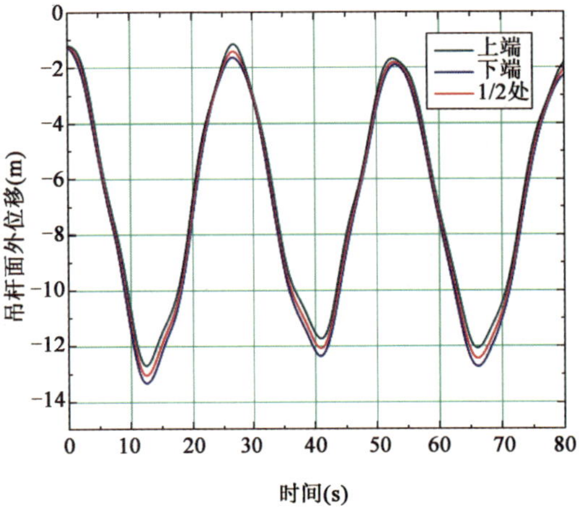

图 2-22　长吊杆在不同位置的面外位移时程曲线（$v=30\text{m/s}$）

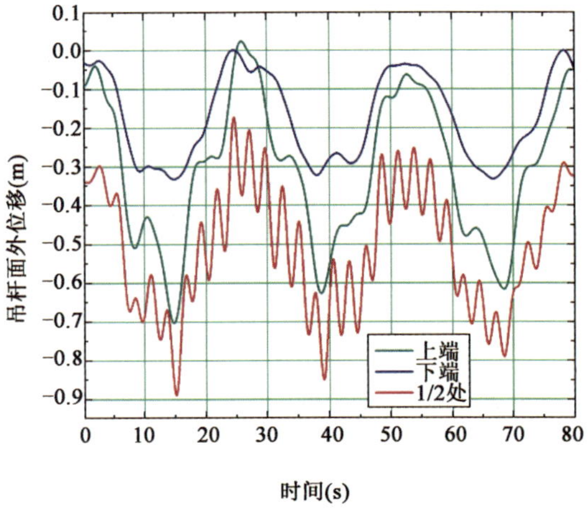

图 2-23　短吊杆在不同位置的面外位移时程曲线（$v=30\text{m/s}$）

悬索桥缆索结构的抖振效应及控制对策　表 2-7

构　件	指　标	抖振效应描述	控制对策
主缆	应力	可控范围	—
	位移	可控范围	—
	鞍座处转角	可控范围	—
吊杆	应力	短吊杆应力较大	关注短吊杆风致疲劳
	位移	长吊杆振动较大	长吊杆的振动宜进行有效抑制

2.2.5　悬索桥平行吊索的尾流驰振

对于悬索桥的吊索，尾流驰振是重点研究内容。尾流驰振是指当一根吊杆处于另一根吊杆下游时，由于上游吊杆的湍流尾流诱发，下游吊杆产生沿椭圆轨道的大幅振动。

对于并列吊杆而言，处于下游的吊杆，在面内振动过程中所受到的静气动力系数在不断变化，当拉索偏离风轴时的静气动力系数可以通过模拟并列吊杆在不同风攻角下的静风荷载获得，如图 2-24 所示。图中 D 为吊杆直径，H 为吊杆中心距，α 为由于风向引起的风攻角，F_L 与 F_D 分别为吊杆的升力系数与阻力系数。对风攻角 α 在 $-90°\sim90°$，且吊杆间距比（吊杆中心距 W 与直径 D 的比值）为 $2\sim5$ 的工况进行分析。

研究首先利用大涡数值风洞模拟方法获得了横风下并列吊杆的静风荷载系数，并分析了不同风攻角下上游索对下游索三分力系数的影响，继而在驰振判别原则的基础之上开展并列吊杆尾流驰振的判别方法和发生风速的研究。结果表明，上游吊杆和下游吊杆发生驰振失稳的可能性都很高，同时提高拉索结构阻尼比或者改变拉索局部振动频率均能有效地提高尾流驰振发生风速。

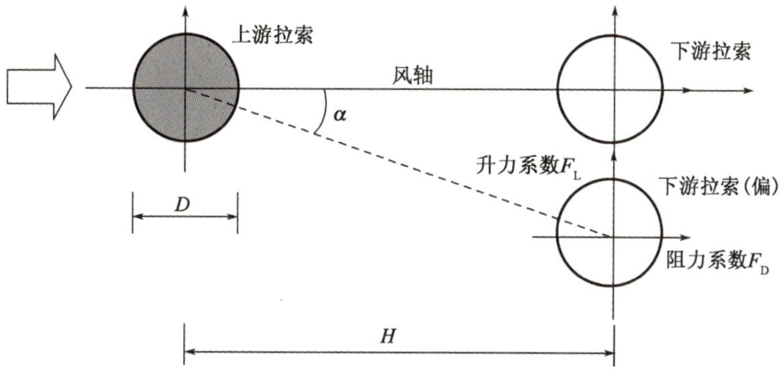

图 2-24　并列吊杆风荷载模拟示意图

图 2-25 ~ 图 2-28 给出了上下游吊杆升阻力系数与吊杆间距 W、风攻角的关系。可以看出：①上游吊杆的阻力系数整体比下游吊杆的阻力系数要高；②当 $W/D>4$ 时，上游吊杆的升阻力系数值基本处于稳定状态，说明在大间距下，上游吊杆受下游吊杆的影响可以忽略不计；③对于上下游吊杆，当 $W/D=2$、3 时，其升阻力系数随风偏角发生相同的变化趋势；当 $W/D=4$、5 时，其升阻力系数随风偏角发生相同的变化趋势；对于下游吊杆，各间距下，升阻力系数都有随风偏角发生相同的变化趋势；④根据 Simpson 判据，上下游吊杆都有发生尾流驰振的可能，其发生区域如图 2-29 所示。

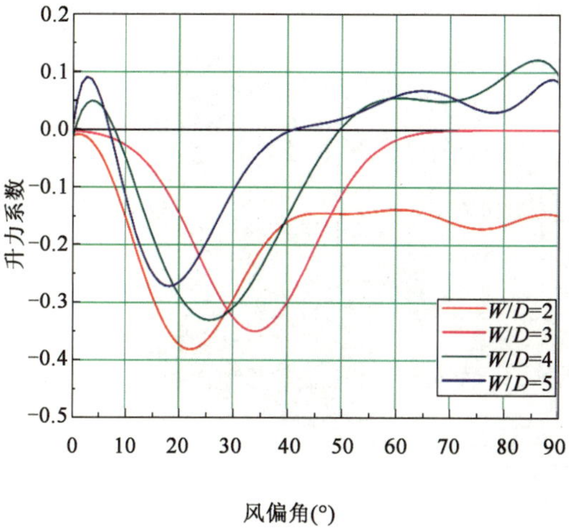

图 2-25　不同间距下游吊杆升力系数

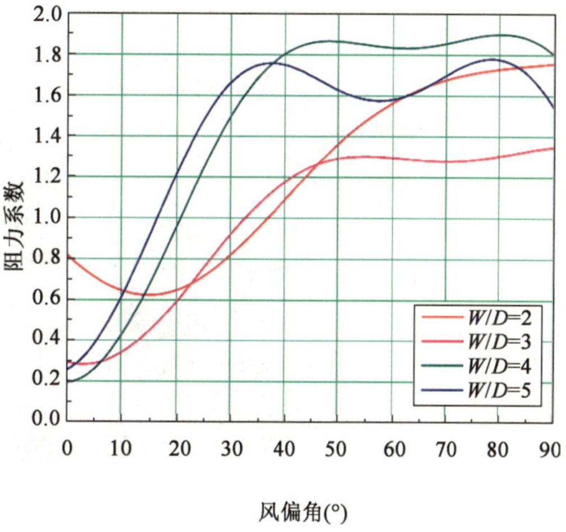

图 2-26　不同间距下游吊杆阻力系数

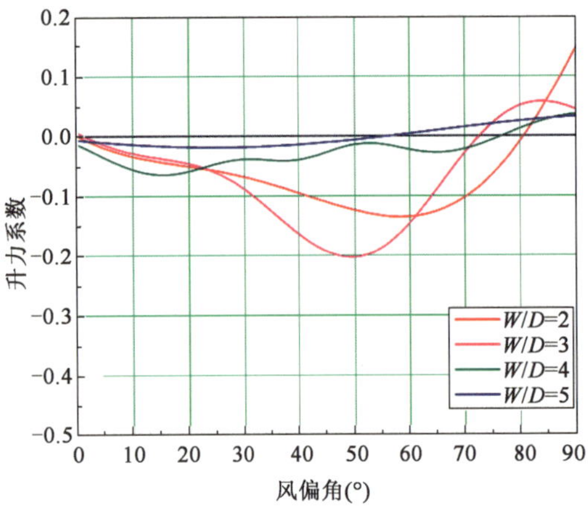

图 2-27　不同间距上游吊杆升力系数

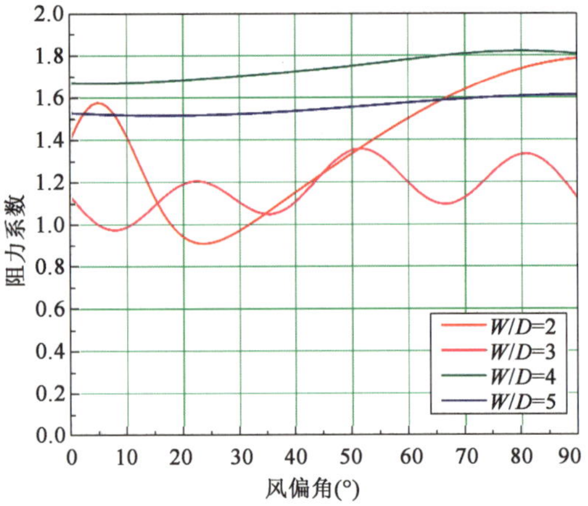

图 2-28　不同间距上游吊杆阻力系数

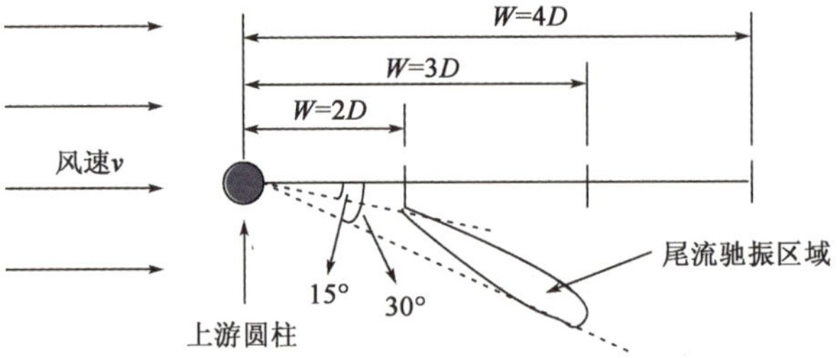

图 2-29　Simpson 法判别尾流驰振区域

根据以上的数值模拟分析，采用如图 2-30 所示的试验模型进行试验研究，试验采用的吊杆模型的外径为 50mm，几何缩尺比为 1∶1.94（实桥索径 97mm），模型全长 2.45m。平行双吊杆的模型刚度由直径为 10mm 的芯梁提供，气动外形由直径 50mm 圆形的泡沫模拟，模型质量由中心芯梁、装配零件共同提供。此外，塑料管分段设置以避免产生附加刚度。整个吊杆模型通过吊杆的两端与圆盘进行固定，通过改变吊杆张力来调整斜拉索的振动频率。

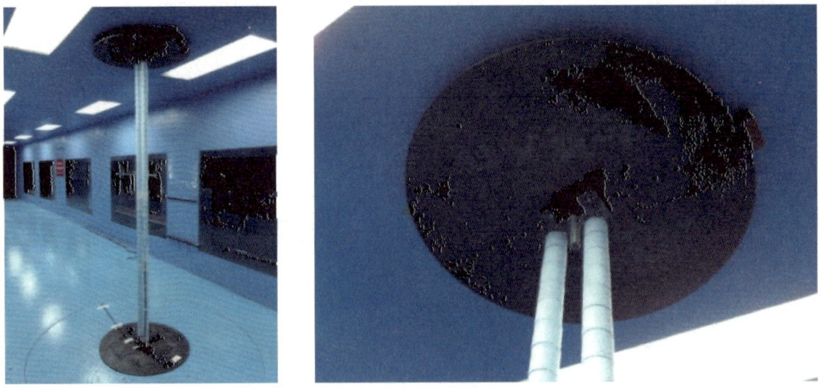

a)平行吊杆驰振模型　　b)平行吊杆驰振模型端部

图 2-30　平行吊杆尾流驰振试验模型

试验采用加速度计分别测量 1/2 跨和 1/4 跨两个位置处的横向和竖向加速度时程，记录不同风攻角试验工况下的结构响应。试验中当风速达到某一值时，吊杆模型出现单自由度弯曲振动，且振幅急剧增大，呈发散趋势，此时可认为吊杆发生横风向驰振，对应风速为驰振临界风速。符合以下几点即认为发生尾流驰振：①吊杆面外加速度方差值随着风速增加不断增加，当某一风速突然增大，振动响应与风速呈非线性关系；②达到驰振临界风速，吊杆的运动轨迹为椭圆形。试验结果显示，平行吊杆的尾流驰振发生振幅与距离、风偏角、折减风速、固有频率、结构阻尼都有关系。

试验中，吊杆间距在 $2D \sim 5D$ 时均观察到了下游吊杆的大幅振动现象。在达到驰振风速以前吊杆的振动非常微弱，几乎观察不到，然而，当到达某个特定风速时，振动响应突然放大，在面内和面外都有振动。与单吊杆相比，处于尾流的下游吊杆在横风下的响应明显增大，尾流引起吊杆的面外振动。吊杆的振动响从竖直方向来看犹如马的奔驰，在一点上的振动响应出现增加、减小相互交替的振动形态，呈现出了明显的驰振现象。随着吊杆间距的增加，尾流驰振的发生风速也有了相应的提高。此外值得注意的是，当下游吊杆出现尾流引发大幅振动时，上游吊杆在有些工况下也观察到了相应的振动响应，振动幅值有的甚至比下游吊杆还要明显。

对不同风偏角工况下试验数据结果进行分析，可以发现：①风偏角在中间区域（10° ~ 30°）是发生尾流驰振的危险区域；发生尾流驰振的风偏角范围随着吊杆间距的增加而减小，当 $W/D = 2$、3、4 时，尾流驰振的风偏角范围分别为 0° ~ 60°，10° ~ 45°，20° ~ 30°；②驰振发生的临界风速随着风偏角的增大而增大，发生驰振时其加速度响应的方差在某一风速陡然增大，非线性极为明显；③当 $W/D = 2$、3、4 时，上游吊杆也同样存在面外的大幅振动响应，上游吊杆的发生大幅振动的风偏角范围与下游吊杆相比较小（当 $W/D = 2$、3、4 时，上游吊杆的驰振发生风偏角分别为 5° ~ 20°、10°、30°）。但值得注意的是，虽然上游吊杆不会发生类似下游吊杆的驰振振动情况（一般振幅先增大后减小），但在绝大多数工况中，其振幅响应的数值比下游吊杆要更大。

在频率对尾流驰振现象影响的研究中，采用 $W/D = 2, \alpha = 0°$ 的工况展开分析，通过改变吊杆的张力实现改变其频率的大小，分析在不同折减风速下下游吊杆的振动响应，试验结果如图 2-31 所示。可以看到，频率对尾流驰振的影响具有明显的规律性，从总体来看，尾流驰振的临界发生风速与吊杆的频率呈正比；另一方面，低频率下（15Hz、16Hz）吊杆尾流驰振发生时风速低，但其发散趋势在较高频率（17Hz、18Hz）的情况下来得缓慢，高频率吊杆虽然发生时风速有了提高，

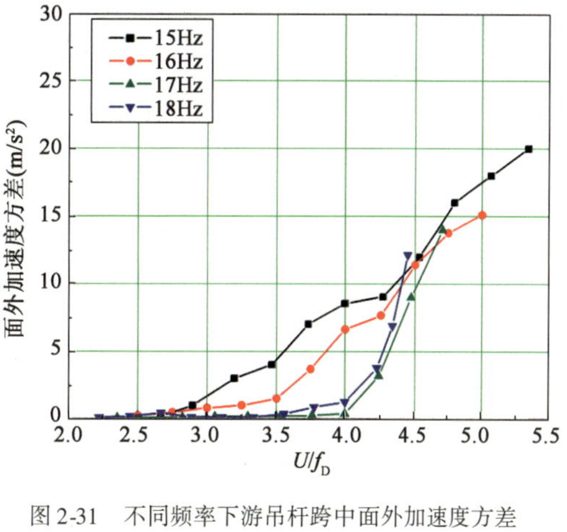

图 2-31　不同频率下游吊杆跨中面外加速度方差（$W/D = 2, \alpha = 0°$）

但是加速度方差变化剧烈，非线性尤为明显。

对发生尾流驰振工况的吊杆加速度响应轨迹进行分析后发现：①吊杆运动的加速度响应轨迹呈椭圆形，根据不同的工况，发生在一、三或者二、四象限均有可能；②绝大多数情况，上游吊杆同样形成了椭圆形的运动轨迹，加速度值大多与下游吊杆加速度值相当，所在象限与下游吊杆的振动所在象限相反，与数值分析的结果相同；③吊杆存在高阶的振动状态；④同一工况下（相同吊杆间距比、相同风偏角）随着风速的增加，吊杆振动响应的椭圆轨迹长轴与来流风的夹角不变，但不同工况，夹角不同。

目前，针对吊杆的振动控制措施主要有三种：机械控制措施、结构控制措施和空气动力学控制措施。结构控制措施中，早期国外常采用稳定索来达到减振效果，我国现在多采用刚性间隔器，通过提高吊杆频率来抑制吊杆的振动。

为了研究刚性连接措施对抑制吊杆尾流驰振的作用，针对 $W/D=2$，$\alpha=0°$ 的工况，将上下游吊杆中点通过钢板将两者刚性地连接起来进行试验分析，试验模型如图 2-32 所示。试验中未观察到吊杆有明显的振动响应，对采集的不同风速时下游吊杆中点的面外加速度响应进行相应的方差值分析，并与无任何措施的结果进行对比，对比结果如图 2-33 所示。图中 * 图例代表加了刚性连接后的振动响应情况，可以看到：两吊杆中点间采用刚性连接后，吊杆的尾流驰振现象得到了很好的抑制，面外加速度响应值随着风速的增加几乎不变。

图 2-32　刚性连接的双吊杆模型

本小节通过数值模拟与风洞试验发现，相邻较近的平行吊杆都在不同工况下发生了尾流驰振，可见悬索桥吊杆尾流驰振灾变效应应作为重点研究对象。本项研究得出主要结论如下：

（1）流场的流动形态和结构的升阻力系数极大地受吊杆的间距与风偏角的影响。当 $W/D=2$、3 时，上游吊杆的尾流直接附着在下游吊杆的表面；当 $W/D=4$、5 时，上游吊杆形成完整的涡脱打在下游吊杆的表面；风偏角在 0° ~ 30°时，上游吊杆的尾流轨迹相互重叠，随着风偏角的增大，上下游吊杆的尾流轨迹渐渐分离，由单涡街向双稳态偏流，向双涡街发展。

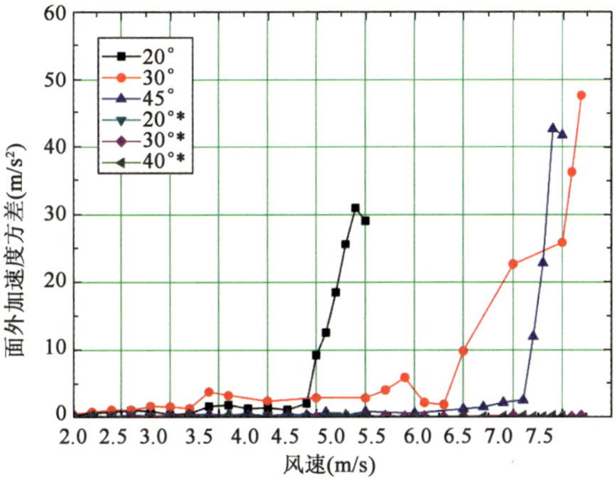

图 2-33 刚性连接对下游吊杆中点面外加速度响应的影响

(2)以双圆柱绕流理论为依托,结合计算流体学(Computational Fluid Dynamics,CFD)数值模拟技术的结果,以吊杆间距 W/D、风偏角 α 为变量,拟合出了上、下游吊杆的升阻力系数空间曲线分布。

(3)针对本书的 3 个吊杆距离($W/D=2、3、4$),$W/D=3$ 发生驰振的风偏角范围最大,为 10°~60°,为最不利的吊杆间距;在所有吊杆间距布置中,中间风偏角 10°~20°都有尾流驰振现象;对 $W/D=2$,尾流驰振的发生风偏角为 10°~45°。

(4)发生尾流驰振的吊杆其面内振动响应要强于面外振动响应,振动形式以 1 阶振型为主,但在少数情况下同样存在高阶的振动。

(5)平行吊索的间隔器,可以有效地提高吊索局部振动频率,将多根吊索连接成整体,避免了尾流驰振发生条件,从而达到控制尾流驰振的目的。

2.2.6 斜拉-悬索协作桥缆索结构的抖振效应

1)主缆抖振效应

主缆风致抖振位移分析主要选取主缆自由段中点和主缆跨中点处两个关键点位置,总结其位移随风速的变化规律。协作体系主缆自由段中点的三方向位移随风速的变化情况如图 2-34 所示。从协作体系的主缆自由段位移的分析结果可以得出以下结论:随着风速的提高,主缆自由段的面内、面外抖振位移极值都有较大幅度的增长,可以近似地认为抖振的位移极值与风速符合二次曲线变化规律。随着风速的提高,主缆自由段的面内、面外位移都有较大幅度的增长。此外,无论在何种风速工况下,主缆自由段的面外横桥向抖振位移极值均要大于面内抖振两个方向上的位移极值。

协作桥主缆塔端位置同样存在抖振风荷载作用下转动的情况,对其在不同风速下的转角进行分析,发现主缆面外转角略大于面内转角,30m/s 风速下主缆面外的最大转角是面内转角的4倍左右,但是总体上看,二者的转角角度均不大,可以维持在可控制的范围之内(图2-35)。

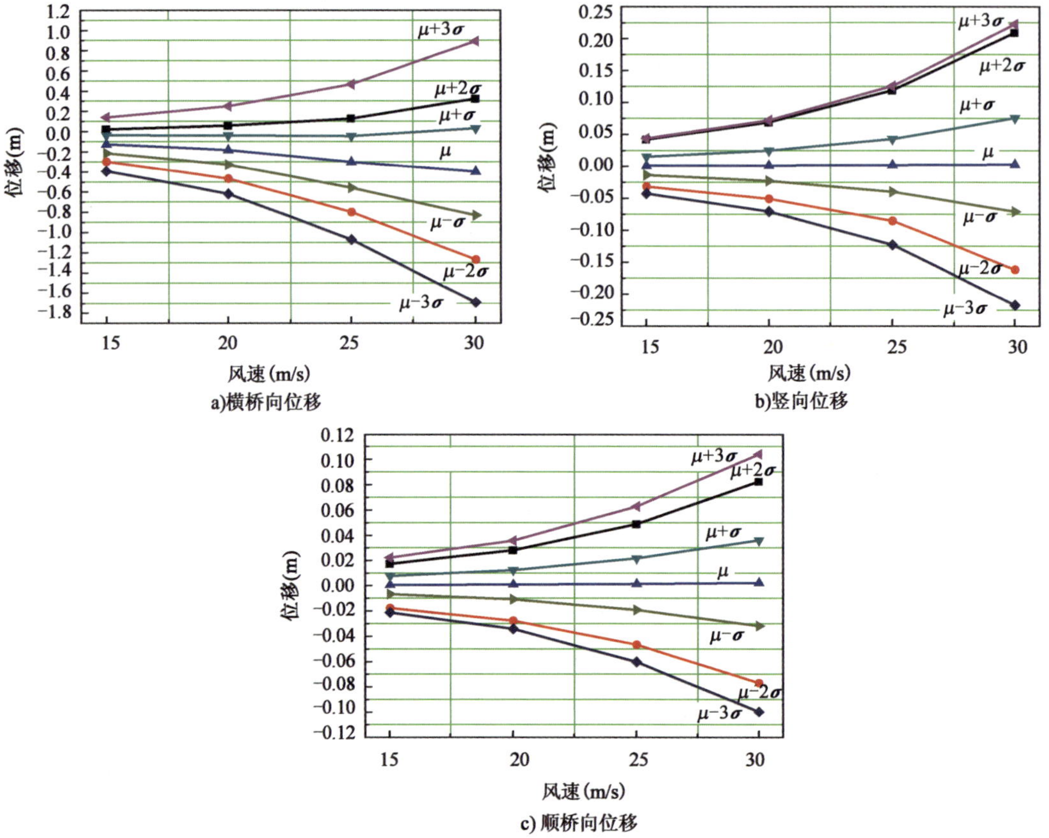

图2-34 主缆自由段中点抖振位移随风速变化规律

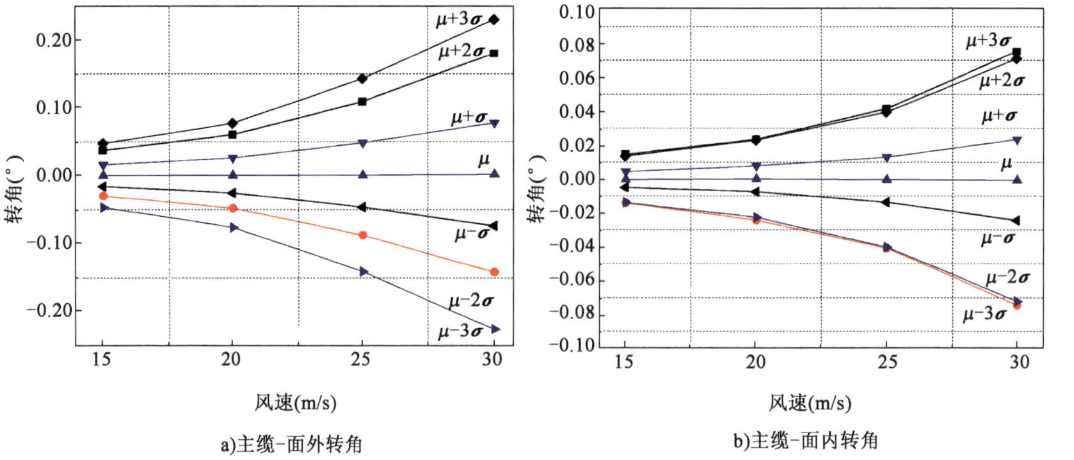

图2-35 协作体系主缆塔端转角

对协作桥主缆的关键单元进行应力分析,图2-36为主缆关键单元应力与风速的变化关系，从图中可以看出，随着主缆单元从塔端到主缆中点的移动，主缆单元应力值逐渐减小，且随着风速的增长，主缆不同位置处的应力大小关系并未改变，且应力平均值增加与应力幅增加并不明显，说明主缆抖振应力并不是灾变控制的重要因素。

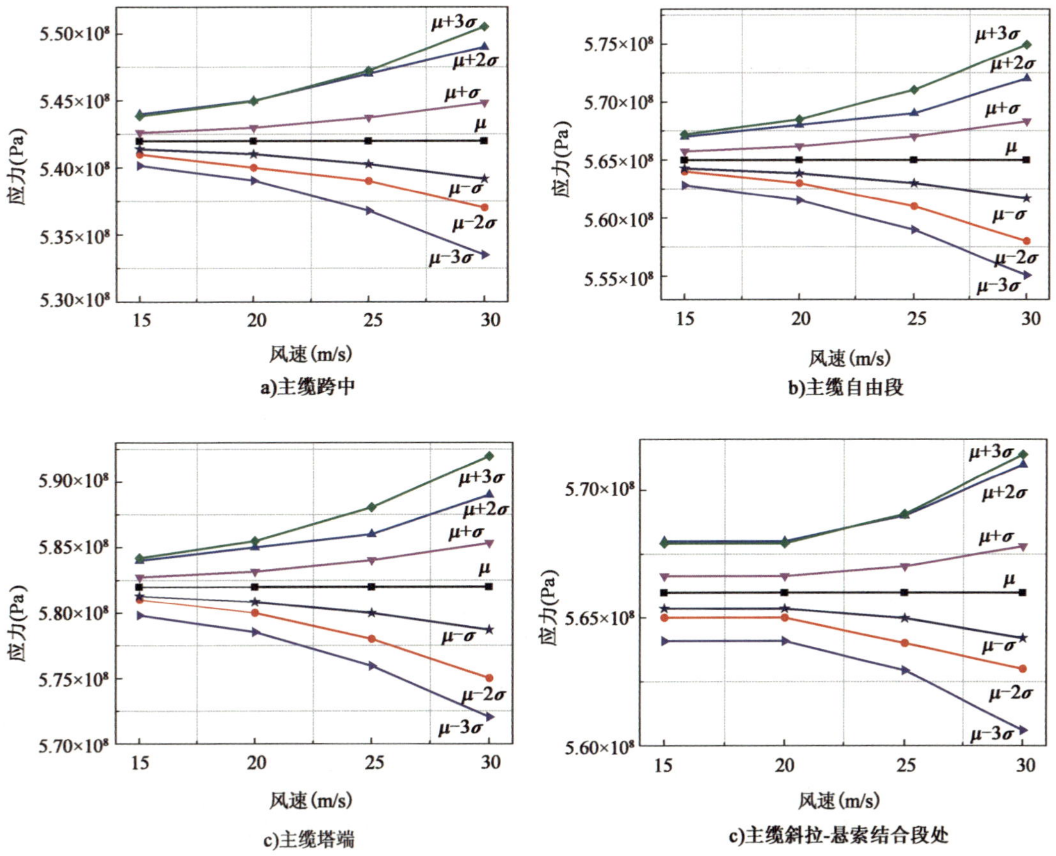

图 2-36　协作桥主缆关键单元应力与风速的变化关系

2) 吊杆抖振效应

吊杆风致抖振灾变效应主要考虑抖振产生的位移和应力两个指标。在斜拉-悬索协作桥中，最长吊杆位于斜拉体系和悬索体系转换的关键部位。由于两种结构体系在总体刚度分布上存在突变，最长吊杆所在位置为全桥的纵向刚度突变区域。因此，最长吊杆的疲劳问题是斜拉-悬索体系中面临的最重要问题。通过对不同平均风速下最长吊杆位移、应力的变化规律进行分析，可以在一定程度上评估最长吊杆的风致抖振灾变效应。

对协作体系的吊杆抖振位移进行分析，图 2-37 分别表示最长吊杆顺桥向、横桥向位移随风速变化曲线。从位移结果可以分析出，横桥向面外位移均大于顺桥向面内位移，随着风速的增长，吊杆单元位移会随着风速增大而增大。而吊杆局部振动位移则相对较小，在来流风速 30m/s 的情况下，最大振幅约为 12.5cm。

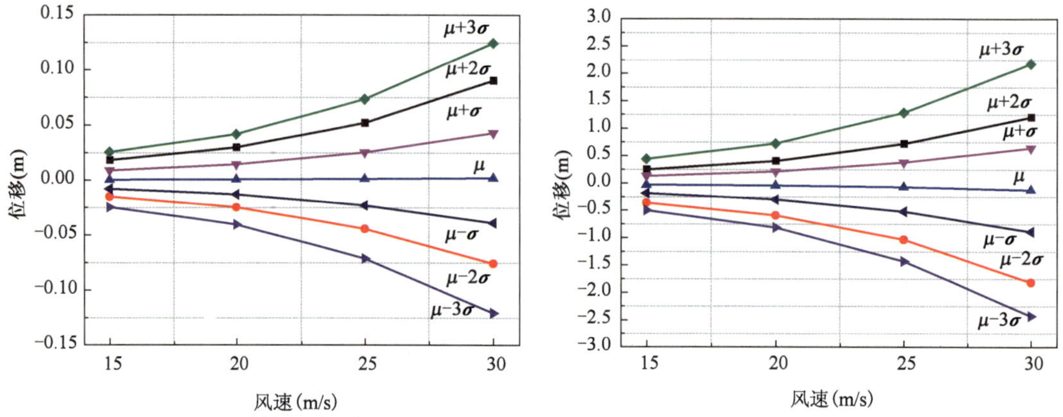

a)顺桥向振动位移　　b) 横桥向振动位移

图 2-37　协作桥最长吊杆面内面外位移时程变化

在不同风速作用下，分析最长吊杆的抖振应力响应，得到其随风速的变化规律，图 2-38 为最长吊杆抖振应力随风速的变化规律。从分析结果中可以看出，随着风速的变化，最长吊杆的平均应力改变并不明显，但脉动风致使最长吊杆的应力幅值随着风速的增加迅速地增大，在30m/s 来流风速下，最长吊杆的风致振动应力幅值可以达到 85MPa，当考虑来流为设计基准风速(U_{10} =51.9m/s)时，则疲劳应力幅值可达到 254MPa。可见风致抖振会引起长吊杆的疲劳问题，应在设计中加以重点关注。

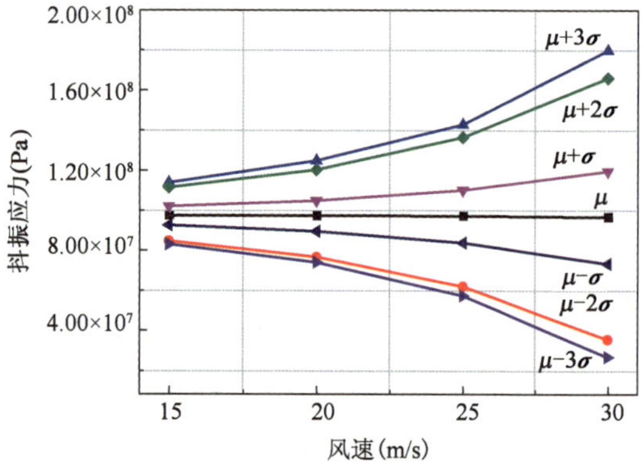

图 2-38　协作桥最长吊杆抖振应力随风速变化规律

3)斜拉索抖振效应

对于协作体系桥斜拉索的分析，从各根斜拉索关键单元的应力来看，最长斜拉索的应力幅值约为最短斜拉索的应力幅值的 5.3 倍，最长斜拉索的应力幅值约为中间斜拉索的应力幅值的 2.65 倍，最长斜拉索应力幅值的波动程度大于最短斜拉索，并且背风侧的应力幅值远大于迎风侧。说明背风侧的最长斜拉索为协作体系的最不利斜拉索，并且其余斜拉索的应力幅值均比较接近并且在数值上远小于最长斜拉索的应力幅值，因此，对于最长斜拉索设计分析从控制风致灾变的角度是至关重要的。

比较斜拉-悬索协作桥最长斜拉索应力与斜拉桥同长度斜拉索的应力，结果如图 2-39 所示。对比应力结果可以看出，无论是极值还是与平均值和均方差，协作体系中最长拉索的应力均要大于同长度的斜拉桥拉索。这也说明了对于斜拉-悬索协作桥而言，长斜拉索的风致振动应力应予以充分关注。

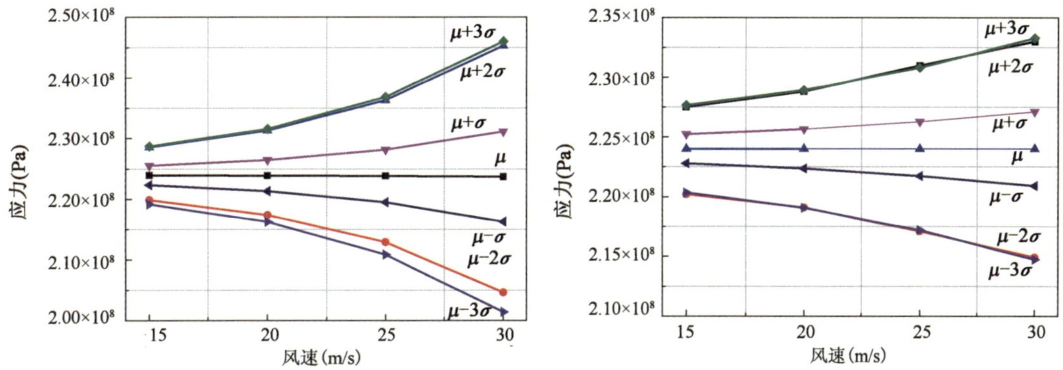

图 2-39　斜拉-悬索协作桥最长拉索应力与斜拉桥同长度拉索应力对比

4)斜拉-悬索体系桥缆索结构的抖振效应及控制对策

前文对斜拉-悬索体系桥的抖振灾变效应进行了分析研究,重点关注了主缆、吊杆与斜拉索,通过分析得到了三类构件的振动指标,如表 2-8 所示。

协作桥缆索结构的抖振效应及控制对策　　表 2-8

构　件	指　标	抖振效应描述	控 制 对 策
主缆	应力	可控范围	—
	位移	可控范围	—
	鞍座处转角	可控范围	—
吊杆	应力	短吊杆应力较大 结合部分长吊杆应力幅值较大	重点关注长吊杆风致疲劳
斜拉索	应力	长斜拉索应力相对较大	关注长斜拉索风致疲劳

2.2.7　索网结构振动及控制机理

本书分别针对悬索桥和斜拉桥的索网结构进行振动分析和控制机理的研究。

1)悬索桥索网控制机理

对于悬索桥,辅助索作为一种可以减小吊杆自由长度的减振措施,这种措施能够提高索的固有频率,使不同吊杆之间产生耦合和牵制作用,并使整个索网的频率远离激励的频率,充分利用了整个吊杆体系的内阻尼来抑制局部拉索的振动。辅助索的形式多种多样,这里提出如图 2-40 所示的两种方案进行比较,分别为交叉索网、近似平行索网形式。

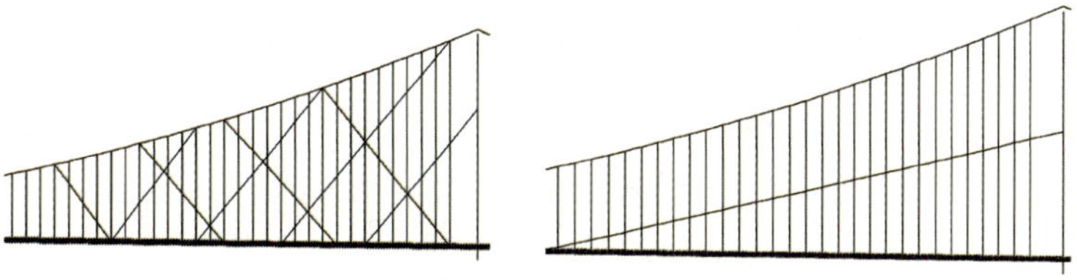

图 2-40　交叉索网和近似平行索网形式示意图

对索网的动力特性进行分析,通过分析比较两种索网形式及传统无辅助索索网可以看出,索网体系对主缆与吊杆的整体振动的频率几乎没有影响,而对于吊索局部振动模态的影响也较小。图 2-41 给出了整体振动频率域局部振动频率比较图。

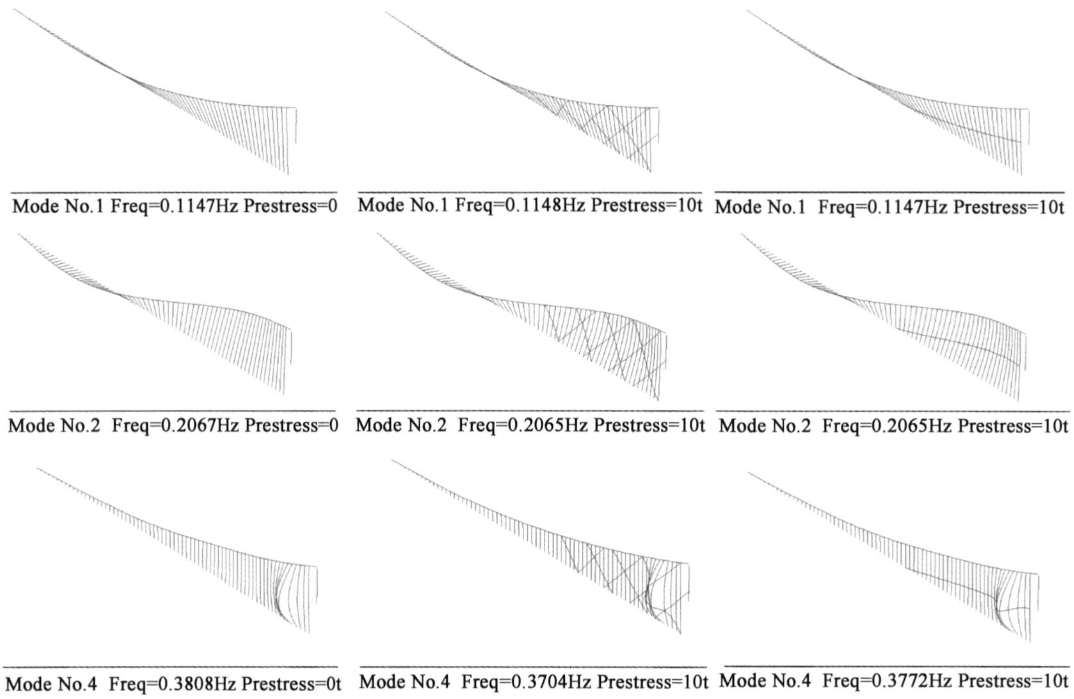

图 2-41 三种索网形式的 1、2、4 阶振型

为了进一步比较不同的索网措施的减振效果，选取了索网上三根不同长度的吊杆，分别为最长、中等长度及较短吊杆，分析 30m/s 来流风速下风致抖振响应，如图 2-42 所示。

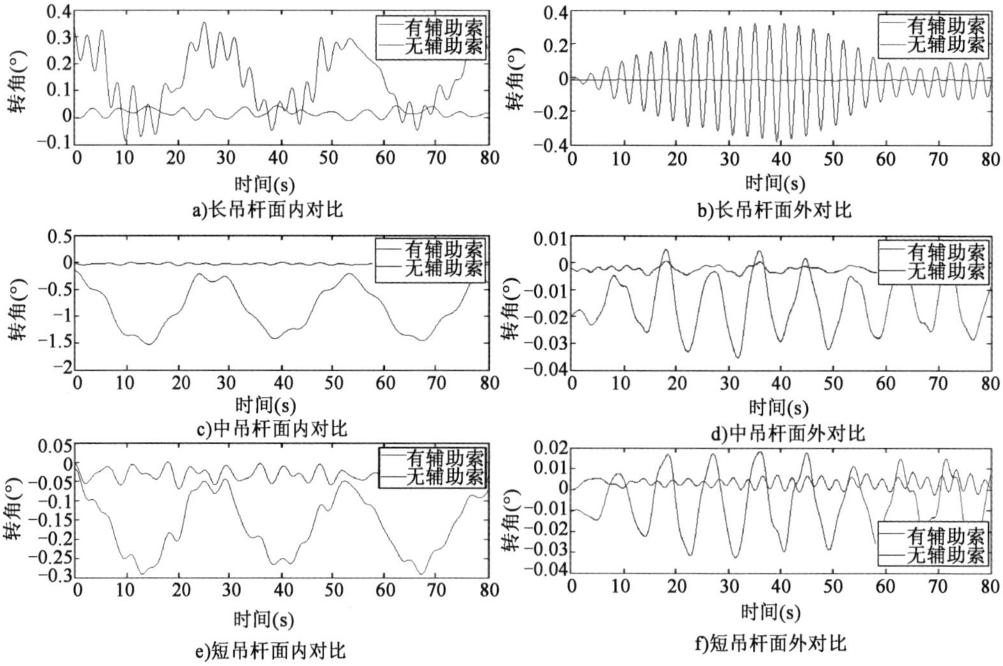

图 2-42 交叉辅助索吊杆主缆端转角

可以看出,交叉辅助索网对不同长度拉索面内振动转角都有较明显的抑制作用,如图2-43所示。长吊杆也能对面外转角起到明显的抑制作用。

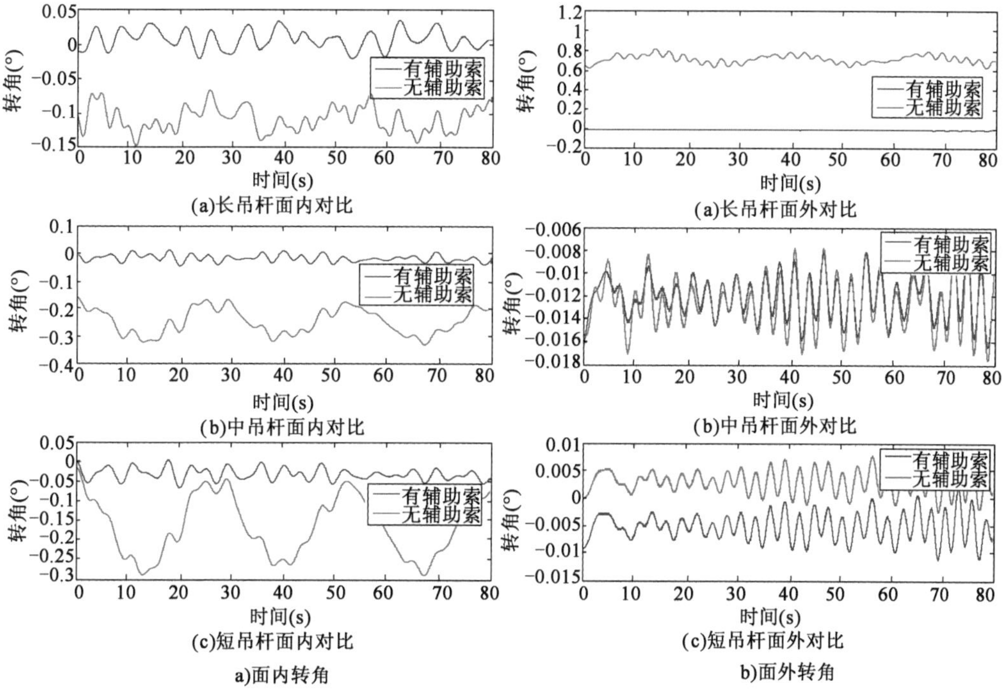

图2-43　近似平行辅助索网不同长度吊杆主缆端转角

分析表明,近似平行索网减小了不同吊杆的面内转角及振动幅度,长吊杆对面外转角抑制较为明显,中、短吊杆对面外转角抑制作用不大。

对吊杆的振动位移与应力进行了分析与比较,结果表明,两种辅助索措施对于位移与应力的控制效果不太明显。两种辅助索形式的减振效果见表2-9。

两种辅助索形式的减振效果　　表2-9

参　数	交叉辅助索	平行辅助索
吊杆转角	明显	明显
吊杆中点振动位移	不明显	不明显
吊杆应力	不明显	不明显

2)斜拉桥索网振动机理

(1)辅助索网动力特性分析

对于斜拉桥,经过理论与试验研究,影响索网结构振动特性的主要参数有辅助索的道数、布置、刚度和初拉力等。根据索网结构模态振型的不同,索网结构的模态可分为整体模态和局部模态。索网低阶振动模态的主要特征是全部斜拉索参与模态振动,这种模态称为索网结构的整体模态;对于索网结构的高阶模态振动,仅有部分斜拉索索段参与振动,其余部分斜拉索均不参与振动,这种模态称为索网结构的局部模态。由于辅助索的连接,使原来相互独立的单根拉索组成的拉索结构变成互相关联的且具有平均振动特性的索网体系，索网体系中的每一个索段又都表现出其独立的振动特性，各索段的自振频率与辅助索的参数相关，例如其与辅助索初拉力、辅助索布置、辅助索面积等的变化而变化。

图2-44和图2-45分别表示辅助索道数对索网结构面内振动的影响变化规律以及对面内外动力特性影响的对比情况。从图中可以看出，随着辅助索道数的增加，局部模态发生阶数有所提高，整体模态在辅助索较多的布置情况下占据前几阶振型，随着索网结构振动进入局部模态，在每个阶梯平台处相邻模态的频率变得非常接近。总体来说，随着辅助索道数的增加，索网结构频率呈增加趋势。对于面外振动的情况，在1阶整体振动之后，索网结构马上进入局部索段的自由振动，且局部振动的频率一直保持在某一频率范围内，没有如同面内振动那样对结构基频产生可观的提升。

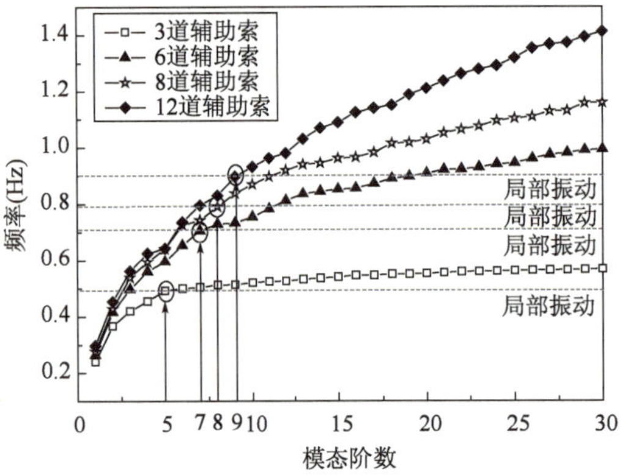

图2-44　辅助索道数对索网结构面内振动影响

辅助索的初拉力是为了防止斜拉索在满足一定振幅的振动时，辅助索变松而导致在斜拉索振动冲击力作用下突然断裂而施加的预拉力。通过改变辅助索的面积和拉力，讨论其对于索网结构动力特性的影响，图2-46表示了辅助索面积和刚度参数对基频的影响，图中不同曲线代表初始索力的缩小倍数。总结图中规律可以看出，同一初拉力条件下，随着辅助索面积的增大，索网结构振动基频逐渐增大至一定数值，此时索网结构的频率是某一索段的1阶频率，而后随着面积的继续增大而降低，这个面积比值随着拉力的不同而变化，这说明索网结构的刚度存在着一个合理的范围，并不一定随着辅助索面积的增大而保持增长；所以采用适中的辅助索刚度，也就是辅助索面积，一方面可以防止刚度过大造成的疲劳，降低对索夹的要求，同时可以为在索夹处安置阻尼器提供条件。

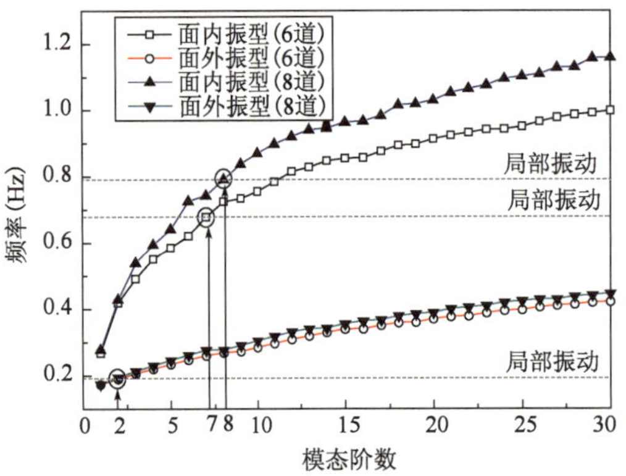

图2-45　索网结构面内和面外动力特性对比

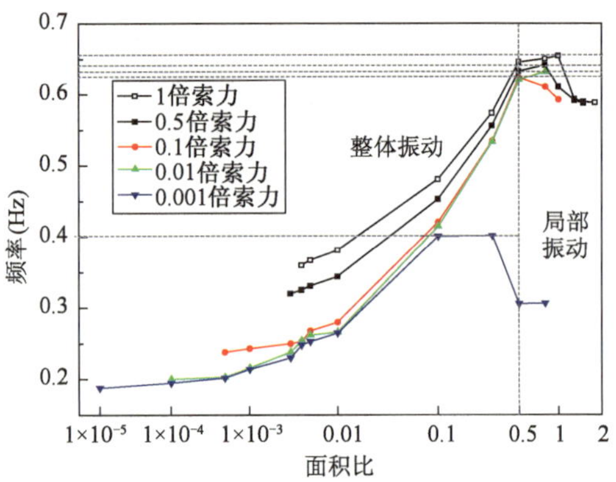

图2-46　辅助索面积和刚度参数对基频影响

辅助索的设计原则之一,就是尽量提高索网结构的整体振动和局部振动的分界频率,并使其远离 1 阶振动基频,这样有利于避免斜拉索的参数振动和线性内部共振。采用辅助索减振方法使单根拉索的振动能量转移到了整体结构。根据以上理论分析,得到辅助索的添加对于提高索网结构面外振动频率没有有效帮助,索网结构振动一旦进入局部振动的频率范围内,单独拉索的局部振动是难以控制的,因为局部振动与索网体系参数相关,是一种几乎不可避免的振动情况。

(2)试验研究

对于以上理论数值研究,利用试验方法加以验证,索网模型和试验现场布置如图 2-47 ~ 图 2-49 所示,采用三根斜拉索和一根辅助索组成的索网结构模型,加速度传感器布置于拉索的中点和四分点位置,采集每根拉索的振动特性,以自由振动方式研究辅助索的布置、张拉力、刚度等参数对索网结构频率和阻尼的影响。

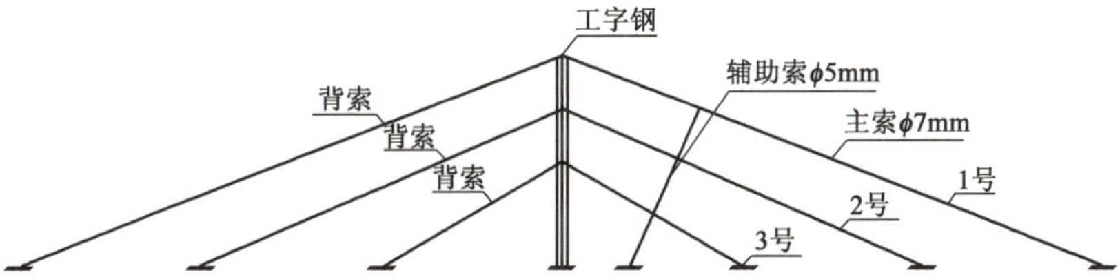

图 2-47 索网模型示意图

图 2-48 索网模型现场布置图

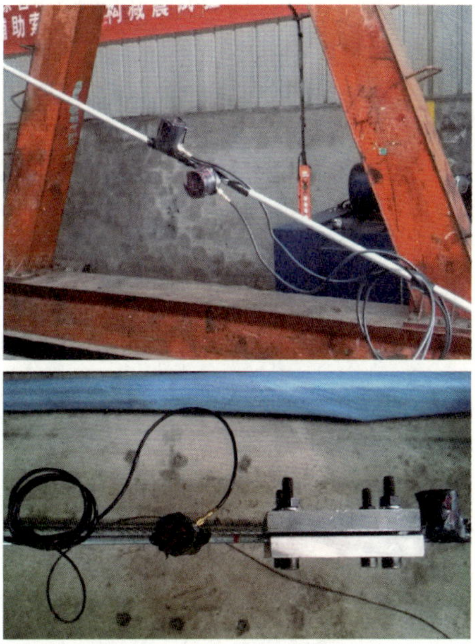

图 2-49 加速度传感器布置图

索网结构试验分为单索振动试验和索网结构振动试验。具体流程是，首先进行斜拉索的自由振动试验，在拉索中点悬挂一定质量的砝码，然后突然卸载带动拉索发生振动，通过布置在拉索上的加速度传感器，将响应信号传给动态信号采集系统，并对信号进行保存；然后进行索网结构的自由振动试验，采用同样的方法加载卸载砝码，得到索网结构振动的加速度时程，全部采集完成后，对信号进行滤波分析处理，得到拉索及索网结构响应的功率谱密度曲线图，分析模态频率和分布阻尼。

经过单根拉索和索网结构各个工况的振动试验，得到了各工况下拉索的加速度时程数据，然后分别从拉索和索网结构的阻尼、频率及模态振型方面进行对比分析。试验结果表明，对于面内振动，无论是采用刚性的钢丝辅助索还是采用柔性的丙烯绳辅助索，都可以有效地提升系统的面内阻尼，而采用柔性辅助索，其对拉索的阻尼增大有更好的效果。另外，由数据分析可知，辅助索对于索网结构的面外阻尼提升效果不如面内阻尼明显。

图 2-50 表示不同试验工况下拉索及索网面内和面外 1 阶振动频率的变化。其中工况 1 ~ 3分别为单根拉索动力特性结果；工况 4、5 为 1 号索与 2 号索之间连接辅助索；工况 6、7、8 为三根拉索之间连接辅助索，并且辅助索索力逐渐增加；工况 9、10、11 为三根拉索之间连接辅助索，并且辅助索与地面相连，同时 3 个工况的拉索逐渐减小；工况 12 为三根拉索之间连接丙烯绳索；工况 13 为三根拉索之间连接丙烯绳索，并且与地面相连。根据试验工况分析，在面内频率方面，随着刚性辅助索数量的增加，以及刚性辅助索拉力的增大和索网结构的逐渐形成，使得面内频率有提高的趋势。面内频率增大的原因主要在于提高辅助索的张拉力后，索网的面内刚度得到一定的提高，索网结构的频率也随之提高。对于面外振动而言，辅助索的连接同样使得索网结构的基频提高。利用数值计算分析的方法可以得到同样的结论。

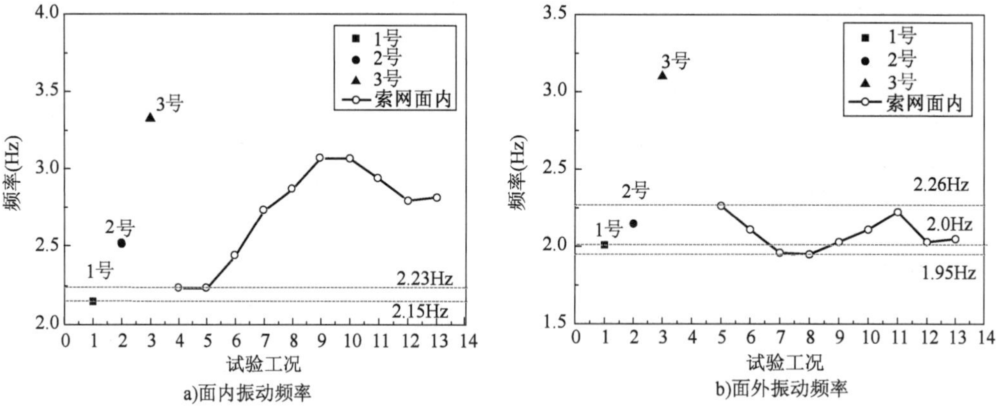

图 2-50　不同试验工况下拉索及索网 1 阶振动频率变化

经过试验分析可以得出结论，单根拉索的面内阻尼比在索网结构中大大提高，尤其是在以丙烯绳为辅助索的柔性辅助索中，阻尼比的提高十分明显，优于刚性辅助索的增强阻尼效果，另外，索网结构面外的阻尼比也有一定程度的提升；当采用钢丝这类刚性辅助索时，其对索网结构面内频率的增加贡献很大,索网结构面外振动基频也大于单根拉索基频,柔性辅助索在提升面内刚度方面则不如刚性辅助索。

通过数值模拟与结构试验,对斜拉桥辅助索的振动控制机理有了初步认识,即辅助索可以提高拉索之间的整体动力性能,改善单根拉索低阶振动模态,并使得拉索形成索网之后的整体刚度得到明显提升;辅助索设置后索网整体振动频率提升存在一个极限,即为拉索局部振动模态频率,因此在辅助索设计中,可以根据索网整体振动频率要求,确定辅助索根数与位置。

2.3　塔梁墩构件灾变控制机理

2.3.1　主梁连续连接装置灾变效应及控制机理

1)多塔斜拉桥地震灾变机理及连接装置适用范围

(1)多塔斜拉桥主梁桥塔连接形式

多塔斜拉桥主梁较长,主梁与桥塔的连接形式将会对结构的最终受力产生极大的影响。模型中过渡墩、辅助墩用纵向相对自由、横向约束主梁位移的铰支座模拟,各桥塔与主梁间设置横向限位支座约束主梁横向位移。根据主梁与桥塔在纵向和竖向连接方式的不同,建立6种动力分析体系,如图2-51～图2-56所示。①全漂浮体系,即各桥塔与主梁在竖向和纵向均无约束;②半漂浮体系,即各桥塔与主梁仅在竖向有位移约束;③各桥塔与主梁在竖向有位移约束,且在1号桥塔处设主梁纵向位移约束;④各桥塔与主梁在竖向有位移约束,且在2号桥塔处设主梁纵向位移约束;⑤各桥塔与主梁在竖向有位移约束,且在1号和4号桥塔处设主梁纵向位移约束;⑥各桥塔与主梁在竖向有位移约束,且在2号和3号桥塔处设主梁纵向位移约束。

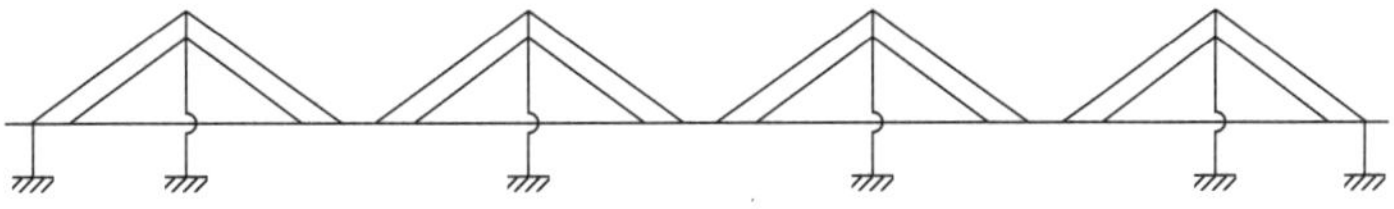

图2-51　体系1——漂浮体系

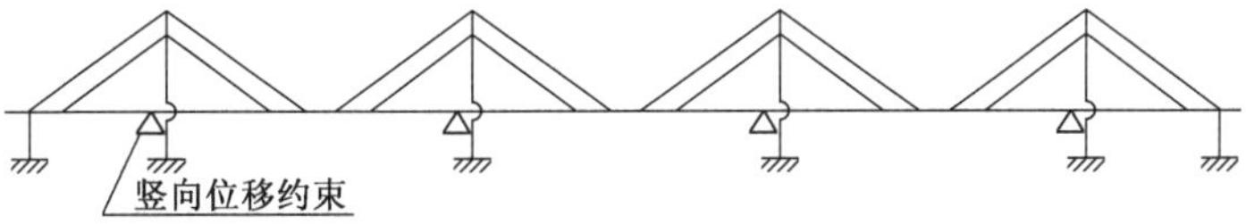

图2-52　体系2——半漂浮体系

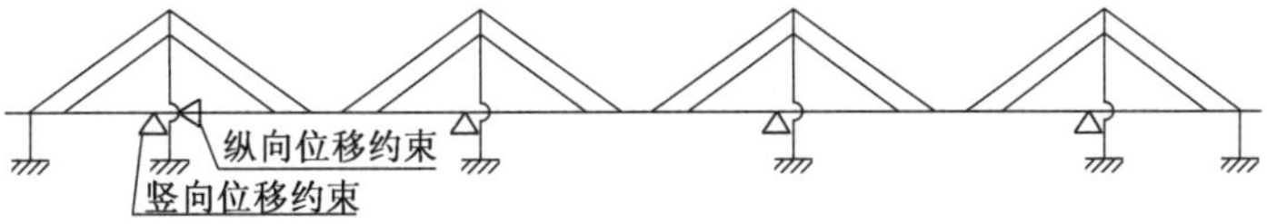

图2-53　体系3——1号塔处设纵向位移约束

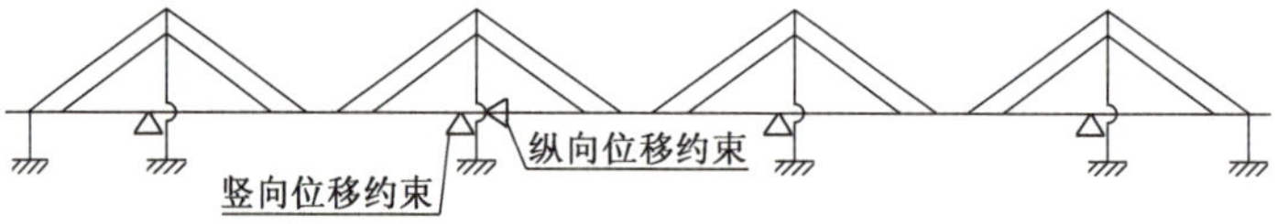

图 2-54　体系 4——2 号塔处设纵向位移约束

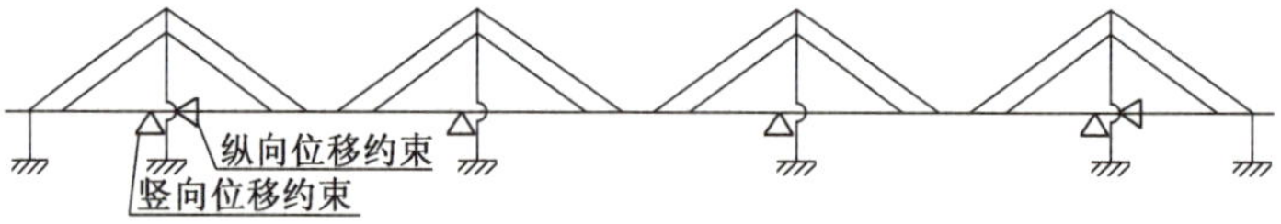

图 2-55　体系 5——1 号和 4 号塔处设纵向约束

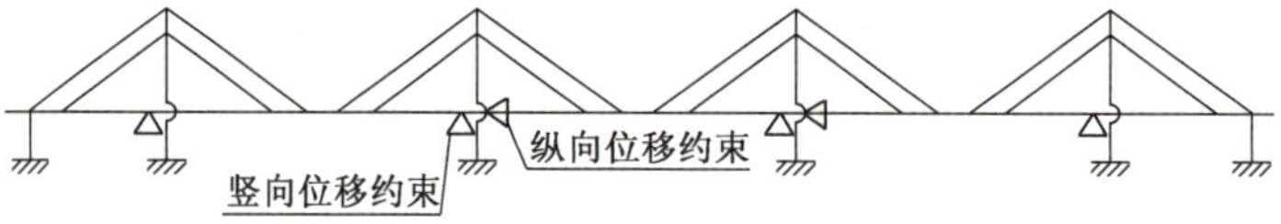

图 2-56　体系 6——2 号和 3 号塔处设纵向约束

方案比选的重点是在纵桥向振动上，因而仅对各结构方案进行纵桥向的地震动加载。选取峰值加速度为 0. 35g、持时为 20s 的 El Centro 波对 6 种结构方案进行纵桥向加载。

（2）不同地震波下各体系的比较

分析三种地震波下各种体系方案的地震响应，三种地震波峰值换算成 0. 35g，取波速为 500m/s，每一个地震波子步间隔取 0. 02s。各约束体系施加地震力后桥塔极值弯矩如图 2-57 ~ 图 2-59所示。

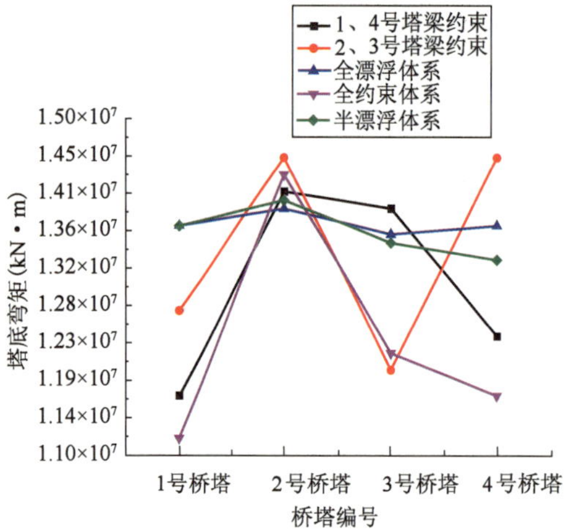

图 2-57　El Centro 波下塔底极值弯矩

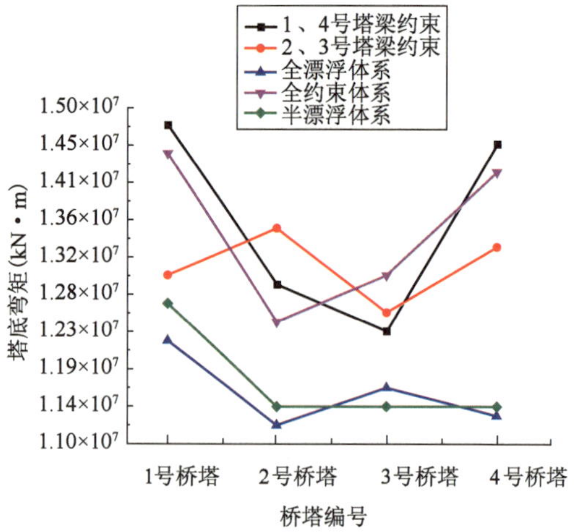

图 2-58　Loma Prieta 波下塔底极值弯矩

从地震作用下各体系桥塔的响应可以看出，全漂浮体系和半漂浮体系较相似，其中全漂浮体系桥塔位移最大，半漂浮体系桥塔位移略小于全漂浮体系。当在塔梁纵向约束后，桥塔的位移有所减少，对应的桥塔弯矩有所增大。当将所有桥塔与主梁均设置纵向约束后，桥塔位移相对最小，而相应桥塔弯矩也达到最大值。若单从桥塔方面看，纵向约束的增加会使得桥塔部分的纵漂有所减小，但相应的桥塔弯矩会增加。各约束体系主梁的弯矩极值如图 2-60 ~ 图 2-62 所示。

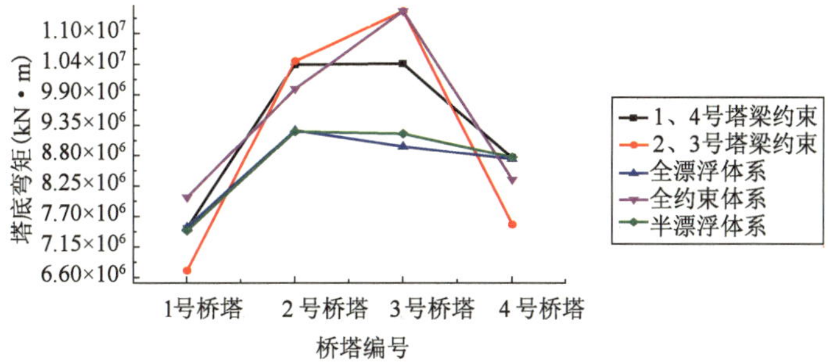

图 2-59　San Fernando 波下塔底极值弯矩

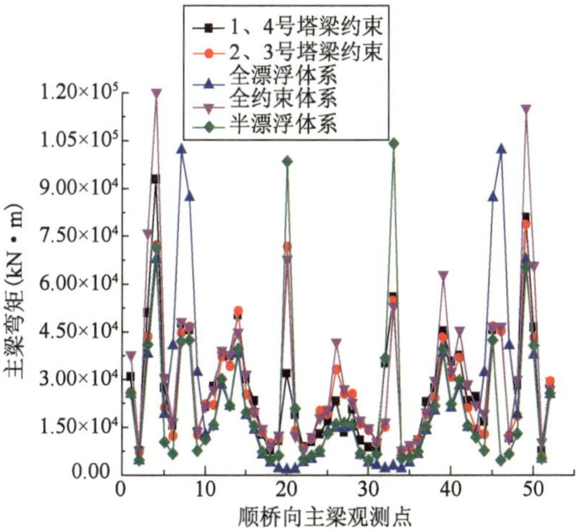

图 2-60　El Centro 波下主梁最大弯矩

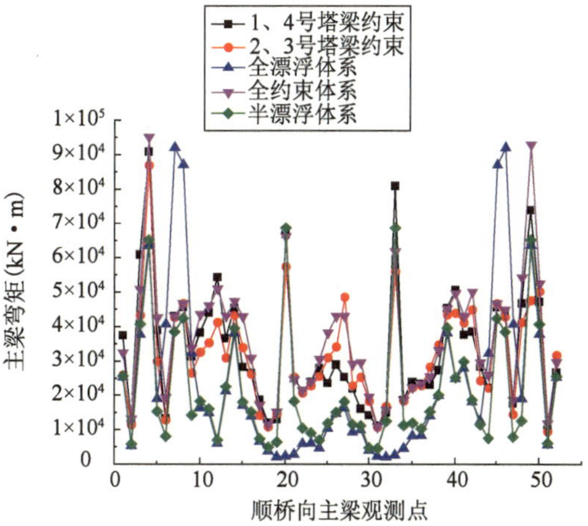

图 2-61　Loma Prieta 波下主梁最大弯矩

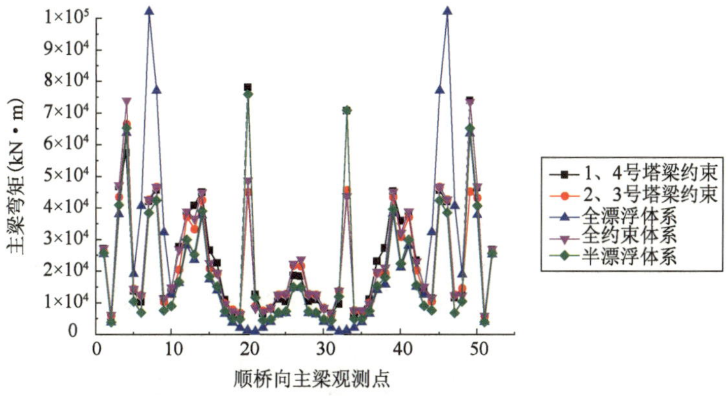

图 2-62　San Fernando 地震波下主梁最大弯矩

以上分析表明，不同地震波作用下的主梁最大弯矩差别不大。其中全漂浮体系边塔附近的主梁弯矩极值较大，内塔附近主梁弯矩较小；半漂浮体系则表现为边塔附近主梁弯矩较小，内塔附近主梁弯矩较大。当在桥塔处与主梁设置纵向约束的体系时，其主梁弯矩较全漂浮体系与半漂浮体系有所减小。结果还表明，在中塔处设置纵向约束时，其主梁弯矩较在边塔处设置纵向约束更为均匀。当在全部4个桥塔设置纵向约束时,主梁弯矩与只在两个桥塔处设置约束的情况大致相同,但是在辅助墩处即靠近边跨边缘处的主梁会产生极大的弯矩,对于主梁局部抗弯是不利的。从主梁弯矩角度看,在部分主梁与桥塔间设置纵向约束对于四塔斜拉桥抗震是有利的。从动力角度来看,体系6具有较好的抗震性能。

(3)设置连接装置对结构受力的影响

通过动力分析可以知道,体系5、6在地震荷载下位移响应较小,但在环境温度变化时,由于斜拉桥塔梁的约束,会导致结构产生很大的次内力,因此在多塔斜拉桥的方案中一般都不采用,但如果在结构跨中设置伸缩传力装置(项目中称为连续连接装置,以下简称连接装置),释放大部分温度引起的结构附加内力,就可以既能满足结构刚度和动力的要求,又能基本消除温度次内力。为了研究连接装置对结构整体性能的影响,在分析时按照以下两种主梁约束体系进行分析。

体系7:在两边桥塔上设置主梁的横、竖、纵三向限位支座,约束主梁竖向和横向位移,同时约束主梁纵向位移。对于中间两座桥塔,主梁与桥塔只约束竖向和横向位移,而不约束主梁纵向位移。即体系5在跨中增设连接装置的情况。

体系8:在中间两座桥塔上设置主梁的横、竖、纵三向限位支座,约束主梁竖向和横向位移,同时约束主梁纵向位移,两边塔只约束竖向和横向位移,而不约束主梁纵向位移。即体系6在跨中增设连接装置的情况。

通过对两种体系在运营阶段的内力和位移分析,得到两种体系分别在设置连接装置前后的结构响应对比,如表2-10和表2-11所示。

体系5与体系7考虑恒载作用温度变化数据比较 表2-10

数 值	结构响应值	
	体系5	体系7
主梁竖向位移向上最大值(m)	+0.200	+0.231
主梁竖向位移向下最大值(m)	-0.460	-0.098 9
主梁轴向变形最大值(m)	-0.217	-0.328
塔顶顺桥向最大位移(m)	-0.362	-0.340
主梁轴向力最大值(kN)	-135 376	-72 761
外塔最大弯矩(kN·m)	-983 725	-272 737

体系6与体系8考虑恒载作用温度变化数据比较 表2-11

数 值	结构响应值	
	体系6	体系8
主梁竖向位移向上最大值(m)	+0.383	+0.376
主梁竖向位移向下最大值(m)	-0.446	-0.246
主梁轴向位移最大值(m)	-0.488	-0.479
塔顶顺桥向最大位移(m)	0.429	0.419
主梁轴向力最大值(kN)	-126 899	-70 208
内塔最大弯矩(kN·m)	-536 320	-244 034

结构在运营阶段,考虑拉索索力、恒载、温度荷载共同作用时,通过对体系 5 和体系 7 在跨中连接装置的设置与否相比较,可以发现:两种体系,在跨中设置连接装置都有利于释放桥梁主梁的轴向内力并减小桥塔弯矩,但是在跨中设置连接装置使得桥梁刚度减小,势必使得主跨跨中竖向位移较未设置连接装置的跨中竖向位移大。

通过计算可知,当考虑温度影响时,无论是在中间梁塔设置与主梁的纵向位移约束,还是在两边梁塔设置与主梁的纵向位移约束,在跨中设置连接装置后很大程度上消除了主梁温度次内力的影响;其次,由于设置了连接装置释放了主梁升温引起的伸长量,主梁升温对索塔的水平作用力也得到了释放,使得索塔底部的弯矩大大减小。

2)多塔斜拉桥灾变机理及连续连接装置使用范围研究

(1)温度变化所致结构灾变效应

对于多塔斜拉桥这种高次超静定结构,均匀伸缩受到约束时,温差将引起结构内温度次内力。本书针对多塔斜拉桥跨中连接装置适用范围进行研究,计算桥梁结构在温度荷载作用下的普遍行为,而不是对某一座特定桥梁,所以只考虑均匀温差,而不考虑局部温差。

(2)多塔斜拉桥有限元模型概况

计算多塔斜拉桥的结构体系统一采用半漂浮体系,参数变量包括塔数、跨度 L、下塔高 H、温度变化值 T,跨中有无设置连接装置,其中塔数为 4 和 6(具有对称性);跨度 L 有 400m、600m、800m、1 000m、1 200m;下塔高 H 有 50m、100m、150m、200m、250m。汽车荷载:公路—Ⅰ级,按 4 列车队进行折减,并考虑汽车荷载偏载增大系数 1.15,则汽车荷载的横向分布系数为:$4\times0.5\times1.15=2.76$;纵向折减系数取 0.93。汽车冲击力系数:根据规范计算得到 1.05。

按最不利荷载进行计算,结构体系按降温计算。参考温度考虑体系温度变化值。$T\in(-5,-10,-15,-20,-25,-30,-35,-40,-45,-50)$℃。

工况一:结构体系不设置连接装置时,结构恒载和车辆活载;

工况二:结构体系不设置连接装置时,仅温度荷载;

工况三:结构体系不设置连接装置时,结构恒载、车辆活载和温度荷载;

工况四:结构体系设置连接装置时,结构恒载和车辆活载;

工况五:结构体系设置连接装置时,仅温度荷载;

工况六:结构体系设置连接装置时,结构恒载、车辆活载和温度荷载。

对其受力及温度变化情况下的变形情况采用有限元分析,得到设置连接装置前、后结构内力和变形的变化,如图 2-63 和图 2-64 所示。

图 2-63　四塔斜拉桥有限元模型

图 2-64　六塔斜拉桥有限元模型

以上示意图中塔的编号从左往右依次编为1塔、2塔、3塔、4塔、5塔和6塔。

(3)四塔斜拉桥分析

①未设置连接装置斜拉桥塔底弯矩分析

现将温度荷载引起的弯矩值 $M_{温}$ 与自重、车辆荷载和温度荷载引起的总弯矩值 $M_{总}$ 作对比分析,研究温度引起弯矩占全部荷载引起弯矩比例的规律。其中系数 $\varphi_1 = M_{温}/M_{总}$,表示温度产生的塔底弯矩与总弯矩之比,其与跨度、温度、下塔高相关。

针对分析的四塔斜拉桥,不同跨度和不同下塔高组合得到不同的结构组合,其中跨度为400m、600m、800m、1 000m、1 200m,下塔高为50m、100m、150m、200m、250m,结构跨中未设置连接装置,仅在温度荷载作用下,计算1塔塔底弯矩,其值与跨度、温度、下塔高的关系如图2-65和图2-66所示。

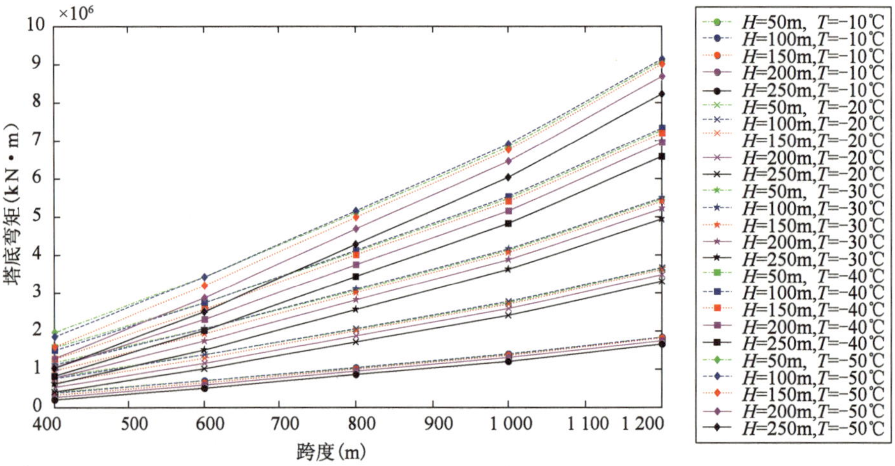

图2-65 塔底弯矩与跨度关系

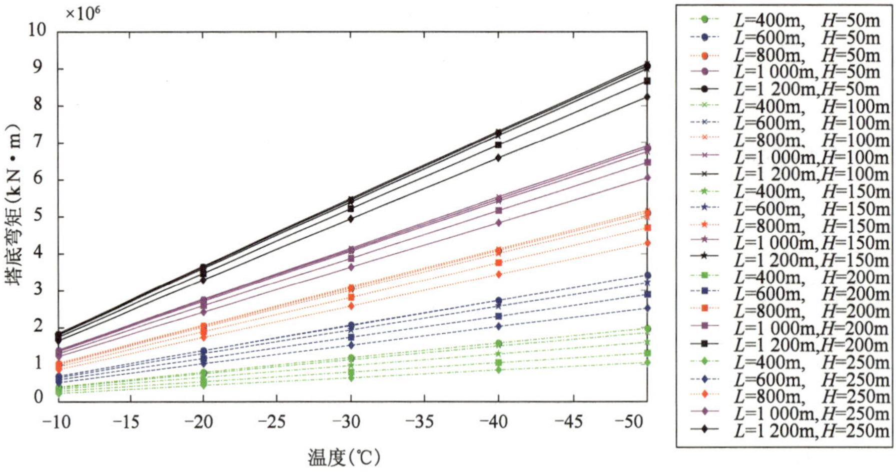

图2-66 塔底弯矩与温度关系图

可以看出,温度引起的塔底弯矩随着跨度增加而增加,增长关系成反比例曲线关系,在特定的下塔高情况下,跨度增加到一定值后,弯矩值增加缓慢,曲线近似水平,并且温度引起的塔底弯矩随着温度变化值增加而增加,增长关系成线性关系。

四塔斜拉桥温度对系数 φ_1 影响如下:

四塔斜拉桥温度引起弯矩与全部荷载产生的塔底弯矩比值 φ_1 与跨度、温度、下塔高的关系如图 2-67 ~ 图 2-69 所示。

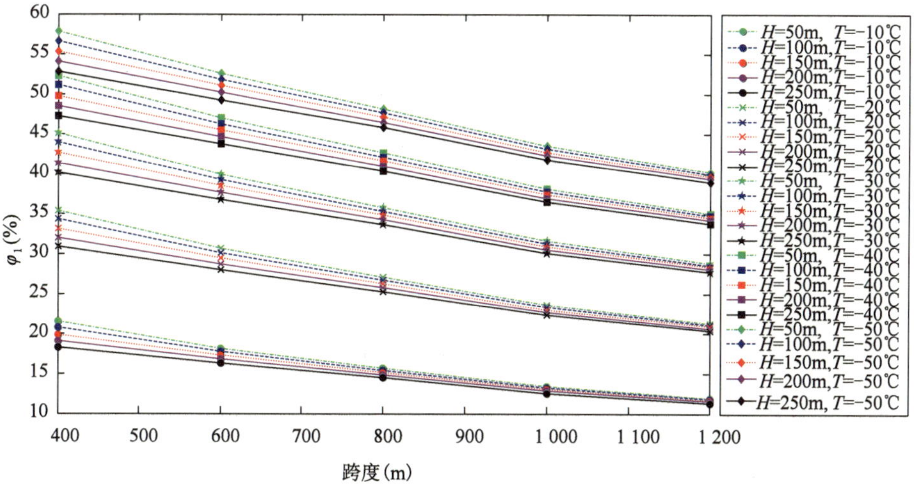

图 2-67 φ_1 与跨度关系

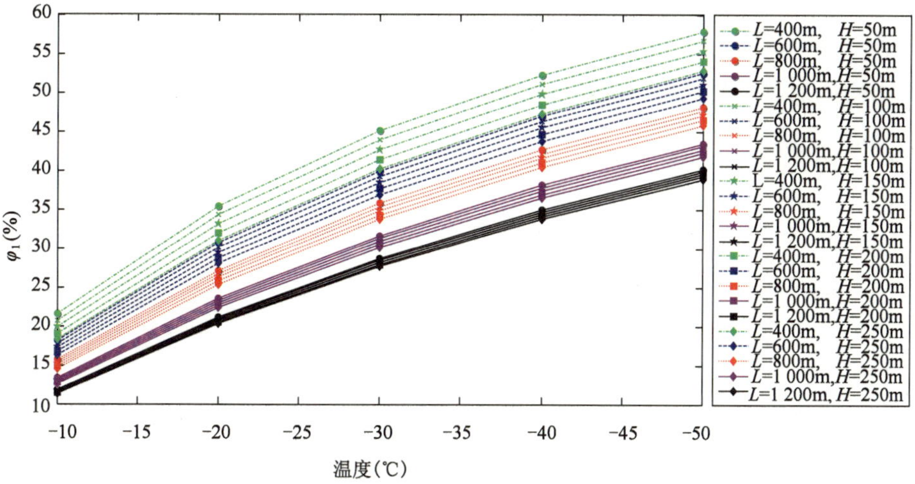

图 2-68 φ_1 与温度关系

从图 2-67 可以看出,φ_1 随跨度的增加而减小,说明跨度越大,温度引起的弯矩的比重越小,自重和车辆活载引起的弯矩值所起的主导作用越来越明显。跨度为 400 ~ 600m,全部下塔高情况下，温度为 -50℃引起的弯矩超过总弯矩的 50%，此时，温度荷载占主导作用。

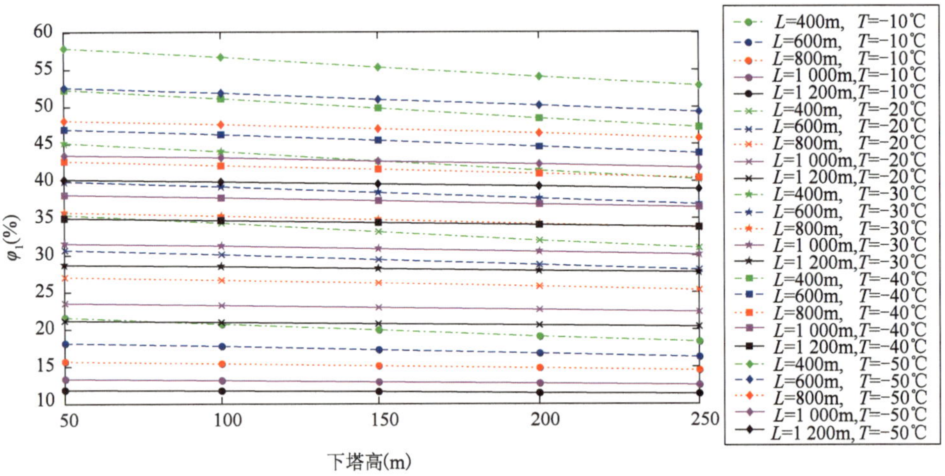

图 2-69　φ_1 与下塔高关系

从图 2-68 可以看出，φ_1 随温度的增加而增加，关系曲线是一条反比例曲线。从图 2-69 可以看出，φ_1 随下塔高的增加而减小，关系曲线大致成线性关系。

②设置连接装置对四塔斜拉桥的作用分析

从分析的结果可以看出，当多塔斜拉桥不设置释放温度效应的装置时，部分跨度和下塔高组合下的结构，由于温度引起的塔底弯矩值占全部荷载引起的弯矩值 50% 以上；并且当跨度较大，下塔高高度较小时，由于刚度较大，温度引起的主梁和斜拉索组成的超静定体系对桥塔产生很大的纵向推力，造成塔底弯矩值很大，因此需要对斜拉桥跨中设置连接装置后，结构内力的改善进行分析研究。

现将结构添加连接装置之前的塔底总弯矩值 $M_{前}$ 与结构添加连接装置之后的塔底总弯矩值 $M_{后}$ 作对比分析，研究添加连接装置对结构内力影响的规律。其中系数 $\varphi_2 = \left(1 - \dfrac{M_{后}}{M_{前}}\right) \times 100\%$，表示结构添加连接装置之后塔底总弯矩的减少量，用百分数表示，其与跨度、温度、下塔高相关。

分析结构塔数为四塔斜拉桥，以跨度和下塔高为变量，得到不同结构在多种环境温度变化时的内力状态。φ_2 与跨度、温度、下塔高的关系如图 2-70 和图 2-71 所示。

从图 2-70 和图 2-71 可以看出，结构添加连接装置后，塔底弯矩的减少量 φ_2 随着跨度的增加而增加，曲线总体上呈抛物线形；在下塔高为 50m 时，曲线呈水平，即塔底弯矩的减少量不随跨度变化而变化。结构添加跨中连接装置之后，塔底弯矩的减少量 φ_2 随温度变化值的增大而增大，两者成线性关系。跨度较小时，直线斜率较大，跨度变大时，直线斜率减小。塔底弯矩的减少量 φ_2 随下塔高高度的增大而减小，两者成线性关系。跨度较小时，直线斜率较大，跨度变大时,直线斜率减小。对于四塔斜拉桥,跨中添加连接装置塔底弯矩减少量在35%以上。下塔高较低时,结构添加连接装置能有效地改善结构的内力;下塔高较高时,跨度越大,改善效果越好。

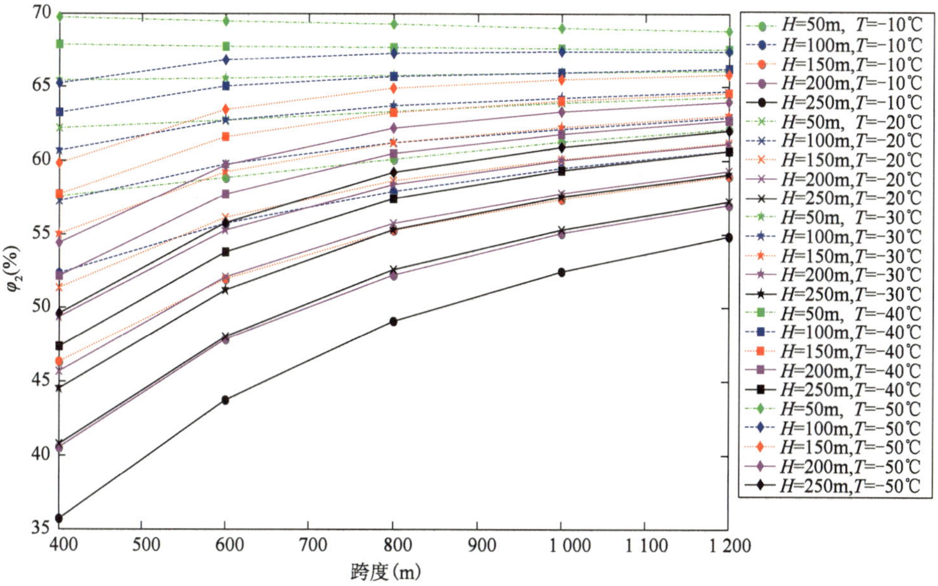

图 2-70 φ_2 与跨度关系

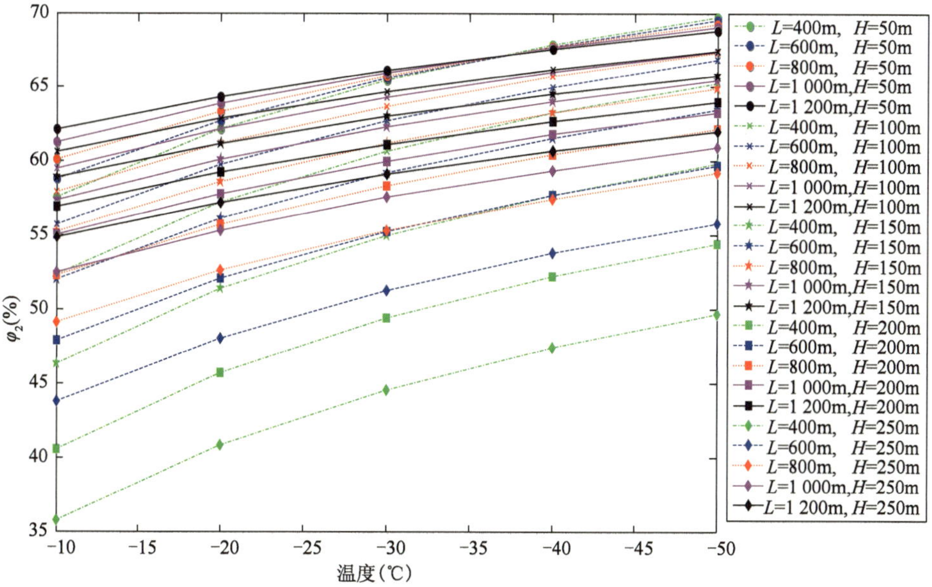

图 2-71 φ_2 与温度关系

③四塔斜拉桥各参数之间公式拟合

通过上述对于多塔斜拉桥结构跨中添加连接装置之后,结构塔底弯矩的减少量 φ_2 关于跨度、温度、下塔高之间关系的分析，发现 φ_2 与跨度 L 和温度 T 成正相关，相关曲线为抛物线；与下塔高成负相关，相关曲线为低次抛物线。先就 φ_2 与跨度、温度和下塔高的相关性进行研究，用最小二乘法对计算得出的数据进行曲线拟合，得出它们之间的拟合表达式，具体拟合情况如下。

对四塔斜拉桥计算数据进行曲线拟合，得到：

$$\varphi_2 = 2.3984 \times \frac{L^{0.4} \times \sqrt{T}}{\sqrt{H}} + 45.5692 \tag{2-10}$$

拟合系数 $R = 0.915$，拟合方差 $S = 3.4472$。

拟合出公式(2-10)之后，将跨度、温度和下塔高等自变量的值代入公式中，得到拟合 φ_2 值，与原始 φ_2 数值经行比较，来检验拟合的准确性，具体数据曲线见图 2-72。

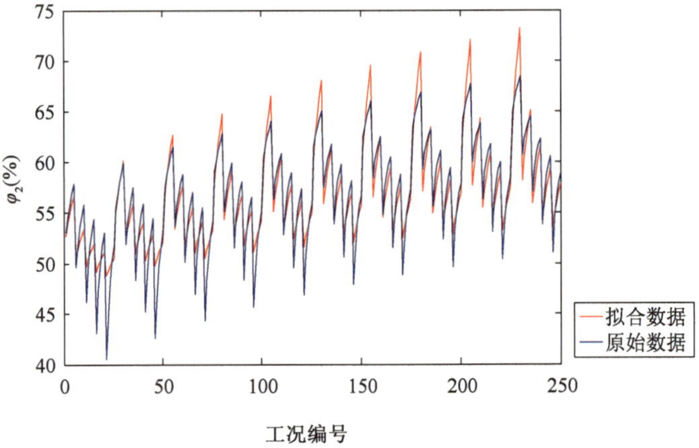

图 2-72　四塔斜拉桥拟合数据检验

从上图可以看出，拟合情况良好，拟合公式成立。

(4)六塔斜拉桥分析

①未设置连接装置斜拉桥塔底弯矩分析

分析结构塔数为六塔，不同跨度和不同下塔高组合得到不同的结构组合，其中跨度为 400m、600m、800m、1 000m、1 200m，下塔高为 50m、100m、150m、200m、250m，结构跨中未设置连接装置，仅在温度荷载作用下，计算 1 塔塔底弯矩，其值与跨度、温度、下塔高的关系如图 2-73和图 2-74 所示。

由图 2-73 和图 2-74 可以看出，温度引起的塔底弯矩随着跨度增加而增加，增长关系成反比例曲线关系，在特定的下塔高情况下，跨度增加到一定值后，弯矩值增加缓慢，曲线近似水平。可以看出，温度引起的塔底弯矩随着温度变化值增加而增加，增长关系成线性关系。温度引起的塔底弯矩的总体趋势随下塔高的增高而下降。

φ_1 与跨度、温度、下塔高的关系如图 2-75 和图 2-76 所示。

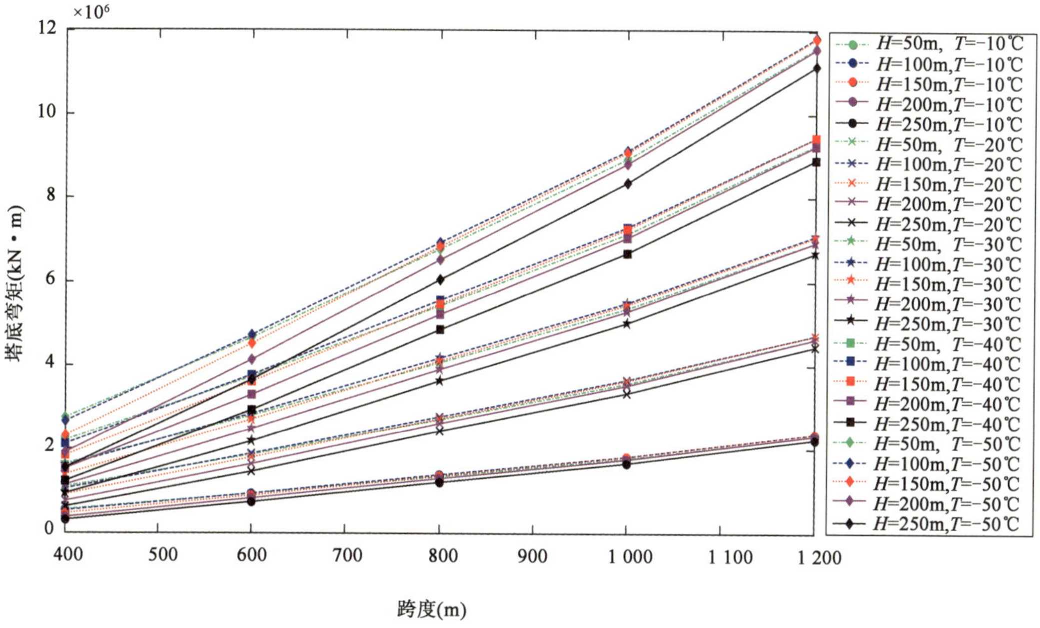

图 2-73 塔底弯矩与跨度关系

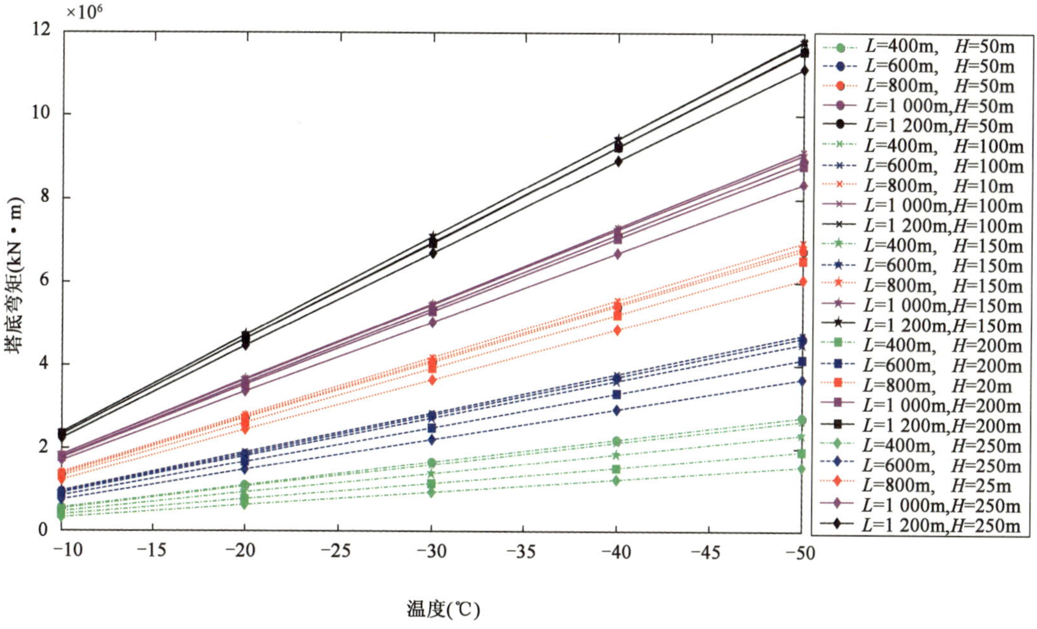

图 2-74 塔底弯矩与温度关系

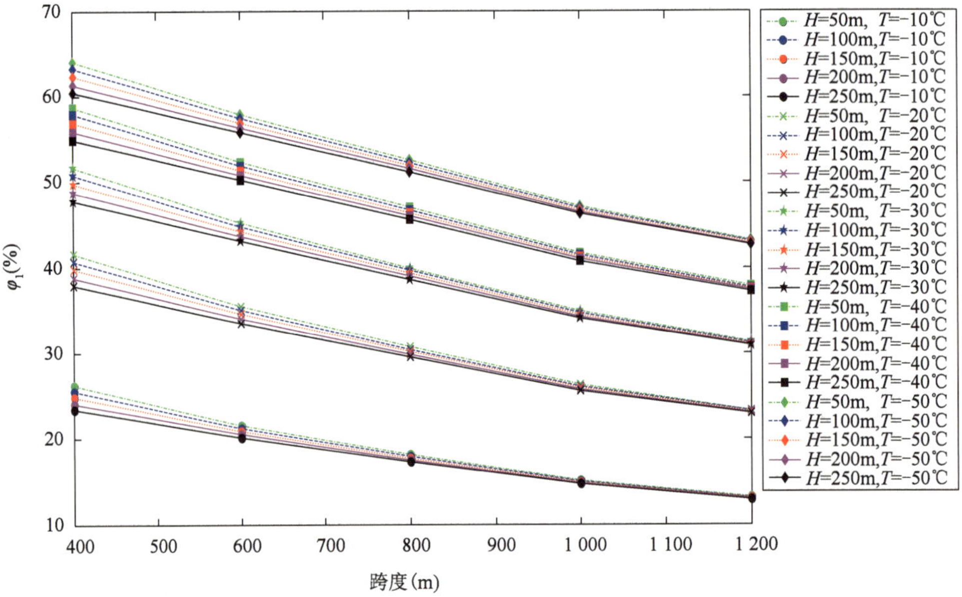

图 2-75 φ_1 与跨度关系

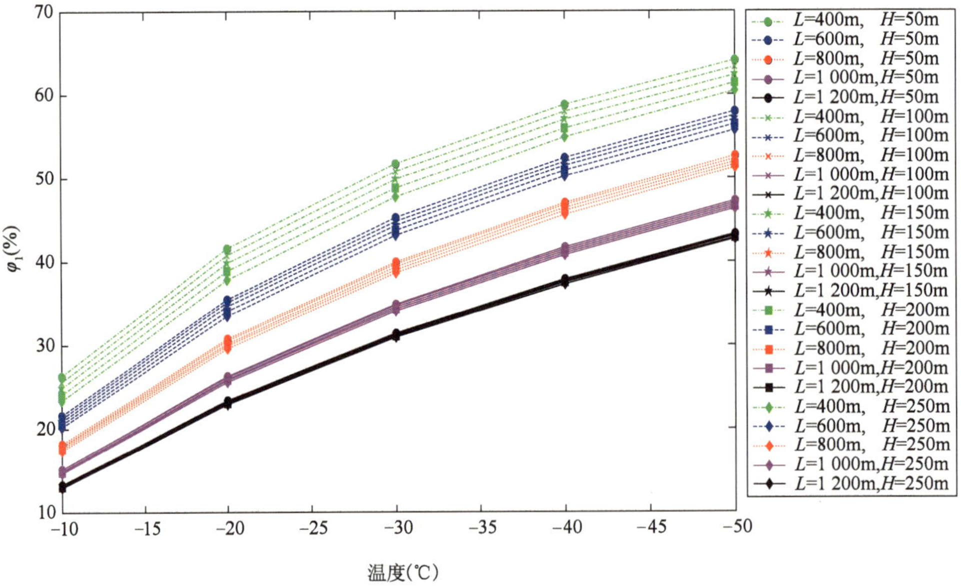

图 2-76 φ_1 与温度关系

由图 2-75 和图 2-76 可以看出，φ_1 随温度的增加而增加，关系曲线是一条反比例曲线。φ_1 随下塔高的增加而减小，关系曲线大致成线性关系。

②设置连接装置对六塔斜拉桥的作用分析

对于六塔斜拉桥，以跨度和下塔高为变量，得到不同结构在多种环境温度变化时的内力状态。

φ_2 与跨度、温度、下塔高的关系如图 2-77 ~ 图 2-79 所示。

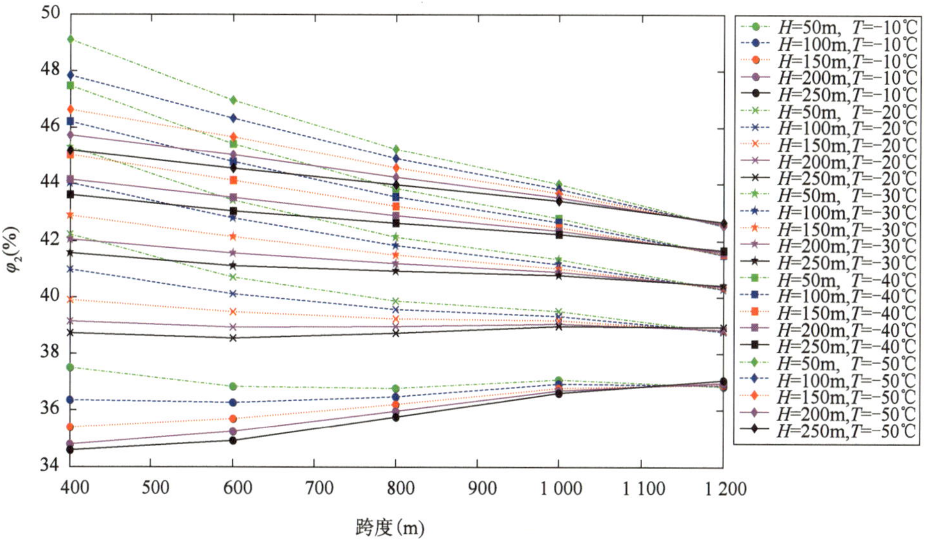

图 2-77 φ_2 与跨度关系

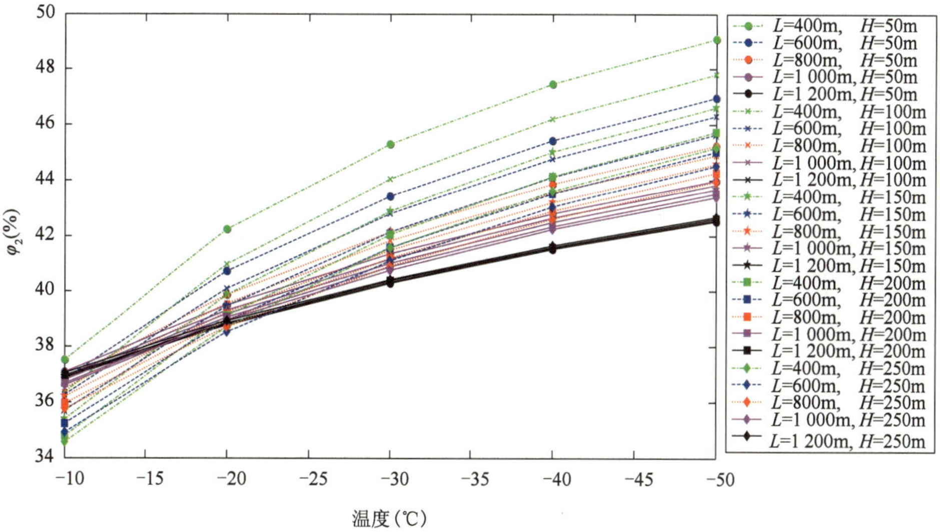

图 2-78 φ_2 与温度关系图

从图 2-77 和图 2-78 可以看出：对于六塔斜拉桥，环境温度变化值在 10℃ 以内时，结构添加跨中传力连接装置后，塔底弯矩的减少量 φ_2 总体上随跨度的增加而增大。塔底弯矩的减少量 φ_2 随着环境温度变化量的增大而增大，两者呈抛物线关系；增加速率、级图中曲线梯度，跟结构跨度有关，跨度越小，增加速率越快；跨度变大时增加速率减小。塔底弯矩的减少量 φ_2 全部在 34% 以上。

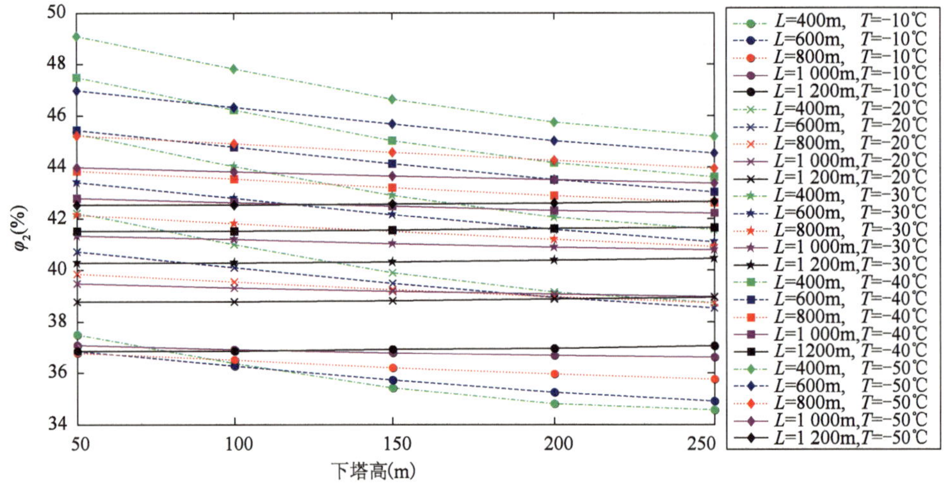

图 2-79　φ_2 与下塔高关系图

从图 2-79 可以看出，在跨度小于 1 000m 时，φ_2 随下塔高的增加而减小，两者成反比例曲线关系；当跨度为 1 200m 时，φ_2 随下塔高的增加而增加，增加不明显，曲线趋于水平。对于六塔斜拉桥，结构添加跨中连接装置之后，对于结构内力的改善还是比较明显，塔底弯矩的减少量达到 30% 以上。对于下塔高和跨度较小的结构，设置跨中连接装置，对于结构内力的改善有明显的效果。

③六塔斜拉桥各参数之间公式拟合

对六塔斜拉桥分析数据进行曲线拟合，得到拟合公式如下：

$$\varphi_2 = 0.304\,2 \times \frac{L^{0.15} \times T^{0.8}}{H^{0.1}} + 33.556 \tag{2-11}$$

拟合系数 $R = 0.904\,2$，拟合方差 $S = 1.912\,7$。

拟合出式(2-11)之后，将跨度、温度和下塔高等自变量的值代入公式中，得到拟合 φ_2 值，与原始 φ_2 数值进行比较，来检验拟合的准确性，具体数据曲线见图 2-80。

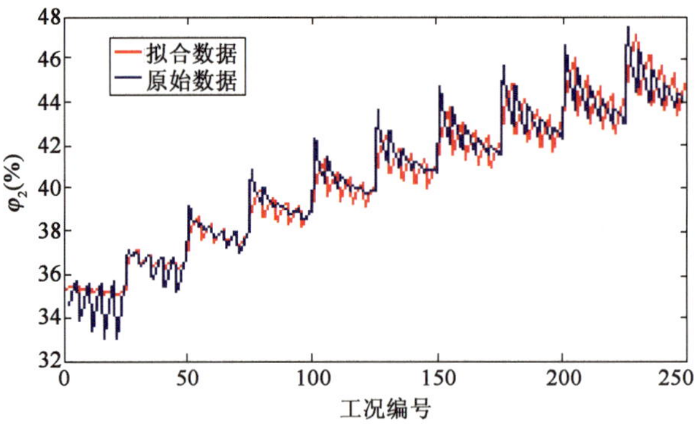

图 2-80　六塔斜拉桥拟合数据检验

从上图可以看出,拟合情况良好,拟合公式成立。

2.3.2 桥塔施工期与运营期灾变效应及控制机理

调谐质量阻尼器主要由质量、弹簧和阻尼三部分构成,其减震的基本原理是通过将调谐质量阻尼器的频率调节至被控结构的卓越频率,改变结构的共振特性以达到减震的目的。针对桥塔在施工期和运营期的调谐质量阻尼器控制技术,由于施工阶段桥塔的高度和质量等都在不断地发生变化,所以需要被控结构的卓越频率也在不断地发生变化,因此需要设计可以改变频率的调谐质量阻尼器。

对于多自由度结构在基地激励作用下的动力学方程可表示如下:

$$M_i\{x''\}+C_i\{x'\}+K_i\{x\}=\{f(t)\} \tag{2-12}$$

其中,$f(t)=-Mx''_g(t)$。

对式(2-12)进行 Laplace 变换可得:

$$[H_d(s)]=\phi^{\mathrm{T}}\mathrm{diag}\left(\frac{1}{M_i s^2}\right)^{-1}\phi=\sum_{i=1}^{n}\frac{\{\phi_i\}\{\phi_i\}^{\mathrm{T}}}{M_i(s^2+2\zeta_i\omega_i s+\omega_i^2)} \tag{2-13}$$

$$[H_v(s)]=\sum_{i=1}^{n}\frac{s\{\phi_i\}\{\phi_i\}^{\mathrm{T}}}{M_i(s^2+2\zeta_i\omega_i s+\omega_i^2)} \tag{2-14}$$

$$[H_a(s)]=\sum_{i=1}^{n}\frac{s^2\{\phi_i\}\{\phi_i\}^{\mathrm{T}}}{M_i(s^2+2\zeta_i\omega_i s+\omega_i^2)} \tag{2-15}$$

则结构在第 i 阶共振频率基底激励作用下第 k 层处的传递函数为:

$$[H_a^k(\omega)]=\sum_{i=1}^{n}\frac{\omega^2\phi_{ri}\phi_i}{M_i(-\omega^2+2j\zeta_i\omega_i\omega+\omega_i^2)} \tag{2-16}$$

根据对模型动力特性计算的结果,并结合结构在有无 TMD 两种情况第 k 层传递函数表达式,可得到 1、2 阶共振频率激振下结构在有 TMD 和无 TMD 两种情况下顶层的传递函数变化情况对比,如图 2-81 和图 2-82 所示。

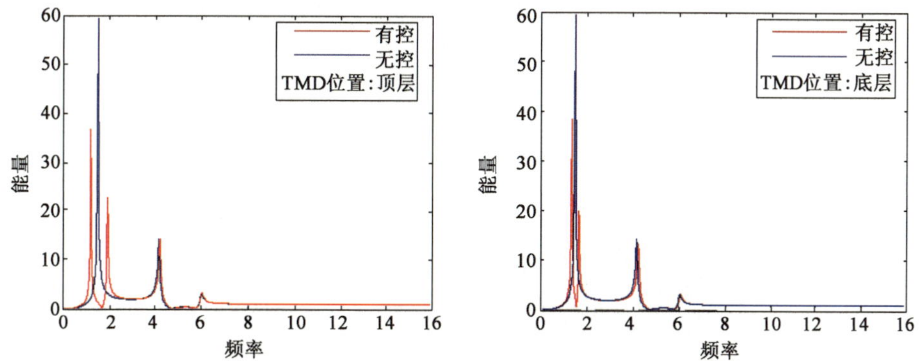

图 2-81 TMD 控制 1 阶共振激励时顶层传递函数对比图

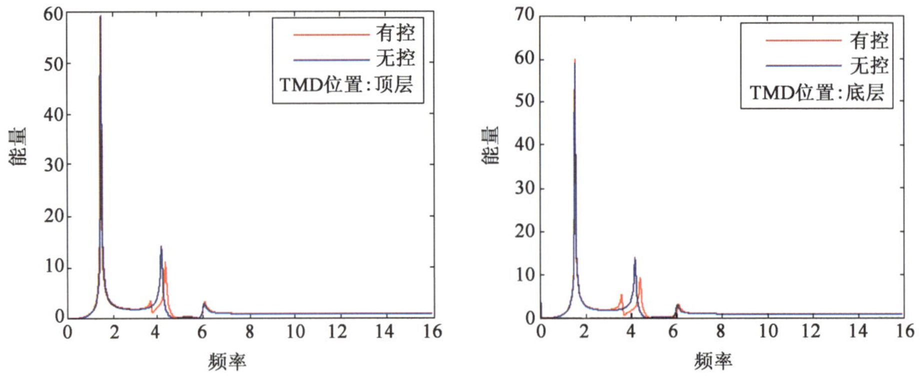

图 2-82　TMD 控制 2 阶共振激励时顶层传递函数对比图

根据以上结果分析可知:在利用 TMD 控制 1 阶共振基底激励时,TMD 安放在顶层和底层都有较好的效果,两种情况下传递函数幅值相比不加 TMD 时候的幅值均减小 50% 左右,不同的是 TMD 安放在顶层时会使整个结构 1 阶频率分散为两个差值较大的频率,而安放在底层时差值相对较小。在 2 阶共振基底激励下的对比结果如图 2-82 所示,图中可以看到两种情况下传递函数幅值相比不加 TMD 时候的幅值均减小 55% 左右。

下面通过一个三自由度的结构试验来验证本项目所提出的调谐质量阻尼器机理分析的正确性。试验模型所设计的 TMD 系统主要构成元件有弹簧、质量片、支撑导杆。两根弹簧串联套在导杆上,中间夹有特定数量的钢质量片,导杆上涂有阻尼油,弹簧的刚度是一定的且保持不变,TMD 子结构的频率可以通过对质量的调控,即通过对图中模型中间的钢质量片数量的增减来实现。

主结构材料为钢材,弹性模量 $E = 200\text{GPa}$,密度为 7 800kg/m^3,TMD 质量片材料也是钢材,单个质量片的尺寸为内径 12mm,外径 75mm,厚度 3mm;弹簧形式采用圆柱螺旋压缩弹簧。试验模型如图 2-83 所示。

图 2-83　试验模型

为了研究在基底激励下 TMD 安放位置对其减震效果的影响，首先进行了 1 阶共振频率基底激励结构的振动台试验。具体的试验结果如图 2-84 和图 2-85 所示。

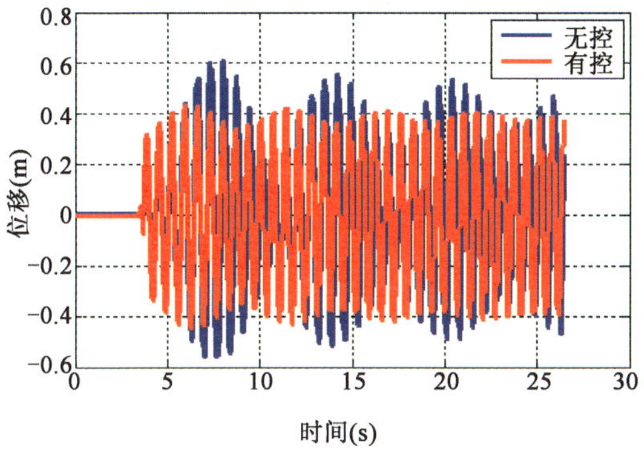

图 2-84　1 阶底层 TMD 控制效果

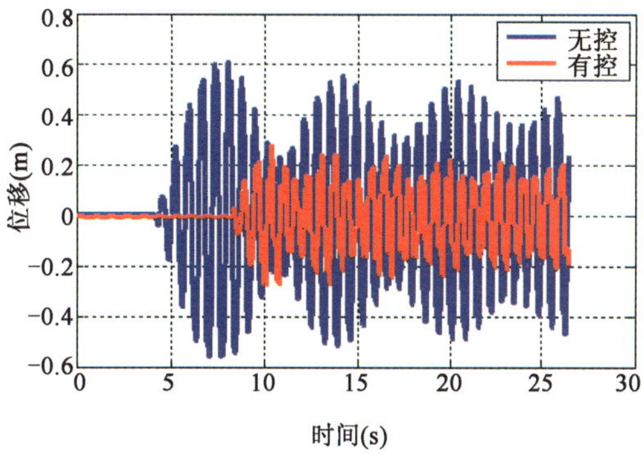

图 2-85　1 阶顶层 TMD 控制效果

从上图的结果中可以看出，在 1 阶频率共振激励下，TMD 安放在结构的底层会使结构的峰值位移减小 35% 左右，TMD 安防在顶层会使结构的峰值位移减小 62% 左右。比较可知，1 阶共振频率激励下，TMD 安放在顶部的减震效果更好，这也验证了上边的理论结果表现出的规律，TMD 的控制效果与振型向量在每层的分量大小直接相关。对于 1 阶振型顶部的分量比底部要大很多，这在理论上更加有助于其效果的发挥。此外，从整体上来看两者均有较好的效果。

为了分析 TMD 安放位置对其减震效果的影响，同时也为了验证保证弹簧刚度不变，只改变 TMD 质量片的数量来实现频率调谐的可行性，本书又对 2 阶频率共振激励下的 TMD – 钢框架结构进行了振动台试验，其中 2 阶共振频率激励下得到的结果如图 2-86 和图 2-87 所示。从图中可得：2 阶共振频率激励下，TMD 安放在结构底层时，主结构的峰值位移减小 70% 左右；TMD 安放在结构顶层时，主结构的峰值位移减小 70% 左右。

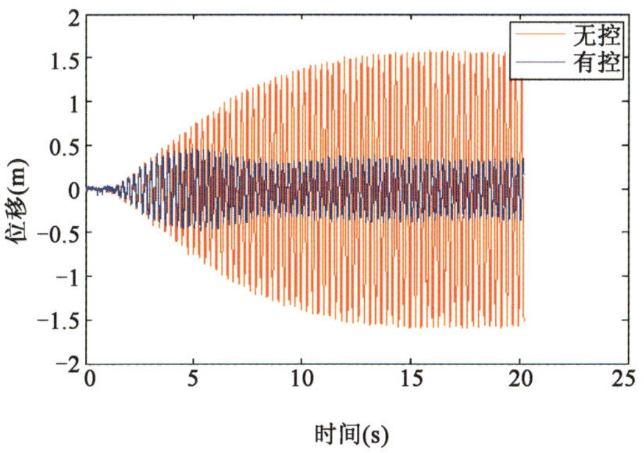

图 2-86　2 阶底层 TMD 控制效果

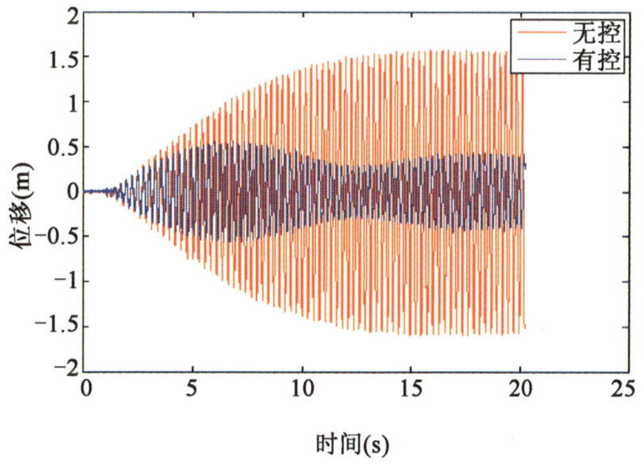

图 2-87　2 阶顶层 TMD 控制效果

2.3.3 主梁竖(侧)向支承灾变效应及控制机理

1)主梁竖(侧)向支承灾变效应

通过对超大跨度斜拉桥的横向约束体系的研究,重点关注边墩、梁的横向连接方式。首先对边墩、梁横向滑动体系和全限位体系进行地震反应分析和比较,然后采用减隔震装置,对上述三种约束方式和参数进行设置,并对3种约束体系的地震反应进行了比较,如表2-12所示。

三种约束体系地震反应最大值比较　　表2-12

位　置	反应分量	横向滑动	全限位	减隔震装置
2号墩	墩底剪力(kN)	1.1×10^4	1.03×10^4	6.56×10^4
	墩底弯矩(kN·m)	4.44×10^5	5.67×10^5	3.11×10^5
	支座剪力(kN)	9.00×10	7.34×10^3	2.62×10^3
	墩支座滑动位移(m)	0.586	0	0.228
1号墩	墩底剪力(kN)	1.20×10^4	1.33×10^4	9.47×10^3
	墩底弯矩(kN·m)	5.17×10^5	6.70×10^5	4.56×10^5
	支座剪力(kN)	5.0×10	6.96×10^3	2.95×10^3
	墩支座滑动位移(m)	0.847	0	0.282
塔顶	横向位移(m)	0.219	0.262	0.227
梁端	横向位移(m)	0.766	0.251	0.303

可以看出:设置减隔震装置后,梁端位移及各墩与梁相对位移平均减小了60%,各边墩墩底弯矩平均减小了19%;与全限位体系相比,设置减隔震后,梁端位移差别不大,各边墩的墩底弯矩平均减小了45%,装置横向地震力平均减小了66%。可见,采用减隔震体系可以显著改善结构的横向抗震性能。

在国内外已建成的众多大跨度索支撑桥梁中,已有一些桥梁设置了减小地震位移的装置。例如,日本多多罗斜拉桥在塔、梁间设置了大型橡胶支座,广东汕头海湾二桥、日本名港中大桥在塔、梁间设纵向钢绞线拉索,丹麦的大贝尔特桥采用了液压缓冲装置;美国在金门大桥和旧金山—奥克兰海湾大桥(西跨悬索桥)的抗震加固中,则增设了多个阻尼器;国内的重庆鹅公岩大桥、上海卢浦大桥、跨越希腊科林斯海峡的雷翁—安蒂雷翁大桥也都设置了减隔震装置。

一般来说,对于超大跨度斜拉桥梁,采用隔震体系减小地震反应是一个比较合理的选择,但必须有效地控制地震位移,才能保证整个结构的抗震安全性。

国内外在桥梁减震方面的基础理念都是围绕延迟结构周期,增加结构阻尼的方式,但各个国家根据地震的自身特点各有偏重，如表 2-13 所示。

桥梁支承的减隔震机理对比　　表 2-13

地区或国家	支承的减隔震机理
欧洲（EC8 规范）	周期延长降低地震力、阻尼装置控制位移，要求隔震支座能复位，避免较大的残余变形
美国（AASHTO 规范）	周期延长降低地震力、阻尼装置控制位移，要求隔震支座能复位，避免较大的残余变形
新西兰	周期延长降低地震力、阻尼装置控制位移，要求隔震支座能复位，避免较大的残余变形
意大利	采用摩擦滑动支座和低碳钢屈服阻尼器，限制传递到下部结构的力为预定的水平，但位移和残余变形大

2）主梁竖（侧）向支承减隔震控制机理

设计一种桥梁竖向装置，适应特大跨度桥梁纵向位移量大的特点，能满足位移量在正常使用状况下，阻力小，在大位移量的作用下，支承结构的阻力增大，并能提供较大的阻尼作用。在抵抗桥梁横向荷载时，通过曲面滑动面和横向挡块承担水平静荷载。发生较大纵向位移时，支承装置曲面抬升，竖向压力增大，压缩支承装置中的支承弹簧，阻力增加，同时耗散能量，起到减小桥梁水平位移的作用，装置如图 2-88 所示。

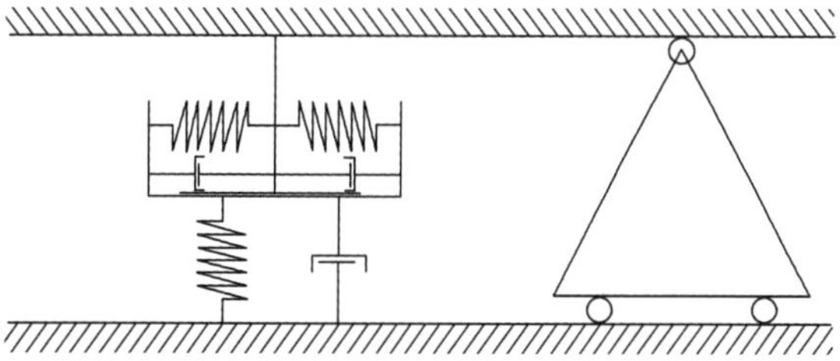

图 2-88　三向减隔震装置力学模型

三向减隔震装置在竖向具有较大的承载能力，提供刚度和一定的阻尼，可以发生一定的变形；在水平向具有较大的滑动量，具有一定的承载能力，同时提供一定的刚度和较大的阻尼。能够满足超大跨度索桥的梁端地震位移需求，同时提供一定水平刚度能在一定程度上减小梁端位移。结构如图 2-89 所示。

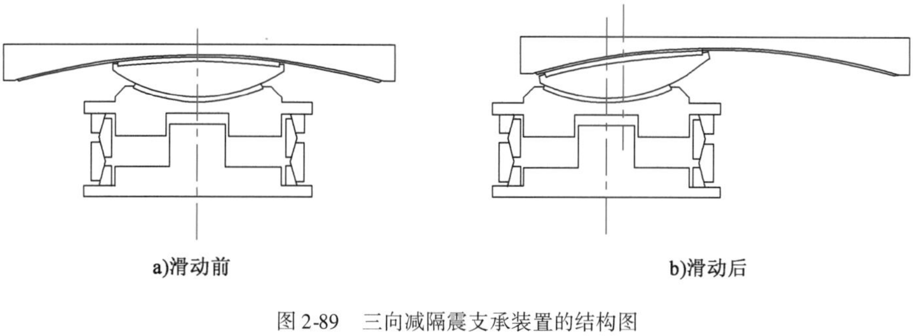

a)滑动前　　b)滑动后

图 2-89　三向减隔震支承装置的结构图

力学特性分析：

摩擦摆支座利用两个曲面的滑动摩擦进行耗能，并通过滑动面的设计延长结构振动周期，以减小结构因地震作用而引起的放大作用，同时地震结束后可以依靠重力自动复位。

竖向弹簧采用具有锥面的内外钢圈相互嵌套形成，弹簧在受到竖向压力时通过内外钢圈的径向变形实现弹簧的功能，同时，弹簧在加载和卸载过程中，内外钢圈之间的摩擦力将竖向力转化为热能而实现耗能作用。

由于梁体支承在球面上，具有一定的斜率，发生位移时产生水平分力。当竖向弹簧承受轴向荷载时，内圆环受压缩而直径缩小，外圆环受拉伸而直径扩大，内外圆环沿圆锥面相对滑动产生轴向变形起弹簧作用，形成阻尼。由于竖向弹簧与支座共同承受竖向荷载，对墩台竖向承载无影响，同时由于竖向弹簧的作用，实现了桥梁竖向减震。

3　缆索结构抗灾变关键装置技术系统

本章以特大型桥梁缆索结构为研究对象,结合缆索结构在风-雨振等灾害作用下控制机理,运用多种研究手段对多种缆索结构抗灾变关键装置技术系统开展研究,并对斜拉桥索网、悬索桥索网结构减振机理和辅助索与连接接头、设计方法等开展研究,主要内容包括:①阐述了基于速度自感知式、小型直流发电机自集能式、气体补偿式磁流变液阻尼器,解决了索体速度测量、能源自供、多次振动循环后发热膨胀等难题。②阐述了以纳米流体材料作为阻尼器内置流体耗能材料的纳米材料阻尼系统,其滞回曲线饱满,耗能能力稳定。③阐述了由预压缩弹簧、普通阻尼器、质量块等组成的负刚度阻尼器。④阐述了一种自吸气自吹气套环,实现对斜拉索绕流场的导向控制及流场粉碎工作,具有较好的流动控制效果。⑤针对斜拉索的风-雨振问题,在斜拉索上设置多 TMD 对索的振动模态进行控制,通过合理地设计 TMD 阻尼器质量与斜拉索总质量之比、TMD 阻尼比,有效地增大 TMD 的运行频率范围,降低 TMD 控制频率附近频段索的最大振动幅值。⑥提出了基于 MR 的超长拉索多模态 on-off 控制,实现了显著优于常规 passive-on(被动开)或 passive-off(被动关)算法的控制效果。⑦介绍了悬索桥索网布置形式和设置初始参数确定原则、用于悬索桥索网和斜拉桥索网的辅助索材料及连接节点装置。

3.1　磁流变液阻尼系统

3.1.1　磁流变液阻尼器概述

磁流变液阻尼器是磁流变液最重要的应用领域,也是最有应用前景的磁流变液装置,其真正受到国内外广泛关注开始于 1995 年美国的 Lord 公司开发的最大剪切屈服强度可达 100kPa 的高性能磁流变液商品。到目前为止,磁流变液应用技术已经渗透到航空航天、机械工程、汽车工程、土木工程、振动工程等各个领域。磁流变液阻尼器在很少的能源输入下能够实现很大的出力,而且通过调节输入到磁流变液阻尼器的电流大小,可以实现阻尼力的调节,因此磁流变液阻尼器适用于发展智能阻尼控制系统。目前,磁流变液阻尼器的结构形式已经基本成型,不同专利主要体现在细节的改进与应用领域的拓宽,而与工程应用紧密相关的阻尼器工作过程的疲劳温升问题、磁流变液阻尼器智能阻尼控制系统的供能和输入反馈信号的采集等问题,以及磁流变液阻尼器疲劳性能、频响特性及其评价方法等方面尚需进行深入研究。

目前,磁流变液阻尼器研究主要集中于双出杆形式,工程应用时受到安装空间的限制,因而存在一定局限性,而单出杆磁流变液阻尼器则具有较高的空间利用率,受空间影响小。在国外,Lord 公司与马里兰大学均成功研发出气体补偿式磁流变液阻尼器,如图 3-1 所示。在国内,尤其是土木桥梁领域,鲜有自主设计开发的内置补偿器磁流变液阻尼器,而且对于单出杆磁流变液阻尼器的设计、性能、疲劳等方面的研究数据都相当匮乏。

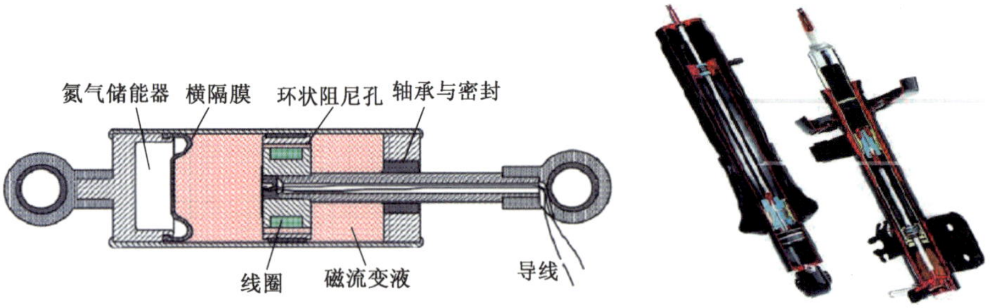

a)美国Lord公司研发产品　　b)马里兰大学研发产品

图 3-1　国外研发的气体补偿式单出杆磁流变液阻尼器

磁流变液阻尼器控制系统因需外置多种传感器和控制器导致整体系统较为复杂(图 3-2),且由于传感器外置造成的信号延迟更是难以避免。为降低系统的复杂程度,提高系统可靠性,减少系统应用和维护成本,研究人员提出多种传感器集成方案(图 3-3),如:Lam 在 2010 年提出集成压电传感器和 LVDT 的 MR 阻尼器,因其信号处理复杂而且不能集成;Jung, Hyung-Jo 提出了 EMI 系统因其结构过于庞大而受到很大限制。

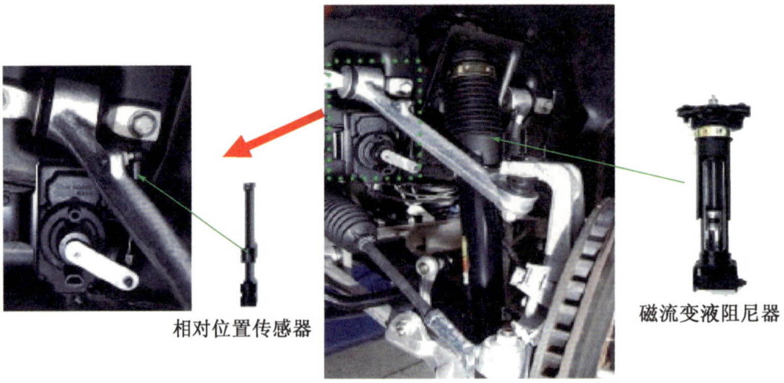

图 3-2　速度传感器与磁流变液阻尼器配套使用

磁流变液阻尼器及其控制系统均需要外部输入能量,通过电磁转换成磁场后进行控制。这种模式一方面依赖外部供给,在供给中断后阻尼器无法工作;另一方面,能量在传输过程中有较大损耗,传输线路需要定期维护,不利于节能增效。

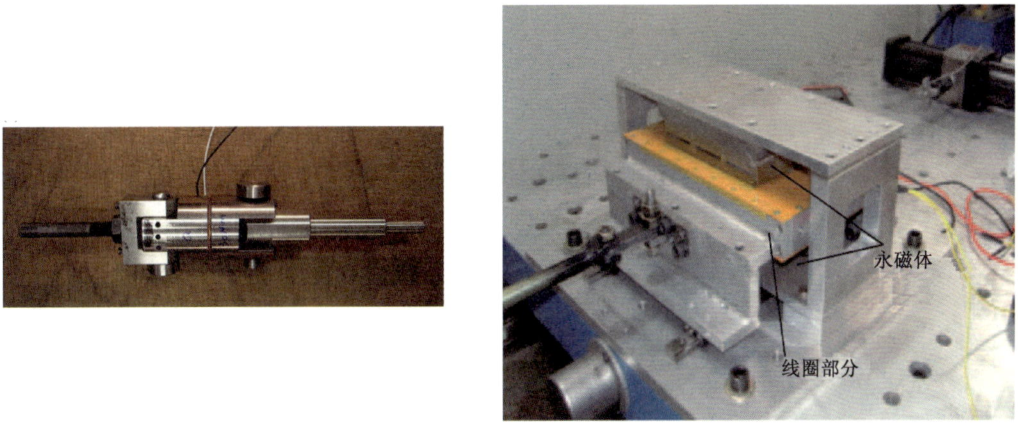

a) b)

图 3-3 Lam2010LVDT 系统与 Jung, Hyung-Jo 的 EMI 系统

针对上述磁流变液阻尼器问题，本书提出一种内置氮气补偿的磁流变液阻尼器，并通过对其阻尼性能测试和结构疲劳测试获取阻尼器在常规工况、极端工况条件下性能数据及疲劳失效数据，为未来的结构优化提供试验依据。本书将磁流变液阻尼器与光电速度传感装置集成，提出一种速度自感知的磁流变液阻尼器。同时，本书提出一种自集能磁流变液阻尼器结构，该阻尼器能够能提供最大出力约为 10kN 的磁流变液阻尼器原型机进行测试。

本书在前期磁流变液阻尼器研究的基础上，研发高性能的气体补偿式磁流变液阻尼器，从而大大降低阻尼器工作过程中的疲劳温升问题；在高性能磁流变液阻尼器研究的基础上，在阻尼器内部安装光电传感器，实现输入反馈信号采集和阻尼器的集成一体化，研究速度自感知磁流变液阻尼器；同时，利用功能效率较高的两个小型直流发电机作为供能部件，研发无须外部提供能源的自集能磁流变液阻尼器；最后发展基于磁流变液阻尼器的悬索桥吊杆/斜拉桥拉索减振的多模态 on-off 控制算法，从而形成桥梁缆索振动的被动智能磁流变液阻尼器自适应系统。

3.1.2 气体补偿式系统

1）基本原理

气体补偿式磁流变液阻尼器主要是利用氮气补偿单出杆磁流变液阻尼器工作过程中由于活塞杆的运动所导致的两油压腔容积差，其原理如图 3-4 所示。首先理论推导了气体补偿式单出杆磁流变液阻尼器的阻尼力计算公式，公式表明气体补偿式磁流变液阻尼器的阻尼力仅比阀式双出杆阻尼力多出一项弹性力，所以活塞杆及磁路设计可以直接借鉴双出杆磁流变液阻尼器的参数选取。对氮气补偿机构的初始压强，体积与高度，刚度和频率进行了设计计算，结果表明氮气室的频率和刚度随行程不断变化，不会产生共振效应带来的不利影响，为研制速

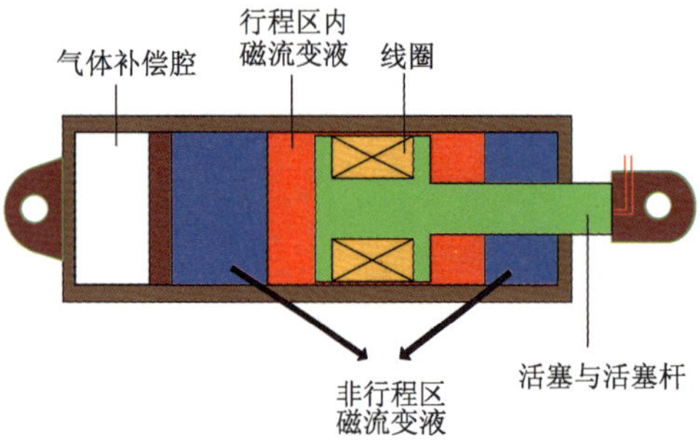

图 3-4　气体补偿式磁流变液阻尼器构造图

度自感知和自集能磁流变液阻尼器的缆索振动控制系统提供高性能的磁流变液阻尼器。

2)气体补偿式磁流变液阻尼器

气体补偿式磁流变液阻尼器的结构设计首先利用理论公式设计计算了初始补偿压强 p_0、补偿体积 V_0 与高度 h_{min}，补偿氮气室结构的刚度和频率 f，见式(3-1)～式(3-4)。

初始补偿压强 p_0 的取值按式(3-1)计算：

$$\frac{p_0 \pi D^2}{4} \geqslant F_{MRmax} \tag{3-1}$$

式中：F_{MRmax}——可获得的最大可调阻尼力；

p_0——初始气体压强，经计算得 $p_0 = 3MPa$。

氮气室的初始体积 V_0 要大于活塞杆全部推进所引起的体积变化：

$$V_0 > S_{max} \times A_{活塞} \tag{3-2}$$

其中，$S_{max} = 10cm$，活塞杆面积 $A_{活塞} = 12.57cm^2$。可得氮气室的初始最小体积要大于 $V_{min} = 125.66cm^3$ 才能满足设计要求。氮气室高度的设计按照最小的补偿体积来设计氮气室的最小高度 h_{min}：

$$h_{min} = \frac{4V_{min}}{\pi D^2} \tag{3-3}$$

代入数值可以计算得 $h_{min} = 2.5cm$，预留高度 1cm，$h = 3.5cm$，$V_0 = 175.93cm^3$。

为避免激励频率与阻尼器固有频率产生共振，按式(3-4)对氮气室频率进行计算：

$$f \approx \frac{\sqrt{g}}{2\pi}\sqrt{\frac{nA_e P}{p_0 V}} \tag{3-4}$$

式中：P——室内绝对气压；

p_0——初始压强；

A_e——缸筒的内截面积；

n——多变系数。

根据上述公式，所设计的悬索桥吊杆和斜拉索索端磁流变液阻尼器要求最大安装长度为 645mm，最大缸径 100mm，最大行程 100mm，无侧向干扰突出件；输入激励 2.1A 时，可控阻尼力输出不小于 10kN；最大输出阻尼力不小于 15kN；零场状态下的阻尼力应达到最大阻尼力的一半，即 7～8kN 左右。根据设计要求确定缸筒外径 100mm，缸筒厚度 10mm，缸筒的长度 388mm，阻尼器最大行程 100mm，阻尼间隙 1mm，有效长度 48mm，活塞的直径 78mm，活塞杆的直径 40mm，线圈匝数 350 匝。活塞、活塞杆及缸筒使用材料基于设计经验及成本考虑选用导磁材料 45 号钢。线圈导线选取线径 1mm 的漆包线。灌装 MRF-500D 型磁流变液，其实物如图 3-5 所示。

利用哈尔滨工业大学结构健康监测实验室的 MTS 动力加载设备，对所设计的足尺气体补偿式磁流变液阻尼器进行了系统的性能测试。分析了不同输入电流水平、加载频率、幅值、初始补偿压强和温度等对阻尼器耗能特性和阻尼力的影响，并测试了浮动活塞结构对阻尼力滞回特性的影响；最后对阻尼器的疲劳特性和长期稳定性进行了测试。

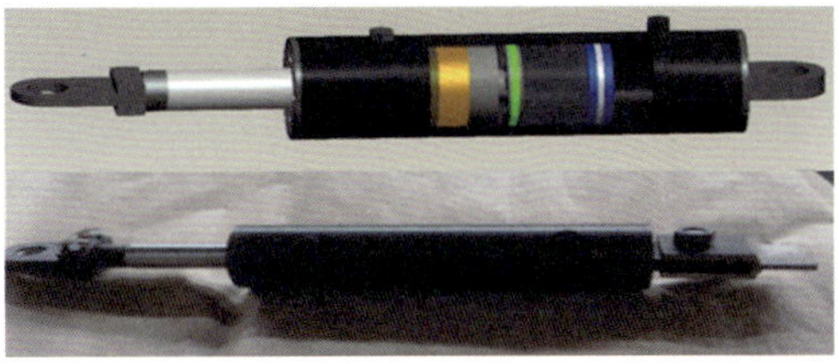

图 3-5　气体补偿式磁流变液阻尼器

图 3-6 为不同电流水平和加载幅值下，阻尼器耗能和等效阻尼系数的变化曲线，从图中可以看出，在保持电流不变的情况下振幅越大耗能越多，等效阻尼系数越小；在振幅保持不变的情况下电流越大，耗能越多，等效阻尼系数越大。

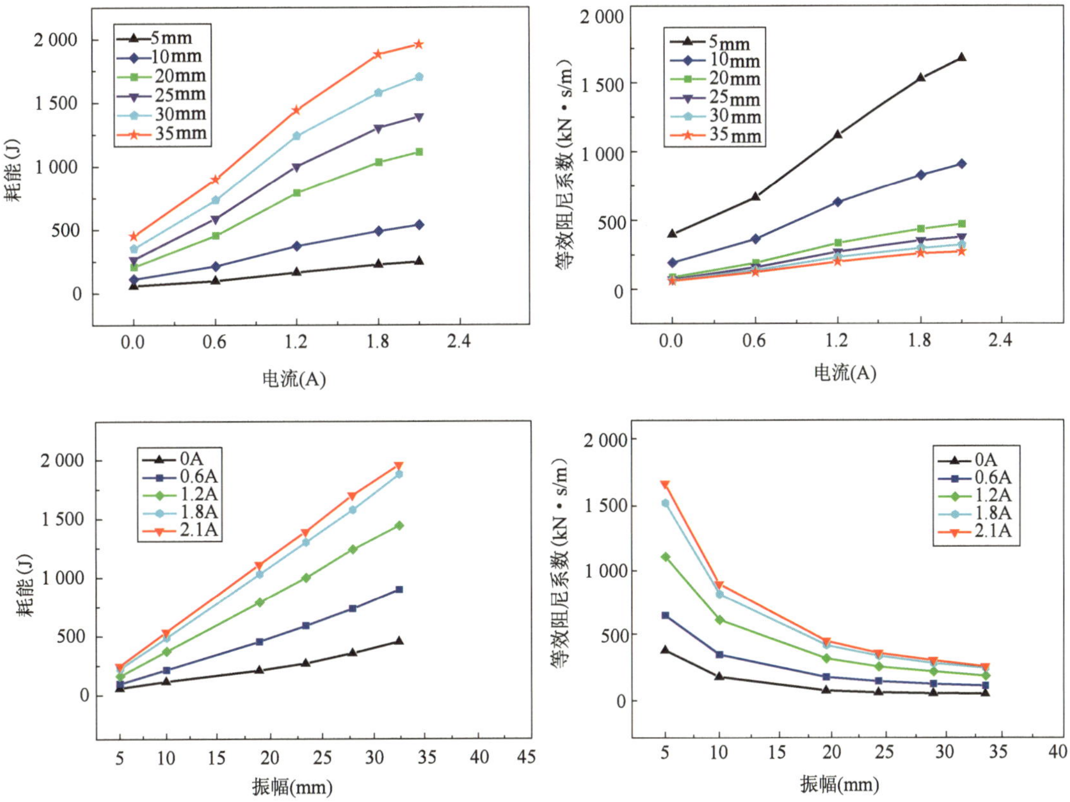

图 3-6　输入电流水平和加载幅值对耗能特性的影响

通过保持激振幅值固定，改变频率可以得到阻尼器的不同电流下的频率与耗能和等效阻尼系数的变化曲线，如图 3-7 所示。从图中可以看出，电流恒定，频率越高耗能越大，等效阻尼系数越小。

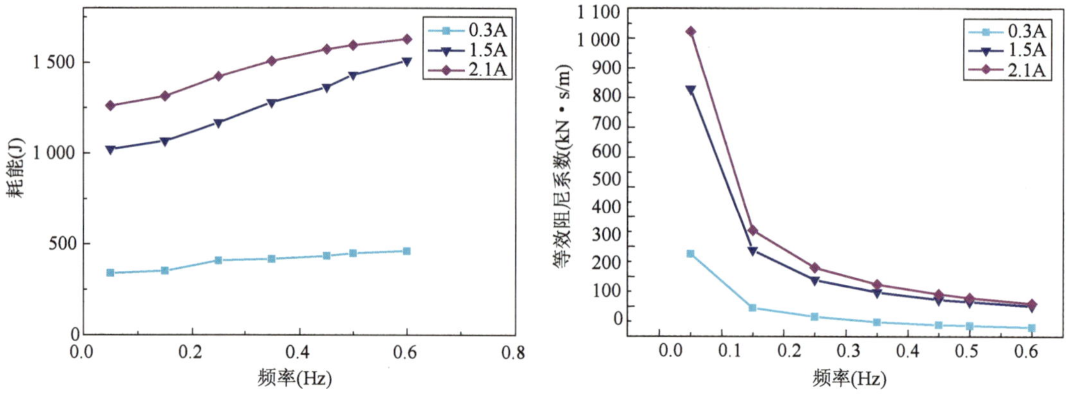

图 3-7　加载频率对阻尼器耗能特性的影响

图 3-8 是恒定电流水平下，加载频率对阻尼力-位移滞回曲线的影响。由图可知，加载频率增加使阻尼力极值增大，耗能增加，但增加的幅度很小且达到一定频率时就维持恒定。

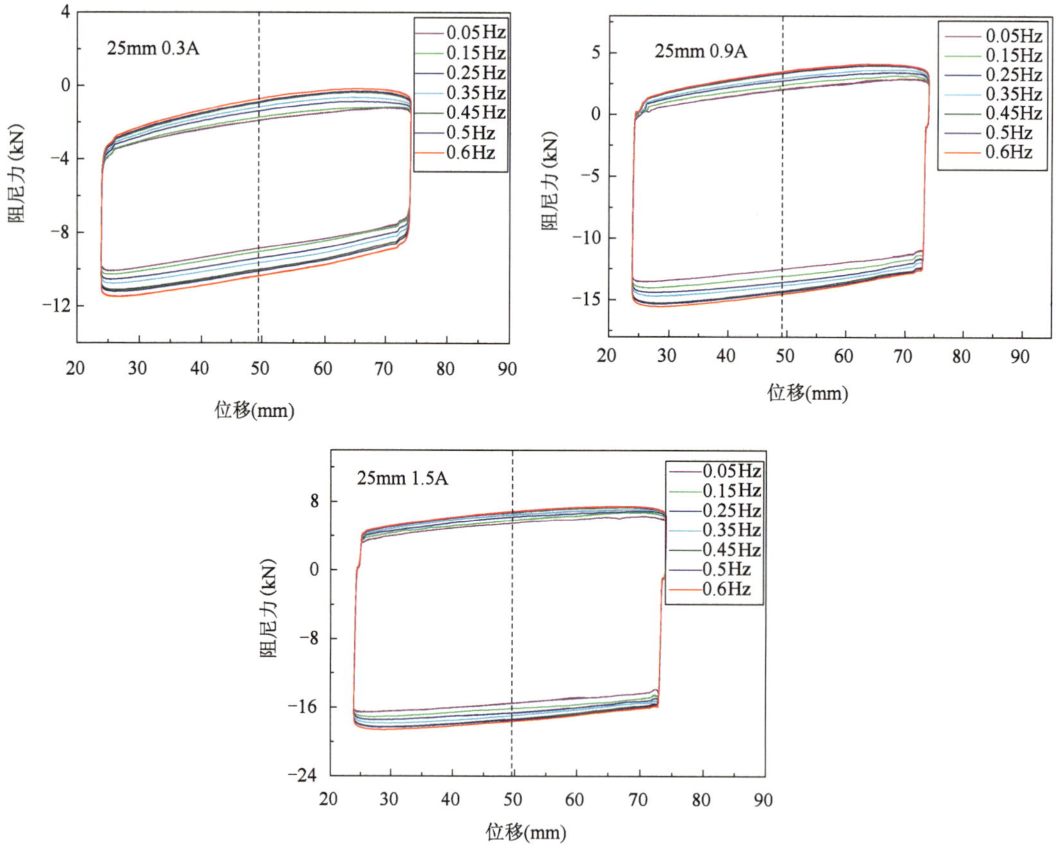

图 3-8　不同频率下的阻尼力-位移滞回曲线

图 3-9 是恒定加载频率和幅值下,电流水平对阻尼力-位移滞回曲线的影响。由图可知,在磁路未接近饱和时,随着电流的增大,阻尼的增长速度比较快;当磁路接近饱和时,随着电流增加,阻尼力的增速将变慢。

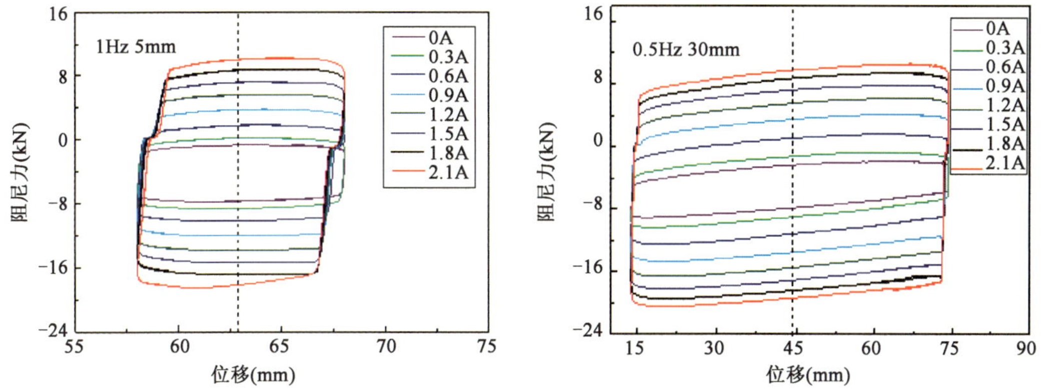

图 3-9 不同电流水平对阻尼力-位移曲线的影响

图 3-10 是恒定电流水平和频率下,加载幅值对阻尼力的影响曲线。从图可以看出,振动幅值的增加对最大阻尼力的增加影响不大,位移和阻尼力的关系曲线会随着振幅的增大产生倾斜度增加的趋势。

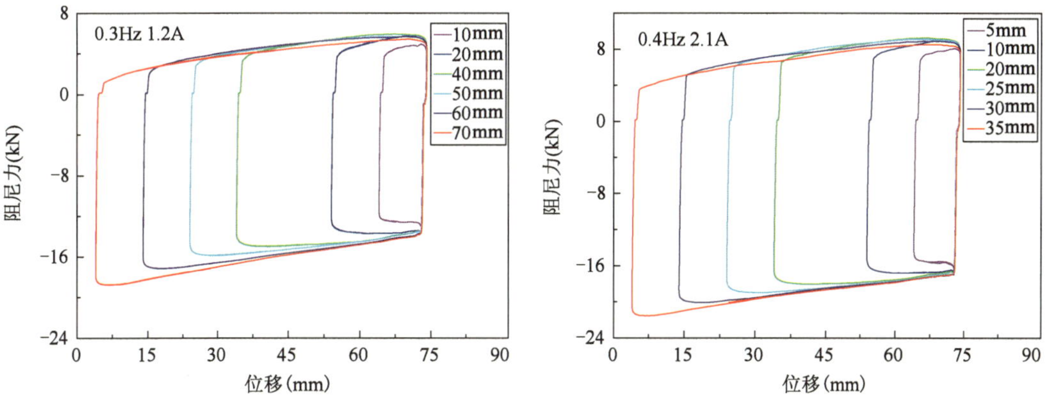

图 3-10 不同加载幅值对阻尼力-位移曲线的影响

图 3-11 是加载频率 0.5Hz,加载幅值 20mm,输入电流 2.1A 工况下,温度对阻尼力影响曲线。从中可以看出,随着温度升高阻尼力出现减小的趋势,减小的相对幅度随电流的增加而降低。补偿压力在低温相对较小的时底部的曲线高于高温最大阻尼力。造成这种现象的原因是当补偿压力相对较小时,有一部分发生"固化"的磁流变液并没有被完全压进另一腔室,随着活塞杆一起运行一段距离,随着这段距离的运行,气体部分受到压缩,压强随之增大。综上可知:增加温度会间接增加补偿刚度,通过间接地增加补偿刚度对磁流变阻尼器的工作性能进行影响;在正常温度范围 20 ~ 50℃之间,温度的变化对阻尼器的影响微弱。

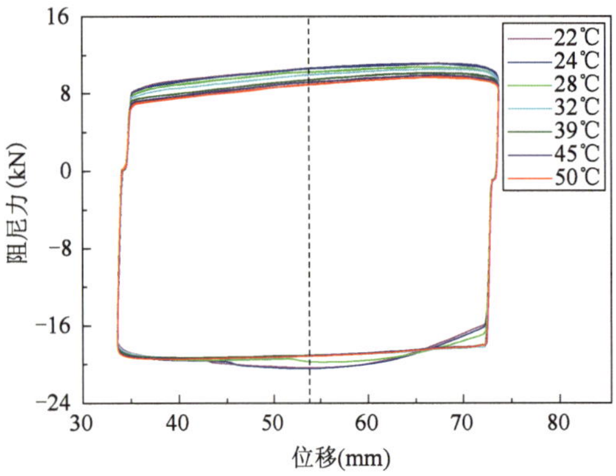

图 3-11　不同温度下的阻尼力-位移曲线

图 3-12 是不同初始压强对阻尼力影响的曲线。从中可以看出,补偿刚度大时阻尼力-位移曲线会整体下降。通过不同电流的对比,当电流增大时不同补偿刚度的阻尼力之间的差距减弱。对于小幅、高频的工况,电流值出现严重的空程现象。初始补偿刚度越大阻尼力-位移曲线的倾斜度越大。补偿刚度过大阻尼器的非线性越强,越不可控;补偿刚度过小,会引起空程现象。

图 3-13 是有无浮动活塞对阻尼力-位移曲线的影响,图中蓝线代表不带浮动活塞、红线代表带有浮动活塞的阻尼力-位移关系曲线。由图可知,带浮动活塞比不带浮动活塞的阻尼器在相同工况时包围的面积略大。从而说明在相同压强条件下,带浮动活塞的阻尼器补偿刚度要略高于不带浮动活塞的补偿刚度,而且带有浮动活塞的磁流变阻尼器稳定性和安装方便性更好。

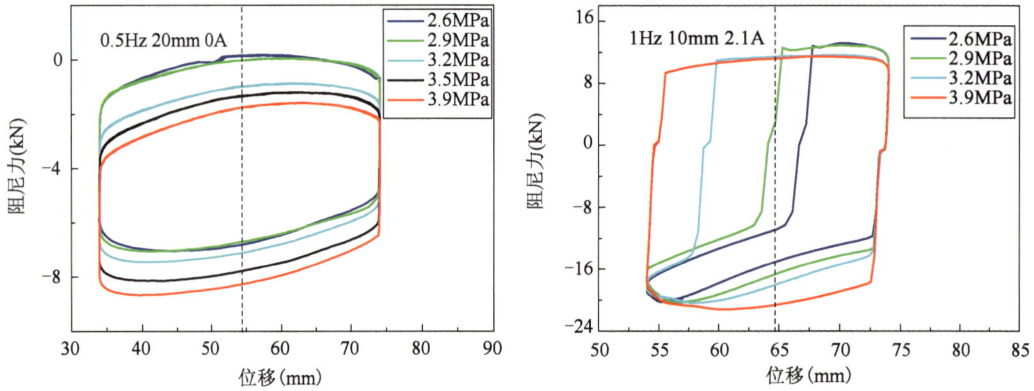

图 3-12　不同初始压强下阻尼力-位移曲线

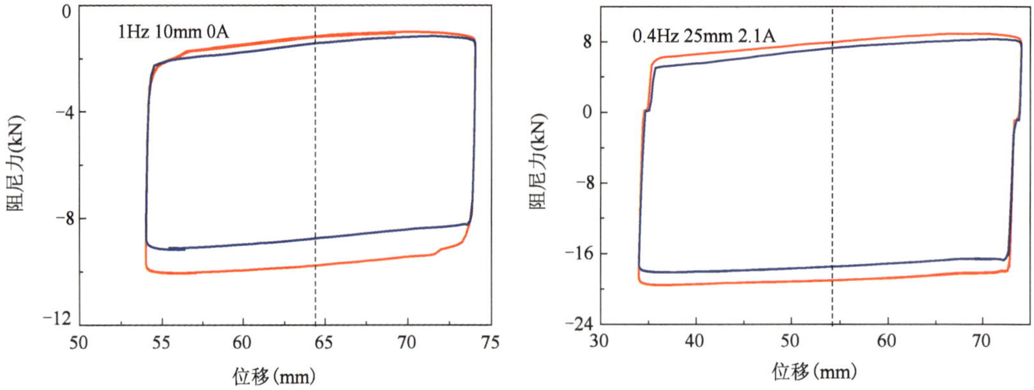

图 3-13　有无浮动活塞对阻尼力-位移曲线的影响

图 3-14 为不同中心位置对阻尼力-位移曲线的影响。黑线代表没有预压，红线代表预压 35mm，绿线代表预压 45mm。从图中可看出，不同中位试验影响的是补偿刚度，当预压越多时其补偿刚度越大。图中黑线在底部与红线和绿线接近但在顶部相差较大，补偿刚度不同会导致曲线整体上下平移，曲线的整体的上下平移一般是在补偿刚度足够的前提下才会产生。

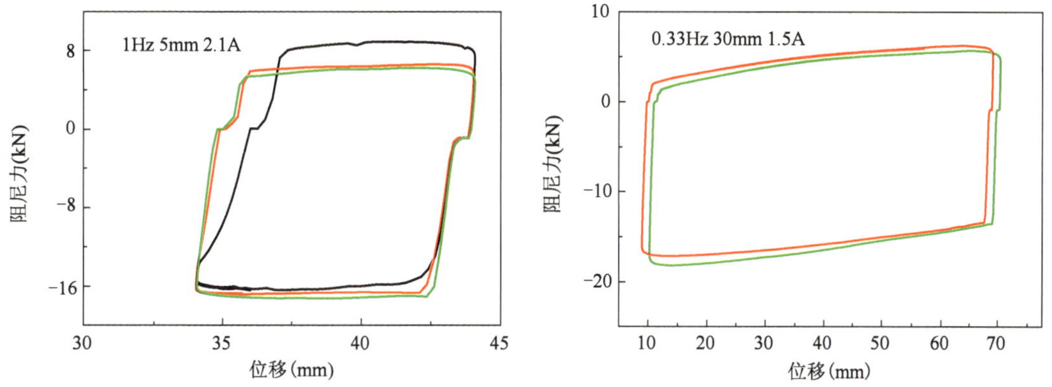

图 3-14 不同中心位置对阻尼力-位移曲线的影响

图 3-15 和图 3-16 是不同工况下的阻尼力-速度关系曲线。从图中可以看出，随着输入电流水平的增加，阻尼力最大值增大；滞回曲线的宽度增大。而幅值的变化对阻尼器出力最大值影响很小。速度滞回曲线随着初始补偿压强的增大而有整体的下降，初始压强的增大，对中间滞回环的形状基本没有任何影响；而随频率增加，中间滞回环的宽度增大，最大阻尼力基本不变。

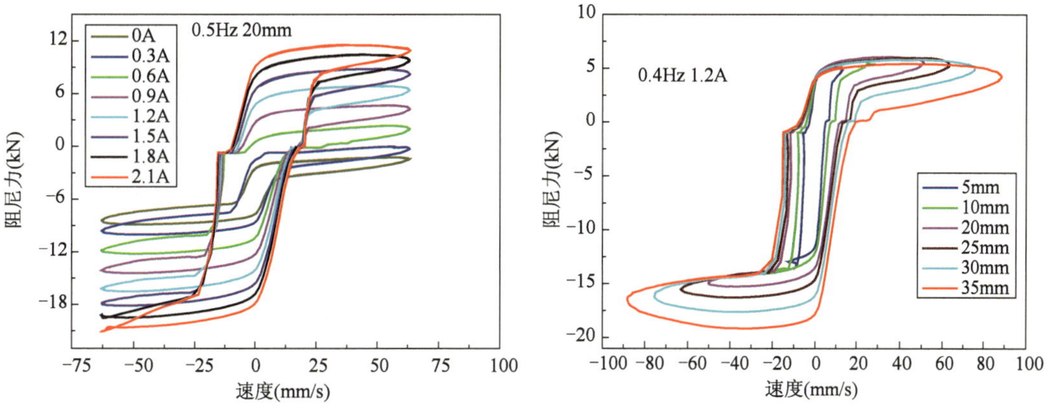

图 3-15 不同电流、振幅下的阻尼力-速度曲线

图 3-17 为足尺磁流变液阻尼器在 MTS 试验机上所进行的疲劳测试。所测试的阻尼器上三块白色区分别为补偿腔测温区、缸体中部测温区、缸体下部测温区。加载工况为输入电流 2A，加载幅值 ±15mm，加载频率 1Hz。

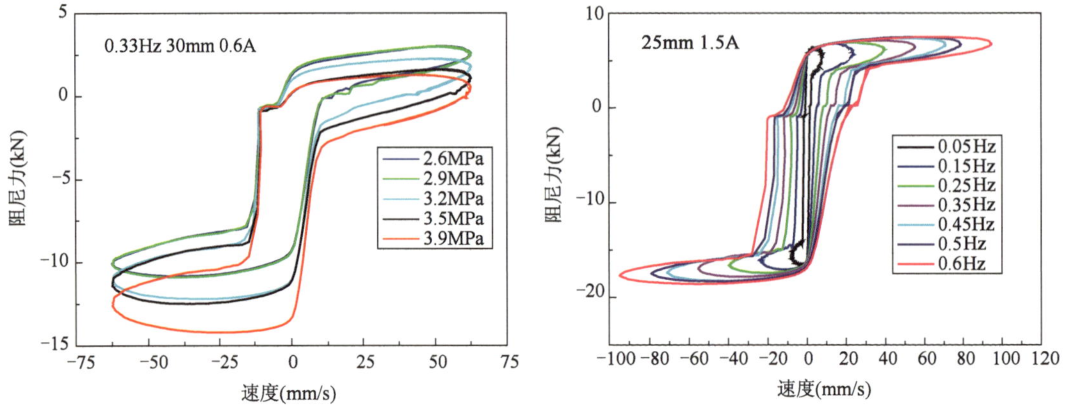

图 3-16 不同压强、频率下的阻尼力-速度曲线

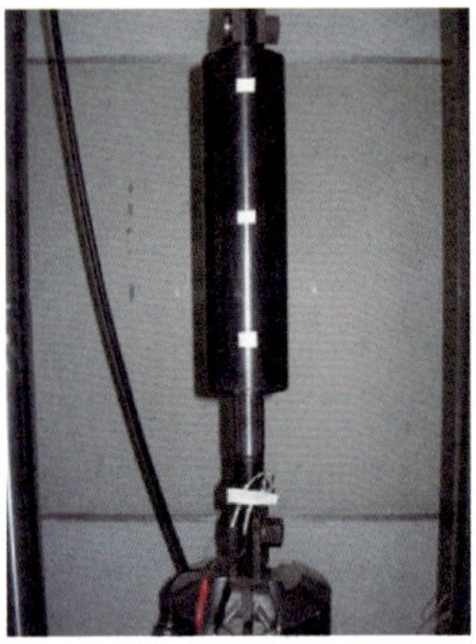

图 3-17 磁流变液阻尼器疲劳性能测试

如图 3-18 所示,4 幅监视图像分别为:①试验至 37 230 圈时,活塞杆正面出现少量颗粒,试验体后侧密封圈已断裂;②试验至 188 190圈时,主体左右两端出现明显泄漏痕迹;③试验至 195 510 圈时,前端密封失效;④试验至 216 450 圈时,前端密封失效后 MRF 的泄漏情况。为了观察密封失效后试验体的性能变化,试验持续进行到 216 450 圈。

如图 3-19 所示,试验进行至 37 290 圈时,磁流变液沿密封圈断裂口处被少量带出。试验进行至 42 990 圈时,磁流变液沿断裂处汇聚成线,渗出量增大。直至试验结束时,活塞杆已布满渗出的磁流变液。磁流变液的泄漏方式除了缓慢渗漏之外,还存在如图 3-19d)所示的喷射现象。值得注意的是,渗漏或喷射均为非持续性渗漏或非持续性喷射,在某一时刻渗漏会自行停止。

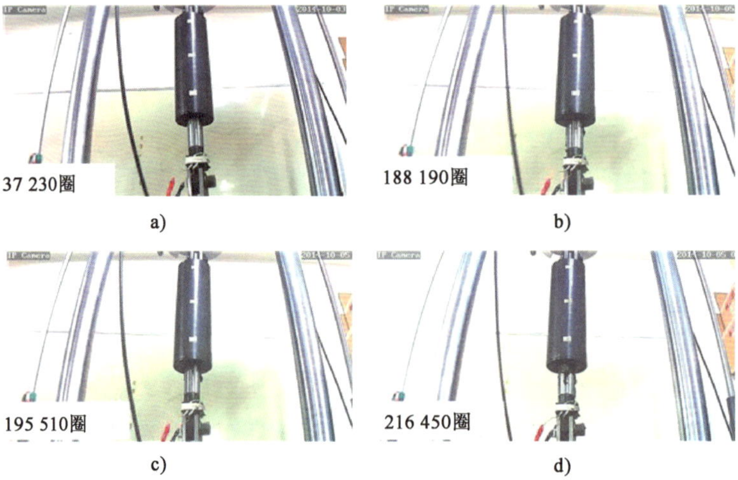

图 3-18 测试周期数与密封失效

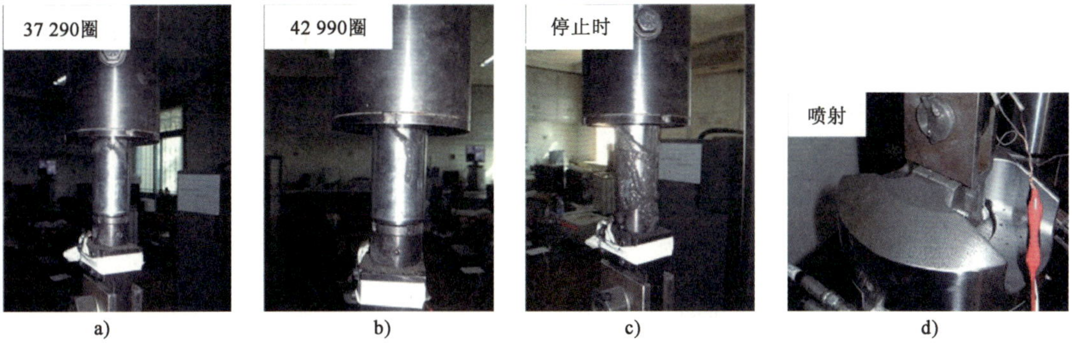

图 3-19　磁流变阻尼器的渗漏与喷溅

磁流变液阻尼器疲劳试验过程中其阻尼力并非一成不变，试验中多次出现阻尼力突然增大或减小的情况。图 3-20 为选取具有代表性的 2014 年 10 月 4 日 2:20～19:43 试验曲线说明其增大减小情况。2:20～5:40，阻尼力由 6～－11kN 降低至 0～－4kN，降低约 6kN；5:43～19:43 阻尼力由 0～4kN 猛增至 6～－11kN。伴随阻尼力增大，缸体中部行程区域内的温度也会迅速升高至 80～120℃，并保持 70℃以上约 12h；随着阻尼力降低，缸体行程区域内温度也会降低至 40～50℃左右，并保持约 15h。产生上述现象的原因经初步分析，可能是由于阻尼器总的行程为 ±50mm，试验段取中位，且振幅仅为 ±15mm，也就是说在阻尼器内起作用的液体只是中位上下 ±15mm 的液体。随着试验的进行，高温使中位液体成分发生了变化，并逐渐与其他部位的液体进行混合，从而导致阻尼力产生剧烈变化。

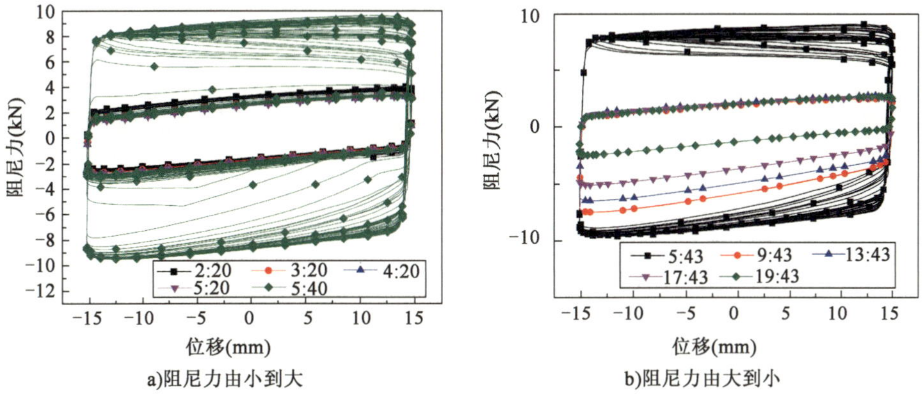

图 3-20　疲劳试验中的阻尼力变化（2014 年 10 月 4 日 2:20～19:43）

为了测试 MRF 在超长期静置条件下阻尼性能变化情况，将 2004 年 12 月试验完毕的 D120 阻尼器封存，每隔 5 年再进行一次性能测试，获取阻尼力-位移曲线。如图 3-21 所示，分别为 2004 年、2009 年与 2014 年的测试曲线数据，通过测试曲线可以看出，长时间静置对 MRD 性能的影响不大。需要说明的是，由于振幅较小，2004 年波形空程段看起来会比其他两组明显。D120 阻尼器已于试验完毕后继续封存直至下次测试，下次测试时间预计为 2019 年 11 月左右。

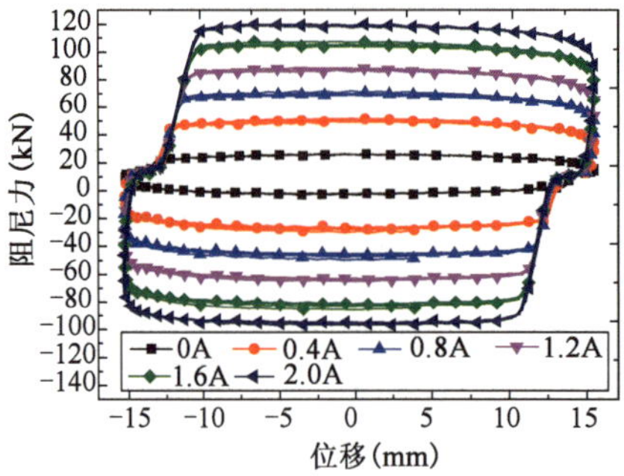

a)2004年试验数据

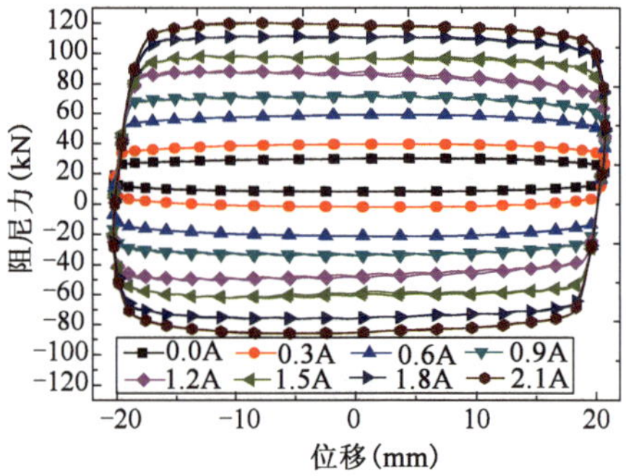

b)2009年试验数据

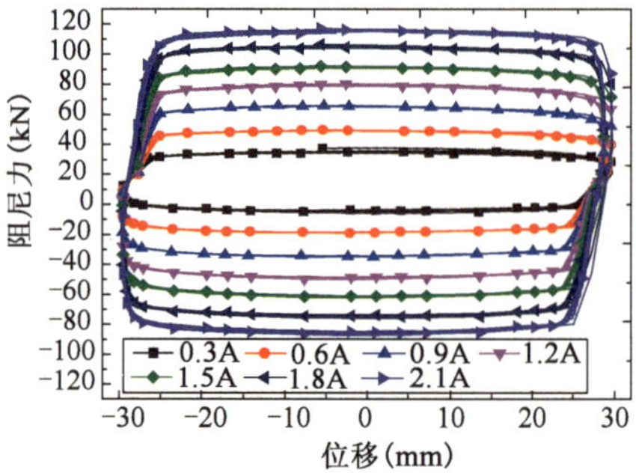

c)2014年试验数据

图3-21　长期静置的阻尼力-位移试验曲线

3.1.3　速度自感知式系统研究

1)基本原理

速度自感知的吊索振动磁流变液阻尼器控制系统速度自感知的基本原理是,利用光电芯片将与速度有关的光信号转换成数字信号,再通过 D/A 芯片将数字信号转换成电压信号,从而获得速度与电压的关系。如图3-22所示,在磁流变阻尼器中固定一个光电传感器。图3-23所示的光电传感器内部集成了 CMOS 相机和微处理器(DSP),可以实现在二维平面的定位。随着活塞杆的移动,传感器内部的 CMOS 相机对探测的表面进行连续拍照,然后传感器会提取每张照片里的特征像素,并对相邻2张照片中的同一特征像素进行比较,当移动的距离达到最小距离要求时,传感器就立即向单片机发送一个数据包,该数据包包含了位移信息。通过编程控制单片机对该数据包进行识别,即可得到该段时间内的平均速度,从而实现对磁流变液阻尼器活塞相对缸体速度的检测。如图3-23所示的光电传感器件可以将获得的模拟信号转变为单片机可识别的数字信号,再通过 D/A 芯片将数字信号转换成电压信号,从而获得磁流变阻尼器运动速度与电压的关系。控制器的作用是协调光电传感器件与单片机的工作,单片机实现对传感器输出的数字信号的检测和显示。

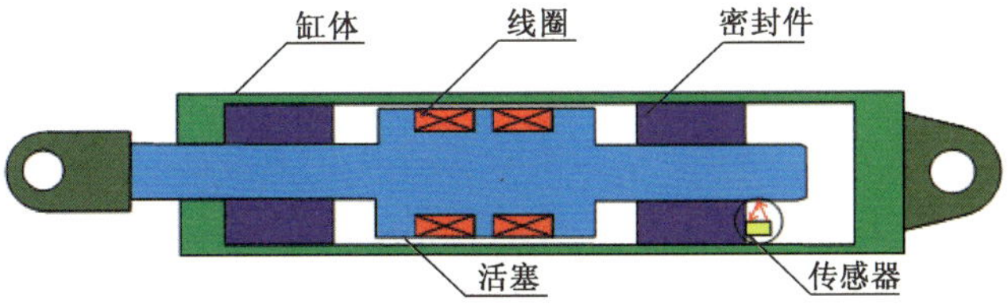

图 3-22 速度自感知磁流变阻尼器原理图

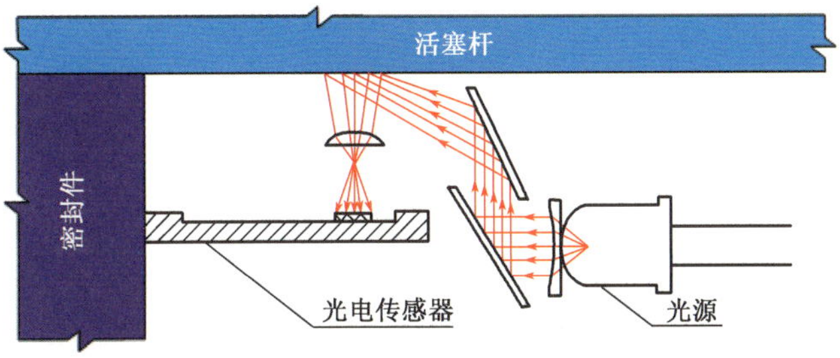

图 3-23 光电传感器工作原理示意图

2)速度自感知式磁流变液阻尼器

通过对光电传感器模块及系统软件进行设计和测试,所设计的传感器如图 3-24 所示,测试结果如图 3-25 和图 3-26 所示,可以看出所设计的光电传感器测量值在连续工作的过程中性能比较稳定,随机误差比较小、可重复性好。当采样周期设置为 10ms 时,由于实测分辨率为5 500CPI,则传感器的分辨率为 0.018mm/s,量程为 0 ~ 3 810mm/s。由图中可以得到试验值与计算值的最大误差为 15.56mm/s,线性度为 0.4% 。

图 3-24 光电传感器实物图

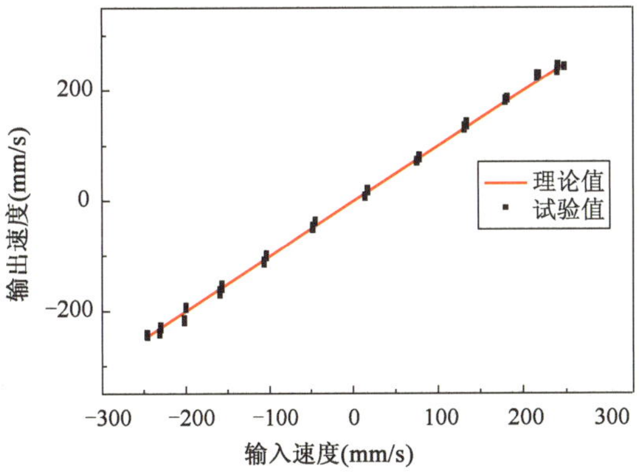

图 3-25 4Hz 激励频率时传感器输入-输出关系

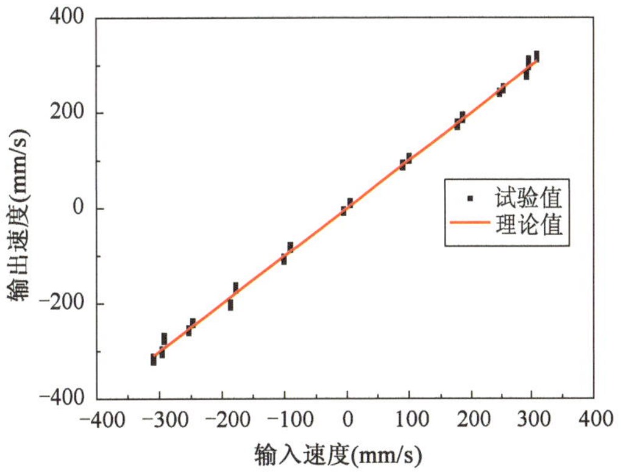

图 3-26 5Hz 激励频率时传感器输入-输出关系

基于上述设计和测试的光电传感器，将其与哈尔滨工业大学项目组研发的磁流变液阻尼器组装在一起，通过单片机和光电速度传感器实现了两种不同电流控制方案下的自感知磁流变液阻尼器的力-位移关系测试。磁流变液阻尼器最大行程为±65mm、饱和电流为2.4A、最大消耗功率为8.16W。控制电源的输入电压范围为0~5V，电流输出范围是0~8A，输出电压小于7V。试验在哈尔滨工业大学结构健康监测实验室的MTS动力加载设备上完成，加载时采用位移控制，正弦波激励的振幅为10mm、加载频率为1Hz，测试原理如图3-27所示。

自感知磁流变液阻尼器测试方案采用了两种电流控制方案：第一，施加电流与速度成正比；第二，采用bang-bang开关控制算法，当速度和位移方向相同时，施加一恒定电流；当速度与位移方向相反时不施加电流。图3-28为恒电流0.8A时和电流控制方案一时磁流变液阻尼器的力-位移曲线。在方案一中通过程序软件控制输入电流在0~0.8A之间变化，即当阻尼器活塞与缸体相对运动速度达到最大时，励磁线圈输入电流为0.8A；当速度为0时，励磁线圈输入电流为零。磁流变液阻尼器运动速度与输入电流一一对应。

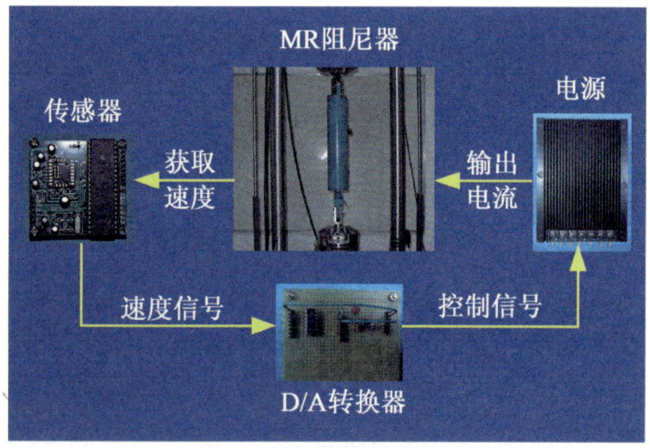

图3-27　速度自感知磁流变液阻尼器测试原理图

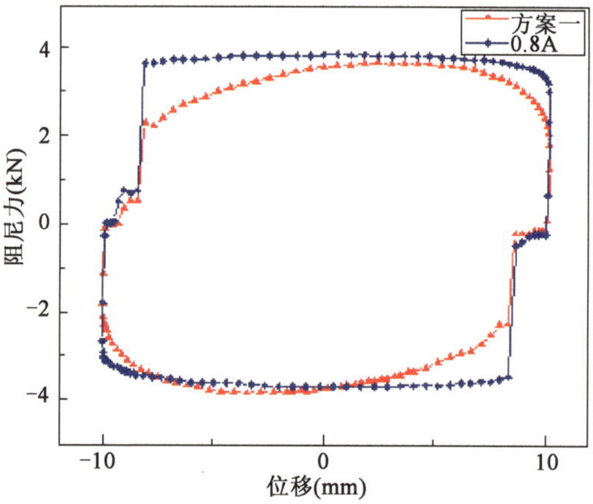

图3-28　方案一与恒电流条件下阻尼器出力对比

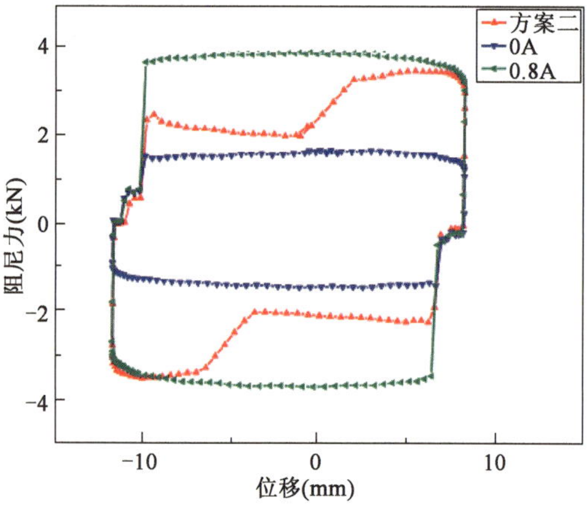

图3-29　方案二与恒电流条件下阻尼器出力对比

从图3-28中可以看到，当位移从最大值变化到零即速度由零变化到最大值的过程中，随着控制输入电流的增大，阻尼器的出力增大，但负载线圈的电感效应会延迟电流的变化。

图3-29为电流控制方案二时与恒电流0A和0.8A时磁流变阻尼器的力-位移曲线。从图3-29中可以看到，在位移从0mm变化到10mm的过程中，阻尼力是逐渐变化的，说明电源的输出信号有一定的延时，但总体上实现了bang-bang控制算法。由上述试验结果可见，本书开发的速度自感知磁流变液阻尼器不仅

能够实时获得阻尼器活塞杆的运动状态,而且可以将各种控制算法烧写到自感知系统的单片机上,从而省去额外的控制系统,能够有效地降低磁流变液阻尼控制系统的复杂性,从而提高控制系统的可靠性。

3.1.4 自集能式系统研究

1)基本原理

自集能磁流变液阻尼器是利用功能效率较高的两个小型直流发电机作为供能部件,将其对称放置在双出杆磁流变液阻尼器端部空腔中,并通过一个直齿轮固定连接,齿条与电机轴上的齿轮相啮合,当活塞做往复运动时,齿条带动电机轴做往复运动,如图 3-30 所示。

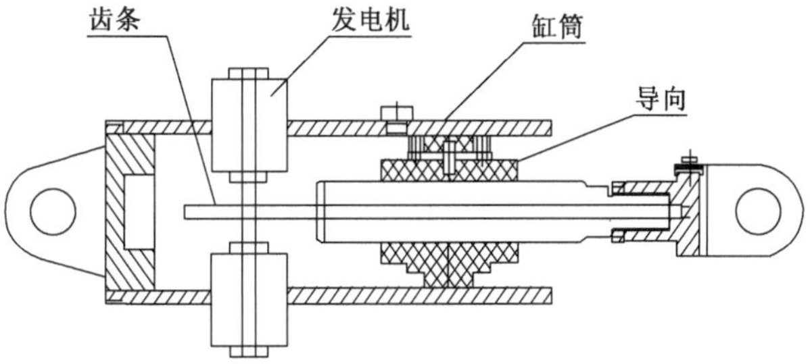

图 3-30 自集能磁流变液阻尼器原理图

2)自集能式磁流变阻尼器

在图 3-30 所示的自集能磁流变液阻尼器设计中,发电机轴直接在活塞杆的带动下做正弦运动,所以阻尼器线圈中电流的变化频率与活塞杆的振动频率相同。所以,将发电机输出端与线圈相连之后,其线圈两端电压为:

$$U = \frac{R_1 + j\omega L}{R_a + R_1 + j\omega L} \times k_e \times \eta \times A\omega\cos(\omega t) \tag{3-5}$$

式中:U——电压;

R——电阻;

A——电感。

在选用发电机时,应该选择静态内阻小、电动势系数相对较大的发电机。同时限于阻尼器端部的体积,选择的电机的体积也要尽量得小。为了实现无源功能,发电机的励磁需采用永磁体。由于阻尼器的活塞杆运动行程和速度有限,所以要通过机械的方法尽量提高传动比。在测试过程中选择了内阻为 4.7Ω 的小型发电机,并在内部配备了加速齿轮,其加速比为 18.5。将该发电机在哈尔滨工业大学结构健康监测实验室的 MTS 动力加载设备上,进行了相应的测试。

图3-31是激励频率为0.5Hz、振幅为10mm的工况下，发电机的开路电压以及阻尼器线圈两端电压的时程变化曲线。从图中可以看到，在这种工况下发电机的输出电压已经超过4V，达到了4.23V，负载线圈两端电压达到了1.8V。可见通过增加传动可以有效地提高电机的输出电压。另外还可计算得到此时线圈等效电阻与整个电路等效电阻的比值为0.426。图中开路电压与线圈两端电压并不同步是因为保存数据时截取的时间起点不同。

图3-32是激励频率为0.5Hz，振幅为20mm的工况下，开路电压和线圈两端电压的时程曲线。最大开路电压为8.77V，负载线圈两端最大电压为3.82V。计算可以得到线圈等效电阻与整个电路等效电阻的比值为0.436。当振幅为10mm、频率为1Hz时，开路电压为9.65V，线圈两端电压为4.35V，计算该比值为0.46。可见随着频率和振幅的增加，线圈在整个电路中的分压比例会逐渐增加，但是变化幅度不大。为了计算方便在接下来的计算当中，采用最小的分压比例计算线圈两端的电压。

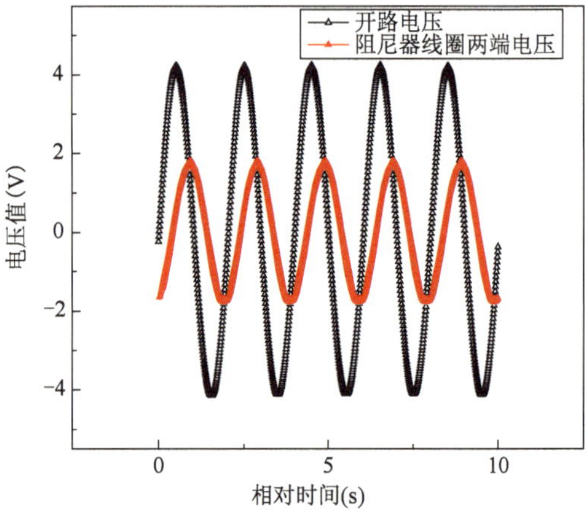

图3-31 振幅10mm、频率0.5Hz情况下电压变化曲线

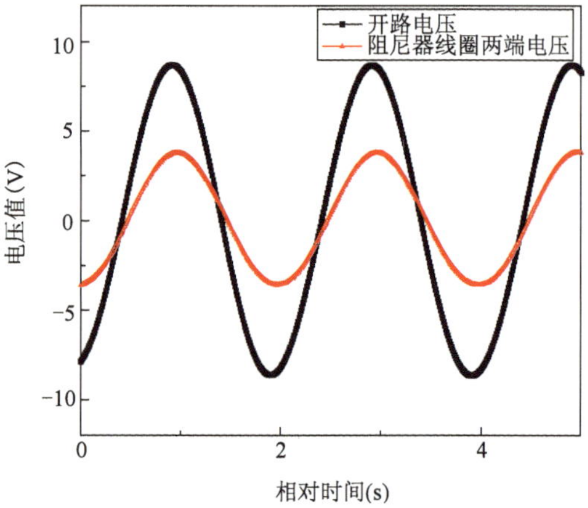

图3-32 振幅20mm、频率0.5Hz情况下电压变化曲线

各种工况下最大加载速度所对应的最大开路电压列于表3-1中。从表3-1中可看到，发电机正向和反向输出电压基本对称。可以看出所使用的电机的输出电压与转速成正比。最大出力约为1t的磁流变液阻尼器的饱和电流为2.4A，对应的电压为3.4V。当振幅为20mm时线圈两端的计算电压就可以达到此条件，此时活塞最大速度仅为10mm/s，而线圈两端的实际电压要大于这一数值。所以选择的发电机提供的能量完全能够满足阻尼器的需要。

最大速度所对应的最大开路电压　　表3-1

振幅(mm)	10	15	20	25
最小电压(V)	-4.14	-6.35	-8.65	-10.95
最大电压(V)	4.23	6.48	8.77	10.99
线圈两端电压(V)	1.80	2.76	3.74	4.65
平均电压(V)	1.27	1.95	2.64	3.29
平均功率(W)	0.65	0.99	1.35	1.68

将各种工况发电机最大转速和最大正向电压的关系整理在图3-33中，可以看到基本是成线性关系，拟合曲线斜率约为0.15，即该电机的电动势系数为0.15V/(rad·min)。由前述分析可以知道，随着发电机转速的提高，负载线圈的分压比例会小范围地增加。那么在进行发电机选型时，选用一个较小的分压比例作为计算依据，即忽略频率对于线圈阻抗影响的简化设计方法是合理的，此时，负载线圈两端的电压计算公式变为：

$$U = \frac{R_1}{R_a + R_1} \times k_e \times \eta \times A\omega\cos(\omega t) \tag{3-6}$$

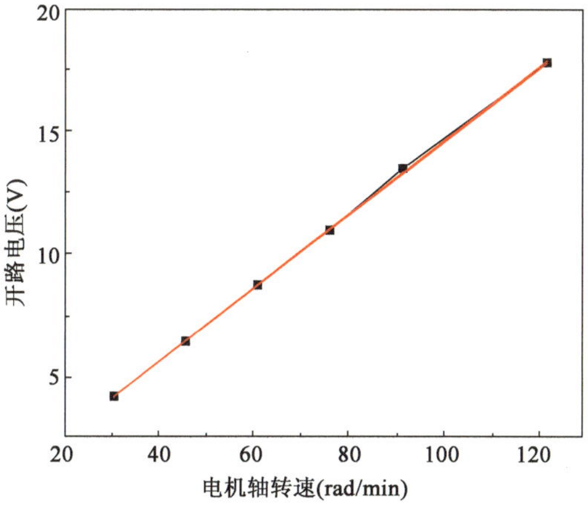

图3-33　电机轴转速与开路电压的关系

将磁流变阻尼器作为供能装置的负载时，其电路如图3-34所示。电路图中上半部分表示阻尼器的电感和电阻。下部表示并联发电机，并联电阻的阻值为1.8Ω。按照最小分压比例的原则计算得到阻尼器的等效电阻为1.34Ω。当振幅在20mm、1Hz的情况下，负载线圈两端的电压为7.73V。如果磁流变阻尼器端部空间只能放置一个发电机发电时，阻尼器两端的分压比例为0.27。按照此分压比例，在振幅为15mm、频率为1Hz情况下可以获得的负载线圈两端电压为3.65V，有效电压值为2.58V，功率可以达到5W。只需将电机轴的齿轮直径减少一半就可以达到10kN磁流变阻尼器的最大能耗要求，可见本书所设计的自供能方案能够满足10kN阻尼器的能耗要求。

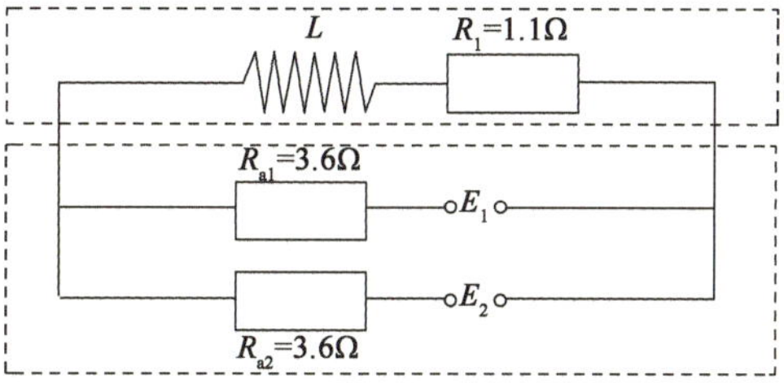

图3-34　供能系统电路图

3.1.5　on-off控制算法研究

大跨度悬索桥的较长吊杆和大跨度斜拉桥的超长拉索在风荷载作用下，极易发生多模态耦合振动，为此本书开展了基于MRFD的吊杆/斜拉索减振的多模态on-off控制算法的理论和试验验证研究。

1）两模态振动下 MR 阻尼器 passive-on 控制策略耗能特点分析

为简化问题的分析，采用简化的 Bingham 出力模型来模拟 MR 阻尼器的出力：

$$f_{\mathrm{MR}} = f_{\mathrm{dy}}\operatorname{sgn}(\dot{d}) + c\dot{d} \tag{3-7}$$

式中：$\dot{d}$——阻尼器活塞杆运动速度；

f_{dy}——滞变屈服力，与所加电压/电流有关；

c——阻尼系数。

考虑此时 MR 阻尼器处活塞杆的位移 d 是拉索的前两阶模态运动，A_1 是 1 阶位移的幅值；A_2 是 2 阶位移的幅值；ω_1 是拉索的 1 阶圆频率，2 阶的圆频率为 $2\omega_1$。对应的 MR 阻尼器活塞杆处的速度是：

$$\dot{d}(t) = \dot{d}_1(t) + \dot{d}_2(t) = A_1\omega_1\cos(\omega_1 t) + 2A_2\omega_1\cos(2\omega_1 t) \tag{3-8}$$

阻尼器的耗能直接反映了阻尼器的控制效果，因此，先从两模态与单模态下 MR 阻尼器 passive-on 控制耗能入手分析。假定阻尼系数 $c=0$，在 passive-on 时滞变屈服力为 f_{dymax}。

考虑时间[0　T_1]内，其中 T_1 为拉索的 1 阶周期，两模态控制下阻尼器的总耗能为：

$$E = \int_0^{T_1} f_{\mathrm{M_R}}\dot{d}\,\mathrm{d}t = \int_0^{T_1} f_{\mathrm{dymax}}\operatorname{sgn}(\dot{d})\dot{d}\,\mathrm{d}t \tag{3-9}$$

此时 MR 阻尼器对 1 阶、2 阶的耗能分别为：

$$E_1 = \int_0^{T_1} f_{\mathrm{dymax}}\operatorname{sgn}(\dot{d})\dot{d}_1\,\mathrm{d}t \tag{3-10}$$

式中：E_1——两模态下在时间[0　T_1]内阻尼器对 1 阶的耗能。

$$E_2 = \int_0^{T_1} f_{\mathrm{dymax}}\operatorname{sgn}(\dot{d})\dot{d}_2\,\mathrm{d}t \tag{3-11}$$

式中：E_2——两模态下在时间[0　T_1]内阻尼器对 2 阶的耗能。

考虑拉索的单模态稳态振动，即拉索仅以 1 阶或 2 阶模态振动，对应的阻尼器处的位移响应时程为 d_1 和 d_2，此时，在 1 阶或 2 阶下的耗能分别为：

$$E_{10} = \int_0^{T_1} f_{\mathrm{dymax}}\operatorname{sgn}(\dot{d}_1)\dot{d}_1\,\mathrm{d}t \tag{3-12}$$

式中：E_{10}——单模态 1 阶振动下在时间[0　T_1]内阻尼器的耗能。

$$E_{20} = \int_0^{T_1} f_{\mathrm{dymax}}\operatorname{sgn}(\dot{d}_2)\dot{d}_2\,\mathrm{d}t \tag{3-13}$$

式中：E_{20}——单模态 2 阶振动下在时间[0　T_1]内阻尼器的耗能。

为了比较两模态下阻尼器的耗能与单模态下的不同，定义如下三个无量纲的比值：

$$\gamma_0 = \frac{E}{E_{10} + E_{20}} \tag{3-14}$$

$$\gamma_{10} = \frac{E_1}{E_{10}} \tag{3-15}$$

$$\gamma_{20} = \frac{E_2}{E_{20}} \tag{3-16}$$

式中：γ_0——两模态下耗能与单模态下 1、2 阶耗能之和的比值，反映了两模态耦合对阻尼器总耗能的影响；

γ_{10}——两模态下阻尼器对 1 阶的耗能与单模态下对 1 阶的耗能的比值，反映了两模态耦合对其中 1 阶耗能的影响；

γ_{20}——两模态下阻尼器对 2 阶的耗能与单模态下对 2 阶的耗能的比值，反映了两模态耦合对其中 2 阶耗能的影响。

通过分析可以知道两模态的耦合作用使得 passive-on 控制时 MR 阻尼器的总耗能相比单模态下都减少，在 A_2/A_1 满足一定比值的情况下，两阶模态中的任一阶相对于单模态情况下的耗能有所减小。

假设 MR 阻尼器在拉索上的安装位置为 x_d，1、2 阶模态的位移幅值为 A_1 和 A_2，则拉索的 1、2 阶的振动能量分别为：

$$E_1^{cab} = \frac{\pi^2 T A_1^2}{4L \sin^2 \dfrac{\pi x_d}{L}} \tag{3-17}$$

$$E_2^{cab} = \frac{\pi^2 T A_2^2}{L \sin^2 \dfrac{2\pi x_d}{L}} \tag{3-18}$$

一般 MR 阻尼器的安装位置满足条件 $x_d/L \ll 1$，故有：

$$\frac{E_1^{cab}}{E_2^{cab}} = \frac{A_1^2}{A_2^2} \tag{3-19}$$

则拉索的不同模态的振动能量的分布：

$$\gamma_1^{cab} = \frac{E_1^{cab}}{E_1^{cab} + E_2^{cab}} = \frac{A_1^2}{A_1^2 + A_2^2} \tag{3-20}$$

$$\gamma_2^{cab} = \frac{E_2^{cab}}{E_1^{cab} + E_2^{cab}} = \frac{A_2^2}{A_1^2 + A_2^2} \tag{3-21}$$

式中：γ_1^{cab}、γ_2^{cab}——拉索振动中 1、2 阶的能量占总能量的比例。

相应地按照上面的分析，定义：

$$\gamma_1 = \frac{E_1}{E_1 + E_2} \tag{3-22}$$

$$\gamma_2 = \frac{E_2}{E_1 + E_2} \tag{3-23}$$

式中：γ_1、γ_2——MR 阻尼器采用 passive-on 控制策略时对 1、2 阶的耗能占总耗能的比。

经分析可以知道，拉索的两模态耦合运动不仅使 MR 阻尼器的耗能相比单模态下有所减少，还使得 MR 阻尼器 passive-on 控制下对不同模态耗能的分布发生变化，在 $0.1 < A_2/A_1 < 1$ 这一区段，拉索的 1 阶振动能量较大，但 MR 阻尼器对 1 阶的耗能反而偏小，这使得 MR 阻尼器的耗能没有很有效地控制占主要部分的振动。通过功率和 MR 阻尼器对斜拉索做功的数值分析可以知道，两模态耦合下，MR 阻尼器 passive-on 控制下出力与不同模态的位移间相位差别的改变，使得 MR 阻尼器对不同模态在某一时间段并不是总能保持耗能，因而造成了 MR 阻尼器 passive-on 控制下在多模态耦合下耗能的减少，并且对 1 阶的耗能偏少。

2）基于 MR 阻尼器的拉索的多模态振动控制试验

利用哈尔滨工业大学健康监测实验室的 MTS 加载正弦谐波位移，利用 dSPACE 发出控制电压输入电流源，电流源输出恒定的电流（0A、0.2A、0.4A），并采集得到连接于 MR 阻尼器上的力传感器和 LVDT 的信号，得到在 1.5mm，3Hz 工况下阻尼器的性能曲线，如图 3-35 所示。

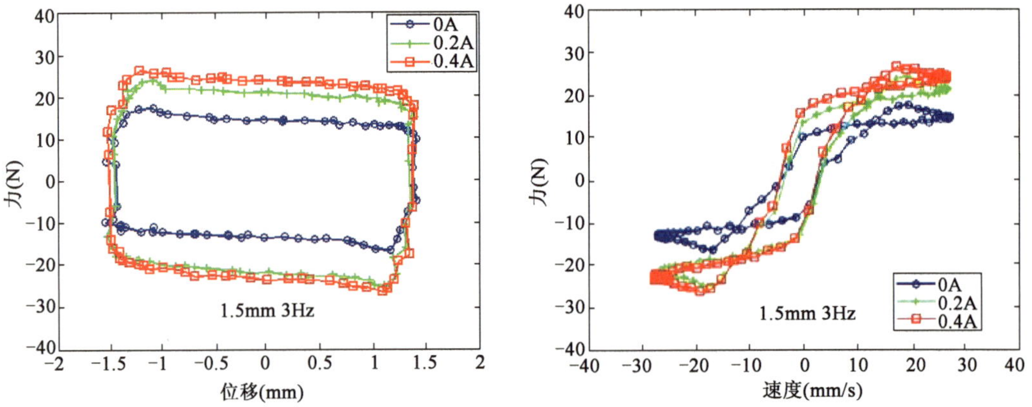

图 3-35　正弦位移激励下 MR 阻尼器的性能曲线

MR 阻尼器的动力学模型采用基于双曲正切函数的动力学模型，如下：

$$f_{\mathrm{MR}} = f_{\mathrm{y}}\tanh[a_1\dot{d} + a_2\mathrm{sgn}(d)] + c_0\dot{d} \tag{3-24}$$

式中：d——MR 阻尼器活塞杆的位移；

$\dot{d}$——MR 阻尼器活塞杆的速度；

a_1、a_2——MR 阻尼器的力-速度滞回环的形状控制参数；

f_{MR}——MR 阻尼器的阻尼力；

f_{y}——MR 阻尼器的屈服力；

c_0——MR 阻尼器的黏滞阻尼系数。

滞变屈服力 f_{y} 和黏滞阻尼系数 c_0 与电流的关系可以近似为线性关系 $f_{\mathrm{y}} = f_{\mathrm{ya}} + f_{\mathrm{yb}}I$，$c_0$ =

$c_{0a}+c_{0b}I$。根据试验数据拟合得到上述 MR 阻尼器出力模型中的参数有：$f_{ya}=12.46\text{N}$、$f_{yb}=16.61\text{N/A}$、$c_{0a}=0.0992\text{Ns/mm}$、$c_{0b}=0.2923\text{Ns/(mm}\cdot\text{A)}$、$a_1=0.2017\text{s/mm}$、$a_2=0.7771$。根据上述参数拟合得到 MR 阻尼器的出力曲线和试验曲线对比，如图 3-36 所示，可知拟合曲线较好地吻合了试验曲线。

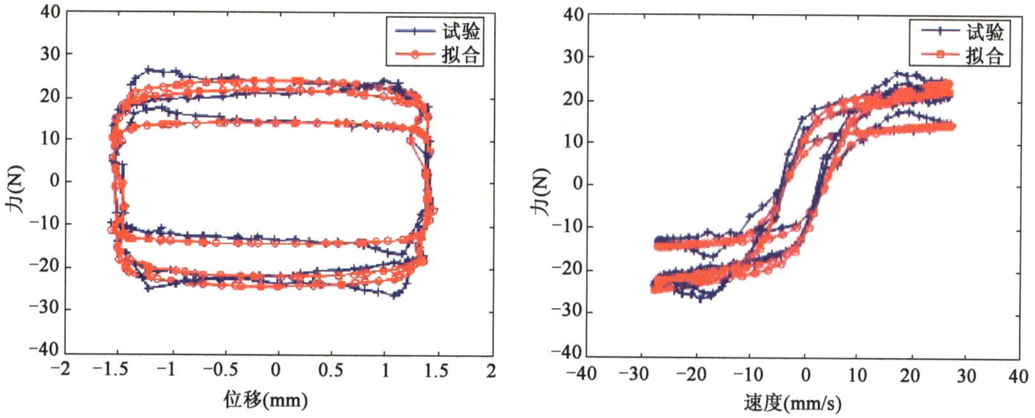

图 3-36　MR 阻尼器性能试验曲线与拟合数据的对比

试验装置如图 3-37 所示。拉索水平放置，其基本参数见表 3-2；在距拉索一端 0.54m 处安装有 MR 阻尼器，MR 阻尼器串联力传感器，测其出力，同时，在同一位置装有 LVDT，测得 MR 阻尼器活塞杆的位移响应；在 4m 和 7m 处安装有加速度传感器，测量拉索的加速度响应；在另一端距端部 0.35m 处安装有激振器，激振器与拉索之间安装有力传感器，以测量激振力。

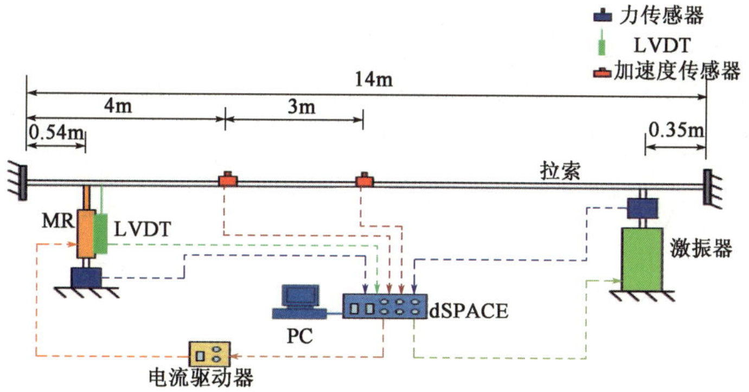

图 3-37　试验装置示意图

拉 索 基 本 参 数　　表 3-2

长度 L(m)	单位长度质量(kg/m)	索力(kN)
14	1.33	9.69

试验中 MR 阻尼器采用三种控制策略，即 passive-off（被动关），passive-on（被动开）和 semi-active（半主动）控制。passive-off 时电流为零，passive-on 时电流为 0.4A。semi-active 控制时，首先根据 3 个观测点响应，用 Kalman 滤波器估计拉索的全状态，并依此计算所需控制

力，再采用 clipped-optimal 方法确定 MR 阻尼器控制命令为 0A 或者 0.4A。

采用标准的 Kalman 滤波器设计来估计拉索的全状态，并根据 LQR 增益计算得到需要的控制力，进而通过如下算法确定 semi-active 控制时的控制命令：

$$u(t) = u_{max} H\{F_d^{meas}(t)[F_d^{desired}(t) - F_d^{meas}(t)]\} \tag{3-25}$$

式中：u_{max}——$u_{max}=1V$，对应电流源将其转换成 0.4A 的电流；

$H(\cdot)$——Heaviside 函数。

基于多模态运动下，MR 阻尼器对不同模态可能做正负功，提出以下算法：对于拉索阻尼器处的位移响应，设采样时间步为 Δt，t_k 对应于第 k 个峰值点对应的时刻，t_{k+1} 对应于第 $k+1$ 个峰值点对应的时刻，两个时刻之间有 n_k 个时间步，即：

$$t_{k+1} = t_k + n_k \Delta t \tag{3-26}$$

则在时间段 $[t_k \quad t_{k+1}]$ 的电压控制命令由式(3-27)给出：

$$u(t_k + i\Delta t) = \begin{cases} 0 & v(t_k + i\Delta t) - v(t_k) \leq \Delta_{cr} \quad (i = 1,2,\cdots,n_k) \\ u_{max} & v(t_k + i\Delta t) - v(t_k) > \Delta_{cr} \quad (i = 1,2,\cdots,n_k) \end{cases} \tag{3-27}$$

式中：$v(t)$——t 时刻的阻尼器处位移值；

Δ_{cr}——界限值，由试验确定。

上述控制中，Δ_{cr} 由试验中振动初始确定，其值可以由式(13-28)确定：

$$\Delta_{cr} = \beta \max\{v(t_{10}) - v(t_9), v(t_9) - v(t_8), \cdots, v(t_2) - v(t_1)\} \tag{3-28}$$

一般 β 取值 0.2～0.5 可满足需要。图 3-38 可以看出算法的执行过程和结果：图中位移为拉索的多模态位移响应，从 1 点改进的算法开始运行，由于 1 点到下一个峰值点 $\Delta_1 < \Delta_{cr}$，此时的控制电压一直为零；从此峰值点到点 2 以前，电压一直为零，当到点 2 时，$\Delta_2 > \Delta_{cr}$，此时电压取 u_{max}，以后的 3、4、5 点的电压响应如此。

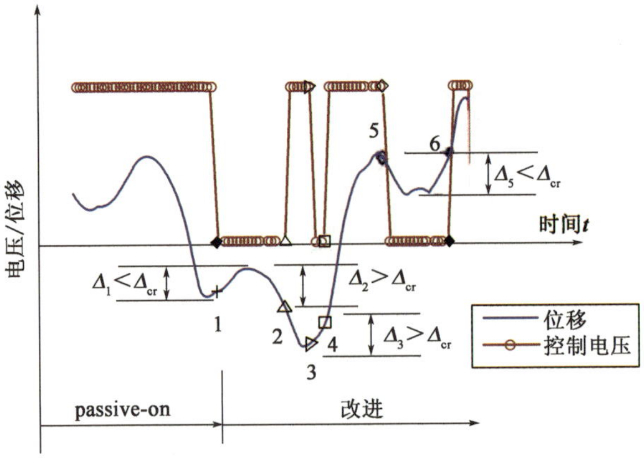

图 3-38　算法示意图

根据上述提出的控制策略,分别给激振器输入1、2阶模态和1、3阶模态的激励,进行拉索-MR阻尼器的1、2阶两模态振动和1、3阶两模态振动的控制试验。试验中保证在passive-off,passive-on和semi-active提出的控制策略下,激振力大小是一样的。在这里只给出拉索-MR阻尼器的1、2阶两模态振动的试验结果,1、3阶两模态振动的控制试验结果和1、2阶两模态振动的控制试验结果类似。上述四种控制策略下1、2阶两模态振动MR阻尼器的力-位移曲线和力-速度曲线如图3-39所示。

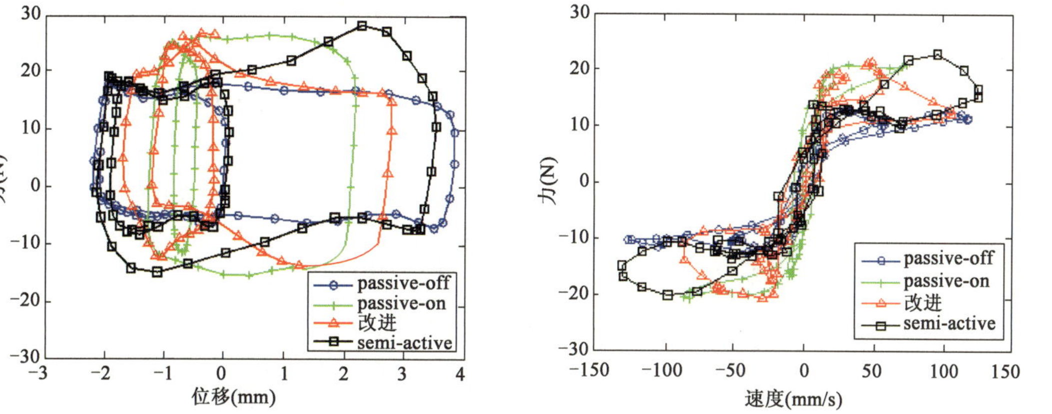

a)力-位移曲线　　b)力-速度曲线

图3-39　四种控制策略下MR阻尼器的出力特性

分析安装MR阻尼器处、拉索4m处和拉索跨中的响应相对大小。由拉索4m处和跨中测得的加速度响应积分两次得到位移反应。作出四种控制策略下上述三处位移响应的功率谱PSD,如图3-40所示。由图a)中可以看出,在1阶模态上,passive-off控制效果最差,passive-on

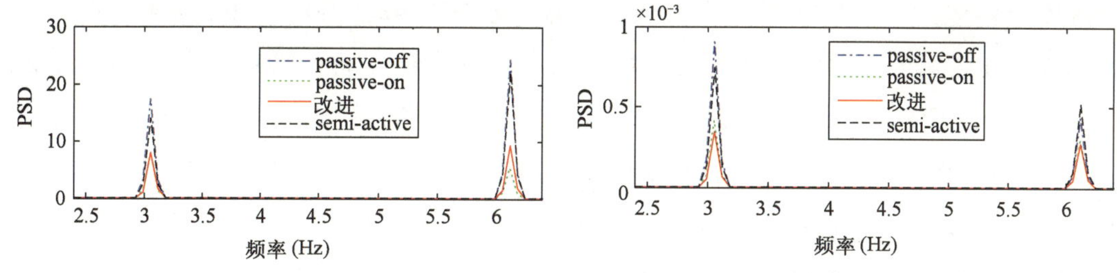

a)阻尼器处位移响应　　b)拉索4m处位移响应

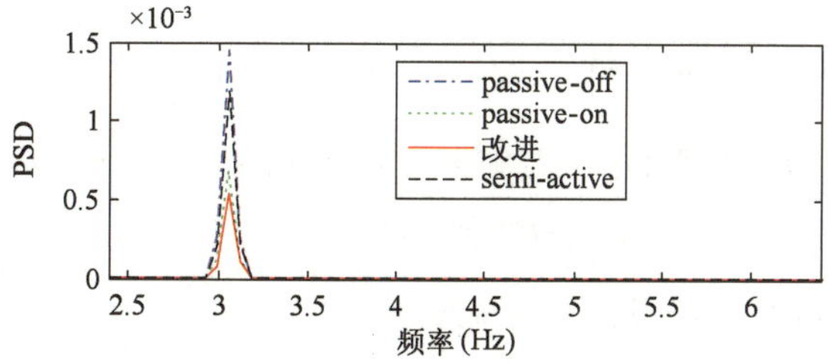

c)跨中处位移响应

图3-40　不同控制策略下响应的PSD的对比

与改进的控制策略基本相当，而 semi-active 的控制效果好于 passive-off，差于 passive-on 和改进的控制策略；在 2 阶模态上，passive-on 控制效果最好；图 b）中，在 1 阶模态上，改进的控制策略的控制效果最好，在 2 阶模态上，改进的控制策略的控制效果则差于 passive-on 的控制效果；图 c）中，在 1 阶模态上，改进的控制策略控制效果最好。综合上述图可以看出，改进的控制策略对拉索的 1 阶控制效果好于 passive-on，也好于 semi-active 和 passive-off，体现了改进的控制策略的目的，即更好地控制 1 阶振动，从而从整体上取得更好的控制效果。

控制电压与 MR 阻尼器的位移时程，如图 3-41 所示。由图可以看出，实际控制电压与位移时程响应的对比，当两峰值之间的位移相差较小时，电压为零，而两峰值之间的位移相差较大时，电压为 1V，这样就避免 MR 阻尼器对低阶模态做负功，提高对低阶模态的控制效果，进而提高了拉索的整体控制效果。

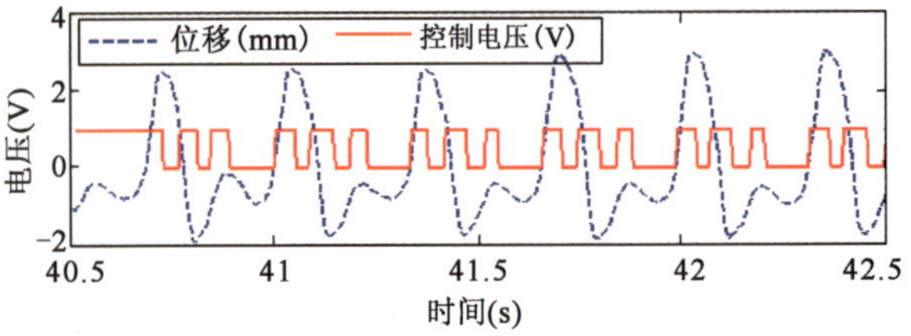

图 3-41　实际控制电压时程与位移时程

试验中，passive-on 与改进的控制策略在同一层次。即前 40s 的时间里 MR 阻尼器采用 passive-on 的控制策略，而后 40s 则采用改进的控制策略。对于拉索的 4m 处和跨中，passive-on 对位移的控制效果好于 semi-active 和 passive-off。因此，比较 passive-on 和改进的控制策略下拉索的位移响应。如图 3-42 所示，给出 MR 阻尼器处，拉索 4m 处和跨中的位移响应时程通过滤波得到的 1、2 阶位移时程。图 3-42a）中，在 MR 阻尼器处，1 阶位移基本没有变化，而 2 阶位移响应变大；图 3-42b）中，即拉索 4m 处，采用新的控制策略下 1 阶位移小于 passive-on 控制下的位移响应，而 2 阶位移则基本没有变化；图 3-42c）中，同样，在新提出的控制策略时，1 阶位移响应小于 passive-on 时的响应，而 2 阶位移存在，但是值很小，这是因为虽然传感器安装在跨中，但存在一定的误差，因而引入了小量的 2 阶位移。

3.1.6　磁流变液阻尼器设计与应用方法

斜拉桥拉索和悬索桥吊杆所用的磁流变液阻尼器的安装一般选取在距离斜拉索桥面端 2% ~5% 索长位置处，或距离吊杆桥面锚固端 2% ~5% 吊杆长的位置处。阻尼器外形尺寸应在满足上述安装范围内进行初步设计。磁流变液阻尼器的主要设计参数包括阻尼器的出力大小、行程范围以及阻尼器结构尺寸基本参数的选取等。磁流变液阻尼器的出力大小和行程范围可以根据斜拉索或吊杆在风荷载作用下的时程分析和主动最优控制分析，确定斜拉索或吊杆的控制效果及相应的最大主动最优控制力，它将是磁流变液阻尼控制尽可能达到的控制效果目标和最大控制力，依此来设计磁流变液阻尼器的结构尺寸参数。

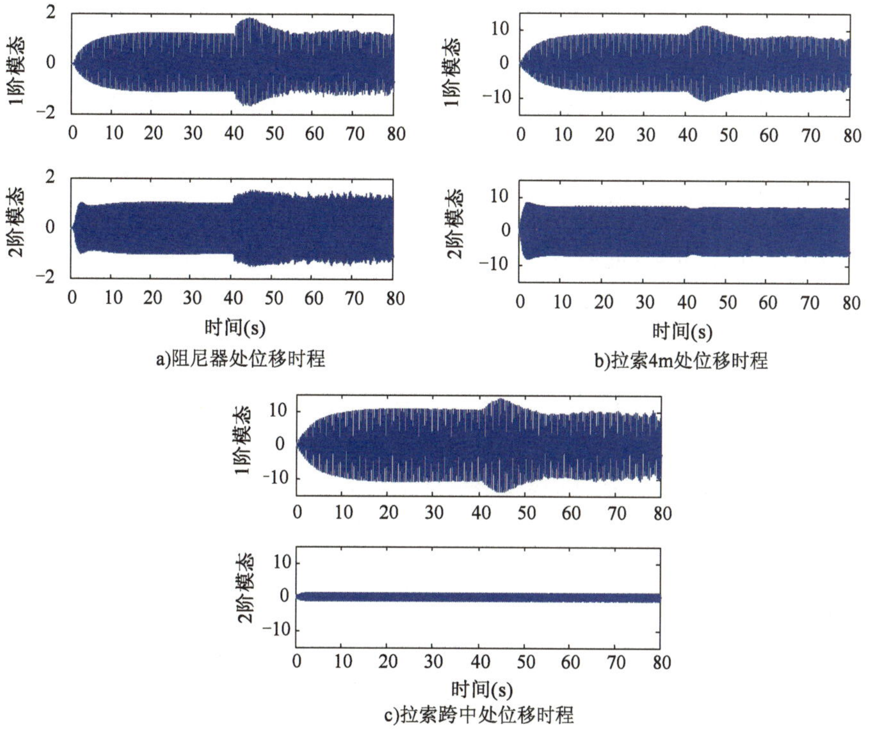

图 3-42　拉索的 1、2 阶位移响应时程

阻尼间隙 h 的设计原则：为了满足减振器可调范围的要求，应尽量增加缸体与活塞的间隙 h。为了平衡磁场强度与可调倍数的关系，磁流变减振器的空隙 h 一般取值为 1 ~2mm 左右。

活塞杆直径 d 的设计原则：活塞杆在设计时主要是保证其强度和刚度满足受力要求，需对活塞杆依照式(3-29)进行刚度验算：

$$d \geqslant \sqrt{\frac{4F}{\pi[\sigma]}} \tag{3-29}$$

并且对于活塞杆径的确定，需参考普通油气缓冲器相关的技术推荐采用缸筒外径的 0.35 倍的要求，且要考虑到阶梯轴和打穿线通孔对结构刚度的影响。

活塞直径 D_1 的设计原则：为了协调阻尼器出力和可调倍数的关系，活塞直径 D_1 的选择需根据性能需要进行相互折中协调。

气体补偿式单出杆阻尼器补偿器初始压强 p_0 的设计原则：初始压强产生的气体弹性力应略高于最大输出磁流变阻尼力，按式(3-30)确定：

$$\frac{p_0 \pi D^2}{4} \geqslant F_{\mathrm{MRmax}} \tag{3-30}$$

式中：F_{MRmax}——最大磁流变输出阻尼力；

D——缸体内径；

p_0——初始压强值。

气体补偿式单出杆阻尼器补偿器初始体积 V_0 的设计原则：补偿器初始体积 V_0 由阻尼器行程、活塞杆直径共同决定，设计过程中应在满足补偿最大行程活塞杆体积增量的基础上预留一定的气体空间，并保证预留空间内气体压强处于可控范围。

活塞有效长度 L 的设计原则：活塞有效长度 L 可以在不影响可调范围的情况下，增加或减小减振器的阻尼力，可以在空间允许的范围内，在其他参数不变的情况下，尽量增大 L 的取值。

自集能磁流变液阻尼器电机选型原则：自集能阻尼器设计中发电机轴直接在活塞杆的往复运动下做同频往复运动，在选用发电机时应该选择静态内阻 R_a 小、电动势系数 k_e 相对较大的发电机。同时限于阻尼器端部的体积，选择的电机的体积也要尽量得小。为了实现无源功能，发电机的励磁需采用永磁体。由于阻尼器的活塞杆运动行程和速度有限，所以要通过机械的方法尽量提高传动比。

速度自感知磁流变液阻尼器光学传感芯片选型原则：光学传感器的选型主要基于分辨率与采样频率，传感器光电芯片的分辨率用 CPI 表示，设计时应采用较高 CPI 的光学传感芯片搭建电路。本设计选择的 ADNS9500 采用 5V 供电模式，可以在感应器与参考平面之间相对移动 1in（≈0.025 4m）时，产生 2 000 个技术脉冲，且分辨率可以在 90 ~ 5 670CPI 之间变化。

速度自感知磁流变液阻尼器单片机选型原则：单片机的选择一般需考虑所搭配传感器的采样速度及分辨率高低，高采样速度及分辨率有助于获得更精确的数据，但其庞大的数据处理量需要高性能的控制器与之匹配，因而需要更高效的单片机。针对本设计中所采用的 ADNS9500 拥有高达 11 750 帧/s 的采样速率和 5 500CPI 的分辨率的情况，设计时采用了由宏晶公司针对机电控制及强干扰场合设计的高速单片机——STC12 系列单片机。该系列采用单时钟周期，在相同的时钟频率情况下，多数命令的执行速度比 89 系列单片机快 8 ~ 12 倍。而且 12 系列单片机指令与 8051 系统完全兼容，方便程序的编制和移植。且 STC12 系列单片机主要针对机电控制设计，设计时已考虑抗电磁干扰，具有很强的抗电磁干扰能力。

选取单片机还应考虑电压范围及功耗情况，STC12 系列单片机具有宽电压、低功耗的特点，STC5V 单片机给 3.5 ~ 5V 的复位信号可以正常工作。掉电情况下功耗 <0.1μA。单片机选择时也应考虑传感器数据的安全性，因此需要单片机具有较好的保密性能。STC12 系列单片机的加密程序目前很难破译。数据保存到单片机内部之后，解密者很难通过用户数据分析单片机的运行状况。

设计时，由于需要输出一个电压信号以方便测量和对设备施加控制信号。所以需要通过一块 D/A 芯片将单片机输出的数字信号转换成模拟信号，根据输入方式、分辨率、低功耗的要求，本设计选用 MAX531 芯片。该芯片采用串行输入方式，分辨率 $1/(2^{12}-1)$，最大工作电流仅为 260μA。其内部运算放大器根据需要可配置成 +1 或 +2 的增益。

安装磁流变液阻尼器的拉索或吊杆的多模态振动控制，其基本原理是在拉索的多模态振动中，选择性地给磁流变液阻尼器输入最大电压/电流，使得磁流变液阻尼器在最大出力和最小出力之间切换状态，将主要的耗散能量用于控制拉索的较大成分的振动上，进而从整体上取得对拉索的更好控制效果。算法的实现依赖于选取合适的时间步，即采用频率。考虑到拉索振动的频率，一般选取 200Hz，此时的时间步长为 0.005s。界限值 Δ_{cr} 值则由振动的初始状态决定，其大小的选取在程序的执行过程中由程序根据拉索振动峰值点的大小自动计算生成，其中的参数一般 β 取值 0.2 ~ 0.5 可满足需要。磁流变阻尼器控制电压可以选择在 0 和最大电压之间切换。

3.2 纳米材料阻尼系统

传统黏滞阻尼器、黏弹性阻尼器及磁流变阻尼器等虽然耗能能力稳定，滞回曲线饱满，但其工作压强较低（特别是在低频条件下）。本项目研制出的一维、二维纳米流体阻尼器的耗能能力与上述三种传统阻尼器对比发现，阻尼器构造尺寸相同的情况下，纳米流体阻尼器可以提供更大的阻尼出力。1Hz 工作频率下，纳米流体阻尼器的工作压强是传统阻尼器的 70 ~ 100 倍。因此在保证额定阻尼出力的前提下，纳米流体阻尼器具有更小的体积及重量，极大地提高了阻尼材料单位质量及单位体积的耗能能力，解决了传统阻尼器耗能密度低下等问题。

3.2.1 基本原理

针对本特大型缆索承重桥索端附加阻尼器控制系统的特点，考虑液体在一维纳米环境中运动时相比于流体的宏观运动状态需要克服更强的固-液界面张力及液体内部的分子间力，因此将一维纳米流体应用于发展振动控制装备时，会比传统的黏滞、黏弹性阻尼材料具有更强的耗能能力。虽然液体在拟静力加载下进入碳管后不能自动流出，但如果将原本分散在液体中的碳管定向排列并固定，迫使液体从碳管一端流向另一端，那么就可以实现液体在一维管道内部的往复运动。基于此原理首先采用磁场定向的方法，将表面疏液改性后的碳管定向排列，采用环氧树脂作为基体，制备出一种碳管基纳米通道复合材料。然后通过迫使液体在该复合材料中定向管道内的往复运动，测试其对外界输入能量的耗散能力。通过对纳米通道施加不同的电压，测试电场对流体一维纳米流动的影响，以此制备出一种智能型纳米流体阻尼材料。通过对液体在一维纳米尺度环境内的流动体现出许多特殊的规律研究，为液体分子的运动额外增加一个自由度，使得液体在二维纳米环境中的流动，液体的运动又会呈现出一些特殊的性质。继续研究了液体在二维石墨烯片层之间的静、动态传输特性及二维纳米流体阻尼器的耗能能力，并与相同尺寸的一维纳米流体进行了对比，为制备二维纳米流体阻尼器以及二维纳米泵、纳米电机等提供了试验依据。

3.2.2 智能型一维纳米流体阻尼器

1）碳管基纳米通道的制备

（1）多壁碳纳米管（MWCNT）的等离子氧化处理的试验工艺

碳管疏液改性前需要首先通过氧化处理，使其表面带有含氧活性基团（羧基-COOH、羟基-OH 等）。然而，采用强酸氧化的方法容易使长碳管发生断裂、开口等破坏。为了保护碳管的自身形态，试验采用等外电极感性耦合（ICP）等离子氧化处理的方法。图 3-43 为等离子处理设备实物图。其中频率为 13.56MHz 的射频功率源通过 SP-Ⅱ 型射频匹配器耦合到环于不锈钢反应室顶部的感性线圈。处理式样前，分别用丙酮、酒精清理反应室，再用 Ar 等离子体清理 20min，然后把样品放入反应室样品台上，打开真空抽气系统，反应室本地真空抽至1.5×10^{-3}Pa，再按照预先设定的流量通入反应气体，待反应室气压稳定后开启射频电源起辉，并调节匹配器，工作功率稳定到预设值。将 2gMWCNTs 置于真空干燥箱内 80℃ 真空干燥 12h。然后将样品置于图 3-43 的反应容器内，通入氮气、反应气体并使腔内压强稳定在 20Pa 后，开启射频电源。通过调节射频匹配器，使得射频功率为 190W，射频电压为 90V，射频电流为 210mA，等离子处理时间为 15min。

图 3-43 等离子处理试验装置

（2）氧化碳纳米管的硅烷官能团表面处理

将等离子氧化处理后的多壁碳纳米管置入圆底烧瓶，将碳管与甲苯按 1g∶50mL 的比例加入烧瓶内。常温搅拌溶液混合均匀后，将十二烷基三甲氧基硅烷溶液与甲苯按 1mL∶25mL 的比例加入，然后加入 0.05g NaOH 作为反应催化剂，并用玻璃塞封住瓶口常温混合 10min。将混合均匀的溶液 90℃ 油浴加热回流 12h。回流完毕后将溶液真空过滤，并用甲苯和蒸馏水反复冲洗过滤，最后将材料 100℃ 真空干燥 24h。碳管表面改性过程如图 3-44 所示。

（3）碳管的磁化处理及复合材料的制备

将表面疏液化后的多壁碳纳米管与七水合硫酸亚铁颗粒按质量比 1∶10 的比例，溶解于体积比为 4∶1 的蒸馏水与无水乙醇混合液中并超声处理 30min，机械搅拌 12h，使溶液混合均匀。然后将混合液回流加热至 90℃，缓慢加入与七水合硫酸亚铁摩尔比为 2∶1 的氢氧化钠颗粒，90℃ 下机械搅拌 6h 后真空干燥。将磁化疏液化的多壁碳纳米管与双酚 A 型环氧树脂和常温固化剂（4,4′-二氨基二环己基甲烷）按质量比 1∶1∶0.25 的比例加入 50mL 丙酮内。常温下磁力搅拌溶液使其混合均匀。由于丙酮的不断挥发，溶液最终变成黏稠状。将黏稠物放入圆柱形模具内，在约1T强度的定向磁场作用下，以10MPa压强、80℃温度的条件固化6h。最后将固化成型的复合材料分别从上下表面往中间打磨，直到露出碳管端头为止。打磨过程中采用SEM电镜对复合材料打磨面进行观测，确保碳管端口从树脂基体中露出并开口。材料制备过程如图3-45所示。

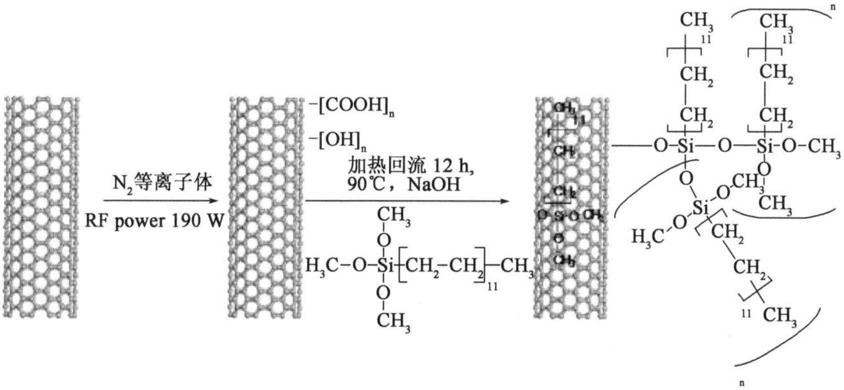

图3-44　碳管表面改性示意图

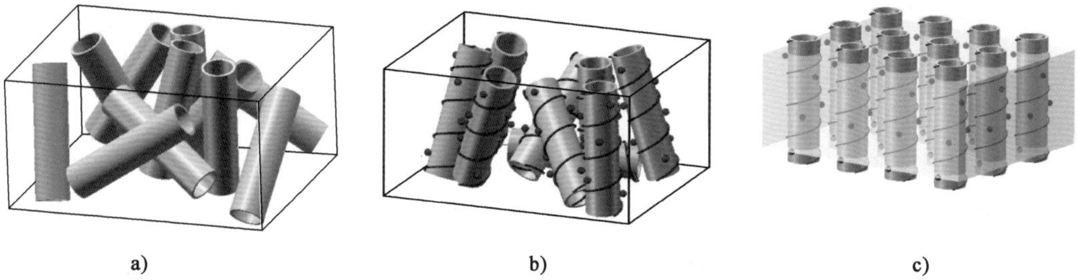

图3-45　纳米通道材料制备过程

2）流体在一维纳米通道中运动规律及耗能能力

当碳管均匀地分散在液体中时，液体分子在外界压力的作用下会从碳管两端同时进入到碳管内部。碳管一旦被充满后，即使完全撤掉外力作用，大部分液体也无法从碳管中自动流出，即能量一旦被材料吸收后就处于锁住状态，不能自动释放。因此该类纳米流体材料仅具有能量吸收或储存的性质，不能应用于土木、航天、机械等领域的振动控制。为了使纳米流体具备能量重复耗散的性质，本书进行了流体在定向碳纳米管道中的往复运动规律及能量耗散性质的研究。

（1）透射电子显微镜（TEM）对碳管表面纳米结构的表征

为了明确十二烷基三甲氧基硅烷和Fe_3O_4磁性颗粒这两种功能基团在碳管表面的接枝形态，采用了TEM投射电子显微镜对改性碳管进行了微观结构表征。

图 3-46a)为表面改性前的 MWCNTs 电镜照片，从图中可以明显看出，未处理的碳管表面较为光滑，内、外管壁上不含有明显的缺陷或者褶皱。图 3-46b)为 MWCNTs 经十二烷基三甲氧基硅烷疏液改性后的 TEM 电镜照片，可以明显看出，经过 N2 等离子氧化处理以及接枝烷基基团后，碳管表面由改性前的“光滑”形态变为“粗糙”形态，并且出现了一些类似“螺旋状”的包覆结构。这种“螺旋状”的包覆结构是通过十二烷基三甲氧基硅烷在碳管表面接枝并发生缩合反应形成的。图 3-46c)为 MWCNTs 经过硅烷基团改性后，采用 Fe_3O_4 进行磁化后的电镜照片。可以看出，经疏液、磁化改性后的碳管表面同时存在“螺旋状”包覆及黑色纳米颗粒两种纳米结构，而这种新出现的黑色纳米颗粒正是碳管表面附着的 Fe_3O_4。

a)　　b)　　c)

图 3-46　功能化碳管的 TEM 照片

(2)扫描电子显微镜(SEM)对碳管基纳米通道复合材料的表征

将疏液、磁化改性的 MWCNTs 均匀分散于环氧树脂基体内，通过施加约 1T 的定向磁场，碳管会沿磁场方向在基体内定向排列。该复合材料在高温高压条件下固化成型后，通过打磨材料上下表面，使碳管两端从基体中露出。采用 SEM 扫描电子显微镜对该复合材料碳管通道的开口情况以及定向排列等情况等进行了研究。

图 3-47a) ~ c)为沿碳管排列方向切开复合材料后，对其内部进行 SEM 观测的结果。图 3-47a)为材料中部区域的电镜照片。可以看出，磁化碳管在外加定向磁场的作用下，在树脂基体内基本都沿同一个方向排列，定向效果较好。图 3-47b)和 3-47c)分别为复合材料靠近上、下表面处的电镜照片。同样，碳管在复合材料上下表面处也具有良好的定向排列效果。由此可以说明，疏液、磁化碳纳米管在外加定向磁场的作用下，在环氧树脂基体内部形成了尺寸规则、方向相同的一维纳米通道，液体可通过该纳米通道进、出并穿过复合材料。

(3)流体在纳米通道复合材料中运动规律及耗能能力

通过以上研究分析可知，该方法制备出的碳管基复合材料内部具有大量规则、定向的一维纳米通道。液体可从材料表面的管道开口处进入到碳管内部流动，并可从另一侧流出。该纳米通道复合材料的外部形貌如图 3-48 所示。图 3-48a)为材料的平面俯视图，其中黑色部分为定向排列 MWCNTs 与树脂的无缝复合区域;白色部分为纯环氧树脂材料。从材料的侧视图[图 3-48b)]中可以看出,该纳米通道复合材料的平均厚度约为 0.8mm,说明大部分定向排列的 MWCNTs 可以贯穿整个树脂基体。

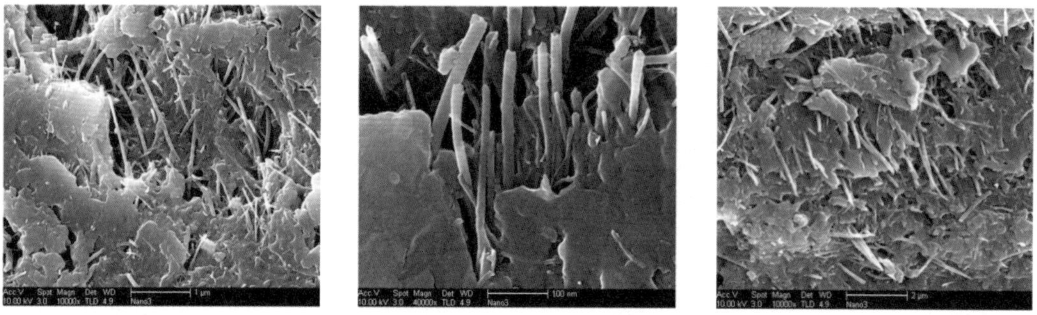

a) b) c)

图 3-47 碳管基复合材料 SEM 照片

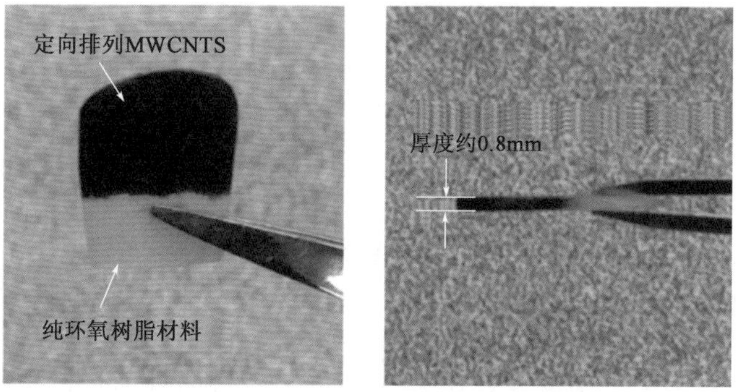

a) b)

图 3-48 纳米通道复合材料照片

为了研究液体在一维纳米通道中的往复流动状态,对液体在纳米通道复合材料中的传输进行了动力测试,试验装置如图 3-49a)所示。该试验装置主要由两个部分组成,即上部用于盛放纳米管道复合材料的腔体及下部用于加压的活塞腔体。当对下部活塞杆施加力时,可实现液体往复、循环地通过上部腔内的纳米通道复合材料。本项目的动力试验中所用流体为 60% 乙醇和 40% 乙二醇的混合液体,这种混合液体与乙二醇液体相比,具有更低的动力黏度(接近水的黏度 1mPa · s)和固-液界面张力作用效应,因此其一维纳米渗透压强会有所降低。纳米流体系统的动力试验在 Instron 4505 材料试验机上进行,加载采用正弦波位移控制方法,加载频率分别为 0.1Hz、0.5Hz 和 1Hz。测试系统及测试结果如图 3-49b)~d)所示。

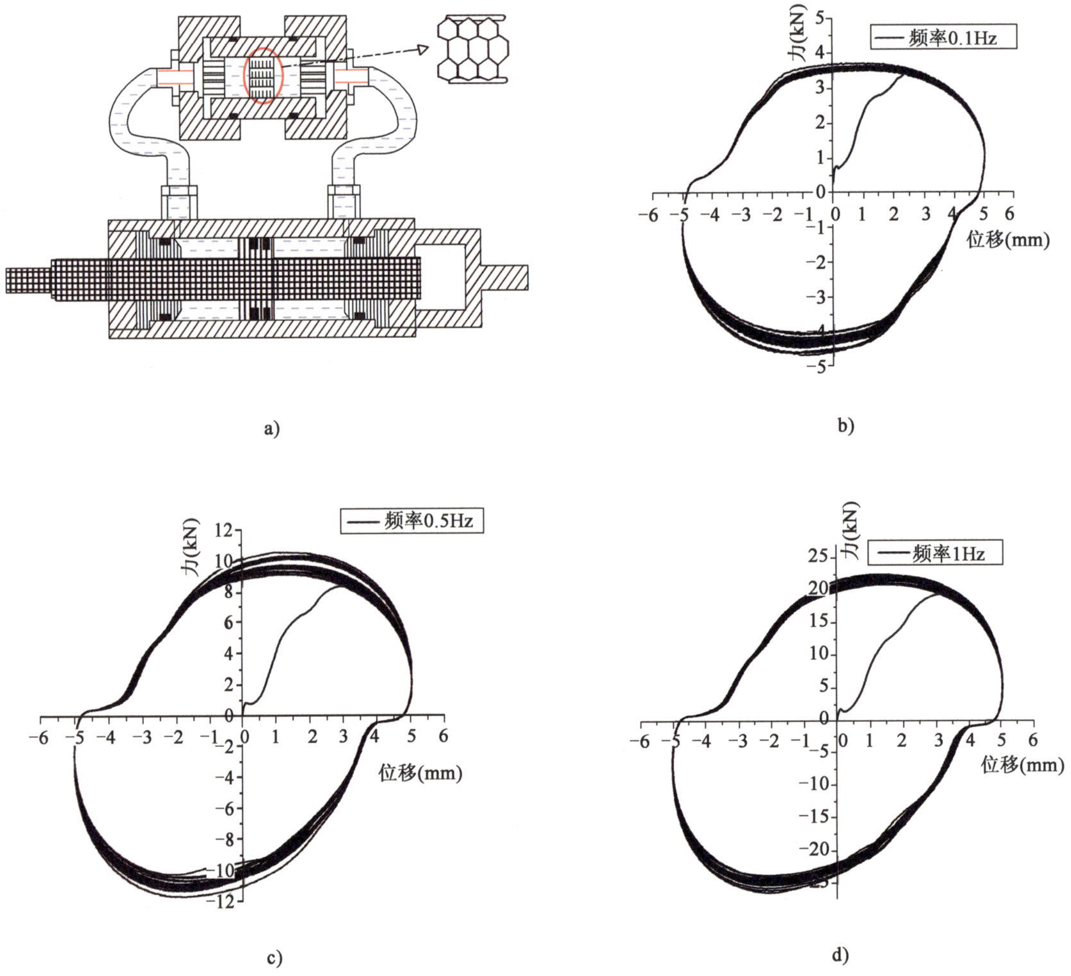

图3-49　一维纳米流体阻尼器动力性能测试

从图3-49b)～d)中可以看出,随着加载频率的逐步增加,0.1～1Hz,流体通过一维纳米通道所需的渗透压强逐步提高,从5MPa升至28MPa,系统提供的最大阻尼力相应的从4kN提高到22.5kN。根据Circular Poiseuille Flow方程,计算得到0.1Hz和1Hz下,液体的一维渗透压强分别为3MPa和30MPa,与试验结果相差不大。因此,Circular Poiseuille Flow方程可以用来计算和预测液体在一维纳米管道中的渗透压强。通过将一维纳米流体阻尼器的耗能能力与黏滞阻尼器及黏弹性阻尼器对比发现,三种阻尼器构造尺寸相同的情况下,纳米流体尼器可以提供更大的阻尼力(阻尼出力提高约100倍),并且其滞回曲线饱满,耗能能力稳定,可作为桥梁斜拉索振动控制的新一代被动耗能阻尼器。

3)电场驱动下离子液体在一维纳米通道中运动状态

根据上节的研究结果可知,流体在一维纳米通道中运动时,由于液体自身的黏滞力(雷诺数约等于零)及固-液界面张力,使得系统具有较强的被动耗能能力。为了进一步研究纳米流体系统的耗能是否具有智能可控性,本书研究了电解质溶液在外加电场的作用下,在一维定向碳纳米管道中的传输情况。由于选取的电解质分子直径较大,采用的一维纳米管道尺寸相应的增加到 100 nm 左右(碳纳米管阵列基复合材料)。试验测试装置如图 3-50 所示。

将内径约为 100 nm 的碳管阵列基复合材料平放于多孔金属片表面,两者周围的缝隙采用 SYSTEM THREE 牌的环氧树脂胶密封,确保缸内电解质液体只能从复合材料的纳米通道渗透到下部多孔金属片后流出。将柱状活塞杆外壁采用橡胶绝缘层(Insulation Film)包裹后,采用 Instron 4505 材料试验机从液压缸上部开口处缓慢压入,加载方式为矩形波位移控制方法,加载速率为 1mm/min。外加电场电极一端通过导线连接于柱状活塞杆上,一端通过导线连接于碳管阵列基复合材料表面,使得复合材料内部定向排列的碳管带电。本节通过在加载过程中调节外加电压的大小,从 0 V 增加到 1 V,研究了缸内 1-丁基-3-甲基咪唑离子(1-butyl-3-methylimidazolium + 正电粒子)和四氟硼酸根(tetrafluoroborate-负电粒子)通过一维纳米通道时的运动状态,测试结果如图 3-51 所示。该图为 1-丁基-3-甲基咪唑四氟硼酸盐(1-butyl-3-methylimidazolium tetrafluoroborate)电解质液体在一维碳纳米通道内渗透压力随管壁电压的变化规律。可以看出,液体渗透压力与管壁电压正负极无关,与所加电压的大小成正比关系。液体渗透压在外加电压为零时最低,随着施加电压绝对值的增加,渗透压成线性递增的关系。所研制的这种纳米流体系统,由于碳管具有良好的导电特性,因此电解质溶液在其内部的纳米受限运动受外加电场的影响更为剧烈和敏感,可以研制智能型纳米流体阻尼器。

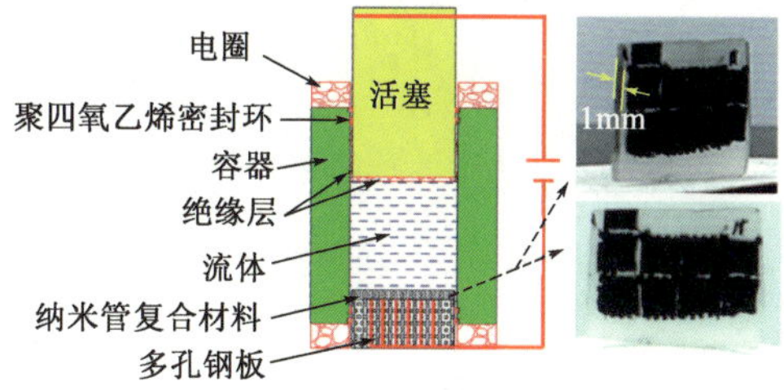

图 3-50 电场作用下一维纳米流体的渗透试验

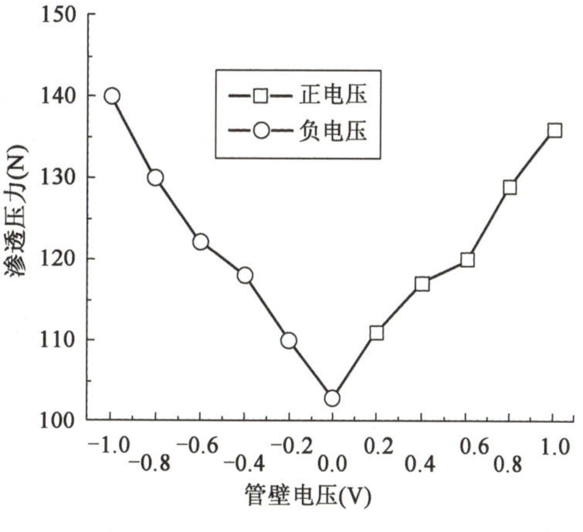

图 3-51 电控一维纳米流体渗透曲线

3.2.3 智能型二维纳米流体阻尼器

1)二维石墨烯基纳米缝复合材料的制备

(1)单层氧化石墨烯的制备

由于氧化石墨烯表面具有丰富的含氧基团(羧基-COOH、羟基-OH、环氧基 = O 等),便于接枝各种功能性基团,因此本章首先采用改进 Hummers 氧化方法制备了单片层氧化石墨烯。将 5g 325 目进口鳞片石墨粉、2.5g 硝酸钠颗粒和 120mL95% 浓硫酸放入 500mL 烧瓶中,在冰浴下搅拌 30min。搅拌过程中,将 15g 高锰酸钾颗粒缓慢放入混合液中,保持水温低于 20℃。然后混合液在室温条件下搅拌 12h,液体最终变为亮黄色。将 150mL 蒸馏水加入混合液中,并在 98℃下搅拌 24h。接下来,将 50mL30% 的过氧化氢加入混合液中,搅拌 2h 后用 5% 盐酸溶液和蒸馏水分别洗 3 次,最后得到深棕色的氧化石墨烯浓缩液。

由于制备出的氧化石墨烯浓缩液的酸性很强(pH = 1),后续功能化前需要将石墨烯洗成中性。将氧化石墨烯浓缩液用 2L 去离子水稀释后,采用离心机 4 500r/min 转速下,离心 15min,重复以上过程直至溶液的 pH 值约为 7。中性氧化石墨烯浓缩液 100℃真空干燥 24h 后,将 1g 氧化石墨烯与 100mL 无水甲苯放于 500mL 圆底烧瓶中,采用 200 W 大功率超声探头进行超声分散。然后将 20mL 十二氟辛基丙基三甲氧基硅烷快速加入石墨烯分散液中磁力搅拌并 90℃油浴加热回流 24h。为了提高氟硅烷在石墨烯表面上的接枝率以及自身缩合,在加入氟硅烷改性剂的同时,加入了 1mL 质量百分数为 5% 的盐酸溶液作为催化剂。回流完毕,将溶液用甲苯和蒸馏水反复冲洗过滤 3 次后,100℃真空干燥 12h,氧化石墨烯改性过程如图 3-52所示。

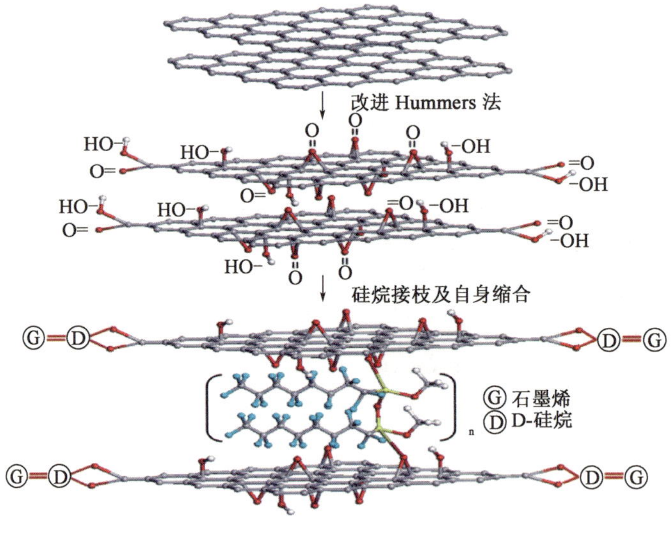

图 3-52　氧化石墨烯化学改性过程

(2)叠层石墨烯的磁化处理

将表面疏液化后的叠层石墨烯结构与七水合硫酸亚铁颗粒按质量比 1:10 的比例,溶解于体积比为 4:1 的蒸馏水与无水乙醇混合液中并超声处理 30min,机械搅拌 12h,使溶液混合均匀。然后将混合液回流加热至 90℃,缓慢加入与七水合硫酸亚铁摩尔比为 2:1 的氢氧化钠颗粒,90℃下机械搅拌 6h 后真空干燥。

(3)石墨烯基纳米缝复合材料的制备

将磁化疏液化的叠层石墨烯与双酚 A 型环氧树脂和邻苯二甲酸高温固化剂(Phthalic Anhydride)按质量比 1:1:0.25 的比例加入 50mL 丙酮内。常温下磁力搅拌溶液使其混合均匀。由于丙酮的不断挥发,溶液最终变成黏稠状。将黏稠物放入圆柱形模具内,在约 1T 强度的定向磁场作用下,以 10MPa 压强,125℃温度的条件固化 24h。最后将固化成型的复合材料分别从上下表面往中间打磨,直到露出纳米缝开口为止。打磨过程中采用 SEM 电镜对复合材料打磨面进行观测,确保端口从树脂基体中露出并开口。该复合材料制备过程如图 3-53 所示。

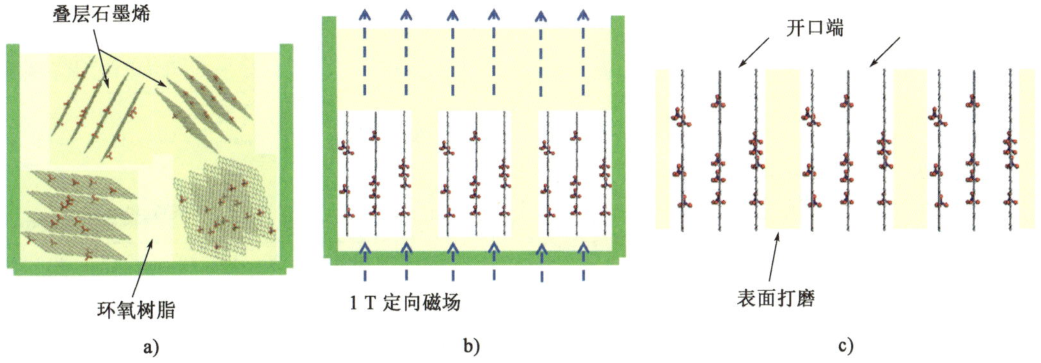

图 3-53　石墨烯二维纳米缝复合材料制备过程

2)二维纳米流体运动规律及其阻尼器耗能特性

根据对一维纳米流体运动的试验研究发现,液体的渗透压强受固-液界面张力、液体流动速度等因素的影响,液体流动存在明显的“管阻”现象(Column Resistance)。采用试验的方法,通过迫使液体在石墨烯基纳米缝复合材料中运动,研究流体的二维纳米运动与一维的不同之处,并比较两者的耗能能力大小。

为了表征未处理及功能化石墨烯内分子结构形态,采用 X 射线衍射的方法,对石墨烯样品进行了分析,得到石墨烯 X 射线衍射(XRD)检测结果,如图 3-54 所示。图 3-54a)为典型的氧化石墨烯 XRD 的衍射谱。从图中可知,石墨烯会在 2θ 为 11.32°位置形成“尖峰”,在 22°和 43°左右形成“无定形峰”。根据布拉格计算公式的结果与制备的氧化石墨烯层间距离 d 约为 0.78 nm,与文献报道的结果相同。图 3-54b)为氧化石墨烯经十二氟辛基丙基三甲氧基硅烷改性后的衍射谱。由于改性用的氟硅烷分子链为没有规则晶格的无定形结构,因此石墨烯改性后,受表面无定形分子链的影响,其特征峰的强度得到了削弱。同时,由于氟硅烷在氧化石墨烯层间的接枝及缩合反应,使得石墨烯的特征峰位发生了偏移,从 11.32°减小到了 4.36°附近。根据布拉格计算公式,氧化石墨烯改性后,其平均层间距离从 0.78 nm 增加到 1.96 nm,说明接枝的氟硅烷在石墨烯片层间起到了较好的连接及支撑作用。图 3-54c)为石墨烯经疏液、磁化后的 XRD 衍射谱。图中标注为(111)(220)(311)(400)(422)(511)(440)(533)

(642)的尖峰为典型的 Fe_3O_4 面心立方晶体结构的衍射峰(JCPDS 19-0629)。该组衍射峰的出现表明了石墨烯表面附着的 Fe_3O_4 颗粒具有规则的晶格结构。由于 Fe_3O_4 衍射峰的强度较大,基本掩盖了石墨烯的特征峰。由此可以说明,对于功能化的氧化石墨烯,氟硅烷分子链和 Fe_3O_4 磁性颗粒在其表面分别以无定形和规则晶体结构的形式存在,并且石墨烯的层间距离得到了较大幅度的增加。

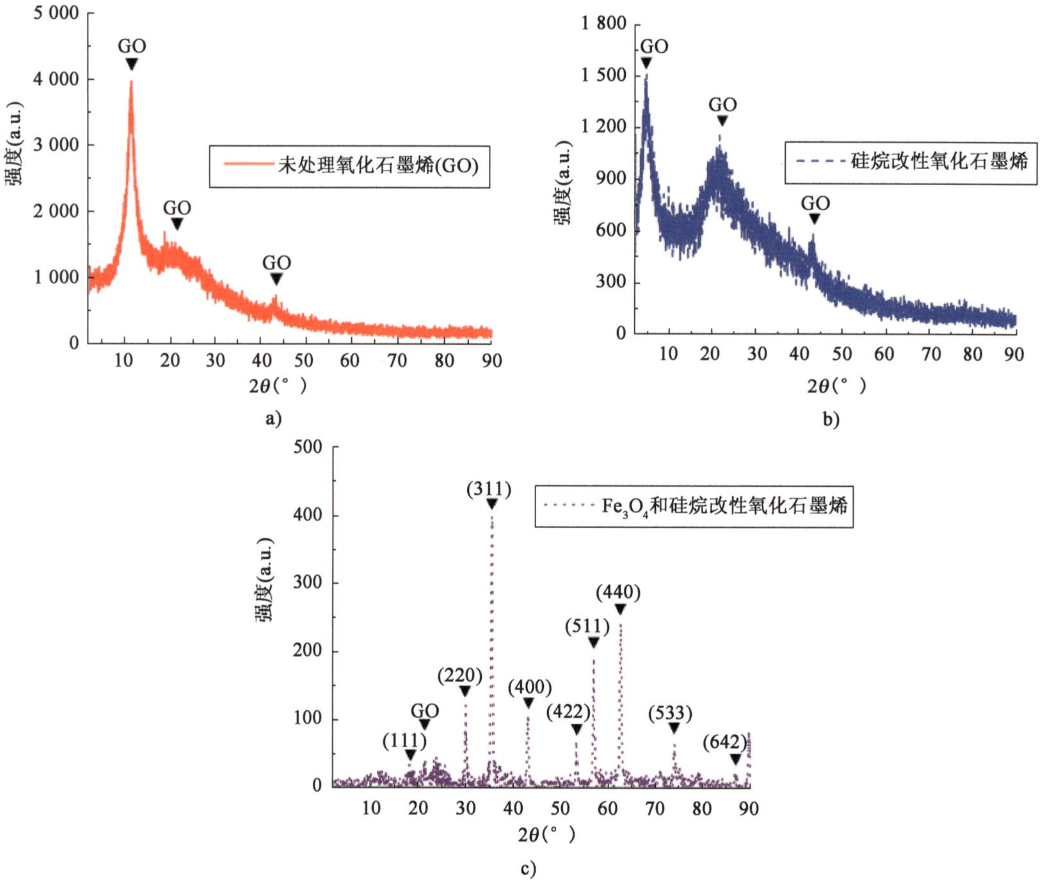

图 3-54 石墨烯 XRD 检测结果

3)透射电子显微镜(TEM)对石墨烯表面纳米结构的表征

通过采用 XPS 和 XRD 对功能化石墨烯的元素分析,证明了氟硅烷疏液基团硅和 Fe_3O_4 磁性颗粒已经成功地接枝到了石墨烯上。为了进一步明确这两种功能基团在碳管表面的分布形态,采用了 TEM 透射电子显微镜对功能化石墨烯进行了微观结构表征。图 3-55 为 Hummers 氧化法制得的氧化石墨烯的 TEM 照片。从图 3-55a)、b)中可以看出,该方法制备所得的氧化石墨烯具有理想的单片层结构。图 3-55c)为单片层石墨烯的高分辨照片,可以清晰地观察到石墨烯碳原子以 sp2 杂化轨道组成的规则六角形晶格结构。

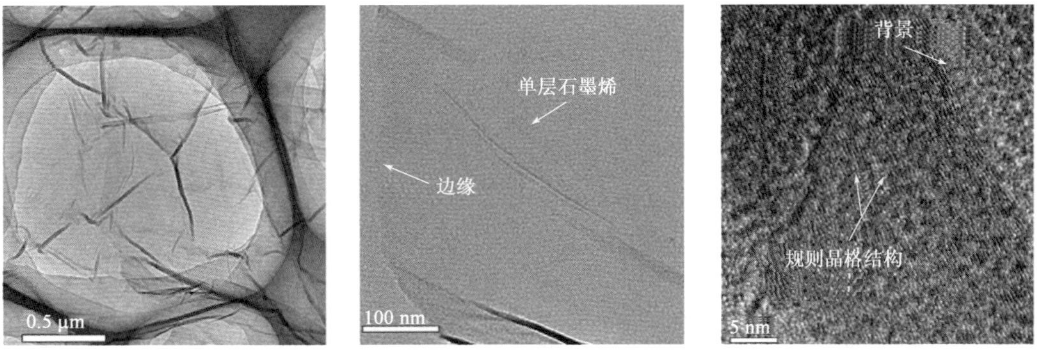

a) b) c)

图 3-55 氧化石墨烯透射电镜照

为了研究长链氟硅烷基团在石墨烯表面的分布情况，采用了 TEM 中的元素分布检测(Element Mapping)方法，检测结果如图 3-56 所示。图 3-56a)、b)为对选取的不同叠层石墨烯的某一部分区域进行的元素分布检测。图中下部黑白照片为 STEM 的扫描电镜照片，上部红、橙、黄色点状图分别为 C、O、Si 元素在石墨烯表面的实际分布。从图中可以明显看出，氟硅烷分子链通过与石墨烯的含氧基团之间的缩合反应，虽然没有形成类似一维“螺旋状”较为明显的纳米结构，却能较为均匀地覆盖在石墨烯表面。图中黄点的不同明暗程度是由于氟硅烷接枝在叠层石墨烯不同层面所致。

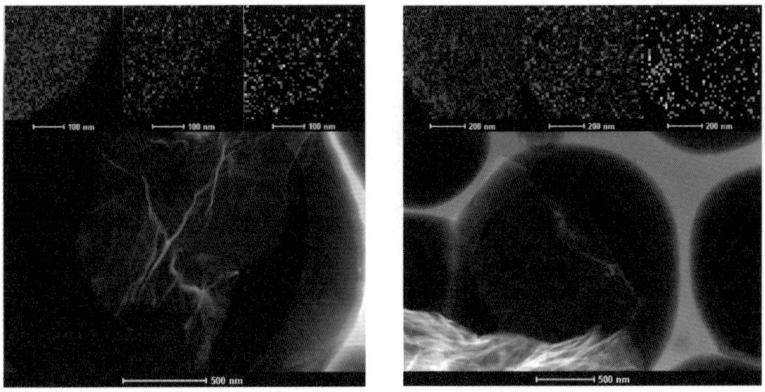

a) b)

图 3-56 疏液化石墨烯元素分布扫描

然而，Fe_3O_4 磁性颗粒在石墨烯层间的附着可能会引起二维通道层，图 3-57a) ~ d)为氧化石墨烯经过氟硅烷基团改性后，采用 Fe_3O_4 进行磁化后的电镜照片及能谱分析。从图 3-57a)、b)中可以看出，经磁化改性后的石墨烯表面存在形状规则、分布均匀的黑色纳米颗粒，其平均粒径约为 10 ~ 50nm。图 3-57c)为某个黑色纳米颗粒及石墨烯衬底的 TEM 高分辨照片，从该照片中可以较为清楚地观察到纳米颗粒及石墨烯都具有规则的晶格结构。通过图 3-57d)所示的元素能谱分析可知，该黑色纳米颗粒即为接枝的磁性 Fe_3O_4。通过与 Fe_3O_4 在碳管表面分布的对比后发现，Fe_3O_4 颗粒在石墨烯表面附着率较高，且粒径也较大。这可能是由于石墨烯表面含氧基团的含量较高，且二维平面结构减小了对 Fe_3O_4 颗粒团聚的限制作用。

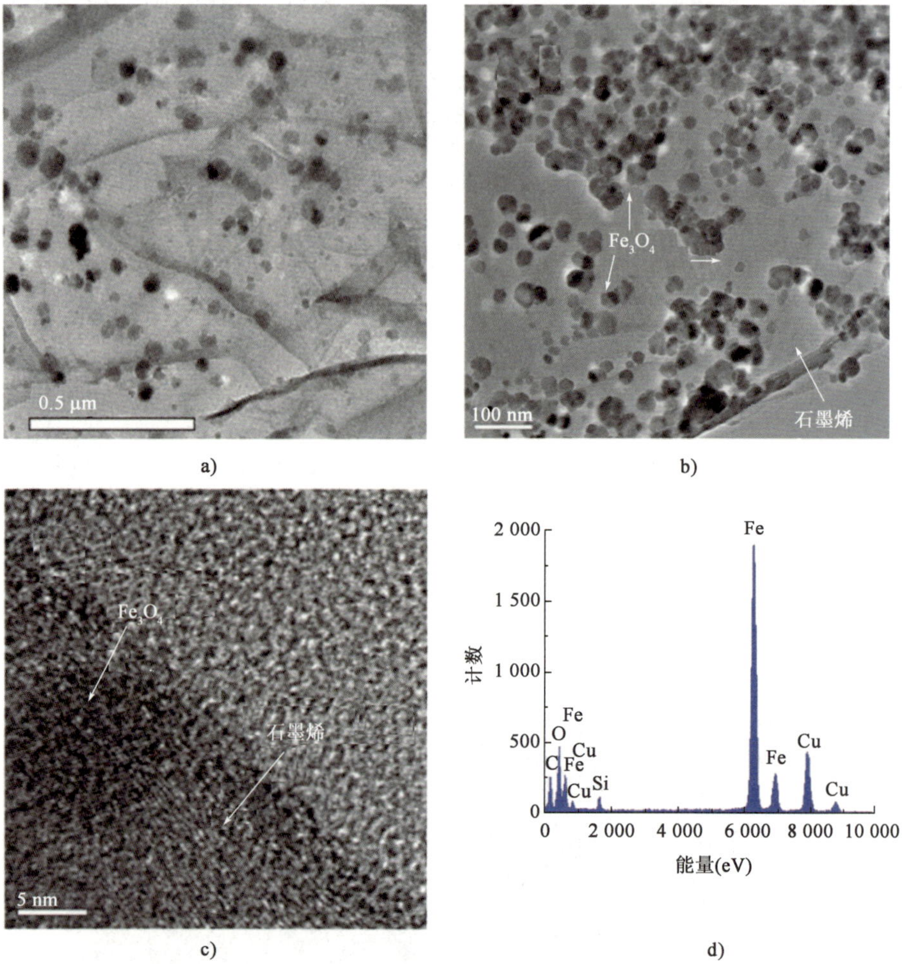

图 3-57　磁化、疏液化石墨烯投射电镜分析

4）扫描电子显微镜（SEM）对二维纳米缝复合材料的表征

将功能化的叠层石墨烯均匀分散于环氧树脂基体内，通过施加约 1T 的定向磁场，石墨烯会沿磁场方向在基体内定向排列。该复合材料在高温高压条件下固化成型后，通过打磨材料上下表面，使纳米缝的开口从基体中露出。采用 SEM 扫描电子显微镜对该复合材料的开口情况以及定向排列情况等进行了研究。图 3-58a）、b）分别为单层氧化石墨烯自组装而成的石墨烯纸及功能化纳米缝复合材料的 SEM 照片。从图中可以明显看出，石墨烯纸表面光滑且具有规则的层结构；而本项目所制备的纳米缝复合材料，由于环氧树脂对叠层石墨烯单元之间的连接及填充作用，使得材料表面较为粗糙。对比上述两种石墨烯材料内部的多层结构发现，纳米缝复合材料的层间距明显要比石墨烯纸的大，这完全符合对两种材料层间距离的 XRD 分析结

果:石墨烯纸 d-spacing =0.78nm,复合材料 d-spacing =1.96nm。

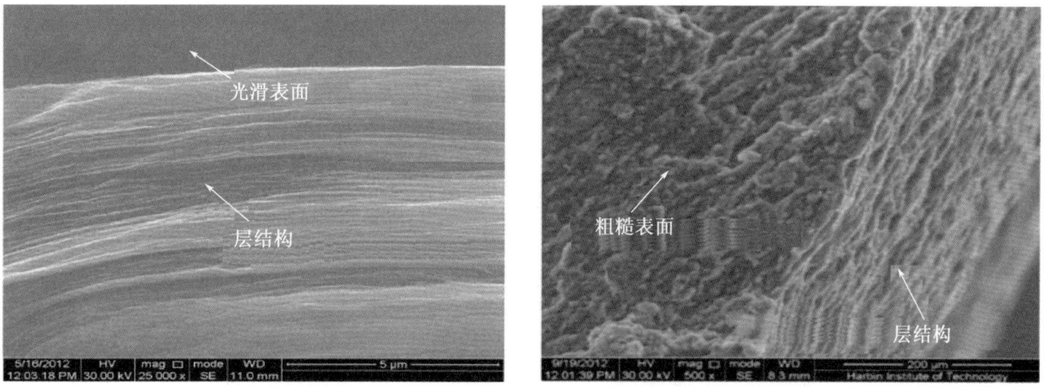

a)未处理石墨烯纸　　b)纳米缝复合材料

图 3-58　石墨烯纸及纳米缝复合材料结构 SEM 照片对比

图 3-59 为对纳米缝复合材料内部的二维片层结构进行的 SEM 分析。图 3-59a)为材料表面经打磨开口后的电镜照片,可以看出,叠层石墨烯单元在外加定向磁场的作用下,在复合材料内部排列的较为规则和整齐。同时,材料经过表面机械打磨后,大部分叠层石墨烯单元的开口都充分从树脂基体中暴露出来,从而保证液体可以顺利进入到石墨烯的二维片层内。图 3-59b)展示了该复合材料的内部组成情况。

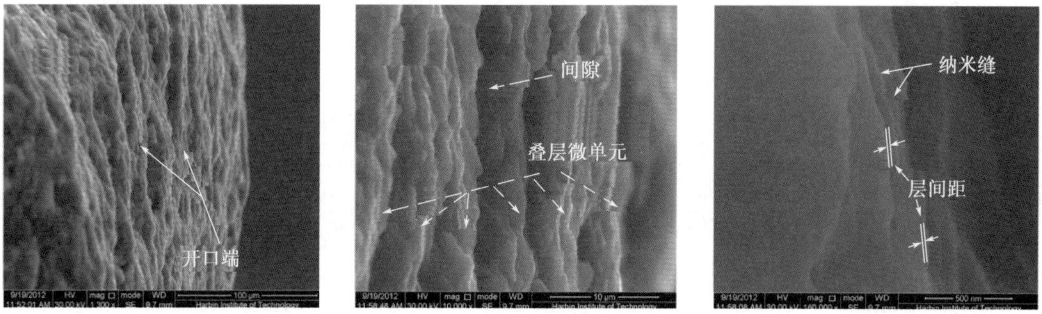

a)　　b)　　c)

图 3-59　石墨烯纳米缝复合材料扫描电镜观测

制备纳米缝复合材料的基本方法是首先通过氟硅烷基团将单片氧化石墨烯连接成叠层石墨烯微单元,然后通过外加磁场,将一个个微单元在树脂基体中定向排列后固化成型。而图 3-59b)中所展示的多个厚度约为 2 ~4 μm,定向排列的叠层石墨烯微单元以及单元之间被树脂完全填充的微米级缝隙证明了上述材料制备方法的实现。图 3-59c)为对复合材料内部单个叠层石墨烯微单元的观测情况。从图中可以明显看出,该单元是由多个单片石墨烯叠加而成,而且片层间的距离大都基本相同。

5)二维纳米流体阻尼器耗能能力

通过以上研究分析可知,本研究制备出的石墨烯基复合材料内部具有大量规则、定向的二维纳米通道。液体可从材料表面的通道开口处进入到石墨烯层间流动,并可从另一侧流出。该纳米缝复合材料的外部形貌如图3-60所示,图3-60a)为材料的平面俯视图,功能化叠层石墨烯与环氧树脂复合后,材料整体呈现出黑色。图3-60b)为材料的侧视图,该纳米缝复合材料的平均厚度约为1mm。

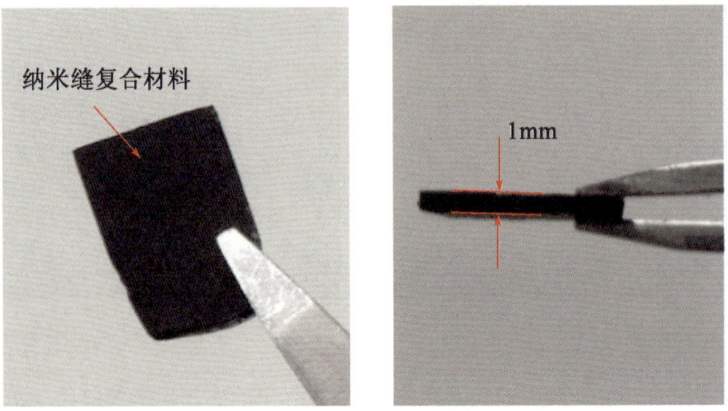

a)　　b)

图3-60　石墨烯基纳米缝复合材料照片

为了研究液体在该纳米缝复合材料中的运动情况,首先采用了拟静力的加载方式,试验装置如图3-61a)所示。该装置主要由四部分组成:两个柱状活塞杆($\phi=20$mm,$L=30$mm);活塞杆上的圆柱形排气孔($\phi=2$mm);圆柱形缸体($\phi_{内}=22$mm,$\phi_{外}=37$mm,$L=70$mm);刚性多孔圆盘(孔径约为40μm,圆盘厚度约为5mm);距离缸体两端开口5mm的O形密封圈(聚四氟乙烯)。试验开始前,首先将制备出的纳米缝复合材料夹在两片多孔圆盘的中间,采用SYSTEM THREE牌的环氧树脂胶密封,确保液体只能从复合材料的纳米缝中穿过。将复合材料与多孔圆盘固定在缸体中间后,将乙二醇液体缓慢灌入左、右缸内,直至从活塞的排气孔中流出。左侧加载时,关闭左侧排气孔,打开右侧排气孔并固定右侧活塞,反向加载时与上述过程正好相反。拟静力加载试验采用Instron 4505材料试验机,加载方式为矩形波位移控制方式,加载速度为1mm/min。试验结果如图3-61b)曲线所示。图3-61b)中红色虚线所表示的是乙二醇液体通过纳米缝复合材料的等温渗透曲线。该曲线主要分为两个阶段:加载开始时,由于缸体内的压强较低,乙二醇液体不能克服固-液界面张力及液体分子间力进入二维纳米缝中。曲线初始阶段仅为乙二醇的压缩过程。随着活塞杆的不断压入,缸体内液体压强逐步升高,当压强达到液体进入纳米缝所需最小阈值时,液体开始从材料上表面裸露出的开口进入到纳米缝中。随着加载的进行,液体分子充满整个缝隙后,开始从材料另一侧的开口处流向缸内。液体从进入纳米缝到流出为曲线的第二阶段,该过程中液体的渗透曲线出现了一个斜率非常小的渗透平台(平台压强值约为12MPa),体现出了液体在二维纳米层内流动时几乎没有“Column Resistance”作用的现象。

为了验证乙二醇液体是否只在材料内的二维纳米通道内流动,同时测试了氧化石墨烯纸、石墨烯未经氟硅烷改性的以及石墨烯与环氧树脂结合不好的复合材料的液体渗透情况,如图b)中黑色实线、蓝色点状线和紫色点划线所示。从图中可以明显看出,氧化石墨烯纸内部的二维纳米缝层间距离仅为0.78nm,乙二醇无法进入到纳米缝内,其渗透曲线仅为液体的压缩曲线。而未经氟硅烷改性的石墨烯,其层间距离可能主要由 Fe_3O_4 的粒径决定(层间距较大),而且液体与石墨烯的固-液界面张力有所降低,因此乙二醇液体可以在较低压强下(约0.1MPa)就能通过。

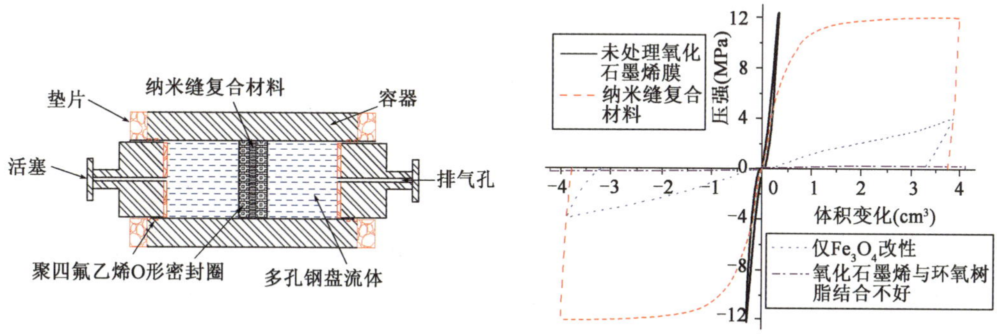

a)二维纳米流体拟静力加载设备　　b)等温渗透曲线

图3-61　二维纳米流体拟静力加载设备及材料等温渗透曲线

为了研究二维纳米流体阻尼器的耗能特性,通过采用图3-62a)的纳米流体阻尼器,研究液体在石墨烯片层中的二维往复、循环运动。该阻尼器与前面一维纳米流体阻尼器构造基本相同,只需将上部材料腔内的一维纳米管道复合材料替换为二维纳米缝复合材料。为了防止高频加载下液体渗透压强超过容器的动态密封上限(60MPa),本节的动力实验中所用流体为40%乙醇和60%乙二醇的混合液体。这种混合液体与乙二醇液体相比,具有更低的动力黏度(接近水的黏度1mPa·s)和固-液界面张力,因此其二维纳米渗透压强会有所降低。流体动力试验在Instron 4505材料试验机上进行,加载采用正弦波位移控制方法,加载频率从0.1Hz开始逐渐上升。从图3-62b)、c)中可以看出,随着加载频率的逐步增加,0.1~0.5Hz,流体通过层间距约为2 nm的二维纳米通道所需的渗透压强从8.75MPa升至37.33MPa,相应的出力从7kN提高到约30kN。而根据Circular Poiseuille Flow方程,液体在管径为2nm的一维碳管内流动时,液体渗透压强在0.1Hz和0.5Hz加载频率下分别为75MPa和375MPa。根据上述结果可知,流体在二维纳米环境中运动的渗透压强比一维情况下小10倍左右,说明液体在二维纳米缝中传输时受到的阻力要比一维情况下小,因此更利于液体的运动和传输。虽然二维纳米流体受纳米环境尺寸的影响没有一维那么高(一维渗透压与管径呈二次方反比),但是当层间距离较小时,例如研制的2nm石墨烯缝,同样具有良好的耗能能力——0.1Hz工作时压强可达8.75MPa,耗能曲线接近矩形,更为饱满。由于目前研制的二维纳米流体阻尼器工作频率在0.5Hz以下,因此其主要适用于振动频率较低的大型柔性结构(例如大跨度桥梁、绳索及高层建筑等)的振动控制。随着日后研究工作的继续开展,该阻尼器的工作频率会得到提高,从而可广泛应用于土木、航天、机械、军事等领域振动频率较高结构的振动控制。

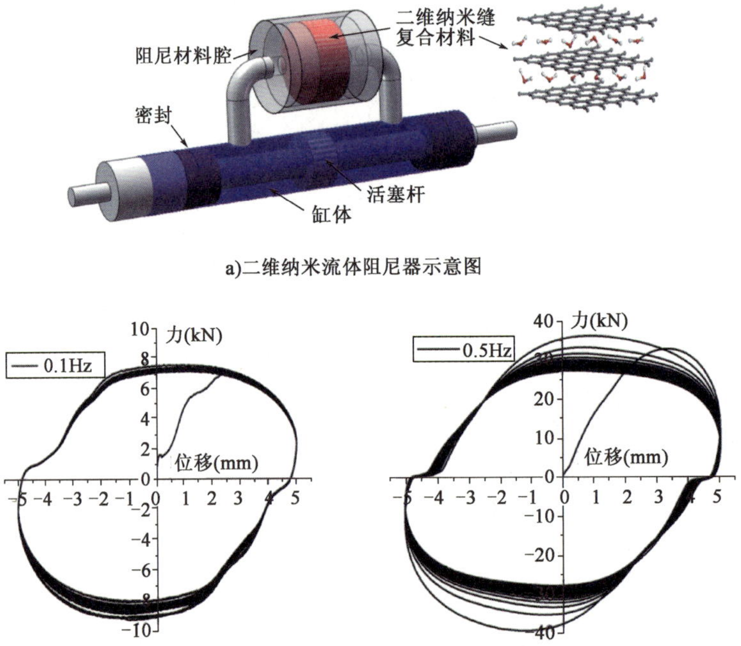

a)二维纳米流体阻尼器示意图

b)0.1Hz频率下的滞回曲线

c)0.5Hz频率下的滞回曲线

图3-62　二维纳米流体阻尼器及耗能测试结果

3.2.4　纳米流体阻尼器设计与应用方法

本项目研制的一维碳纳米管基及二维石墨烯基纳米流体阻尼器，在低频下（0.1～1Hz）即可输出高达40MPa的工作压强。因此在满足相同耗能出力的情况下，相比于传统黏滞、磁流变液等阻尼器，该纳米流体阻尼器的尺寸得到较大程度的降低，可主要应用于桥梁斜拉索和吊杆的振动控制。该一维及二维纳米流体阻尼器可安装于斜拉索或吊杆靠近桥面的固定端，并在不影响景观和方便施工的条件下，尽可能靠近拉索或吊杆的跨中。纳米流体阻尼器的最优振型阻尼系数可以利用黏滞阻尼器控制斜拉索振动的最优振型阻尼系数进行设计，并根据实际工程斜拉索或吊杆风致振动减振时程分析的结果，确定阻尼器的出力大小，选择不同的阻尼器尺寸。例如为了得到30kN的阻尼出力，阻尼器装置如图3-63所示，两个柱状活塞杆尺寸可选为$\phi=20\text{mm}$，$L=30\text{mm}$；活塞杆上的圆柱形排气孔（$\phi=2\text{mm}$）；圆柱形缸体（$\phi_{内}=22\text{mm}$，$\phi_{外}=37\text{mm}$，$L=70\text{mm}$）；刚性多孔圆盘（孔径约为40μm，圆盘厚度约为5mm）；距离缸体两端开口采用5mm的O形密封圈（PTFE）。阻尼器工作频率为0.1～1Hz；一维碳纳米管阵列纳米阀门可采用内径10～20nm的碳纳米管在环氧树脂基体中定向排列组成；二维石墨烯纳米阀门可采用面积为1～30μm的单层石墨烯在环氧树脂基体中定向排列组成；阻尼器内液体可选为去离子水或者40%乙醇和60%乙二醇的混合液体。

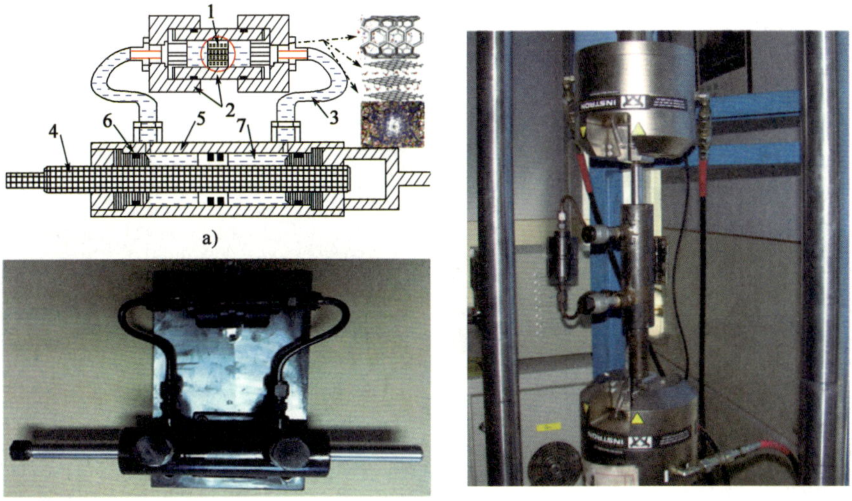

a) b) c)

图 3-63　一、二维纳米流体阻尼器设计参数及实物图

1-一、二维纳米阀门;2-纳米材料缸;3-连通管;4-活塞杆;5-液体缸;6-高强动态密封圈;7-纳米液体及排气阀

3.3　负刚度阻尼装置

在拉索靠近主梁一端安装机械阻尼器是控制拉索振动的常用方式,考虑到支撑的设计制造和索网的美观,阻尼器的安装位置一般较低,安装位置与拉索全长的比值一般小于2%。许多学者的研究表明,对于线性黏滞阻尼器,附加的模态阻尼比是安装位置与拉索全长比值的一半,这样即使是经过设计的最优黏滞阻尼器,其能给拉索附加的模态阻尼比也受到安装位置的限制。尤其是对于超长的斜拉索,附加的模态阻尼比则更小。

在基于线性二次最优控制方法下,基于半主动控制的磁流变液阻尼器[图 3-64a)]在相同的安装位置下明显优于被动黏滞阻尼器[图 3-64b)],给拉索附加了很大的阻尼比。进一步的研究发现,半主动控制的磁流变液阻尼器可以实现负刚度,增大拉索-阻尼器连接处的位移响应,进而增大耗能,给拉索附加更大的阻尼比。但是无论是主动控制还是半主动控制,首先反馈信号依赖于外部新增的传感器,如加速度计、位移计等;其次为驱动控制元件,外部能源是必不可少的;一定的控制算法及运行程序也是必需的。以上种种因素使得主动、半主动控制系统非常复杂,造价高昂,可靠性降低。

为了克服半主动控制系统复杂的特性,并保留其具有负刚度出力的控制力特性,在被动黏滞阻尼器的基础上,提出基于可压缩弹簧实现的被动负刚度阻尼器,在限定的阻尼器安装位置下,实现较大的附加阻尼比。

a)半主动控制磁流变液阻尼器　　b)被动黏滞阻尼器

图 3-64　拉索-机械阻尼器控制系统示例

3.3.1　基本原理

负刚度阻尼器的构造和实物如图 3-65 所示，主要由外框架、预压缩弹簧、油阻尼器、连接件四个主要部分组成。在油阻尼器活塞杆的行程内，弹簧始终保持压缩状态。外框架的刚度足够大。具体应用时，外部结构与连接件连接，在外部结构的带动下，油阻尼器和预压缩弹簧共同作用来提供阻尼力，油阻尼器可以是线性黏滞或其他非线性阻尼器，主要耗散振动能量，而预压缩弹簧主要提供负刚度出力，增大与结构连接处的位移响应，进而增大耗散的能量，给结构增加更大的阻尼比。

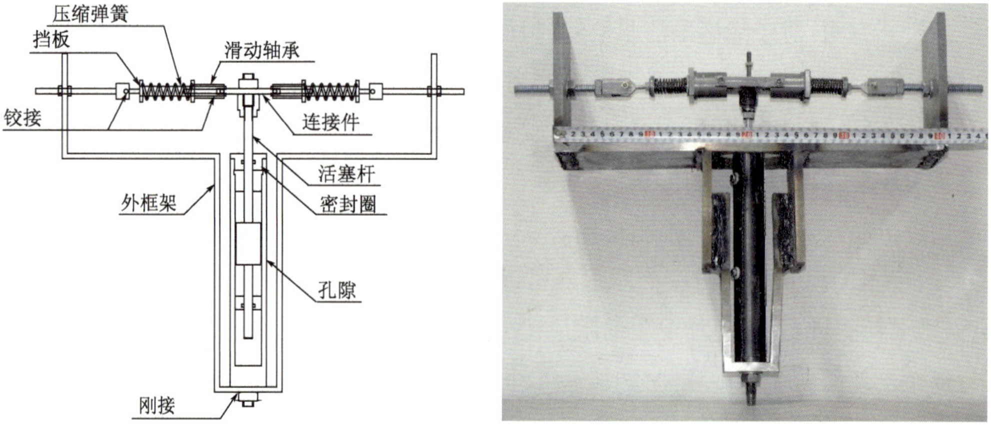

图 3-65　负刚度阻尼器构造示意和实物图

3.3.2　负刚度阻尼器装置研究

基于负刚度阻尼器的构造，其简化的受力分析如图 3-66 所示。

假定其中弹簧为线性弹簧，刚度系数为 k，初始自由长度为 l_0。在负刚度阻尼器中，连接件处视为刚体，当连接件位于 O 位置时，受到压缩的弹簧的长度为 l_1，弹簧的一端固定在外框的铰接点，另一端通过滑动轴承固定到连接件上。在油阻尼器的行程内，两个弹簧始终处于压缩状态。油阻尼器的出力为 f_{VD}。

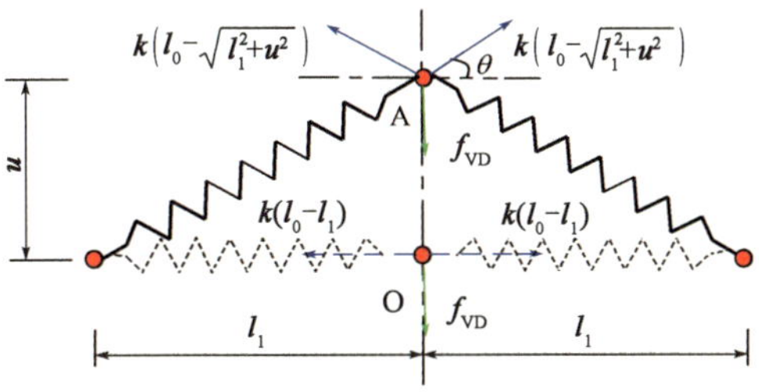

图 3-66　负刚度阻尼器受力图

两个对称压缩弹簧所产生的出力在水平方向总是平衡，而沿活塞杆方向的分力合为：

$$f_{\text{spring}} = -2k(l_0 - \sqrt{l_1^2 + u^2}) \cdot \frac{u}{\sqrt{l_1^2 + u^2}} = -2k\left(\frac{l_0}{\sqrt{l_1^2 + u^2}} - 1\right)u \tag{3-31}$$

式中：f_{spring}——弹簧沿活塞杆方向的合力；

k——弹簧的刚度系数；

l_0——弹簧的初始自由长度；

l_1——弹簧在水平位置时压缩状态下的长度；

u——活塞杆运动的位移。

结合油阻尼器的出力，则负刚度阻尼器的出力模型为：

$$f_{\text{NSD}} = -2k\left(\frac{l_0}{\sqrt{l_1^2 + u^2}} - 1\right)u + f_{\text{VD}} \tag{3-32}$$

式中：f_{NSD}——负刚度阻尼器的出力；

f_{VD}——油阻尼器的出力。

定义如下两个变量，来研究负刚度阻尼器的出力特性：

$$\gamma_1 = \frac{l_1}{l_0}, \gamma_u = \frac{u}{l_0} \tag{3-33}$$

式中：γ_1——弹簧水平位置时长度与原长的比值；

γ_u——活塞杆位移与弹簧原始长度的比值。

构造上要求弹簧在活塞杆行程内始终处于受压状态，要求：

$$\gamma_1^2 + \gamma_u^2 \leqslant 1 \tag{3-34}$$

弹簧沿活塞杆方向的分力合 f_{spring} 对位移求导，有：

$$\frac{\mathrm{d}f_{\text{spring}}}{\mathrm{d}u} = -2k[(\gamma_1^2 + 3\gamma_u^2)(\gamma_1^2 + \gamma_u^2)^{-\frac{3}{2}} - 1] \tag{3-35}$$

当 $u=0$ 时，有：

$$\left.\frac{\mathrm{d}f_{\text{spring}}}{\mathrm{d}u}\right|_{u=0} = -2\left(\frac{1}{\gamma_1} - 1\right)k \tag{3-36}$$

当活塞杆位于平衡位置附近区域时，负刚度出力接近于线性，且负刚度系数取决于弹簧的刚度系数和压缩的比值。

在弹簧初始长度 $l_0=50\text{mm}$ 和位移 $u=8\sin 2\pi t\text{mm}$ 下，f_{spring}/k 与 $\mathrm{d}f_{\text{spring}}/(\mathrm{d}u/k)$ 的变化趋势如图 3-67 所示，当 γ_1 减少时，负刚度出力变大且非线性更强。

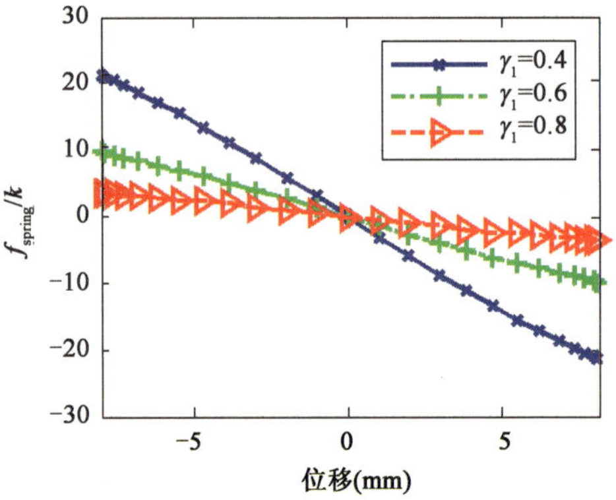

a) f_{spring}/k与位移关系

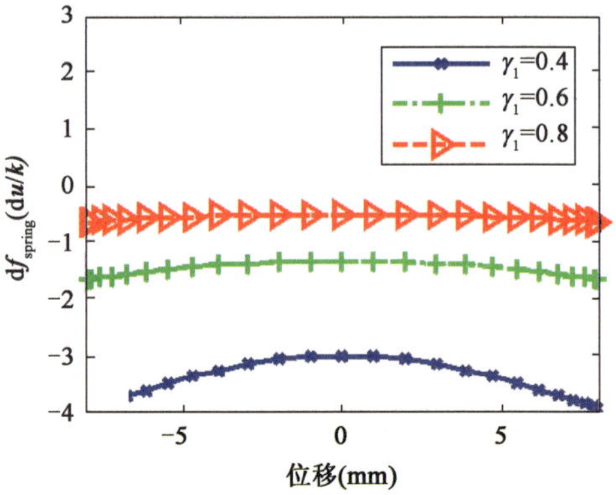

b) $\mathrm{d}f_{\text{spring}}/(\mathrm{d}u/k)$与位移关系

图 3-67 f_{spring}/k 和 $\mathrm{d}f_{\text{spring}}/(\mathrm{d}u/k)$ 与位移关系

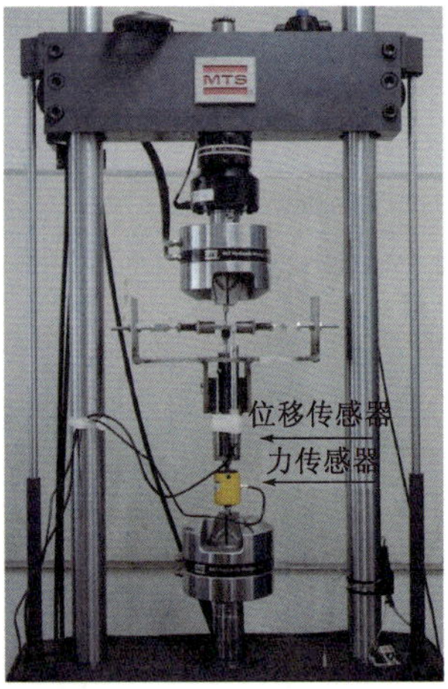

图 3-68 负刚度阻尼器性能试验

基于油阻尼器制造模型负刚度阻尼器，选取的弹簧自由长度 $l_0=46\text{mm}$，在水平位置压缩下长度 $l_1=35.1\text{mm}$，弹簧的刚度系数 $k=4.39\text{N/mm}$。设计上保证弹簧可以方便地拆下或组装，使阻尼器在油阻尼器和负刚度阻尼器之间方便的切换。图 3-68是负刚度阻尼器性能试验图，因为模型阻尼器的出力很小，为精确测量阻尼器的出力和位移，在负刚度阻尼器活塞杆上并联 LVDT 测量位移，串联 Transcell CR-20 力传感器测量出力，位移和力的信号都由 dSPACE 采集，采样频率 100Hz。油阻尼器的性能试验与此类似，只是拆下对称的两个弹簧。

油阻尼器的力-位移滞回曲线如图 3-69 所示，主要表现为摩擦力，因此用库仑摩擦力来表征油阻尼器的出力模型：

$$f_{\text{VD}}=F_{\text{r}}\cdot\operatorname{sgn}(\dot{u}) \tag{3-37}$$

式中：f_{VD}——油阻尼器出力；

F_{r}——摩擦力幅值；

$\operatorname{sgn}(\cdot)$——符号函数；

$\dot{u}$——活塞杆速度。

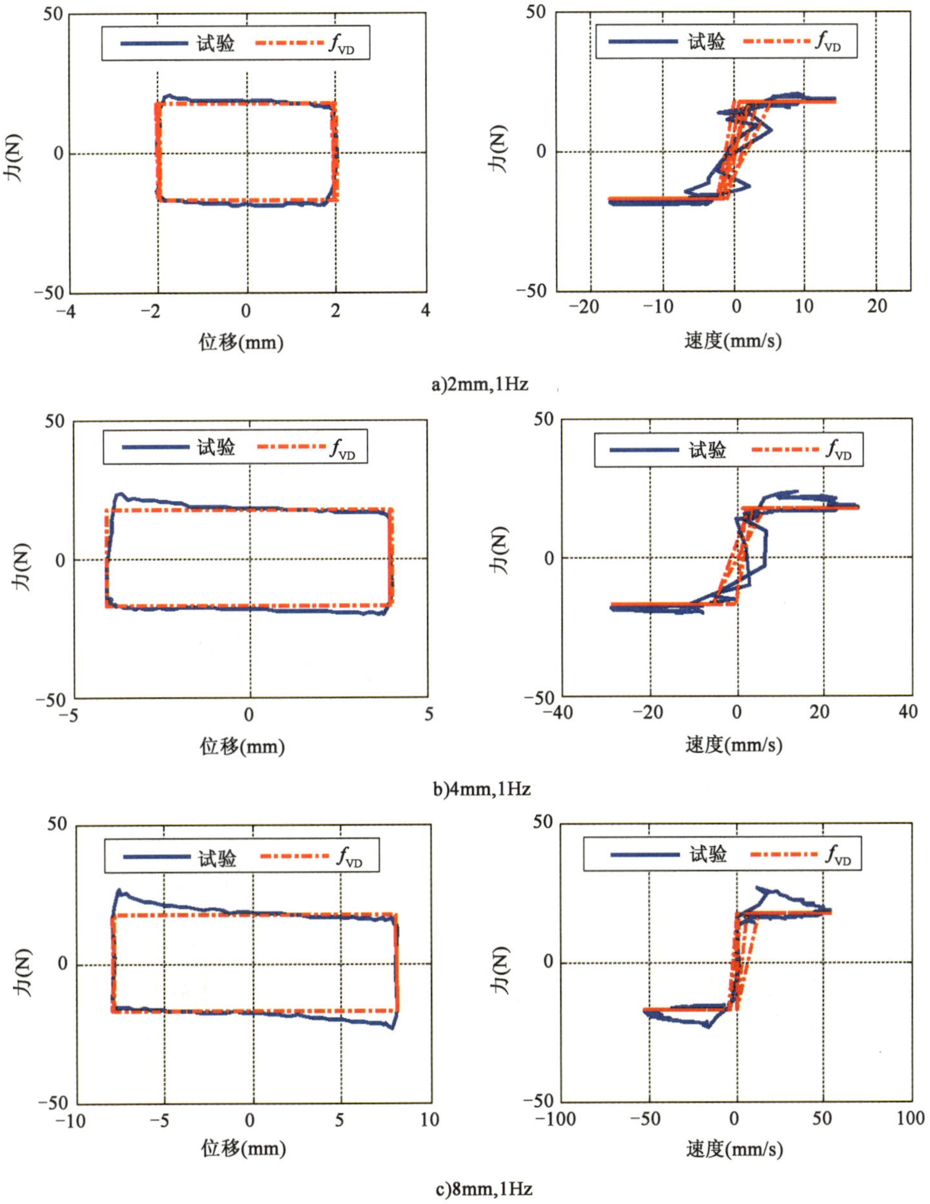

图 3-69 油阻尼器出力试验结果与拟合结果对比

基于性能试验的结果,摩擦力幅值 $F_r = 17\text{N}$。试验结果与拟合结果吻合得很好,如图 3-69 所示。

基于油阻尼器的出力建模和预压缩弹簧的布置,可以推导得到负刚度阻尼器的出力模型为:

$$f_{NSD} = -8.78\left(\frac{46}{\sqrt{35.1^2 + u^2}} - 1\right)u + 17\text{sgn}(\dot{u}) \tag{3-38}$$

图 3-70 显示推导的负刚度阻尼器出力结果与性能试验结果吻合得很好。

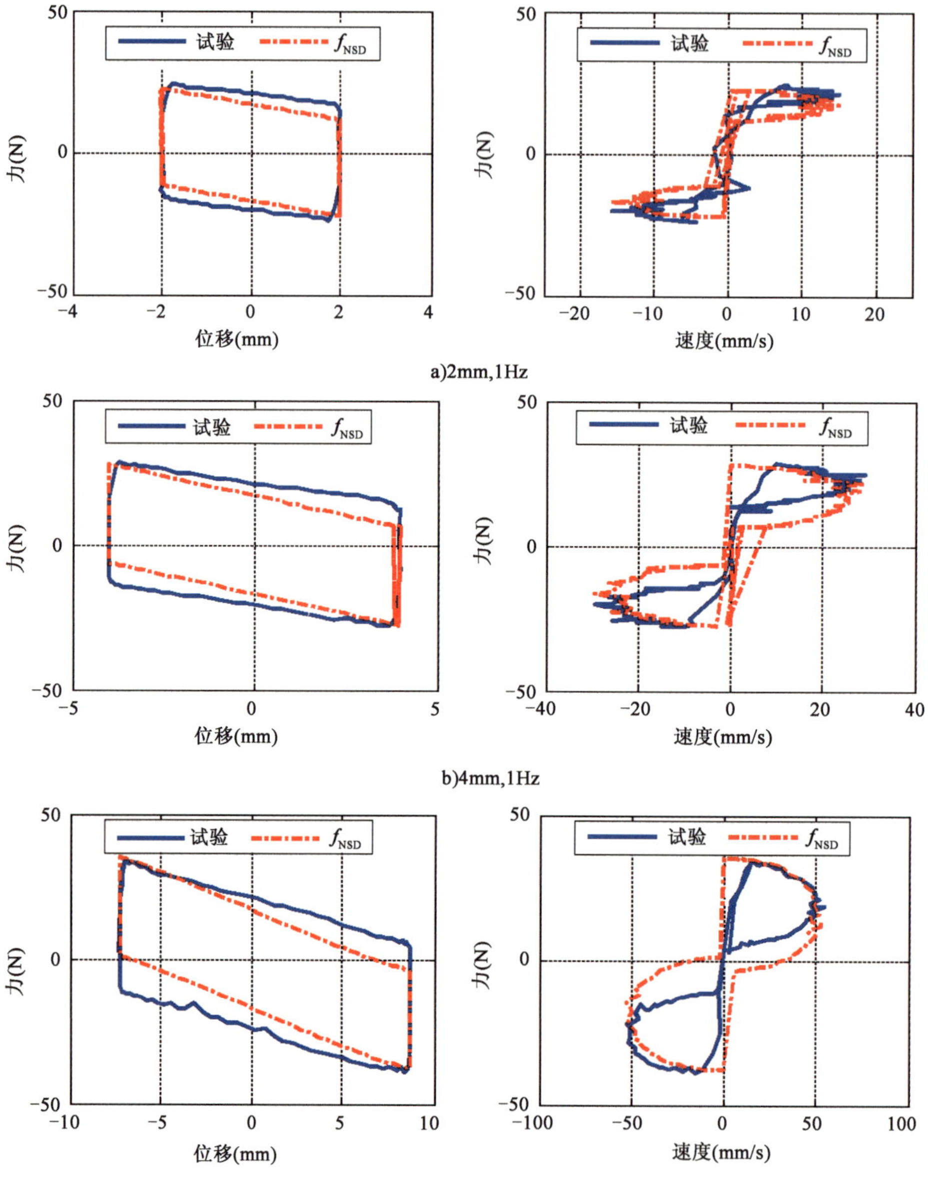

a)2mm,1Hz

b)4mm,1Hz

c)8mm,1Hz

图 3-70 负刚度阻尼器出力性能试验与推导结果对比

进一步分析阻尼器的出力时程，如图 3-71 所示，可见负刚度阻尼器的出力相对于油阻尼器，具有明显的负刚度趋势。

3.3.3 负刚度阻尼器系统的振动控制理论

图 3-72 是可以简化为张紧弦的拉索-负刚度阻尼器系统示意图，其运动方程为：

$$m\ddot{\nu} + c\dot{\nu} - T\nu'' = f(x,t) - f_{\mathrm{NSD}}\delta(x - x_{\mathrm{d}}) \tag{3-39}$$

$$\nu(0,t) = \nu(L,t) = 0 \tag{3-40}$$

式中：ν——拉索横向位移；

L、m、c——拉索长度、单位长度质量和阻尼；

x_{d}——负刚度阻尼器安装位置；

f_{NSD}——负刚度阻尼器出力，作用在 $x = x_{\mathrm{d}}$ 处；

$f(x,t)$——沿拉索分布的外荷载；

$\delta(\cdot)$——Dirac delta 函数。

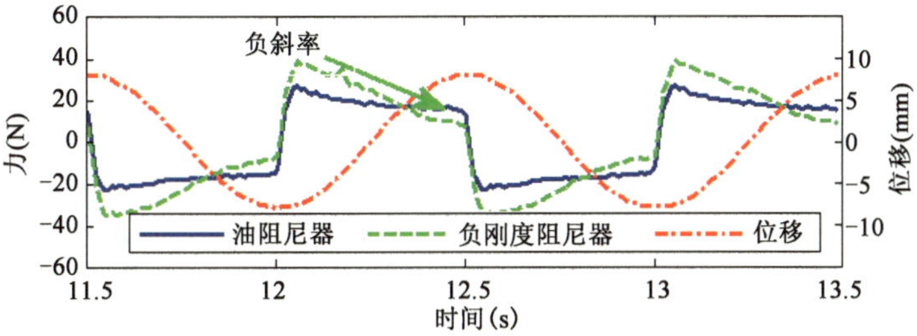

图 3-71　负刚度阻尼器与油阻尼器出力时程对比

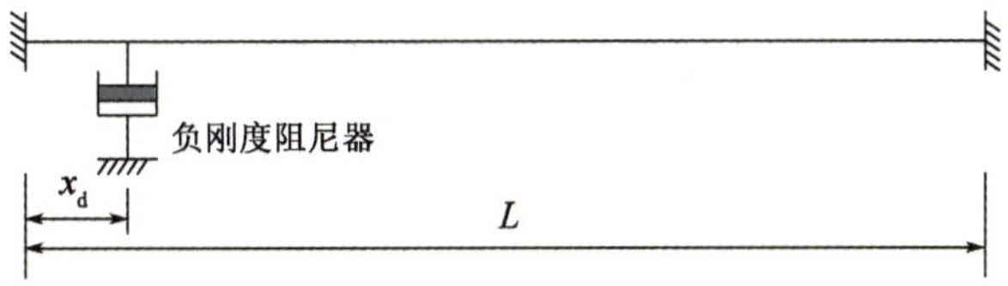

图 3-72　拉索-负刚度阻尼器系统示意图

根据伽辽金方法，取如下的位移形式：

$$\nu(x,t) = \sum_{j=1}^{n}\phi_j(x)q_j(t) \tag{3-41}$$

式中：ϕ_j——满足边界条件的第 j_{th} 阶形状函数；

$q_j(t)$——第 j_{th} 阶的广义坐标。

可以得到拉索-负刚度阻尼器控制系统的矩阵状态的运动方程：

$$\boldsymbol{M}\ddot{\boldsymbol{q}} + \boldsymbol{C}\dot{\boldsymbol{q}} + \boldsymbol{K}\boldsymbol{q} = \boldsymbol{f}_{\mathrm{q}} - \boldsymbol{\phi}(\mathrm{x}_d)\mathrm{f}_{NSD}(\mathrm{t}) \tag{3-42}$$

其中，$\boldsymbol{M} = [m_{ij}]$，$\boldsymbol{C} = [c_{ij}]$，$\boldsymbol{K} = [k_{ij}]$，$\boldsymbol{f}_{\mathrm{q}} = [f_{\mathrm{q}1} \quad f_{\mathrm{q}2} \quad \cdots \quad f_{\mathrm{q}n}]^{\mathrm{T}}$，$\boldsymbol{\phi}(x_{\mathrm{d}}) = [\phi_1(x_{\mathrm{d}}) \quad \phi_2(x_{\mathrm{d}}) \quad \cdots \quad \phi_n(x_{\mathrm{d}})]^{\mathrm{T}}$。

各矩阵的元素为：

$$\begin{aligned} m_{ij} &= m\int_0^L \phi_i(x)\phi_j(x)\mathrm{d}x = \frac{mL}{2}\delta_{ij}, c_{ij} = c\int_0^L \phi_i(x)\phi_j(x)\mathrm{d}x = \frac{cL}{2}\delta_{ij}, \\ k_{ij} &= -T\int_0^L \phi''_i(x)\phi_j(x)\mathrm{d}x = \frac{\pi^2 T}{2L}i^2\delta_{ij}, f_{qj} = \int_0^L f(x,t)\phi_j(x)\mathrm{d}x \end{aligned} \tag{3-43}$$

考虑拉索的 i_{th} 的模态阻尼比，并令：

$$\begin{aligned}\omega_i &= \sqrt{\frac{k_{ii}}{m_{ii}}},\bar{t} = \omega_i t,\xi = \frac{c_{ii}}{2m_{ii}\omega_i},D = \frac{\phi_i(x_{\mathrm{d}})q_i}{\sqrt{l_0^2 - l_1^2}} \\ \Omega &= \frac{\omega}{\omega_i},\alpha = \frac{2k\phi_i^2(x_{\mathrm{d}})}{k_{ii}},F = \frac{f_{qi}\phi_i(x_{\mathrm{d}})}{\sqrt{l_0^2 - l_1^2}},\gamma_1 = \frac{l_1}{l_0}\end{aligned} \tag{3-44}$$

则拉索-负刚度阻尼器的单模态振动可以简化为如下的无量纲方程：

$$\ddot{D} + 2\xi\dot{D} + \left[1 - \alpha\left(\frac{1}{\sqrt{\gamma_1^2 + D^2(1 - \gamma_1^2)}} - 1\right)\right]D = F\cos\Omega\bar{t}\ \mid D\mid \leqslant 1 \tag{3-45}$$

根据平均化方法，其受迫振动稳态下的解写成：

$$D = a\cos(\Omega\bar{t} + \theta) \tag{3-46}$$

其速度响应可以假定为：

$$D = a\cos(\Omega\bar{t} + \theta) \tag{3-47}$$

这相当于附加如下恒成立的等式：

$$\dot{a}\cos(\Omega\bar{t} + \theta) - a\dot{\theta}\sin(\Omega\bar{t} + \theta) = 0 \tag{3-48}$$

对位移响应求二阶导数得到加速度响应：

$$\ddot{D} = -\dot{a}\Omega\sin(\Omega\bar{t} + \theta) - a\Omega^2\cos(\Omega\bar{t} + \theta) - a\dot{\theta}\Omega\cos(\Omega\bar{t} + \theta) \tag{3-49}$$

$$\begin{bmatrix}\cos(\Omega\bar{t} + \theta) & -a\sin(\Omega\bar{t} + \theta) \\ -\Omega\sin(\Omega\bar{t} + \theta) & -a\Omega\cos(\Omega\bar{t} + \theta)\end{bmatrix}\begin{Bmatrix}\dot{a} \\ \dot{\theta}\end{Bmatrix} = \begin{Bmatrix}0 \\ f_1\end{Bmatrix} \tag{3-50}$$

其中，$f_1 = F\cos\Omega\bar{t} + 2a\xi\Omega\sin(\Omega\bar{t} + \theta) - a\cos(\Omega\bar{t} + \theta)\Delta + a\Omega^2\cos(\Omega\bar{t} + \theta)$，$\Delta = 1 + \alpha\left(1 - \frac{1}{\sqrt{\gamma_1^2 + a^2\cos^2(\Omega\bar{t} + \theta)(1 - \gamma_1^2)}}\right)$。

上述方程组的解为：

$$\begin{cases}\dot{a} = -\dfrac{1}{\Omega}f_1\sin(\Omega\bar{t} + \theta) \\ \dot{\theta} = -\dfrac{1}{a\Omega}f_1\cos(\Omega\bar{t} + \theta)\end{cases} \tag{3-51}$$

在一个周期 $2\pi/\Omega$ 内，$\dot{a}$ 和 $\dot{\theta}$ 的平均值为：

$$\begin{cases}\dot{a} = -\dfrac{\Omega}{2\pi}\displaystyle\int_0^{\frac{2\pi}{\Omega}}\dfrac{1}{\Omega}f_1\sin(\Omega\bar{t} + \theta)\mathrm{d}\bar{t} \\ \dot{\theta} = -\dfrac{\Omega}{2\pi}\displaystyle\int_0^{\frac{2\pi}{\Omega}}\dfrac{1}{a\Omega}f_1\cos(\Omega\bar{t} + \theta)\mathrm{d}\bar{t}\end{cases} \tag{3-52}$$

积分并化简后有：

$$\begin{cases}\dot{a} = -\dfrac{1}{2\Omega}F\sin\theta - a\xi \\ \dot{\theta} = -\dfrac{1}{2a\Omega}F\cos - \dfrac{\Omega}{2} + \dfrac{1+\alpha}{2\Omega} - \dfrac{\alpha}{2\pi}N(a)\end{cases} \tag{3-53}$$

其中，$N(a) = \int_0^{\frac{2\pi}{\Omega}} \dfrac{\cos^2(\Omega\bar{t}+\theta)}{\sqrt{\gamma_1^2 + a^2\cos^2(\Omega\bar{t}+\theta)(1-\gamma_1^2)}}\mathrm{d}\bar{t}$，可以用数值积分的方法计算。

$$-\frac{1}{2\Omega}F\sin\theta - a\xi = 0 \tag{3-54}$$

$$-\frac{1}{2a\Omega}F\cos\theta - \frac{\Omega}{2} + \frac{1+\alpha}{2\Omega} - \frac{\alpha}{2\pi}N(a) = 0$$

进而化简有：

$$\frac{a}{F} = \frac{1}{\sqrt{(2\xi\Omega)^2 + \left[\Omega^2 - 1 - \alpha + \dfrac{\alpha\Omega}{\pi}N(a)\right]^2}} \tag{3-55}$$

当 $\alpha=0$ 时，退化为单自由度的幅-频曲线：

$$\frac{a}{F} = \frac{1}{\sqrt{(2\xi\Omega)^2 + \left[\Omega^2 - 1 - \alpha + \dfrac{\alpha\Omega}{\pi}N(a)\right]^2}} \tag{3-56}$$

当阻尼比 $\xi=0$ 时，有：

$$\frac{a}{F} = \frac{1}{\left|\Omega^2 - 1 - \alpha + \dfrac{\alpha\Omega}{\pi}N(a)\right|} \tag{3-57}$$

取负刚度阻尼器安装位置 $x_d/L=0.02$，1 阶模态阻尼比 $\xi=0.01$，弹簧压缩系数 $\gamma_1=0.6$，考虑 $\alpha=0,0.5,1$，得到幅频曲线如图 3-73 所示。当 $\alpha=0$，幅频曲线仅取决于 Ω，当 $\Omega=1$ 时，其峰值为 50。当 $\alpha=0.5,1$，幅频曲线取决于频率比 Ω 和位移幅值 a。但是，当 $\Omega=1$，a/F 显著降低，当 $\alpha=0.5$ 和 1 时，分别降到 18 和 10。

3.3.4 负刚度阻尼器系统的振动控制数值研究

根据有负刚度阻尼器的参数，取索中张力 10kN，长度 14m，单位长度质量 1.33kg/m。1 阶模态阻尼比是 0.18%。负刚度阻尼器距离锚固端 0.535m。

取如下形式的沿索长正弦分布的荷载：

$$f(x,t) = 0.6\sin\left(\frac{\pi ix}{L}\right)\sin\omega_i t \qquad (i=1,2) \tag{3-58}$$

式中：ω_i——拉索的第 i_{th} 阶圆频率。

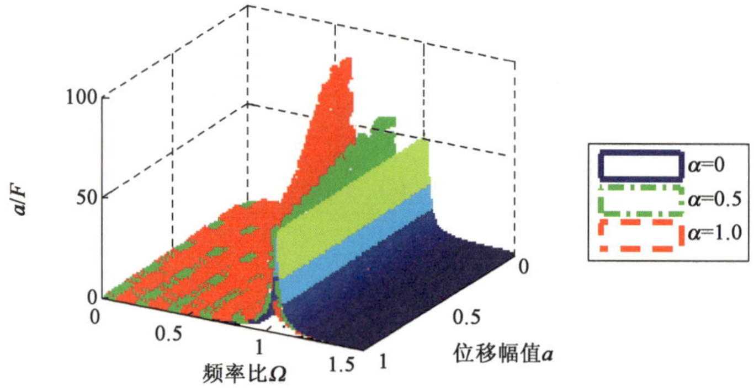

a)α=0、0.5、1.0

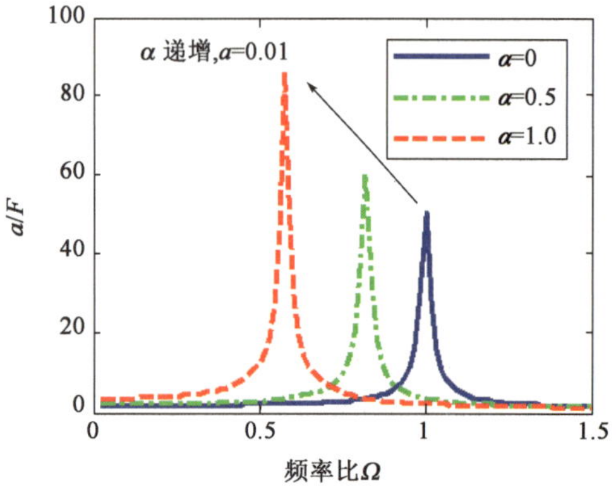

b)a=0.01

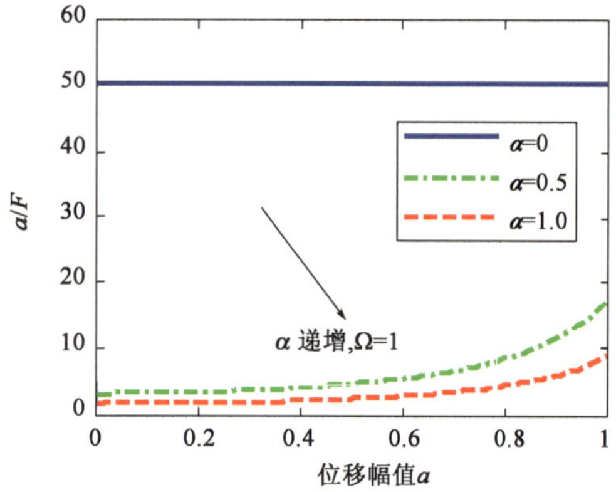

c)Ω=1

图 3-73　幅频曲线

取 1 阶荷载,分析拉索跨中的时程响应和频谱响应,如图 3-74 所示,在时程幅值的大小和频谱的峰值上,负刚度阻尼器的控制效果明显好于油阻尼器。阻尼器的出力特性分析显示负刚度阻尼器具有明显的负刚度趋势,如图 3-75 所示。

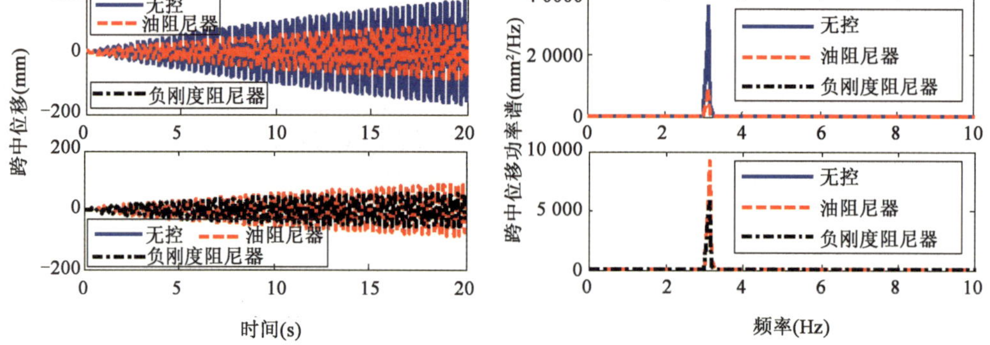

图 3-74　1 阶激励下拉索跨中的时程和频谱响应对比

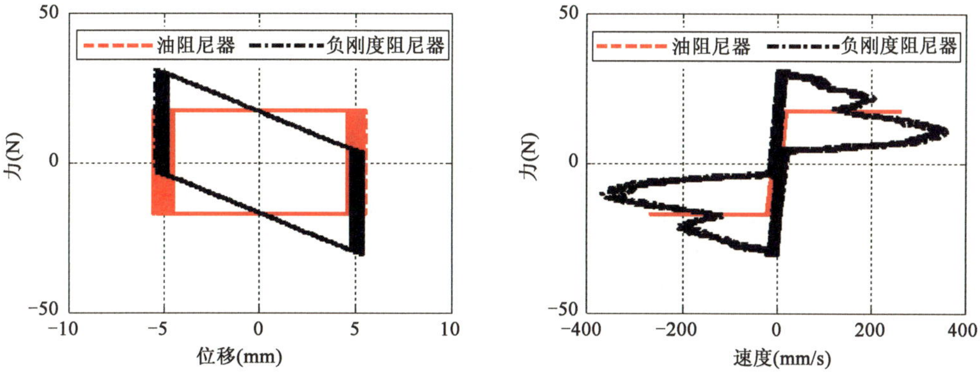

a)力-位移　　b)力-速度

图 3-75　阻尼器出力特性对比

考虑到负刚度阻尼器的出力与位移成非线性的关系，取不同幅值的外激励，并比较分析稳态下拉索跨中或 1/4 跨的最大位移与阻尼器处的位移，如图 3-76 所示，当阻尼器安装位置位移幅值较小时，油阻尼器与负刚度阻尼器控制效果基本相当，当位移增大时，负刚度阻尼器的控制效果明显优于油阻尼器。

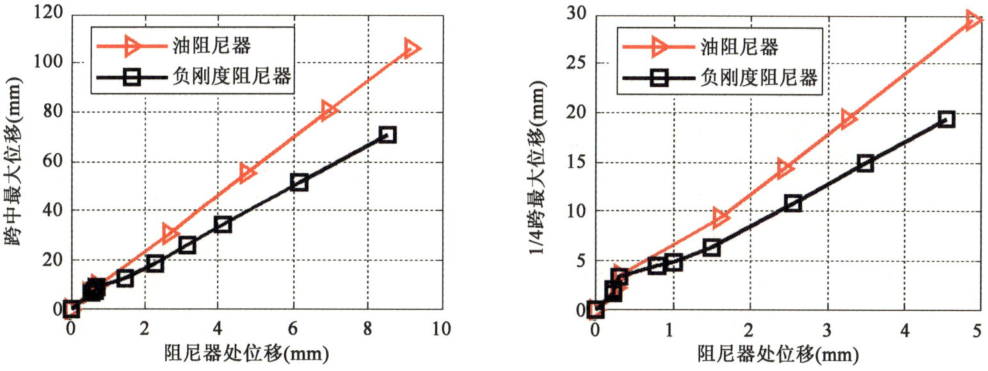

a)1阶激励　　b)2阶激励

图 3-76　油阻尼器与负刚度阻尼器控制效果的对比

考虑风荷载下拉索的振动控制，取沿索长均匀分布的风荷载：

$$f(x,t) = 10w(t) \tag{3-59}$$

式中：$w(t)$——Davenport 谱生成的风速时程样本，如图 3-77 所示。

图 3-78 是拉索前 20s 内跨中的时程和频谱响应，可以看出，在时程的最大值和频谱的峰值上，都是负刚度阻尼器的控制效果最好。负刚度阻尼器同样表现出了明显的负刚度趋势，如图 3-79 所示。取不同强度的风荷载，分析阻尼器安装位置时程响应的均方值和拉索跨中位移响应的均方值，如图 3-80 所示，在不同的风荷载强度下，负刚度阻尼器总能取得比黏滞阻尼器更好的控制效果。

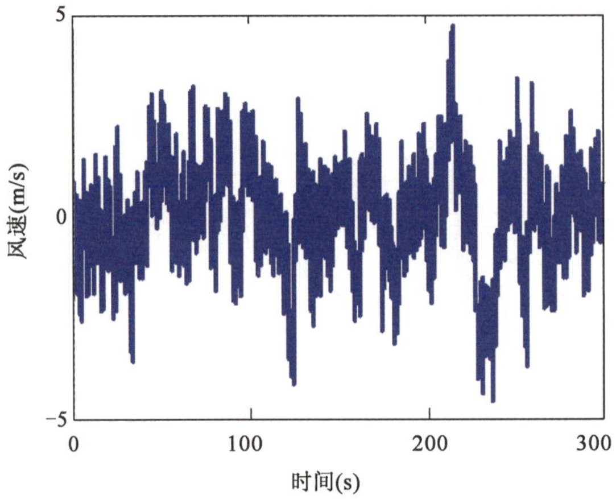

图 3-77　风速时程样本

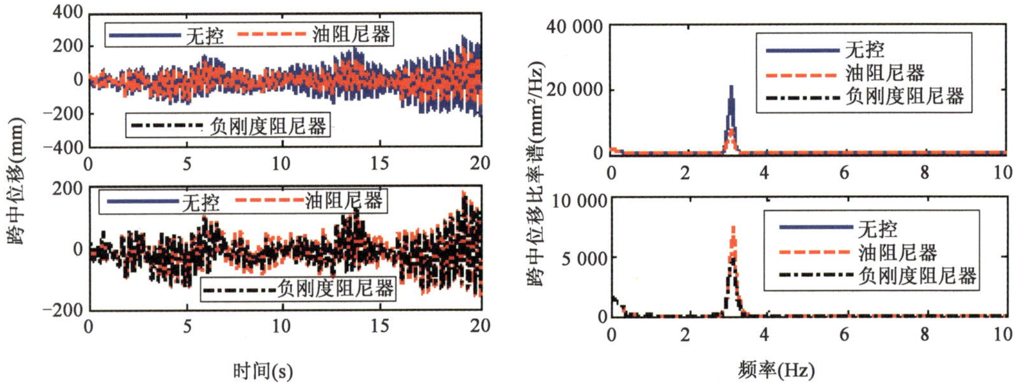

图 3-78　风荷载下拉索跨中前 20s 内的位移和频谱响应对比

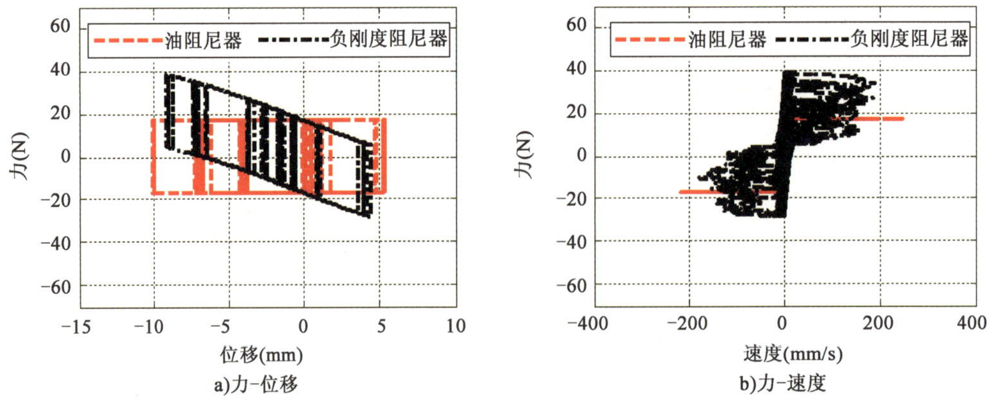

图 3-79　风荷载作用下阻尼器的出力特性

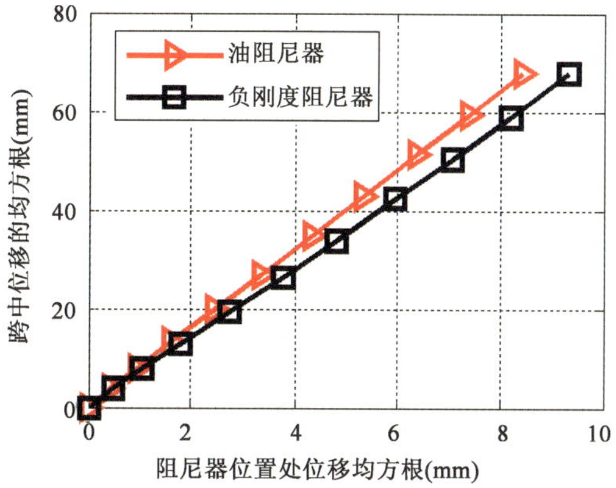

图3-80 不同强度风荷载下油阻尼器与负刚度阻尼器控制效果对比

3.3.5 负刚度阻尼器系统的振动控制试验

试验中拉索长度 $L = 14\text{m}$,单位长度质量 $m = 1.33\text{kg/m}$,阻尼器距端部0.535m(3.82%),阻尼器底部串联有 Transcell CR-20 力传感器,阻尼器活塞杆并联 LVDT 测量位移响应。单模态振动控制下,激振器距另一端0.345m,下安装有 Transcell CR-50 力传感器,以测量激振器出力。在1/4跨和1/2跨垂直面内各布置一个 PCB 加速度传感器。激振器的激励信号和所有的数据采集通过 dSPACE 及 MATLAB/Simulink 完成,如图3-81所示。多模态振动控制则采用悬挂重物突然剪断的方式进行。

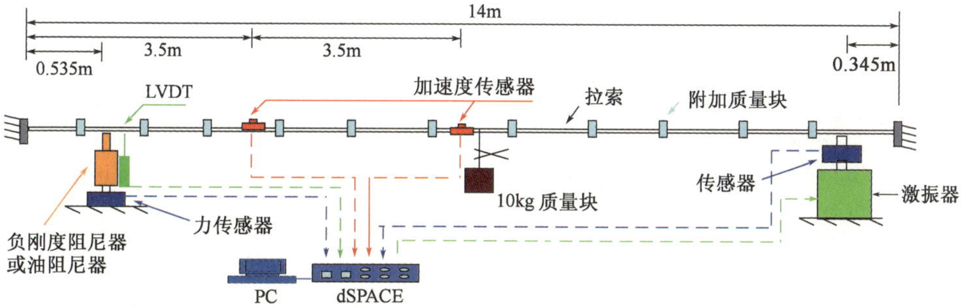

a)总体示意图

b)拉索

c)拉索-负刚度阻尼器连接细节

图3-81 拉索控制试验

通过自由振动，识别得到拉索1阶、2阶频率为3.03Hz和6.05Hz，分三种工况，即无控、油阻尼器和负刚度阻尼器。尽量调节激振器，使三种工况激振器出力大小相等。

由加速度积分得到1阶受迫振动下拉索跨中的位移响应，如图3-82所示。相比于无控与油阻尼器工况，负刚度工况下拉索的跨中位移最小，即控制效果最好。

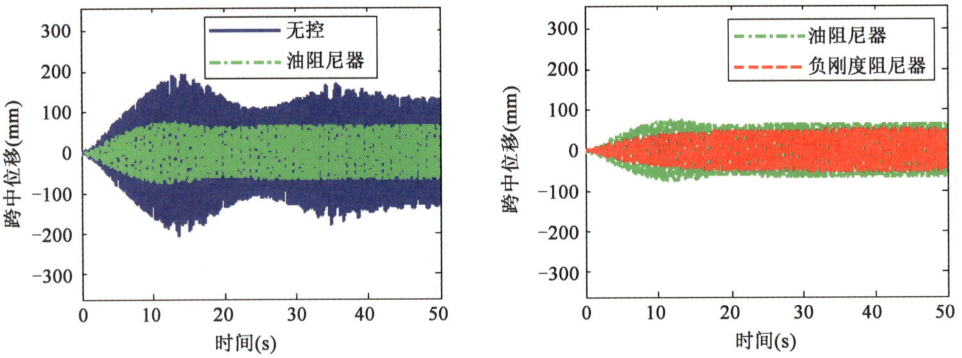

图3-82　1阶受迫振动下拉索跨中的位移响应时程

关闭激振器后，拉索由稳态1阶的受迫振动进入自由振动状态。采用指数模拟来识别拉索的模态阻尼比，如图3-83所示。无控下拉索的模态阻尼比是0.18%，油阻尼器下是1.08%，当安装负刚度阻尼器后，1阶模态阻尼比提高到了1.70%。

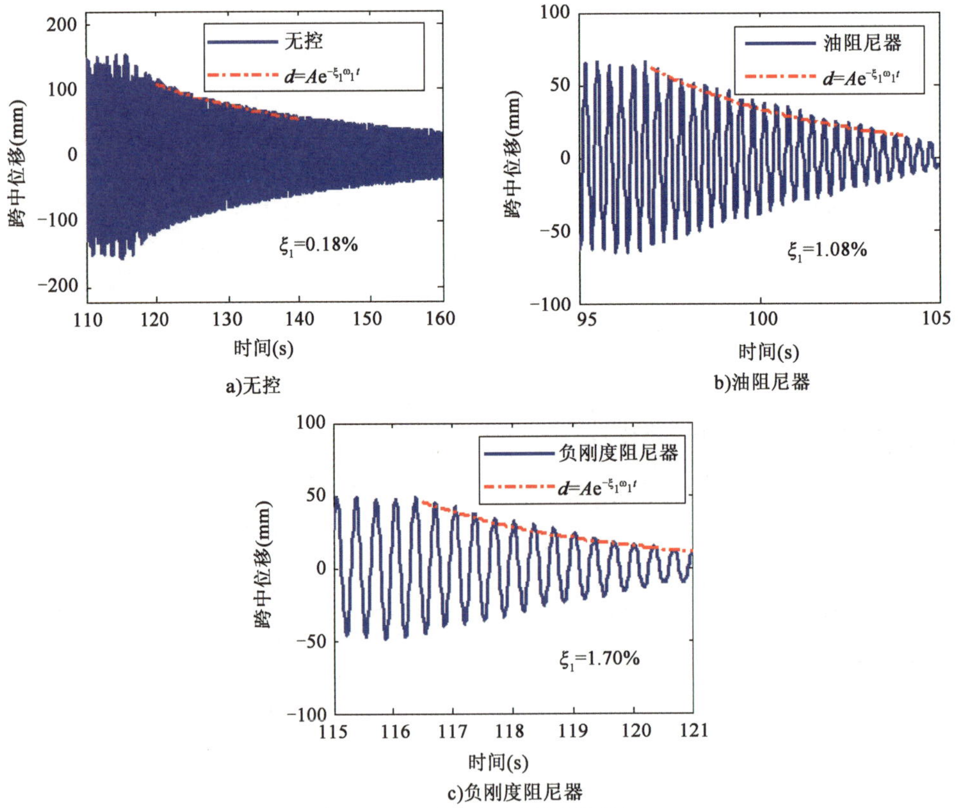

图3-83　1阶自由振动和模态阻尼比

在 1 阶受迫振动稳态和自由振动下,负刚度阻尼器都表现出明显的负刚度趋势如图 3-84 和图 3-85 所示。

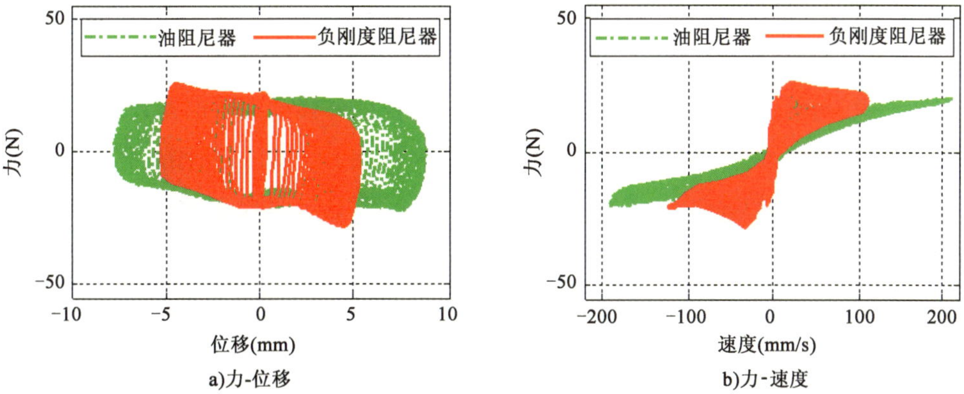

图 3-84　1 阶受迫振动稳态下阻尼器出力特性

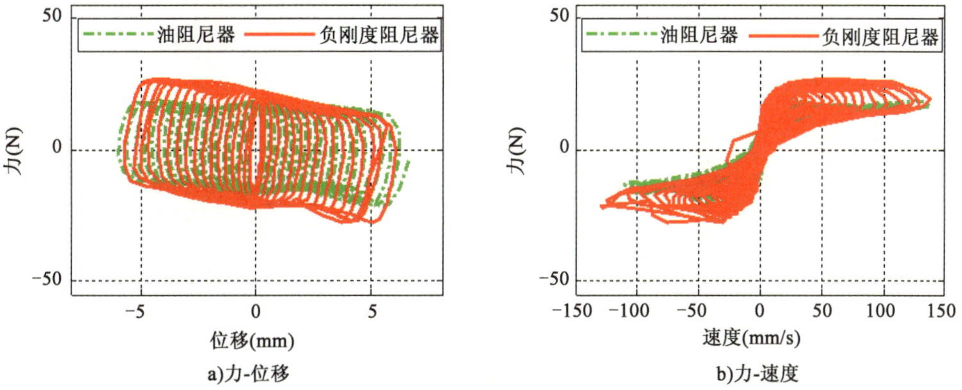

图 3-85　1 阶自由衰减振动下阻尼器出力特性

2 阶模态的受迫振动试验与 1 阶模态类似。改变阻尼器的安装位移,重新进行 1 阶、2 阶模态的受迫振动试验,拉索的附加模态阻尼比的结果如图 3-86 所示。显然,在不同的安装位置和不同的模态下,负刚度阻尼器都能给拉索附加更大的模态阻尼比。

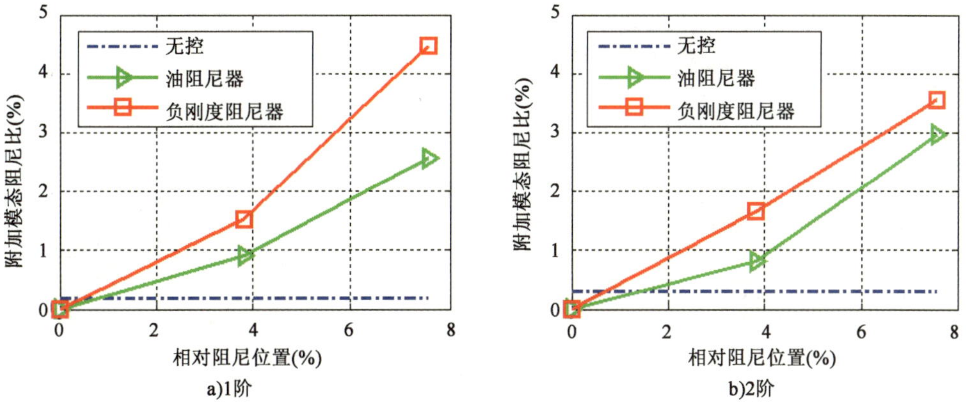

图 3-86　单模态振动下拉索的附加模态阻尼比

考虑在拉索的跨中和1/4跨悬挂10kg的质量块，然后突然剪断，以激起拉索的多模态振动，检验负刚度阻尼器在多模态振动下的控制效果。

图3-87是当质量块分别悬挂在跨中和1/4跨时，阻尼器安装位置处的位移响应时程。在质量块作用上以前，拉索保持静止。当人工慢慢挂上质量块后，拉索在点荷载作用下偏离平衡位置，在跨中时，负刚度阻尼器工况下，阻尼器安装位置处位移比油阻尼器大0.15mm，表明负刚度阻尼器发挥作用，使拉索偏离平衡位置。当质量块在1/4跨时，负刚度阻尼器工况下的位移比油阻尼器大0.37mm。当突然剪断质量块后，拉索进入多模态的自由振动阶段，可见负刚度阻尼器工况下拉索振动衰减得更快，即表明负刚度阻尼器的控制效果优于油阻尼器。

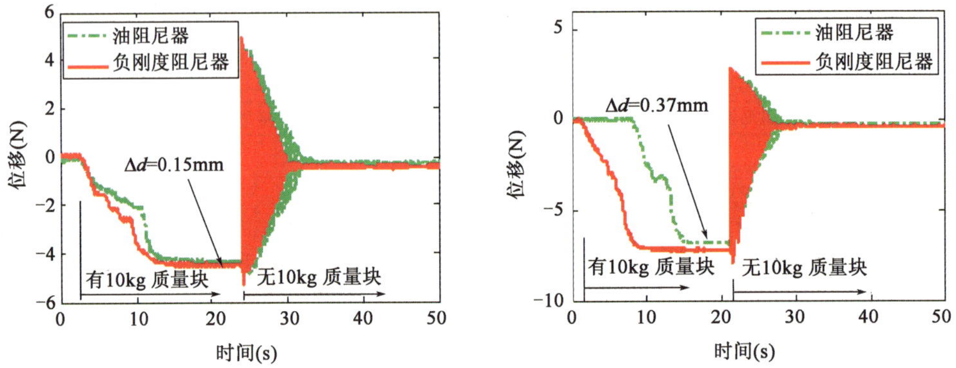

a)跨中　　b)1/4跨

图3-87　阻尼器安装位置处位移时程

图3-88是质量块悬挂在跨中时拉索的时程与频域响应。从时程上看，负刚度阻尼器工况下振动衰减得更快；频域上振动主要成分为1阶和3阶，负刚度阻尼器工况下的峰值要明显小于油阻尼器工况。

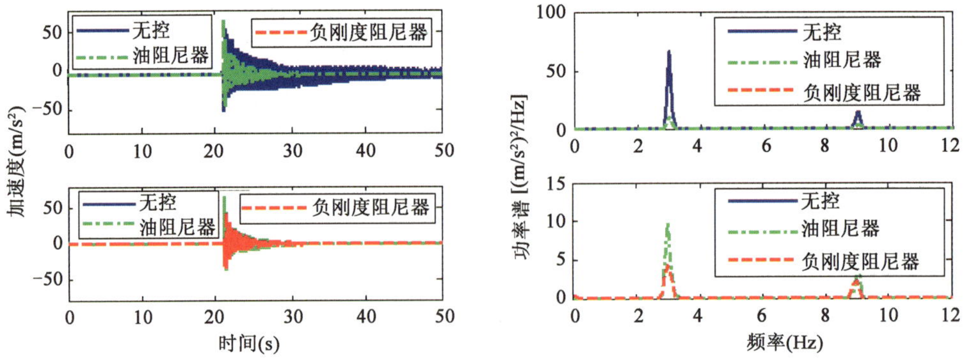

a)1/4跨

图　3-88

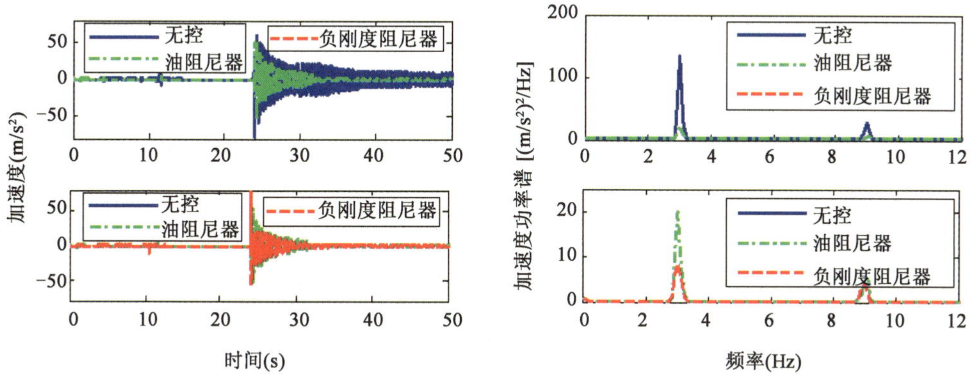

b)跨中

图 3-88 质量块悬挂在跨中时拉索的时程与频域响应

图 3-89 是质量块悬挂在 1/4 跨时拉索的时程与频域响应。从时程上看，负刚度阻尼器工况下振动衰减得更快；频域上振动主要成分为前 3 阶，负刚度阻尼器工况下的频域峰值要明显小于油阻尼器工况，即负刚度阻尼器可以取得更好的控制效果。

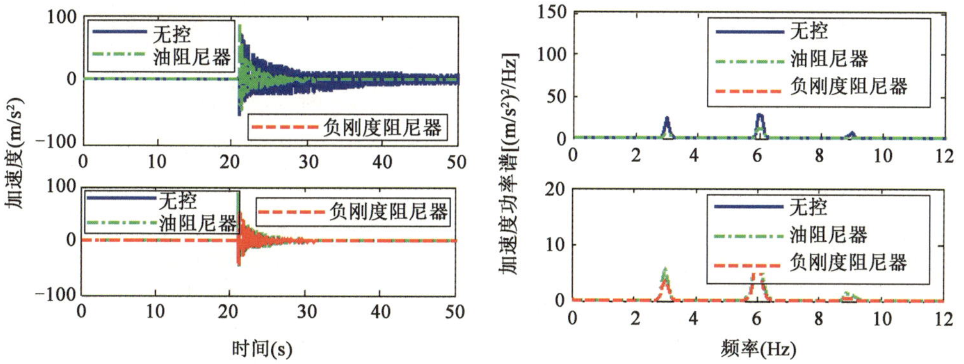

a)1/4跨

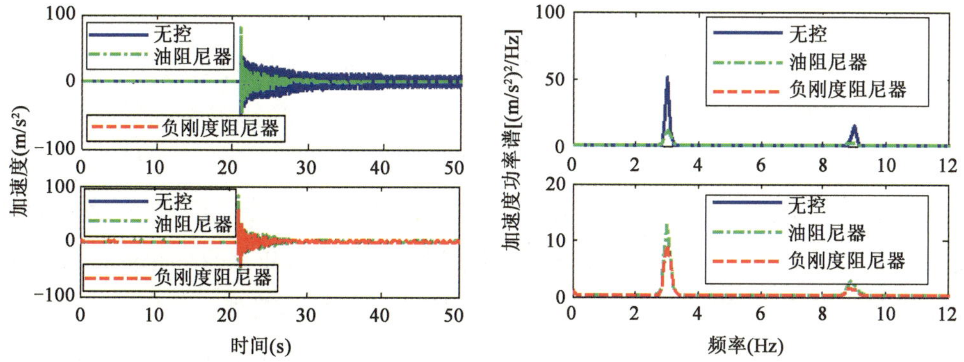

b)跨中

图 3-89 质量块悬挂 1/4 跨在时拉索的时程与频域响应

图 3-90 和图 3-91 表明了质量块分别悬挂在跨中和 1/4 跨时阻尼器的出力特性，在多模态振动下，负刚度阻尼器依然表现出明显的负刚度趋势。

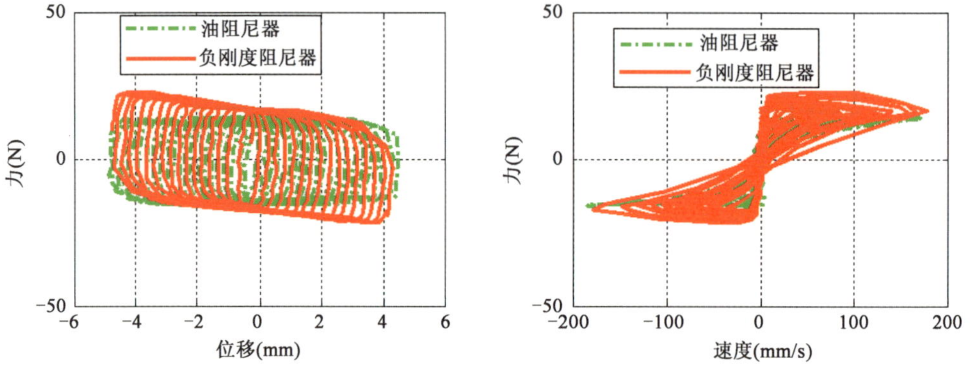

a)力-位移　　b)力-速度

图 3-90　质量块悬挂在跨中时阻尼器出力特性

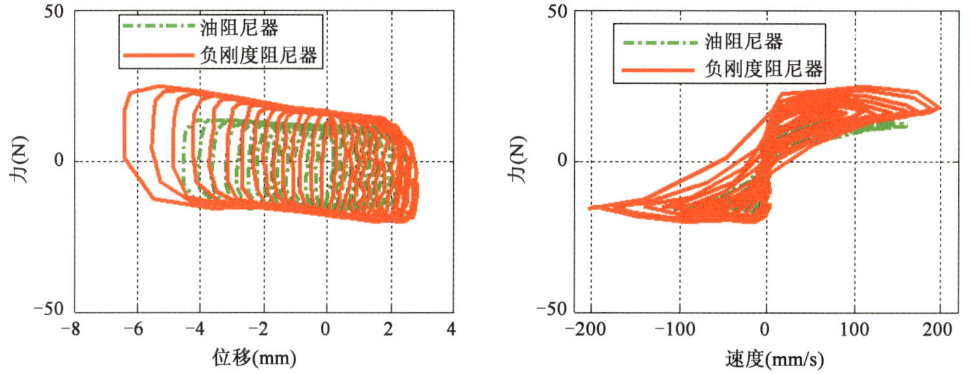

a)力-位移　　b)力-速度

图 3-91　质量块悬挂在 1/4 跨时阻尼器出力特性

3.3.6　设计与应用方法

负刚度阻尼器构造的实质是在原有机械被动阻尼器的基础上，通过附加两个对称的预压缩弹簧，实现负刚度出力，而负刚度可以使阻尼器与拉索连接处位移增大、耗能增加，进而提供更大的阻尼比和更好的减振效果。负刚度阻尼器一般安装在靠近桥梁主梁桥面端的拉索上，而安装位置与拉索全长的比值，考虑到负刚度阻尼器与桥梁主梁之间需要支撑连接及在桥梁景观不致破坏的情况下，尽可能地取大值。由前述的理论、数值和试验研究表明，负刚度阻尼器的控制效果显著优于油阻尼器，除附加了两个对称的预压缩弹簧外，负刚度阻尼器在斜拉索上的安装方式与油阻尼器并没有本质区别，因此黏滞阻尼器部分可以按照现有的黏滞阻尼器理论和研究成果来进行设计与应用，而负刚度阻尼器设计与应用的要点在于弹簧参数的选取和弹簧的压缩量。考虑一般的螺旋机械压缩弹簧，其刚度系数按下式计算：

$$k = \frac{Gd^4}{8nD_2^3} \tag{3-60}$$

式中：G——材料的剪切模量；

d——弹簧的丝径；

n——弹簧的有效圈数；

D_2——弹簧的中径。

因此，弹簧的设计参数主要在于选择合理的参数值，以达到需要的刚度系数。一般而言，材料选用钢材的剪切模量 $G = 78.4\text{GPa}$，旋绕比 $D_2/d = 5 \sim 7$，有效圈数 $n \geqslant 4$，弹簧的总长则由需要的位移行程、压缩程度、负刚度阻尼器构造等试算确定。

拉索-负刚度阻尼器系统的弹性回复力为：

$$E(D) = D - \alpha D\left[\frac{1}{\sqrt{\gamma_1^2 + D^2(1-\gamma_1^2)}} - 1\right] \tag{3-61}$$

对位移求导，有：

$$\frac{\mathrm{d}E}{\mathrm{d}D} = 1 + \alpha - \frac{\alpha\gamma_1^2 + 3\alpha(1-\gamma_1^2)D^2}{[\gamma_1^2 + (1-\gamma_1^2)D^2]^{3/2}} \tag{3-62}$$

其线性主部为：

$$E(D) = \left(1 + \alpha - \frac{\alpha}{\gamma_1}\right)D + o(D^2) \tag{3-63}$$

因此拉索-负刚度阻尼器单模态振动下的频率为：

$$\Omega_c = \sqrt{1 + \alpha - \frac{\alpha}{\gamma_1}} \tag{3-64}$$

为保证拉索的稳定，频率应大于零，则有：

$$\gamma_1 \geqslant \frac{\alpha}{1+\alpha} = \frac{1}{1 + \left[\dfrac{\pi i}{\sin(\pi i x_d/L)}\right]^2 \dfrac{T/L}{k}} \tag{3-65}$$

上述公式给出了负刚度阻尼器设计时弹簧压缩程度的限制。对于给定的拉索参数、振动模态和安装位置，弹簧的刚度系数越大，则此限制越大。

3.4 斜拉索多重调谐质量阻尼系统（多 TMD）

由于支撑和美观的需要，使得斜拉桥上机械阻尼器的安装位置受到限制。而随着拉索长度的增加，多模态的振动越来越明显，对拉索的振动控制方法和效果提出了更高的要求。

调谐质量阻尼器(TMD)作为一种有效的控制方法,很早就应用在建筑工程中。通过调节使其自振频率域结构的主要模态一致,TMD 可以有效地减少结构的地震响应。由于 TMD 适于分散安装,因此在高层建筑结构中得到广泛应用。针对超长拉索的振动,尤其是风等外界荷载引起的复杂多模态振动,利用 TMD 安装位置不受限制的优点,方便分散安装,因此,研究斜拉索-多 TMD 阻尼系统,可以控制超长拉索的多模态振动,给拉索各阶模态附加更多的阻尼比。

3.4.1 基本原理

通过在斜拉索上设置多 TMD 控制斜拉索多振型振动的理论分析、数值分析和试验,研究了斜拉索上设置多 TMD 控制斜拉索多振型振动的控制效果及其参数影响规律。假设只考虑索内的张力,不考虑索内存在的剪力、弯矩;拉索垂度很小。对斜拉索-多 TMD 控制系统进行了模态频率和阻尼比的理论分析,如图 3-92 所示,以斜拉索为例进行了斜拉索上设置多 TMD 控制斜拉索多振型振动的控制效果及其参数影响规律分析,并进行了模型斜拉索布置多 TMD 的风洞试验。

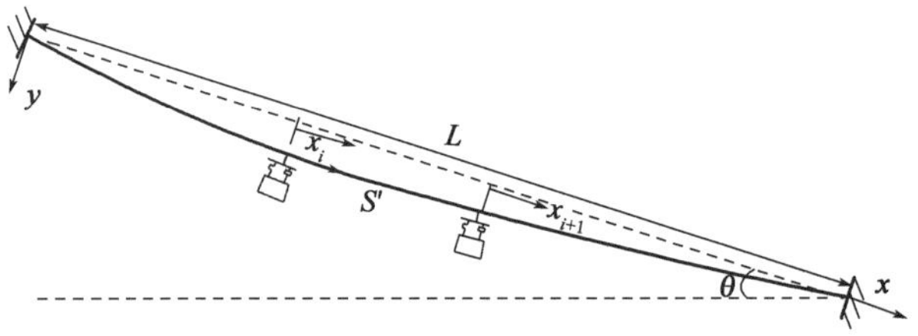

图 3-92　斜拉索上设置 n 个 TMD 装置的受力示意图

3.4.2 斜拉索上设置多 TMD 的动力特性的理论分析

斜拉索振动时,TMD 悬挂位置处,由力平衡可得:

$$H\left(-\frac{\partial v_i}{\partial x_i}\bigg|_{x_i=l_i}+\frac{\partial v_{i+1}}{\partial x_{i+1}}\bigg|_{x_i=0}\right)=K_i(\nu_i|_{x_i=l_i}-\nu_{\mathrm{d}i})+C_i\left(\frac{\mathrm{d}v_i}{\mathrm{d}t}\bigg|_{x_i=l_i}-\frac{\mathrm{d}v_{\mathrm{d}i}}{\mathrm{d}t}\right) \tag{3-66}$$

$$K_i(v_i|_{x_i=l_i}-v_{\mathrm{d}i})+C_i\left(\frac{\mathrm{d}v_i}{\mathrm{d}t}\bigg|_{x_i=l_i}-\frac{\mathrm{d}v_{\mathrm{d}i}}{\mathrm{d}t}\right)=M_i\frac{\mathrm{d}^2v_{\mathrm{d}i}}{\mathrm{d}t^2} \tag{3-67}$$

式中:　v_i——第 i 段索振动时偏离静平衡位置的位移增量;

$v_{\mathrm{d}i}$——第 i 个 TMD 偏离静平衡位置的位移增量;

K_i、C_i、M_i——第 i 个 TMD 的弹簧刚度、阻尼系数及质量。

运用分离变量法求斜拉索在外部激励作用下发生振动时的位移幅值,可得索振动的微分方程：

$$H\frac{\partial^2 \tilde{v}_i}{\partial x^2} - ms^2\tilde{v}_i - cs\tilde{v}_i = \tilde{h}\frac{mg\cos\theta}{H} - \tilde{f}_y \tag{3-68}$$

其通解为：

$$\tilde{v}_i = C_1 e^{\beta x_i} + C_2 e^{-\beta x_i} + \frac{\tilde{f}_y H - \tilde{h}mg\cos\theta}{H^2\beta^2} \tag{3-69}$$

其中，
$$\beta = \sqrt{\frac{ms^2 + cs}{H}}$$

根据边界条件，可得：

$$\tilde{v}_i(x_i) = \tilde{v}_{c(i-1)}\frac{\sinh[\beta(l_i - x_i)]}{\sinh(\beta l_i)} + \tilde{v}_{ci}\frac{\sinh(\beta x_i)}{\sinh(\beta l_i)} + \frac{\tilde{h}mg\cos\theta}{H^2\beta^2}\left\{\frac{-\sinh[\beta(x_i - l_i)] + \sinh(\beta x_i)}{\sinh(\beta l_i)} - 1\right\} +$$
$$\frac{f_{i1}}{H\beta^2}\left\{1 - \frac{x_i}{l_i} + \frac{\sinh[\beta(x_i - l_i)]}{\sinh(\beta l_i)}\right\} + \frac{\tilde{f}_{i2}}{H\beta^2}\left[\frac{x_i}{l_i} - \frac{\sinh(\beta x_i)}{\sinh(\beta l_i)}\right] \tag{3-70}$$

$$\tilde{v}_{di} = \frac{C_i s + K_i}{M_i s^2 + C_i s + K_i}\tilde{v}_{ci} \tag{3-71}$$

对斜拉索上设有 n 个 TMD 的情况：对任意的线性分布荷载 $f_y(x,t) = \tilde{f}_y(x)e^{st}$，设 $\tilde{f}_{y0}$ 是该分布荷载的最大幅值，可以得到斜拉索做自由振动时，$\tilde{f}_{y0} = 0$，存在非零解的特征方程：

$$\det[D] = \begin{vmatrix} D_{11}(s) & D_{12}(s) & & & & D_{1(n+1)}(s) \\ D_{21}(s) & D_{22}(s) & D_{23}(s) & & & D_{2(n+1)}(s) \\ & \cdots & \cdots & \cdots & & \cdots \\ & & D_{(n-1)(n-2)}(s) & D_{(n-1)(n-1)}(s) & D_{(n-1)(n)}(s) & \cdots \\ & & & D_{n(n-1)}(s) & D_{nn}(s) & \cdots \\ D_{(n+1)1}(s) & D_{(n+1)2}(s) & \cdots & \cdots & \cdots & D_{(n+1)(n+1)}(s) \end{vmatrix} = 0 \tag{3-72}$$

求得各阶模态对应的特征值 $s_j(j=1、2、\cdots)$，$s_j = -\omega_j\xi_j + i\omega_j\sqrt{1-\xi_j^2}$，则可求得各阶模态对应的频率和阻尼比。对任意确定的线性分布荷载，根据式(3-69)及 $v_i = \tilde{v}_i(x)e^{st}$，可以求得斜拉索上任意位置、任意时刻的振动幅值。

3.4.3 斜拉索上设置多 TMD 的参数优化

设 y 为 TMD 质量块振动时相对于地面的位移大小；张紧索-多线性 TMD 系统的运动方程为：

$$\sum_{j=1}^{r}[m_{ij}\ddot{q}_j(t)+c_{ij}\dot{q}_j(t)+k_{ij}q_j(t)]-\varphi_i(x_d)\left(C\frac{\mathrm{d}y}{\mathrm{d}t}+Ky\right)=f_{qi}(t) \tag{3-73}$$

$$M\frac{\mathrm{d}^2y}{\mathrm{d}t^2}+C\frac{\mathrm{d}y}{\mathrm{d}t}+Ky=-M\sum_{j=1}^{r}\ddot{q}_j(t)\varphi_j(x_\mathrm{d}) \tag{7-74}$$

其中，$m_{ij}=m\int_0^L\varphi_i(x)\varphi_j(x)\mathrm{d}x$，$c_{ij}=c\int_0^L\varphi_i(x)\varphi_j(x)\mathrm{d}x$，$k_{ij}=T\int_0^L\varphi'_i(x)\varphi'_j(x)\mathrm{d}x$，$f_{qi}(t)=\int_0^L f(x,t)\varphi_i(x)\mathrm{d}x$。

令

$$p_i(x)=\frac{\sin\left(\dfrac{i\pi x}{L}\right)}{\sin\left(\dfrac{i\pi x_\mathrm{d}}{L}\right)} \tag{3-75}$$

则

$$m_{ij}=\frac{mL}{2\sin^2\left(\dfrac{i\pi x_\mathrm{d}}{L}\right)}\delta_{ij} \tag{3-76}$$

$$c_{ij}=\frac{cL}{2\sin^2\left(\dfrac{i\pi x_\mathrm{d}}{L}\right)}\delta_{ij} \tag{3-77}$$

$$k_{ij}=\frac{T\pi^2i^2}{2L\sin^2\left(\dfrac{i\pi x_\mathrm{d}}{L}\right)}\delta_{ij} \tag{3-78}$$

$$\varphi_i(x_\mathrm{d})=1 \tag{3-79}$$

假设在某$f(x,t)$作用下，斜拉索仅发生第i阶模态的振动，则有：

$$m_{ii}\ddot{q}_i(t)+c_{ii}\dot{q}_i(t)+k_{ii}q_i(t)-\left(C\frac{\mathrm{d}y}{\mathrm{d}t}+Ky\right)=f_{qi}(t) \tag{3-80}$$

$$M\frac{\mathrm{d}^2y}{\mathrm{d}t^2}+C\frac{\mathrm{d}y}{\mathrm{d}t}+Ky=-M\ddot{q}_i(t) \tag{3-81}$$

使用 TMD 对索的第i阶模态进行控制，可以等效为一个安装了 TMD 阻尼系统的单自由度结构。因此可以应用 TMD 系统参数优化的相关结论，对由张紧索-线性 TMD 模型等效而来的单自由度结构-线性 TMD 阻尼系统进行 TMD 的参数优化。索自身阻尼假设可以忽略不计，即可以令$c_{ii}=0$，$\omega_\mathrm{d}=\sqrt{K/M}$，TMD 阻尼比$\xi_\mathrm{T}=C/(2M\omega_\mathrm{d})$，索第$i$阶圆频率$\omega_i=\sqrt{k_{ii}/m_{ii}}=$

$i\pi \cdot L\sqrt{T/m}$，质量比 $\mu_i = M/m_{ii}$，调谐比 $\alpha_i = \omega_d/\omega_i$，扰频比 $\beta_i = \omega/\omega_i$。根据 Den Hartog 不动点理论、TMD 系统参数优化的相关结论可知：

第 i 阶模态的最优调谐比为：

$$\alpha_i = \frac{\omega_d}{\omega_i} = \frac{1}{1+\mu_i} \tag{3-82}$$

TMD 的最优阻尼为：

$$\xi_{\_opt} = \frac{C_{opt}}{2M\omega_d} = \sqrt{\frac{3\mu_i}{8(1+\mu_i)^3}} \tag{3-83}$$

其中，$\mu_i = \dfrac{2M\sin\dfrac{i\pi x_d}{L}}{mL}$。

根据 Luft(1979)给出的在随机荷载激励作用下 TMD 系统提供给结构附加的等效阻尼比：

$$\xi_{eff}^{a} = \frac{\xi_T\alpha\mu}{1+[4\xi_T^2(1+\mu)-(2+\mu)]\alpha^2+(1+\mu)^2\alpha^4} \tag{3-84}$$

可以得出 TMD 提供给索第 i 阶模态的等效阻尼比为：

$$\xi_{i\_eff} = \frac{\xi_T\alpha_i\mu_i}{1+[4\xi_T^2(1+\mu_i)-(2+\mu_i)]\alpha_i^2+(1+\mu_i)^2\alpha_i^4} \tag{3-85}$$

式中：ξ_T——TMD 的阻尼比。

基于上述理论分析结果，数值分析了布置单、多个线性 TMD 控制斜拉索振动的动力特性参数影响分析，如图 3-93 ~ 图 3-97 所示。根据分析结果可以得出如下结论。在允许的范围内，合理地设计 TMD 质量与斜拉索总质量之比 m_r、TMD 阻尼比 ξ_T，可以有效地增大 TMD 的运行频率范围，降低 TMD 控制频率附近频段索的最大振动幅值。对某一确定的 TMD 控制频率附近频段的最大振动幅值，存在一个最优的阻尼比，使 m_r 尽可能最小；同时也可以看出，对确定的 m_r，存在一个最优的 ξ，使斜拉索在 TMD 控制频率附近频段的最大振动幅值控制效果最好。TMD 设置在所控制的模态频率相应振型的峰值点位置处效果最好。通过设置 TMD，尽管索发生的前几阶模态振动时的振幅不能同时得到完全控制，但振幅减小明显。TMD 达到目标控制效果时的行程随 TMD 的质量增大而下降，即增大 TMD 的增量可以减小 TMD 达到目标控制效果时的行程；同时，随着 TMD 所控制的索的模态阶次的增大，TMD 达到目标控制效果时的行程也会减小。适当增大 TMD 的质量和阻尼比，以增大 TMD 在某一确定参数时的运行频率范围，降低 TMD 对频率的敏感性。

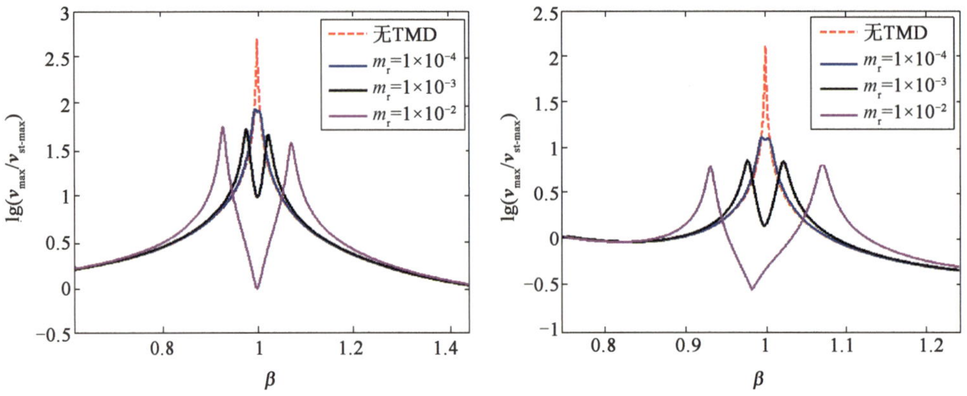

a)TMD控制索第1阶模态(ξ=0.01)　　b)TMD控制索第2阶模态(ξ=0.01)

图 3-93　m_r 的大小对 TMD 控制效果的影响

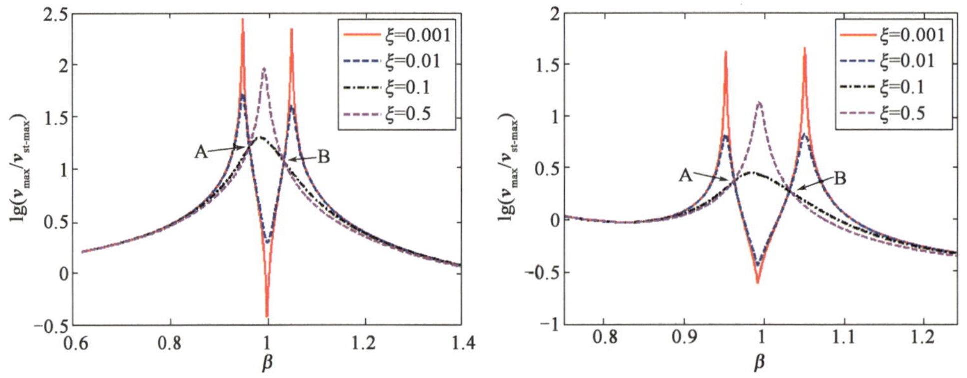

a)TMD控制索第1阶模态(m_r=0.005)　　b)TMD控制索第2阶模态(m_r=0.005)

图 3-94　ξ 的大小对 TMD 控制效果的影响

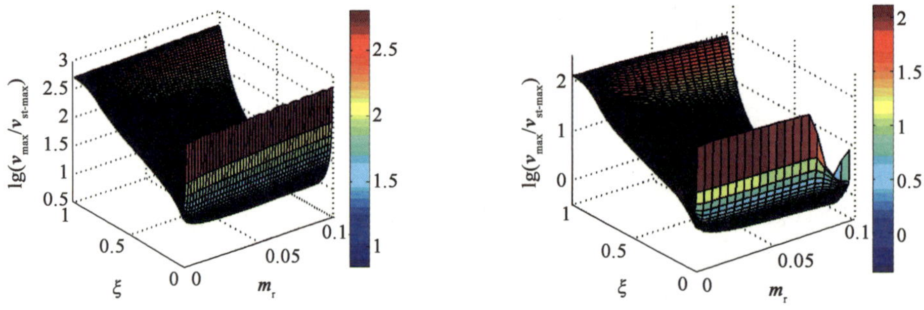

a)TMD控制索的第1阶模态　　b)TMD控制索的第2阶模态

图 3-95　有控最大振动幅值随 ξ、m_r 变化的对数曲面图

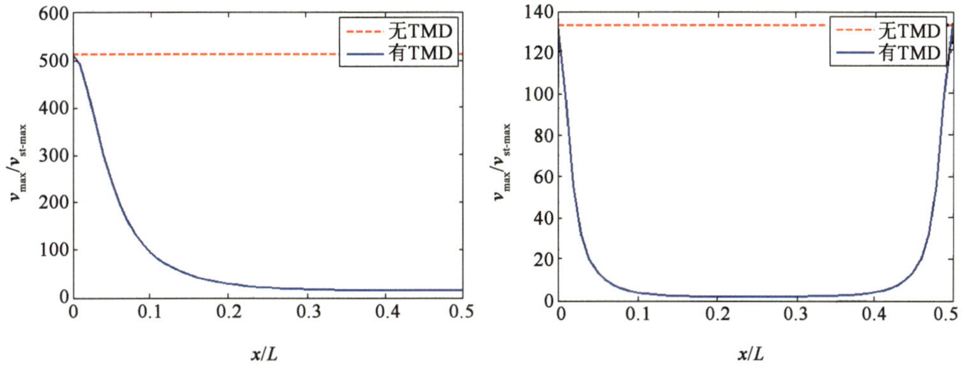

a)TMD控制索的第1阶模态　　b)TMD控制索的第2阶模态

图 3-96　TMD 的布置位置对控制效果的影响

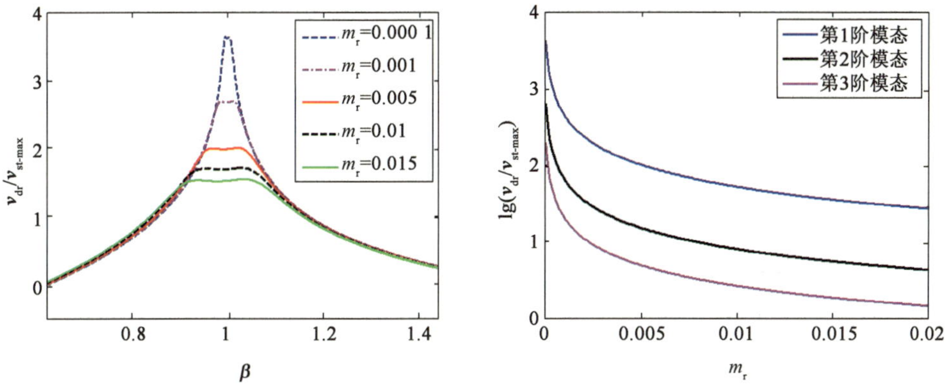

a)TMD的行程随频率比的变化曲线　　b)TMD的行程随m_r的变化曲线

图 3-97　TMD 的行程对控制效果影响分析

3.4.4　多 TMD 控制斜拉索多模态振动的试验研究

1)试验方案

采用如图 3-98 所示的 TMD 控制索的 6、7、8 阶模态,对应的频率分别为 20Hz、25Hz、30Hz;TMD 采用空气阻尼器的原理,通过调节底部孔洞的大小来改变其阻尼特性。设 TMD 质量块质量为 0.02kg,则对应 6～8 阶模态的 TMD 弹簧刚度分别为:0.316N/mm、0.493 6N/mm、0.710 6N/mm;设 TMD 质量块质量为 0.01kg,则对应 6～8 阶模态的 TMD 弹簧刚度分别为:0.158N/mm、0.246 8N/mm、0.355 3N/mm。质量块和弹簧的设计参数见表 3-3 和表 3-4。TMD 在自重作用下弹簧的初始位移可忽略不计。对应 TMD 质量块质量为 0.02kg、0.01kg的拉压弹簧行程分别为 15mm、30mm;对应 TMD 质量块质量为 0.02kg、0.01kg 的外套管内径分别 16.2mm、10.2mm,厚度均为 1.5mm,长度分别为 65mm、95mm。TMD 实物如图 3-99 所示。试验索长度为 5.8m,斜拉索的倾角为 25°,拉索模型垂直方向的高度为2.45m;拉索重 2.7kg,基频为

5Hz。在不同的风速条件下，拉索发生单或多模态的涡激振动，试验装置如图3-100所示，试验方案如下。

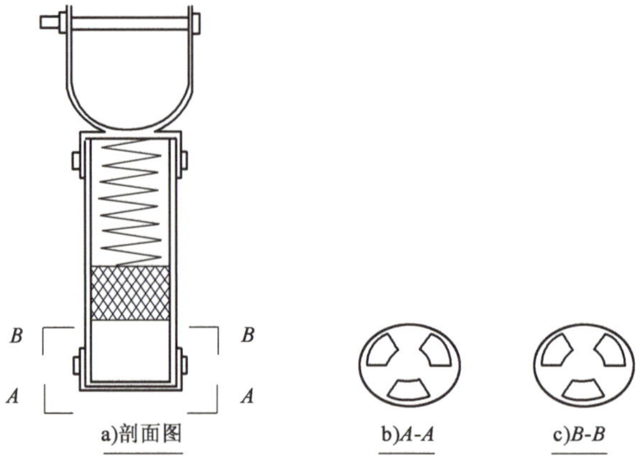

图3-98　TMD设计示意图

TMD质量块尺寸　表3-3

TMD类别	直径(mm)	高度(mm)
质量块质量0.02kg	16	12.67
质量块质量0.01kg	10	16.22

弹簧设计参数　表3-4

编号	弹簧丝直径(mm)	有效圈数	中径(mm)	弹簧长度(mm)	理论计算刚度(N/mm)
1	1	14	13	35	0.3190
2	1	11.5	12	35	0.4938
3	1	8	12	35	0.7098
4	0.6	16	8	45	0.1552
5	0.6	10	8	45	0.2484
6	0.6	7	8	45	0.3548

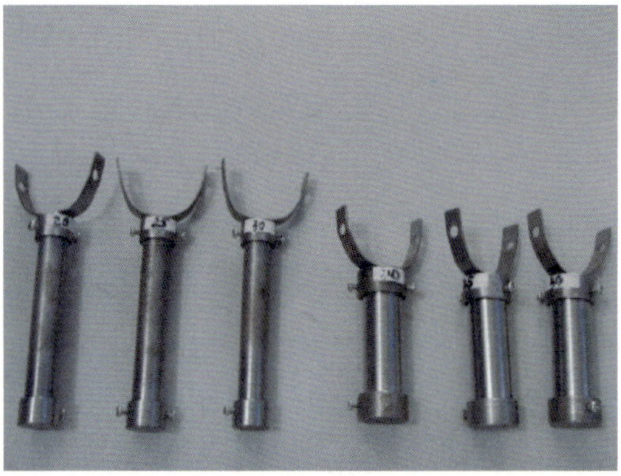

图3-99　TMD实物

图3-100　试验装置图

（1）一定风速下，索发生6、7阶模态耦合的涡激振动；分别测取无TMD控制，TMD控制第6阶模态，TMD控制第7阶模态，TMD控制6、7阶模态时索的加速度反应，比较分析TMD对索的控制效果。

（2）一定风速下，索发生6、7、8阶模态耦合的涡激振动；分别测取无TMD控制，TMD控制第6阶模态，TMD控制第7阶模态，TMD控制第8阶模态，TMD控制第6、7阶模态，TMD控制第6、8阶模态，TMD控制第7、8阶模态，TMD控制第6、7、8阶模态，比较分析TMD对索的控制效果。

2）试验数据分析

第二个试验方案的结果分析可以比较全面地说明TMD控制斜拉索振动的参数影响。鉴于篇幅限制，这里只给出第二种试验方案对应的无TMD控制，TMD控制第6阶模态，TMD控制第6、7阶模态，TMD控制第6、7、8阶模态结果，以此来比较分析TMD对索的控制效果。在一定风速下，索发生第6、7、8阶模态耦合的涡激振动的控制工况如下：

（1）TMD安装在横风向位置，其质量为20g

无、有TMD情况下索在跨中位置处横风向加速度的比较如图3-101所示，无、有TMD情况下索在1/4跨径位置处横风向加速度的比较如图3-102所示，无、有TMD控制索跨中位置横风向加速度时程标准偏差的比较见表3-5，无、有TMD控制索1/4跨径位置横风向加速度时程标准偏差的比较见表3-6，无、有TMD控制索跨中位置顺风向加速度时程标准偏差的比较见表3-7，无、有TMD控制索1/4跨径位置顺风向加速度时程标准偏差的比较见表3-8。在横风向安装TMD对相应模态进行控制后，索跨中位置、1/4跨径位置横风向的加速度幅值减小；索发生6、7、8阶模态耦合振动，单纯对某一阶（第6阶或第7阶）模态进行控制，其减振效果不及同时对6、7、8阶模态进行TMD控制好；采用质量为20g的TMD对拉索6、7、8模态进行控制，索横风向加速度在跨中位置、1/4跨径位置的减振效果分别为32.3%、20.2%；TMD安装在横风向位置对索在跨中位置的顺风向加速度控制效果为36.8%，对索在1/4跨径位置的顺风向加速度控制效果为26%，但控制索的不同模态阶次时会出现增大索振动强度的情况。

无、有TMD控制索跨中横风向加速度时程标准偏差的比较 表3-5

工况	无控制	TMD（20g）控制的模态阶次						
		6	7	8	6、7	6、8	7、8	6、7、8
1	0.196	0.219	0.154	0.174	0.135	0.195	0.157	0.139
2	0.202	0.216	0.151	0.178	0.132	0.202	0.161	0.136
3	0.195	0.200	0.151	0.174	0.129	0.199	0.143	0.126
4	0.197	0.202	0.145	0.179	0.127	0.202	0.149	0.129

续上表

工况	无 控 制	TMD(20g)控制的模态阶次						
		6	7	8	6、7	6、8	7、8	6、7、8
5	0.199	0.215	0.142	0.178	0.130	0.200	0.148	0.134
6	0.199	0.203	0.158	0.181	0.134	0.185	0.155	0.133
7	0.199	0.213	0.153	0.178	0.136	0.193	0.150	0.143
8	0.197	0.205	0.143	0.185	0.133	0.195	0.150	0.131
9	0.194	0.209	0.148	0.161	0.136	0.192	0.159	0.135
10	0.206	0.215	0.157	0.181	0.129	0.181	0.150	0.131
平均值	0.198	0.210	0.150	0.177	0.132	0.194	0.152	0.134

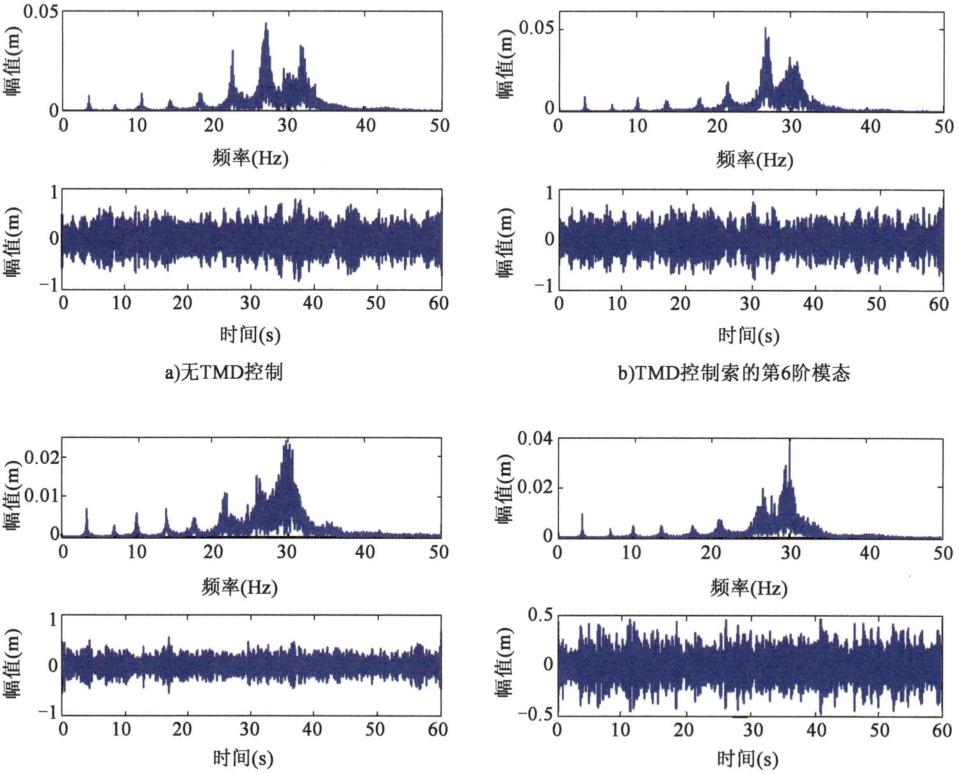

a)无TMD控制　b)TMD控制索的第6阶模态

c)TMD控制索的第6、7阶模态　d)TMD控制索的第6、7、8阶模态

图 3-101　无、有 TMD 情况下索在跨中位置处横风向加速度的比较

无、有 TMD 控制索 1/4 跨位置横风向加速度时程标准偏差的比较　表 3-6

工况	无 控 制	TMD(20g)控制的模态阶次						
		6	7	8	6、7	6、8	7、8	6、7、8
1	0.297	0.325	0.228	0.291	0.233	0.331	0.251	0.244
2	0.291	0.315	0.239	0.307	0.227	0.321	0.255	0.240
3	0.291	0.303	0.227	0.296	0.233	0.334	0.237	0.226

续上表

工况	无 控 制	TMD(20g)控制的模态阶次						
		6	7	8	6、7	6、8	7、8	6、7、8
4	0.296	0.305	0.236	0.303	0.220	0.331	0.249	0.228
5	0.296	0.323	0.217	0.291	0.230	0.329	0.240	0.230
6	0.306	0.295	0.238	0.303	0.237	0.303	0.247	0.239
7	0.301	0.316	0.231	0.295	0.243	0.317	0.250	0.255
8	0.292	0.302	0.234	0.309	0.231	0.325	0.238	0.239
9	0.291	0.322	0.231	0.287	0.230	0.318	0.249	0.237
10	0.313	0.325	0.234	0.306	0.230	0.304	0.247	0.234
平均值	0.297	0.313	0.232	0.299	0.231	0.321	0.246	0.237

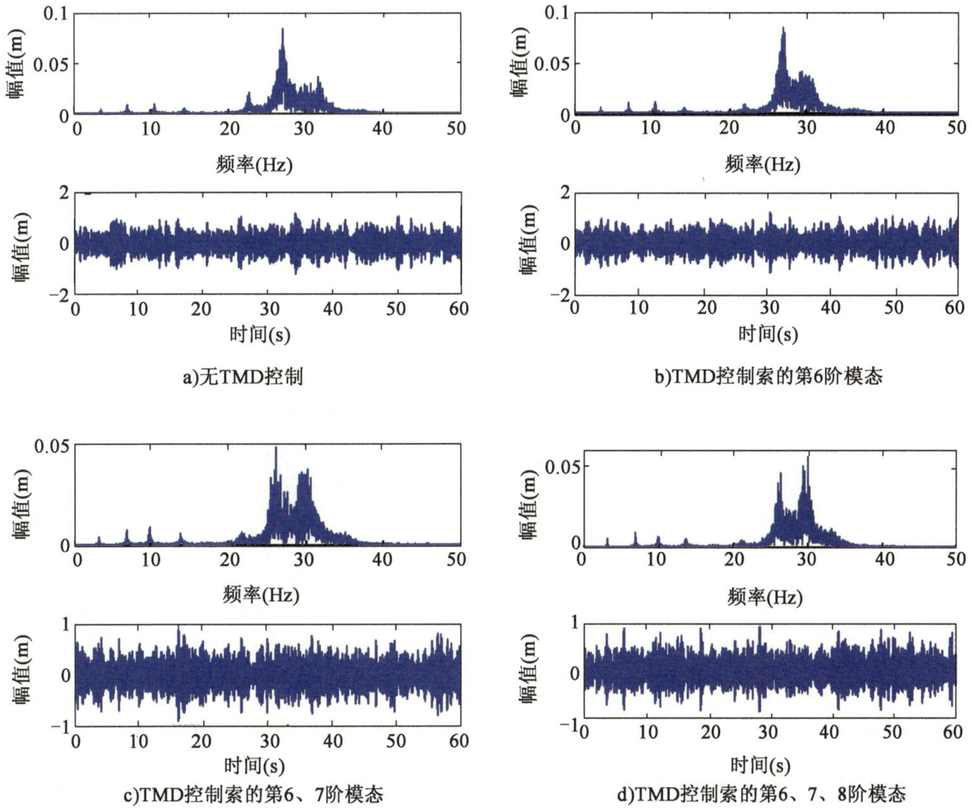

图 3-102 无、有 TMD 情况下索在 1/4 跨径位置处横风向加速度的比较

无、有 TMD 控制索跨中位置顺风向加速度时程标准偏差的比较 表 3-7

工况	无 控 制	TMD(20g)控制的模态阶次						
		6	7	8	6、7	6、8	7、8	6、7、8
1	0.038	0.040	0.029	0.034	0.028	0.034	0.030	0.025
2	0.037	0.038	0.030	0.034	0.028	0.034	0.030	0.024

续上表

工况	无 控 制	TMD(20g)控制的模态阶次						
		6	7	8	6、7	6、8	7、8	6、7、8
3	0.037	0.038	0.030	0.033	0.028	0.033	0.028	0.024
4	0.037	0.038	0.030	0.035	0.027	0.034	0.029	0.024
5	0.038	0.039	0.029	0.033	0.027	0.035	0.029	0.024
6	0.039	0.038	0.030	0.035	0.029	0.032	0.029	0.024
7	0.037	0.039	0.030	0.034	0.028	0.034	0.029	0.025
8	0.037	0.037	0.029	0.035	0.029	0.034	0.028	0.024
9	0.038	0.039	0.030	0.031	0.029	0.034	0.031	0.025
10	0.038	0.038	0.031	0.035	0.029	0.032	0.029	0.025
平均值	0.038	0.038	0.030	0.034	0.028	0.034	0.029	0.024

无、有 TMD 控制索 1/4 跨位置顺风向加速度时程标准偏差比较 表 3-8

工况	无 控 制	TMD 阻尼器(20g)控制的模态阶次						
		6	7	8	6、7	6、8	7、8	6、7、8
1	0.077	0.082	0.060	0.078	0.060	0.087	0.065	0.059
2	0.077	0.078	0.062	0.082	0.058	0.084	0.066	0.057
3	0.076	0.076	0.060	0.078	0.059	0.087	0.062	0.055
4	0.076	0.075	0.062	0.081	0.055	0.087	0.064	0.055
5	0.077	0.080	0.058	0.077	0.058	0.086	0.062	0.054
6	0.080	0.073	0.063	0.081	0.060	0.079	0.064	0.057
7	0.078	0.079	0.061	0.078	0.061	0.084	0.065	0.062
8	0.076	0.075	0.062	0.082	0.058	0.086	0.061	0.059
9	0.075	0.080	0.061	0.076	0.058	0.085	0.064	0.057
10	0.082	0.081	0.063	0.082	0.058	0.081	0.064	0.057
平均值	0.077	0.078	0.061	0.079	0.059	0.085	0.064	0.057

(2)TMD 安装在顺风向位置,其质量为 20g

无、有 TMD 情况下索在跨中位置处横风向加速度的比较如图 3-103 所示,无、有 TMD 情况下索在跨中位置处顺风向加速度的比较如图 3-104 所示;无、有 TMD 控制索跨中位置横风向加速度时程标准偏差的比较见表 3-9;无、有 TMD 控制索 1/4 跨位置横风向加速度时程标准偏差的比较见表 3-10;无、有 TMD 控制索跨中位置顺风向加速度时程标准偏差的比较见表 3-11;无、有 TMD 控制索 1/4 跨位置顺风向加速度时程标准偏差的比较见表 3-12。

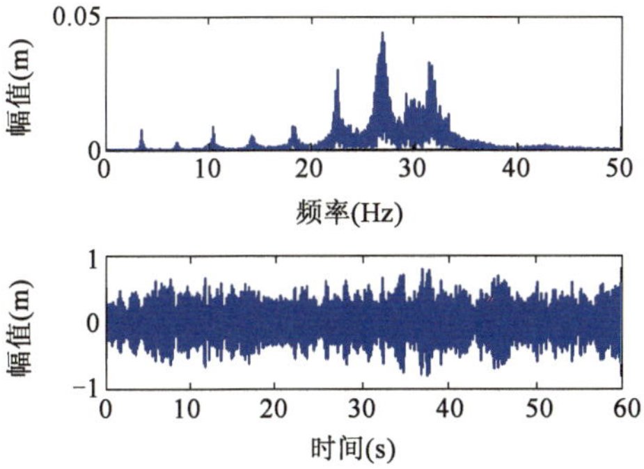

a) 无TMD控制

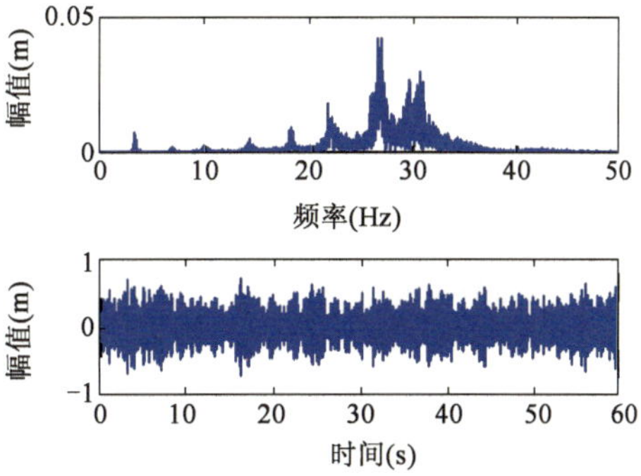

b)TMD控制索的第6阶模态

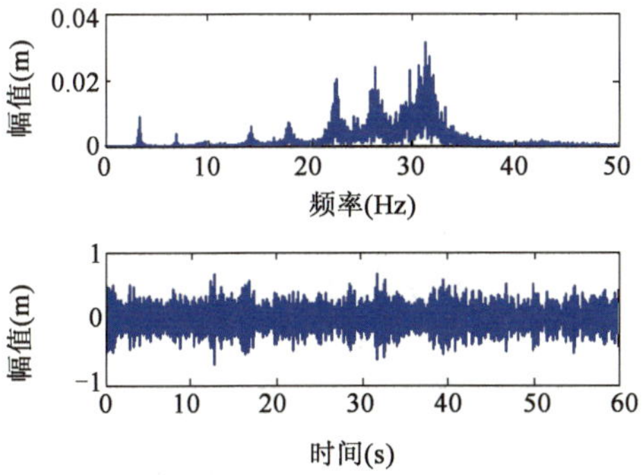

c)TMD控制索的第7阶模态

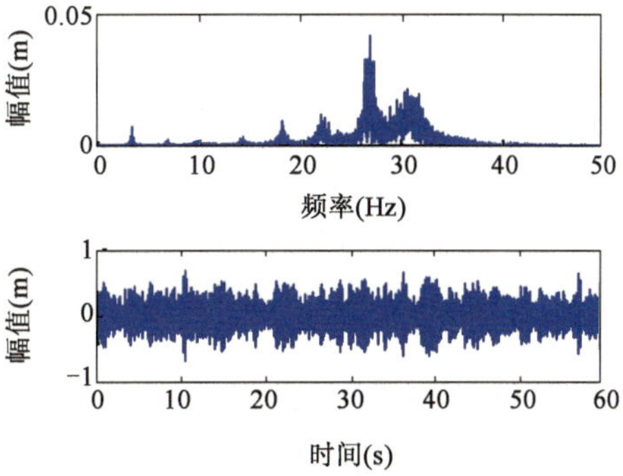

d)TMD控制索的第8阶模态

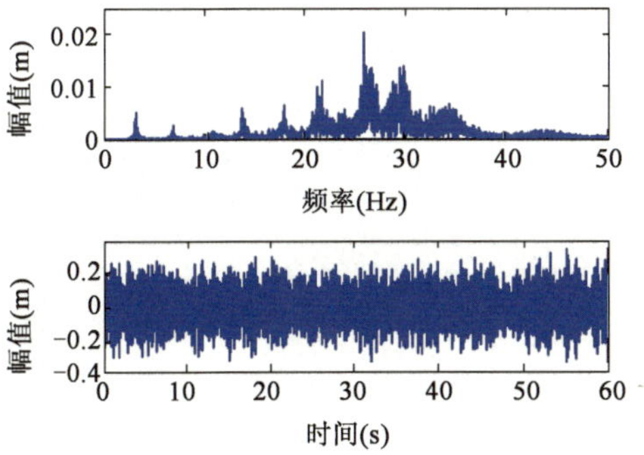

e)TMD控制索的第6、7阶模态

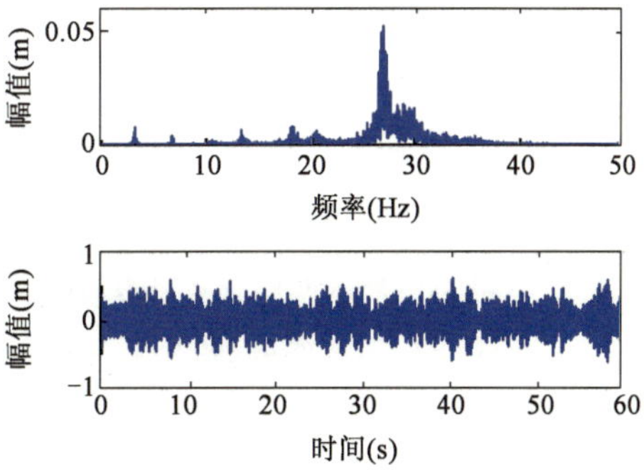

f)TMD控制索的第6、8阶模态

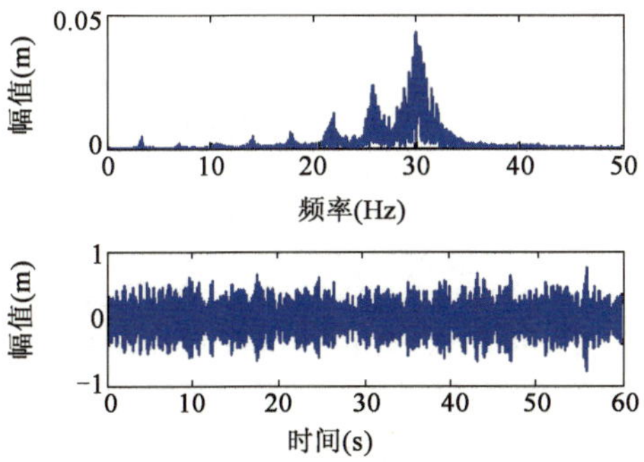

g)TMD控制索的第7、8阶模态

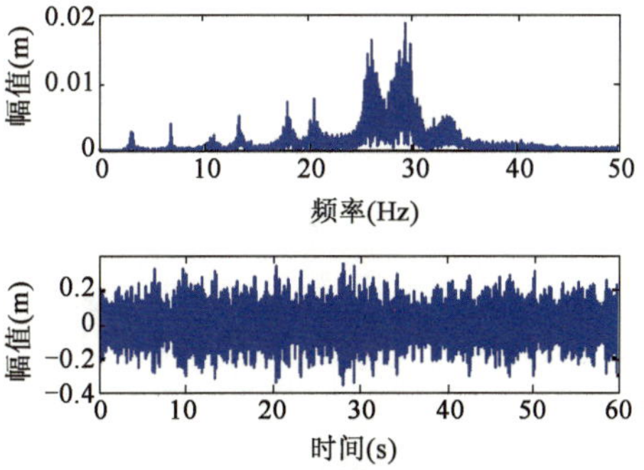

h)TMD控制索的第6、7、8阶模态

图 3-103　无、有 TMD 情况下索在跨中位置处横风向加速度的比较

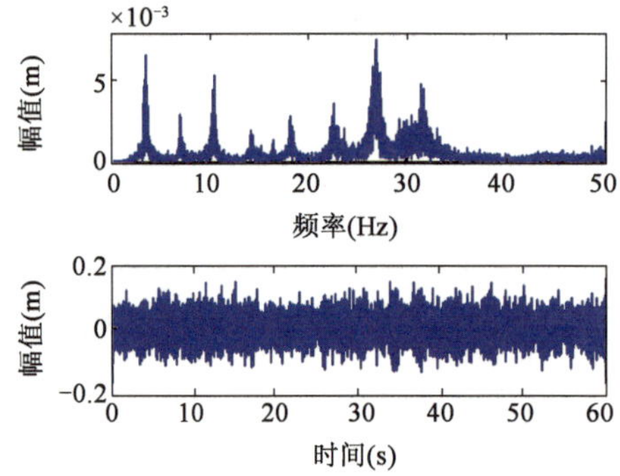

a)无TMD控制

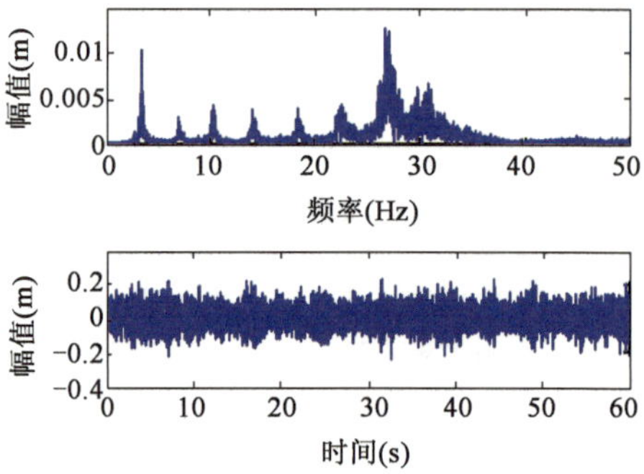

b)TMD控制索的第6阶模态

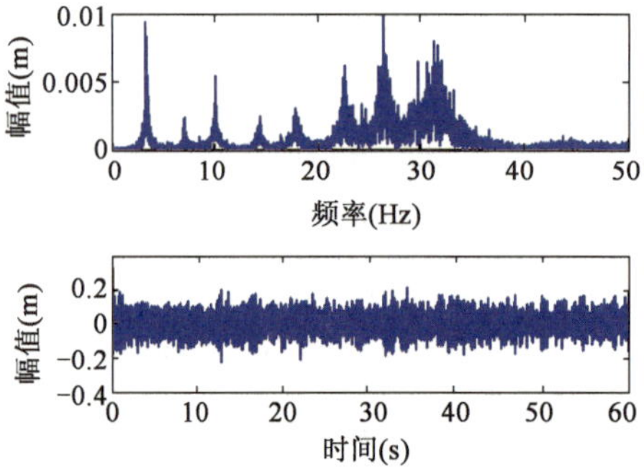

c)TMD控制索的第7阶模态

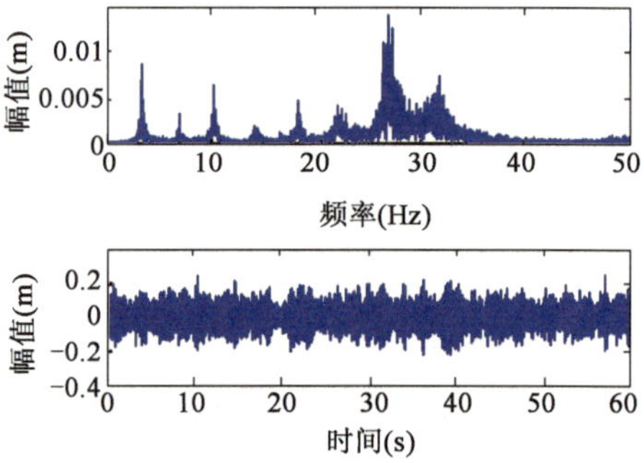

d)TMD控制索的第8阶模态

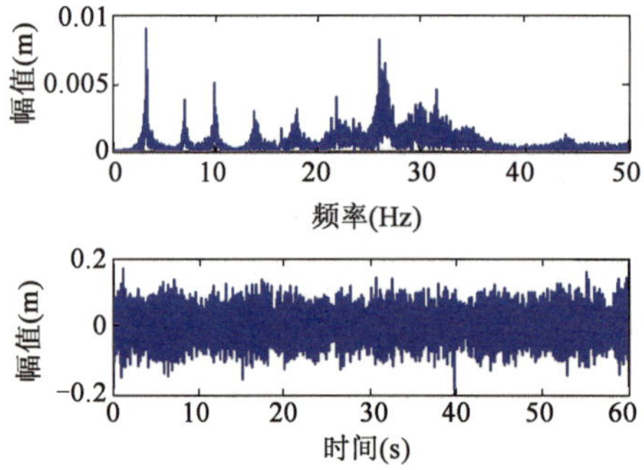

e)TMD控制索的第6、7阶模态

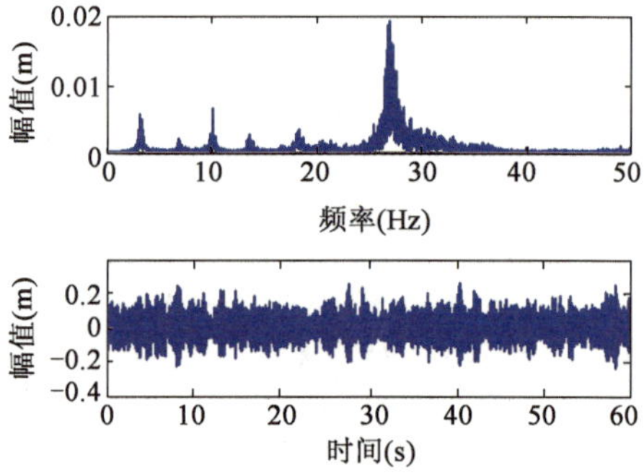

f)TMD控制索的第6、8阶模态

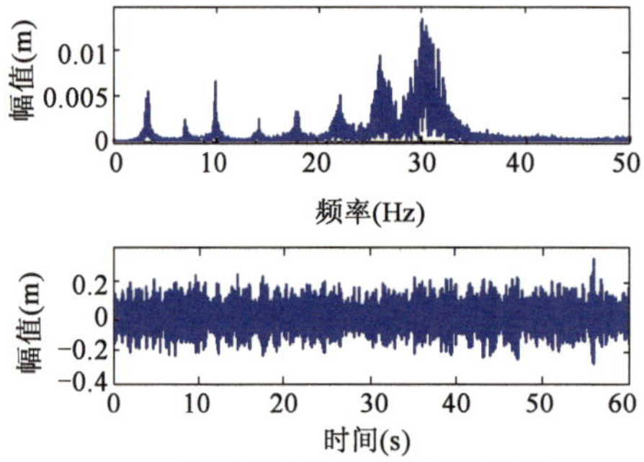

g)TMD控制索的第7、8阶模态

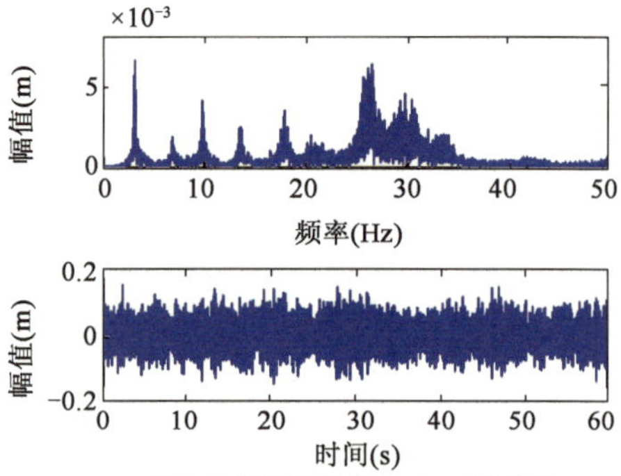

h)TMD控制索的第6、7、8阶模态

图 3-104 无、有 TMD 情况下索在跨中位置处顺风向加速度的比较

无、有 TMD 控制索跨中横风向加速度时程标准偏差的比较　　表 3-9

工况	无控制	TMD(20g)控制的模态阶次						
		6	7	8	6、7	6、8	7、8	6、7、8
1	0.196	0.180	0.147	0.179	0.093	0.169	0.193	0.097
2	0.202	0.196	0.152	0.170	0.093	0.166	0.183	0.094
3	0.195	0.188	0.154	0.160	0.094	0.161	0.174	0.101
4	0.197	0.184	0.153	0.179	0.098	0.165	0.187	0.091
5	0.199	0.184	0.151	0.181	0.094	0.159	0.185	0.098
6	0.199	0.181	0.145	0.177	0.092	0.157	0.183	0.093
7	0.199	0.193	0.151	0.162	0.093	0.161	0.183	0.093
8	0.197	0.192	0.150	0.175	0.094	0.167	0.187	0.093
9	0.194	0.194	0.147	0.171	0.092	0.153	0.193	0.095
10	0.206	0.191	0.151	0.175	0.093	0.171	0.194	0.097
平均值	0.198	0.188	0.150	0.173	0.094	0.163	0.186	0.095

无、有 TMD 控制索 1/4 跨位置横风向加速度时程标准偏差的比较　　表 3-10

工况	无控制	TMD(20g)控制的模态阶次						
		6	7	8	6、7	6、8	7、8	6、7、8
1	0.297	0.283	0.242	0.310	0.170	0.276	0.244	0.210
2	0.291	0.317	0.254	0.283	0.181	0.300	0.238	0.207
3	0.291	0.293	0.244	0.270	0.174	0.271	0.226	0.216
4	0.296	0.283	0.245	0.305	0.178	0.280	0.222	0.208
5	0.296	0.290	0.255	0.307	0.188	0.277	0.226	0.209
6	0.306	0.278	0.250	0.304	0.181	0.274	0.226	0.211
7	0.301	0.303	0.247	0.278	0.184	0.282	0.243	0.212
8	0.292	0.294	0.242	0.290	0.186	0.298	0.238	0.207
9	0.291	0.308	0.249	0.291	0.178	0.261	0.233	0.210
10	0.313	0.292	0.256	0.291	0.181	0.293	0.249	0.217
平均值	0.297	0.294	0.248	0.293	0.180	0.281	0.235	0.211

无、有 TMD 控制索跨中位置顺风向加速度时程标准偏差的比较　　表 3-11

工况	无控制	TMD(20g)控制的模态阶次						
		6	7	8	6、7	6、8	7、8	6、7、8
1	0.038	0.059	0.053	0.066	0.040	0.067	0.070	0.040
2	0.037	0.063	0.054	0.061	0.040	0.067	0.068	0.039
3	0.037	0.062	0.053	0.057	0.041	0.064	0.065	0.042
4	0.037	0.060	0.054	0.063	0.042	0.066	0.069	0.038
5	0.038	0.060	0.053	0.063	0.041	0.065	0.067	0.040

续上表

工况	无控制	TMD(20g)控制的模态阶次						
		6	7	8	6、7	6、8	7、8	6、7、8
6	0.039	0.059	0.051	0.063	0.040	0.064	0.068	0.039
7	0.037	0.062	0.054	0.058	0.041	0.064	0.068	0.039
8	0.037	0.061	0.052	0.061	0.041	0.069	0.068	0.040
9	0.038	0.062	0.052	0.060	0.039	0.062	0.071	0.040
10	0.038	0.062	0.054	0.062	0.040	0.068	0.071	0.040
平均值	0.038	0.061	0.053	0.061	0.040	0.066	0.068	0.040

无、有 TMD 控制索 1/4 跨位置顺风向加速度时程标准偏差比较 表 3-12

工况	无控制	TMD(20g)控制的模态阶次						
		6	7	8	6、7	6、8	7、8	6、7、8
1	0.077	0.100	0.095	0.114	0.072	0.106	0.095	0.079
2	0.077	0.110	0.100	0.104	0.076	0.115	0.094	0.079
3	0. 076	0.104	0.095	0.099	0.073	0.105	0.089	0.081
4	0.076	0.099	0.095	0.111	0.076	0.108	0.089	0.078
5	0.077	0.102	0.100	0.111	0.079	0.109	0.091	0.079
6	0.080	0.098	0.098	0.111	0.076	0.106	0.091	0.080
7	0.078	0.106	0.097	0.102	0.077	0.109	0.096	0.082
8	0.076	0.103	0.095	0.105	0.079	0.115	0.094	0.079
9	0.075	0.107	0.096	0.105	0.075	0.101	0.094	0.080
10	0.082	0.102	0.100	0.106	0.077	0.113	0.098	0.081
平均值	0.077	0.103	0.097	0.107	0.076	0.109	0.093	0.080

从图 3-103、图 3-104 及表 3-9 ~ 表 3-12 可以看出：在顺风向安装 TMD 对相应模态进行控制后，索跨中位置、1/4 跨位置横风向的加速度幅值减小；索发生 6、7、8 阶模态耦合振动，单纯对某一阶（第 6 阶或第 7 阶）模态进行控制，其减振效果一般不及同时对 6、7、8 阶模态进行 TMD 控制好；采用质量为 20g 的 TMD 对拉索 6、7、8 模态进行控制，索横风向加速度在跨中位置、1/4 跨位置的减振效果分别为 52%、29%；TMD 安装在顺风向位置会增大索振动强度。

(3) TMD 安装在横风向位置，其质量为 10g

无、有 TMD 情况下索在跨中位置处加速度的比较如图 3-105 所示，无、有 TMD 情况下索在 1/4 跨位置处加速度的比较如图 3-106 所示；无、有 TMD 控制索跨中位置加速度时程标准偏差的比较见表 3-13；无、有 TMD 控制索 1/4 跨位置加速度时程标准偏差的比较见表 3-14。

在横风向安装 TMD 对相应模态进行控制后，索跨中位置、1/4 跨位置的加速度幅值减小；

采用质量为10g的TMD对拉索6、7、8模态进行控制，索横风向加速度在跨中位置、1/4跨位置的减振效果分别为26.2%、14.1%，索顺风向加速度在跨中位置、1/4跨位置的减振效果分别为21%、11.7%。

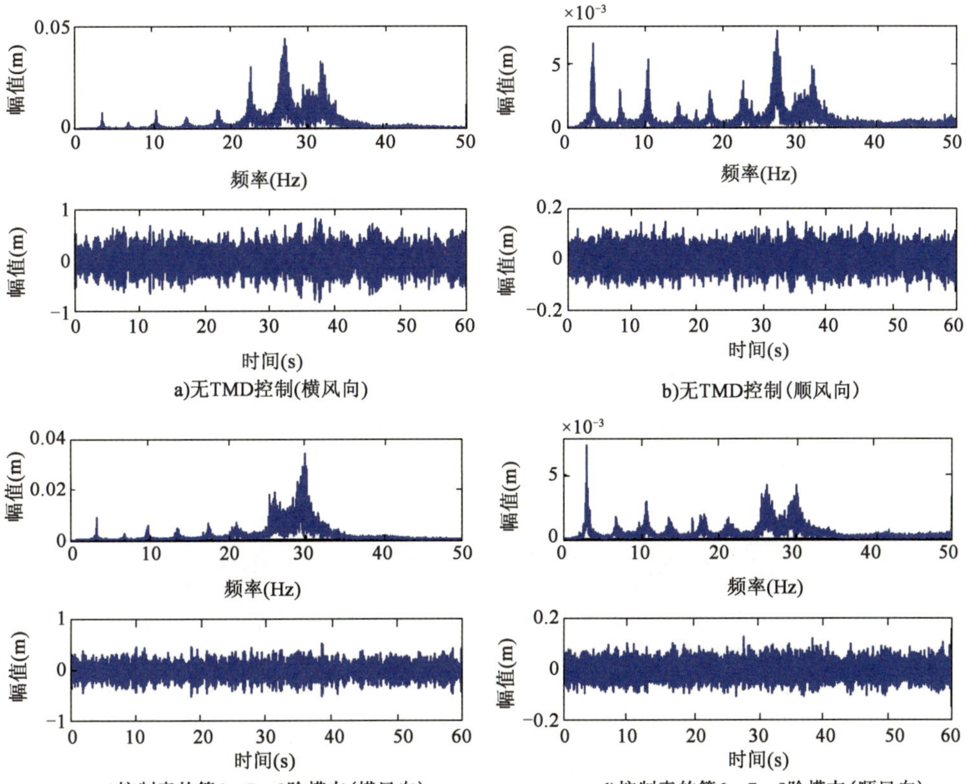

a)无TMD控制(横风向)　b)无TMD控制(顺风向)

c)控制索的第6、7、8阶模态(横风向)　d)控制索的第6、7、8阶模态(顺风向)

图3-105　无、有TMD情况下索在跨中位置处加速度的比较

无、有TMD控制索跨中加速度时程标准偏差的比较　　表3-13

工况	无控制		TMD控制6、7、8阶模态	
	横风向	顺风向	横风向	顺风向
1	0.196	0.038	0.148	0.030
2	0.202	0.037	0.145	0.030
3	0.195	0.037	0.150	0.031
4	0.197	0.037	0.145	0.030
5	0.199	0.038	0.147	0.031
6	0.199	0.039	0.149	0.030
7	0.199	0.037	0.148	0.030
8	0.197	0.037	0.141	0.030
9	0.194	0.038	0.150	0.031
10	0.206	0.038	0.138	0.029
平均值	0.198	0.038	0.146	0.030

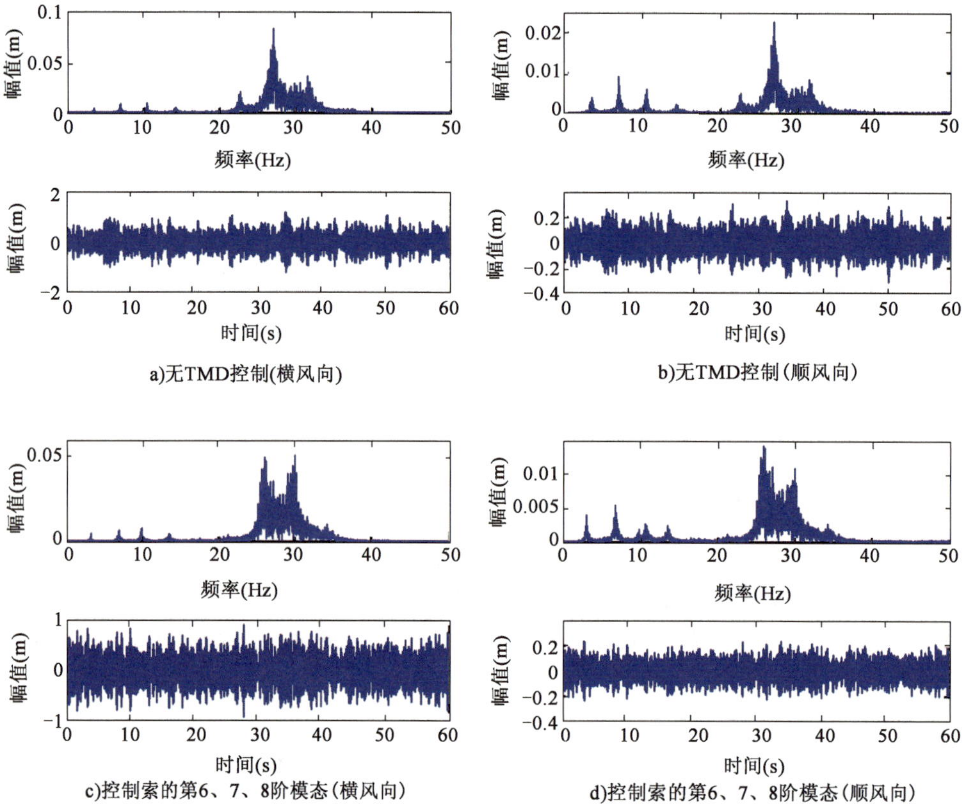

图 3-106　无、有 TMD 情况下索在 1/4 跨径位置处加速度的比较

无、有 TMD 控制索 1/4 跨径位置加速度时程标准偏差的比较　　表 3-14

工况	无　控　制		TMD 控制 6、7、8 阶模态	
	横风向	顺风向	横风向	顺风向
1	0.297	0.077	0.260	0.070
2	0.291	0.077	0.249	0.065
3	0.291	0.076	0.259	0.069
4	0.296	0.076	0.261	0.070
5	0.296	0.077	0.254	0.068
6	0.306	0.080	0.253	0.067
7	0.301	0.078	0.256	0.068
8	0.292	0.076	0.244	0.066
9	0.291	0.075	0.259	0.068
10	0.313	0.082	0.251	0.068
平均值	0.297	0.077	0.255	0.068

(4)TMD 安装在顺风向位置,其质量为 10g

无、有 TMD 情况下索在跨中位置处加速度的比较如图 3-107 所示,无、有 TMD 情况下索在 1/4 跨位置处加速度的比较如图 3-108 所示;无、有 TMD 控制索跨中位置加速度时程标准偏差的比较见表 3-15;无、有 TMD 控制索 1/4 跨位置加速度时程标准偏差的比较见表 3-16。

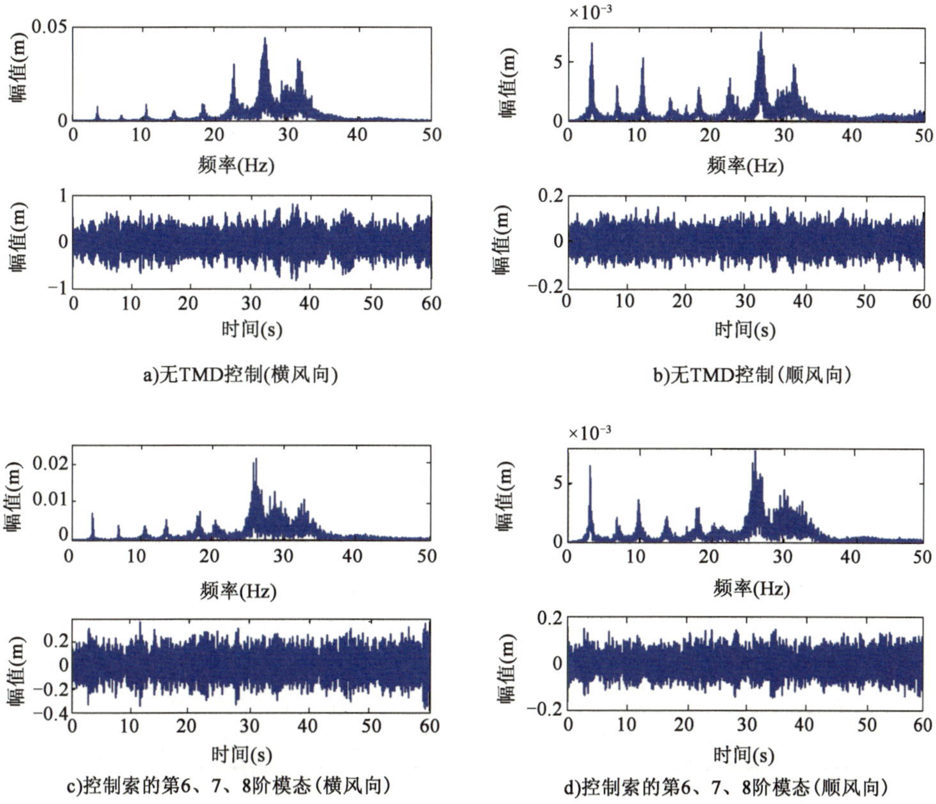

a)无TMD控制(横风向)　b)无TMD控制(顺风向)

c)控制索的第6、7、8阶模态(横风向)　d)控制索的第6、7、8阶模态(顺风向)

图 3-107　无、有 TMD 情况下索在跨中位置处加速度的比较

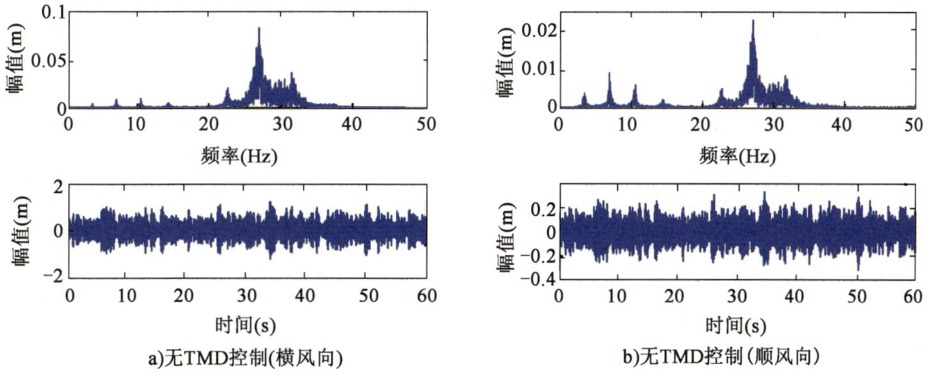

a)无TMD控制(横风向)　b)无TMD控制(顺风向)

图　3-108

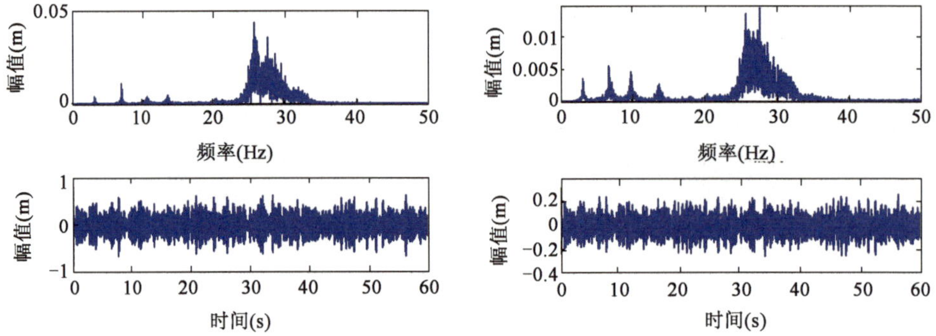

c)控制索的第6、7、8阶模态(横风向)　d)控制索的第6、7、8阶模态(顺风向)

图 3-108　无、有 TMD 情况下索在 1/4 跨位置处加速度的比较

无、有 TMD 控制索跨中加速度时程标准偏差的比较　　表 3-15

工况	无 控 制		TMD 控制 6、7、8 阶模态	
	横风向	顺风向	横风向	顺风向
1	0.196	0.038	0.092	0.040
2	0.202	0.037	0.087	0.038
3	0.195	0.037	0.090	0.040
4	0.197	0.037	0.088	0.039
5	0.199	0.038	0.092	0.040
6	0.199	0.039	0.092	0.040
7	0.199	0.037	0.092	0.040
8	0.197	0.037	0.088	0.039
9	0.194	0.038	0.092	0.040
10	0.206	0.038	0.094	0.040
平均值	0.198	0.038	0.091	0.040

无、有 TMD 控制索 1/4 跨位置加速度时程标准偏差的比较　　表 3-16

工况	无 控 制		TMD 控制 6、7、8 阶模态	
	横风向	顺风向	横风向	顺风向
1	0.297	0.077	0.189	0.071
2	0.291	0.077	0.174	0.068
3	0.291	0.076	0.173	0.068
4	0.296	0.076	0.181	0.070
5	0.296	0.077	0.182	0.071
6	0.306	0.080	0.177	0.069
7	0.301	0.078	0.184	0.071
8	0.292	0.076	0.188	0.073
9	0.291	0.075	0.175	0.070
10	0.313	0.082	0.182	0.071
平均值	0.297	0.077	0.181	0.070

在顺风向安装 TMD 对索的第 6、7、8 阶模态进行控制后，索跨中位置、1/4 跨位置的横风向加速度幅值减小，但对索跨中位置、1/4 跨位置的顺风向加速度无控制效果；采用质量为 10g 的 TMD 对拉索 6、7、8 模态进行控制，索横风向加速度在跨中位置、1/4 跨位置的减振效果分别为 54%、39.1%。

从以上试验研究结果可以看出：在横风向设置 TMD 对索的振动模态进行控制，对索横风向振动控制效果明显，且增大 TMD 的质量能增大振动控制效果；受 TMD 制作精度、安装 TMD 后改变索的振动特性等因素的影响，在顺风向设置 TMD 对索的振动模态进行控制，对索横风向振动控制效果明显，对索顺风向振动无控制效果。

3.4.5 设计与应用方法

斜拉索分散布置多 TMD 的控制方法可以用来控制拉索的多模态振动，尤其适用于索端安装阻尼器控制效果不理想的超长拉索（索长大于 500m）的多模态振动。由前述的理论和试验研究结果可以看出：多 TMD 控制超长拉索多模态振动时，TMD 应布置在目标控制模态的峰值位置处；为了方便 TMD 在斜拉索上安装，TMD 的质量块宜采用环形质量块，刚度元件和阻尼元件沿环向布置。

TMD 参数的设计包括质量比 $\mu_i = M/m_{ii}$，调谐比 $\alpha_i = \omega_d/\omega_i$、扰频比 $\beta_i = \omega/\omega_i$ 的确定。模态质量比 μ_i 一般取 2% ~5%。根据 Den Hartog 不动点理论，TMD 系统参数优化的第 i 阶模态的最优调谐比 $\alpha_i = \omega_d/\omega_i = 1/(1+\mu_i)$；TMD 的最优阻尼 $\xi_{\_opt} = C_{opt}/2M\omega_d = \sqrt{3\mu_i/[8(1+\mu_i)^3]}$，其中 $\mu_i = [2M\sin^2(i\pi x_d/L)]/mL$。TMD 提供给斜拉索第 i 阶模态的等效阻尼比 ξ_{i_eff} 可以采用式(3-86)计算：

$$\xi_{i\_eff} = \frac{\xi_T \alpha_i \mu_i}{1 + [4\xi_T^2(1+\mu_i) - (2+\mu_i)]\alpha_i^2 + (1+\mu_i)^2\alpha_i^4} \tag{3-86}$$

式中：ξ_T——TMD 的阻尼比。

适当增大 TMD 的质量和阻尼比，以增大 TMD 在某一确定参数时的运行频率范围，降低 TMD 对频率的敏感性。基于上述 TMD 的设计参数，可以采用参数数值分析方法进行多个 TMD 控制斜拉索振动的动力特性和响应及其控制效果的分析。

3.5 斜拉索绕流场套环装置

气动控制措施是工程实践中许多斜拉桥拉索风振控制的有效措施。典型的气动控制措施如图 3-109 所示，采用表面缠绕螺旋线、带齿条的截面、表面压制凹孔等。上述的气动控制措施主要是增大拉索表面的粗糙度来实现改变流场控制拉索风致振动的目的，效果有限。本书拟提出一种气动控制设备，通过在内部预留的通道，更大幅度地改变来流在拉索表面周围的分布以达到抑制斜拉索风致振动的目的。

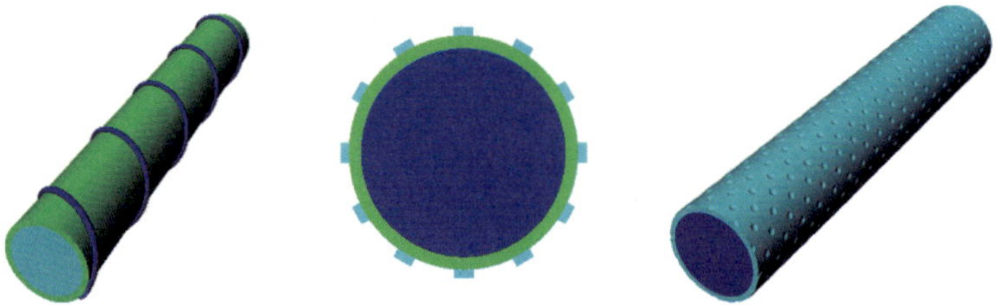

图 3-109　典型的已有拉索气动控制措施

3.5.1　基本原理

本书提出一种被动吹气套环，通过预设吹气通道来引导斜拉索绕流场的流态，在不破坏斜拉索截面的前提下，通过控制斜拉索尾迹区的非定常旋涡脱落来抑制潜在的风致振动。套环模型如图 3-110 所示，在斜拉索表面，按照一定的间距套上一组套环，在套环上开气孔，来流经过前驻点附近的气孔进入，经过套环内部预留的流动通道，从后驻点附近吹出，吹出的气流将会破坏斜拉索绕流场尾迹区的非定常旋涡脱落，达到流动控制的目的。由于空气在套环中的流动是自发实现的，不需要外界提供吹、吸气能量，这套被动控制装置被命名为“被动吹气套环”。

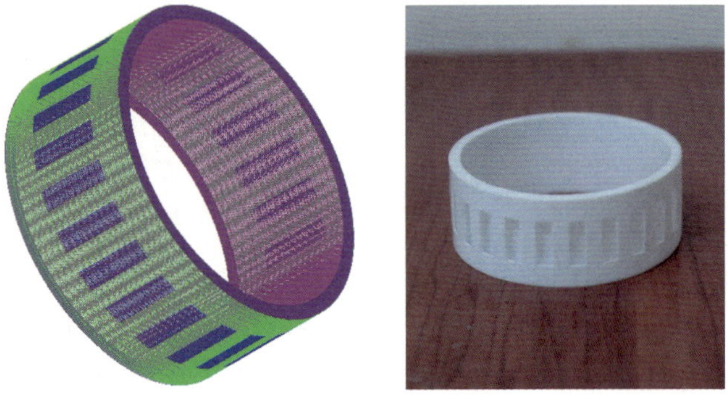

图 3-110　套环模型图

3.5.2　斜拉索绕流场套环装置研究

试验中用于控制斜拉索绕流场的控制套环宽度为 30.0mm，套环整体厚度为 4.0mm，套环里外两层壁厚均为 1.0mm，得到套环中空层为 2.0mm。套环上气孔的高度为 15.0mm，即套环宽度的一半，气孔环向的间距是 15°。试验中使用的套环用高精度 3D 打印技术打印完成。

本试验是在哈尔滨工业大学土木工程学院风洞与浪槽联合实验室中进行的。除了回流式风洞的大、小试验段之外，哈尔滨工业大学土木工程学院风洞与浪槽联合实验室还配套建设了具有较小截面的回流式风洞,以满足各种尺度下流体力学试验的要求。该回流式风洞工作段的截面尺寸为505mm×505mm,洞体壁面由厚度为10mm的有机玻璃板加工而成,为方便光学仪器的使用,洞体有机玻璃的颜色为无色透明。经仔细测试,该小截面风洞流场品质良好,本节所涉及的试验均在该风洞中进行。

试验风速设定为8.0m/s。斜拉索节段模型由有机玻璃棒制成,长505mm,直径70mm。试验中,采用压力扫描系统(DSM3400;Scanivalve Corporation,Liberty Lake,Washington)来测试跨中截面36个测压孔的压力时程,采用粒子成像测速技术(PIV系统)来测试斜拉索节段模型的绕流场,如图3-111所示。为讨论不同开孔形式对控制效果的影响,气孔数量分别选定为1孔,5孔,9孔和13孔,记为工况N1,N5,N9和N13。为模拟二维试验,套环沿着圆柱模型展向零间距均匀布置。本节采用吸气面积和套环面积的比值来定义一个无量纲的被动吸气系数,以便衡量套环的吹吸气能力。

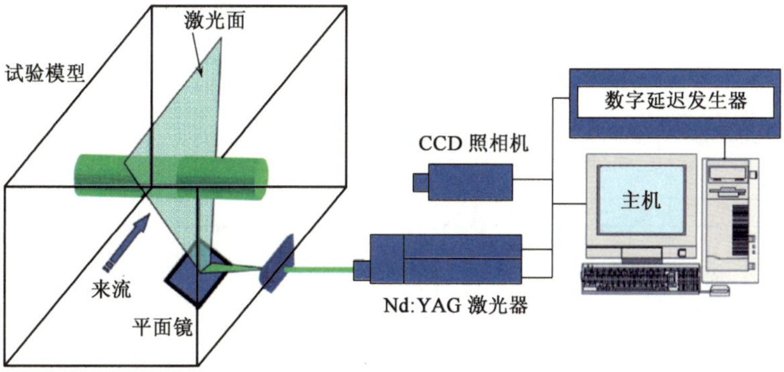

图3-111 PIV测试圆柱绕流场的试验布置

跨中截面的压力测试结果如图3-112所示。从图中可以看出,被动控制套环使得圆柱尾部的负压绝对值减小,因此斜拉索受到的气动阻力减小。同时,由于采用了被动控制装置,作用在圆柱模型上的脉动压力也大幅度减小,从而极大地减小了作用在斜拉索模型上的脉动升力。从气动力的角度可以直观地看到被动吹气套环对斜拉索非定常气动力的控制效果。此外可以注意到,随着气孔数量的增加,升阻力控制效果逐渐增加。

图3-113给出了试验中圆柱升、阻力的统计结果。从图中可以看出,随着气孔数量的增加,升、阻力控制效果逐渐增强,当24个气孔均匀布置在套环上时(即N13工况),升、阻力的控制效果达到最佳,升力减小的幅度达到86.79%,阻力减小的幅度达到30.13%。这表明,全孔布置的被动吹气套环具有极佳的控制效果。

由PIV系统测得的无控圆柱扰流场如图3-114所示。图中显示出经典圆柱绕流的一对交替脱落的旋涡,即卡门涡。而时均流场结果表明(图3-115),在圆柱绕流的尾流区,湍流动能很大,说明作用在圆柱上的压力脉动也很大。流动控制的目的就是控制交替脱落的旋涡以及剧烈的湍流发展,进而减小作用在斜拉索上的非定常气动力。

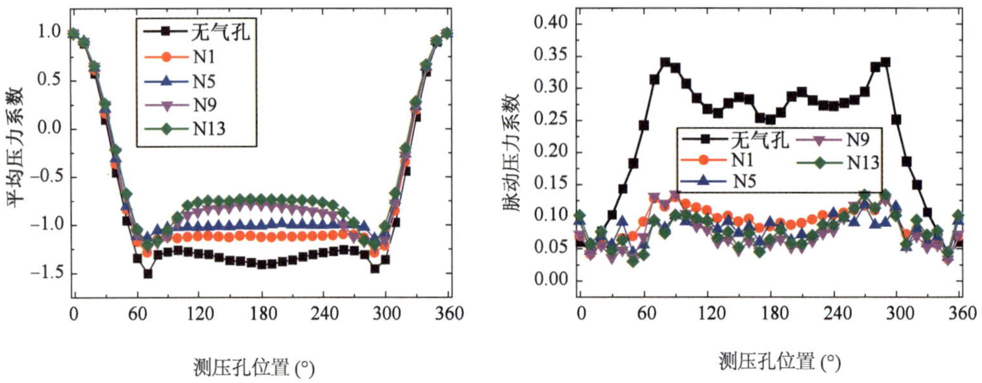

图 3-112　斜拉索模型压力测试结果

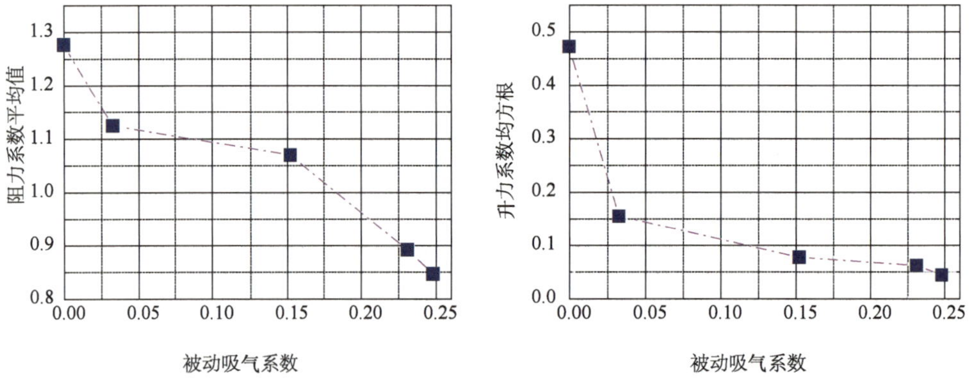

图 3-113　被动吹气控制下升、阻力控制效果统计

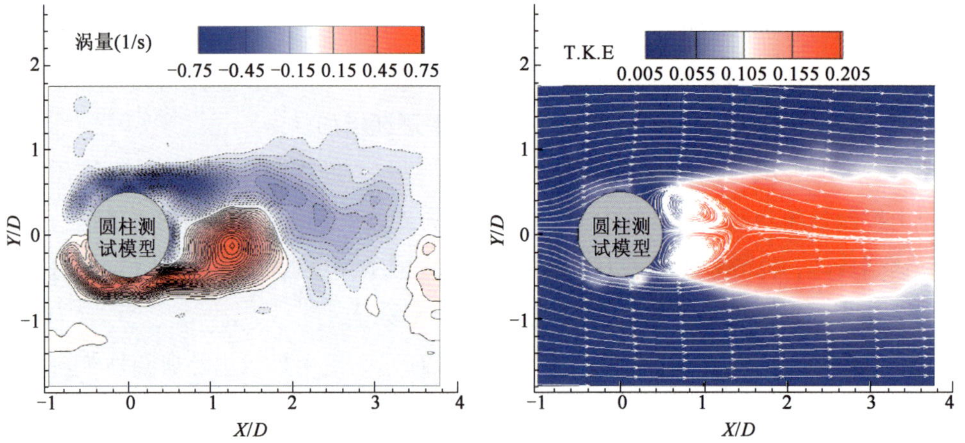

图 3-114　PIV 测试得到的无控圆柱绕流场

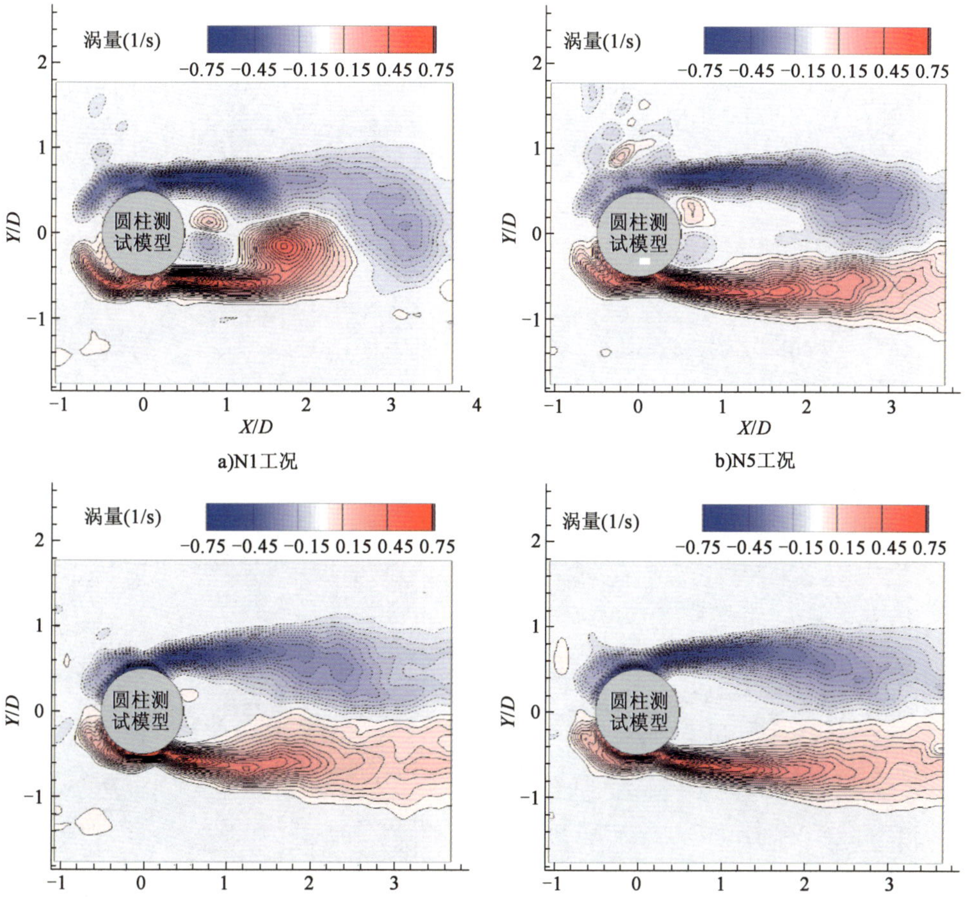

a)N1工况 b)N5工况 c)N9工况 d)N13工况

图 3-115　PIV 测试得到的各控制工况下瞬态圆柱绕流场

由 PIV 系统测得的时均有控圆柱扰流场如图 3-116 所示。从图中可以看出，在施加被动吹气控制之后，圆柱尾部的涡回流区变大，在 N1 工况下，甚至可以观测到两个明显的回流区。同时，在有控状态下，圆柱尾部的湍动能急剧减小，这表明，作用在模型上的脉动压力也大幅度减小，进而达到抑制脉动升力的效果。随着套环中气孔数量的增加，尾流控制效果越好，湍动能越低，圆柱绕流场的控制效果越显著。

3.5.3　吸气效率参数影响试验研究

由于被动吹气套环尺寸和间距直接决定了斜拉索模型在展向单位长度上的平均吸气效率，而吸气效率又会影响流动控制效果，所以套环尺寸和间距是决定套环控制效果的关键参数。工程实际中，来流风方向是不固定的，为使被动吹气套环具有更普适的应用空间，本书采用全孔套环，研究不同间距条件下套环控制圆柱的空气动力学性能。

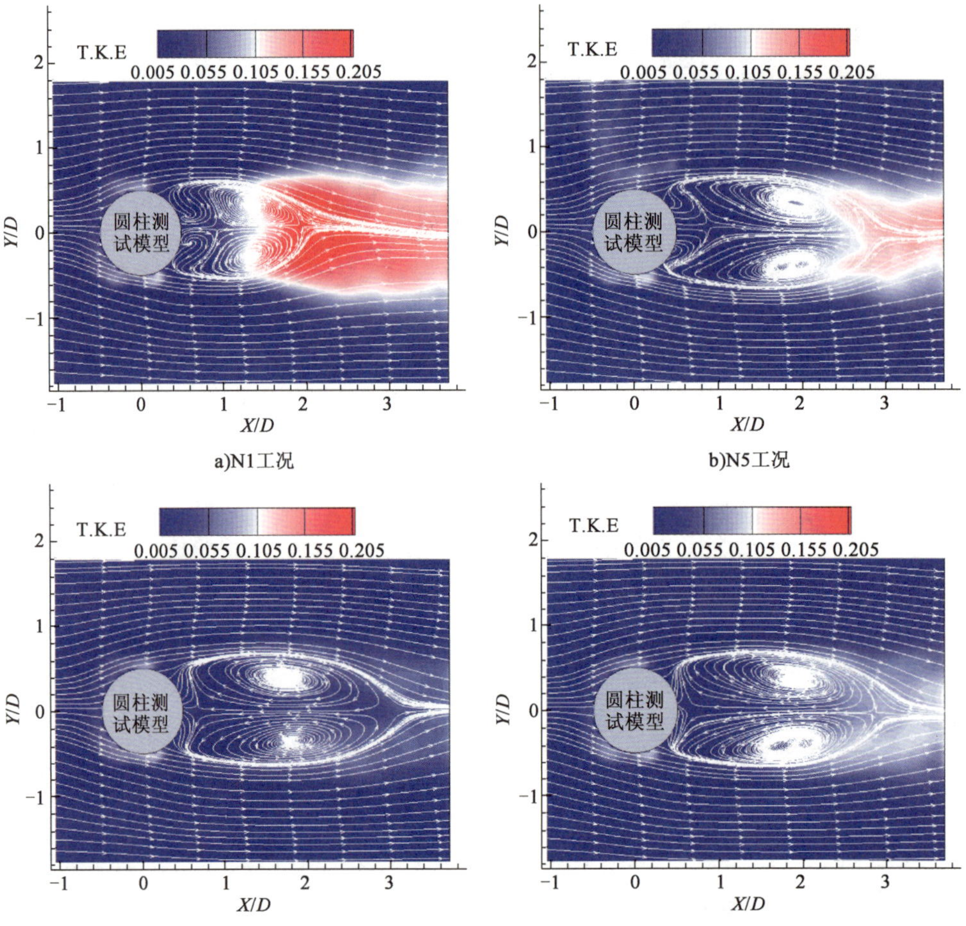

a)N1工况　b)N5工况

c)N9工况　d)N13工况

图 3-116　PIV 测试得到的各控制工况下时均圆柱绕流场

本节所采用的试验布置与 3.5.2 节相同。不同的是，3.5.2 节采用的是二维试验，而本节中采用不同间距的三维试验。试验中采用的工况见表 3-17，其中 L 是所布设相邻套环的中心间距，D 为圆柱模型直径即 70mm。

试 验 工 况　　表 3-17

参数	工况												
	1	2	3	4	5	6	7	8	9	10	11	12	13
L/D	0.6	0.8	1	1.25	1.5	1.75	2	2.5	3	3.5	4	4.5	5

不同控制工况下，作用在节段模型上的平均阻力系数和脉动升力系数如图 3-117 所示。从图中可以看出，套环间距小于 1.5D 时，作用在圆柱上的气动力（平均阻力和脉动升力）均大幅度减小，在此间距下安装套环可以抑制潜在的风致振动；而当套环间距大于 2.0D 时，控制效果明显降低，气动力参数逐渐趋近于无控状态。值得注意的是，即便套环布设的间距达到

5.0D,安装套环也能在一定程度上减小作用在模型上的气动力,此时的阻力降低了约20%,升力系数的均方根值也减小了约8%。

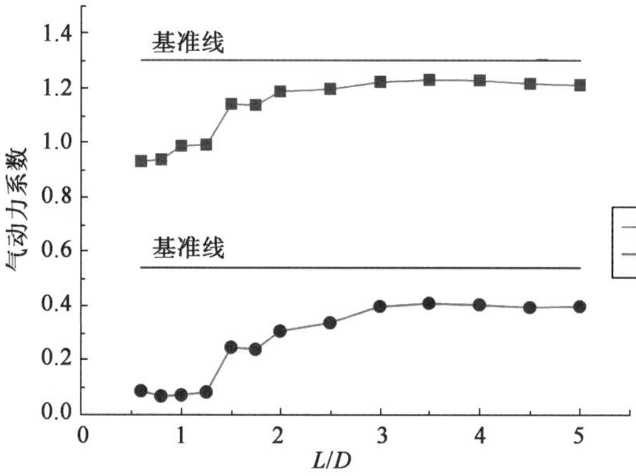

图3-117 各工况下升力和阻力统计值

同样的规律也可以从各个测点平均和脉动压力系数的分布来说明,如图3-118和图3-119所示。对于工况1,圆柱尾部的负压区绝对值显著减小,这意味着更小的阻力;随着间距L增加,负压区绝对值逐渐增大,逐渐趋近于无控状态,阻力控制效果逐渐减弱。同时,从图3-119中的对比可以看出,小间距工况下,作用在圆柱模型上的脉动压力也更小,对于L/D超过2.0的工况,脉动压力分布趋势接近于无控状态。平均和脉动压力分布与升、阻力系数的统计结果相符。

由测压结果算出作用在模型上的气动力系数时程(升力和阻力)如图3-120和图3-121所示。从图中可以看出,当套环间距L小于1.5D(工况1到工况4)时,作用在圆柱上的气动力(平均阻力和脉动升力)均大幅度减小,在此间距范围内安装套环可以抑制风致振动;而当套环间距大于2.0D(工况5之后)时,控制效果开始逐渐减弱,作用在模型上的气动力逐渐靠近无控状态下的气动力。在间距较大的工况中,套环也能在一定程度上减小作用在斜拉索节段模型上的气动力,但控制效果不理想。

由三维模型的气动力测试结果可知,在实际工程中如果采用套环控制的方式来抑制索结构(斜拉索、吊索等)的风致振动时,为保证控制效果,建议间距不宜大于1.5D。当套环尺寸(主要是厚度以及对应吹气通道的内空高度)与本书有差异时,可以适当增大或者减小布置的临界间距。

3.5.4 设计与应用方法

本书所开发的适用于斜拉索、吊索等结构的套环控制方法具有控制效果好、适用性强等特点。控制套环可用新建桥梁拉索,也可以用于已有桥梁拉索的风振控制。

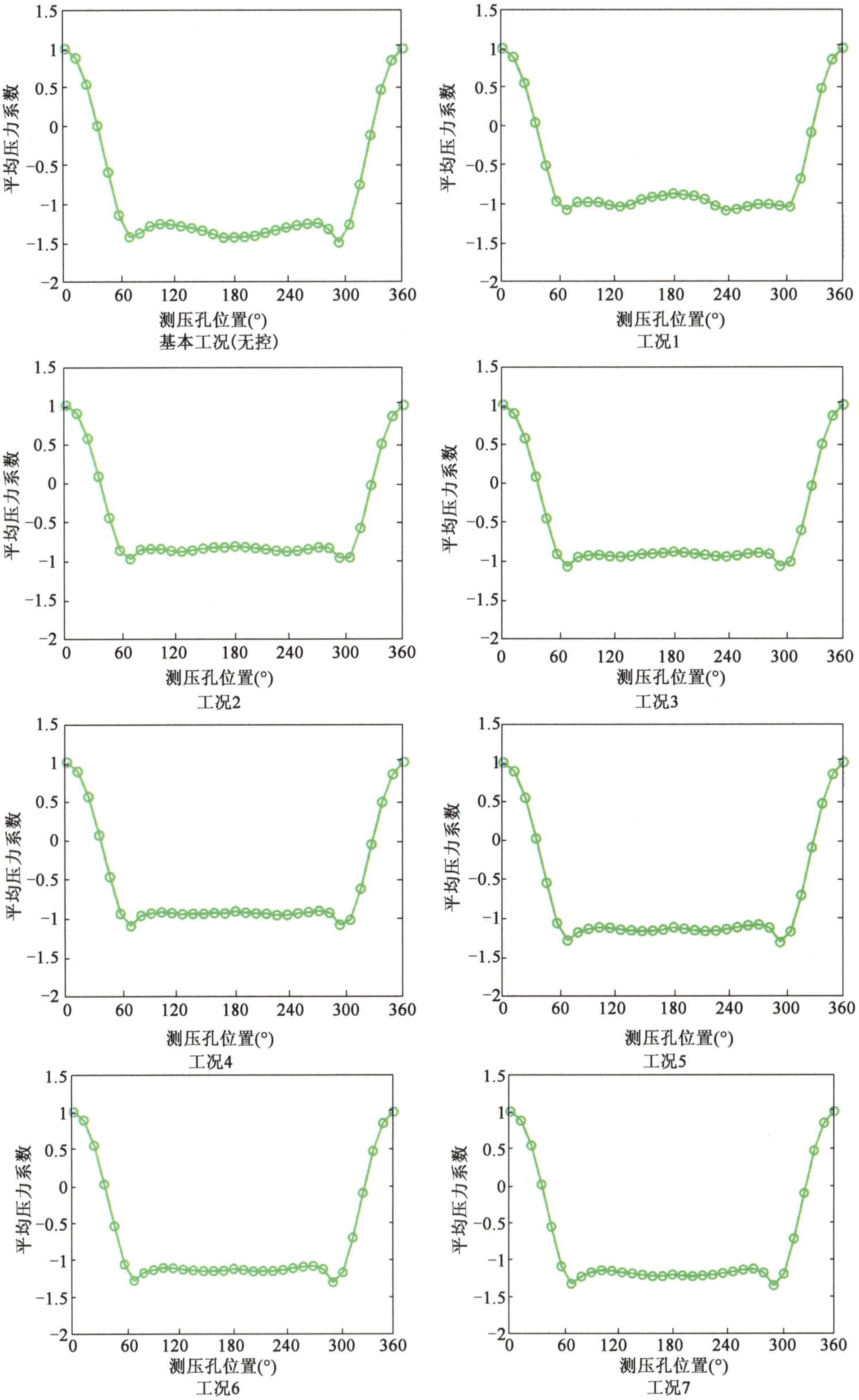

图 3-118

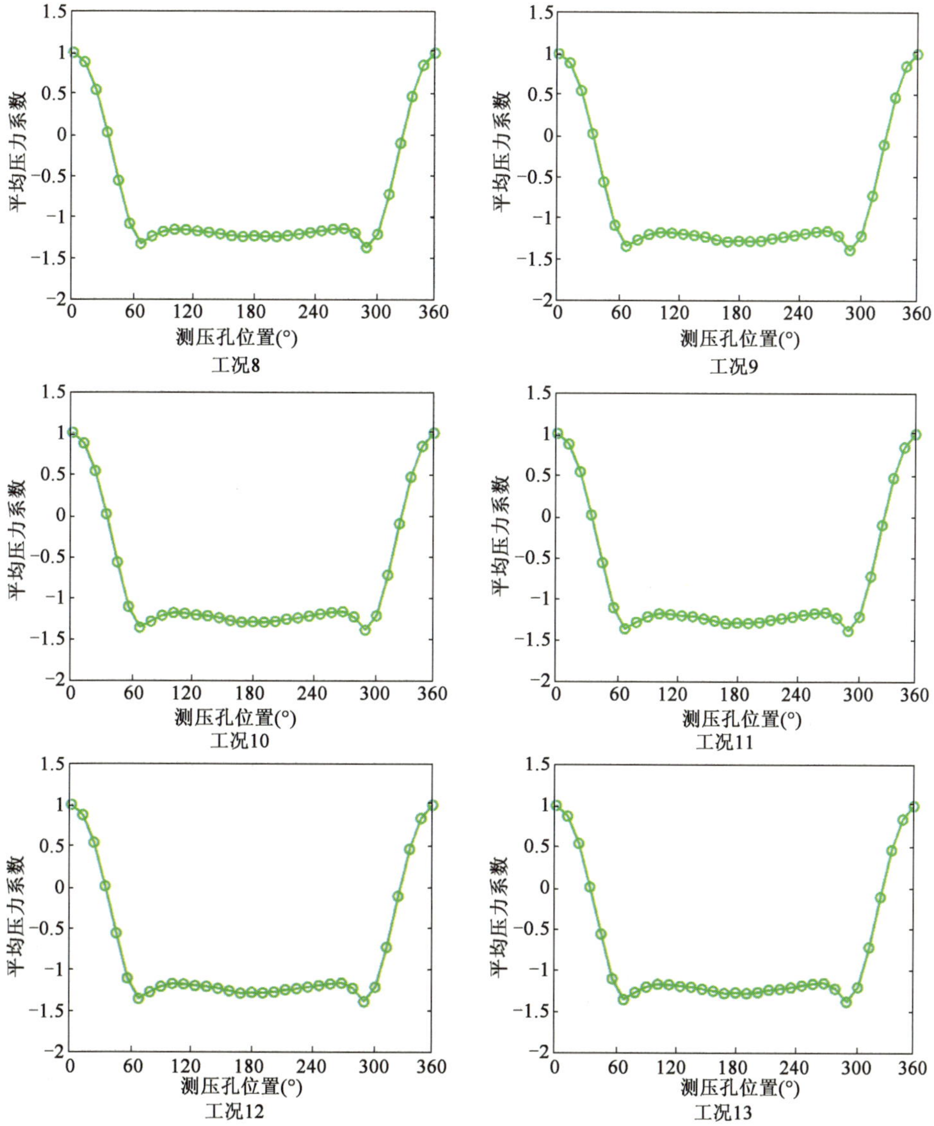

图 3-118　有控和无控各工况下的平均压力系数

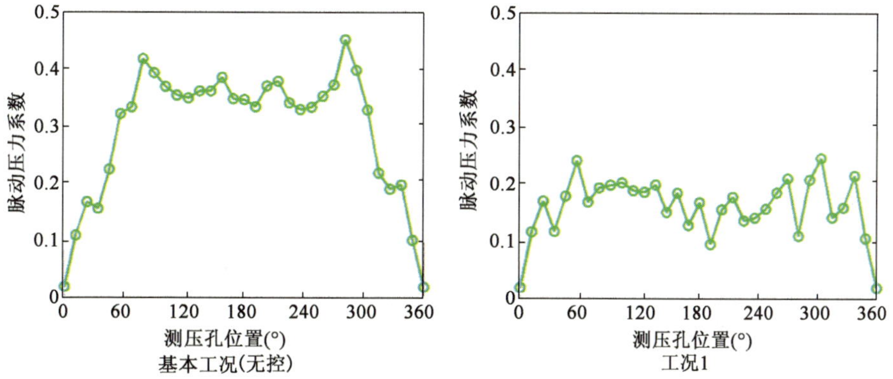

图　3-119

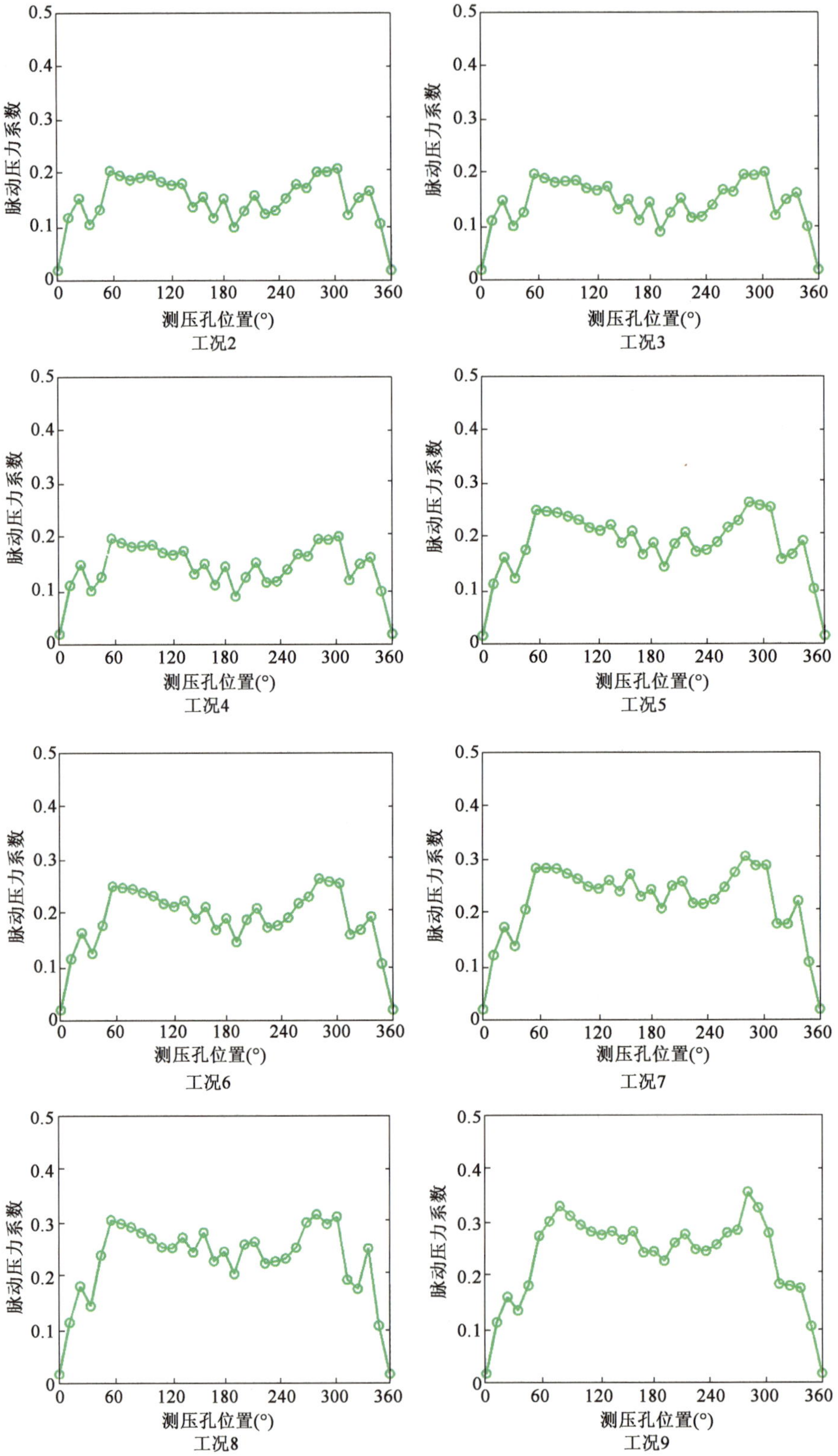

图 3-119

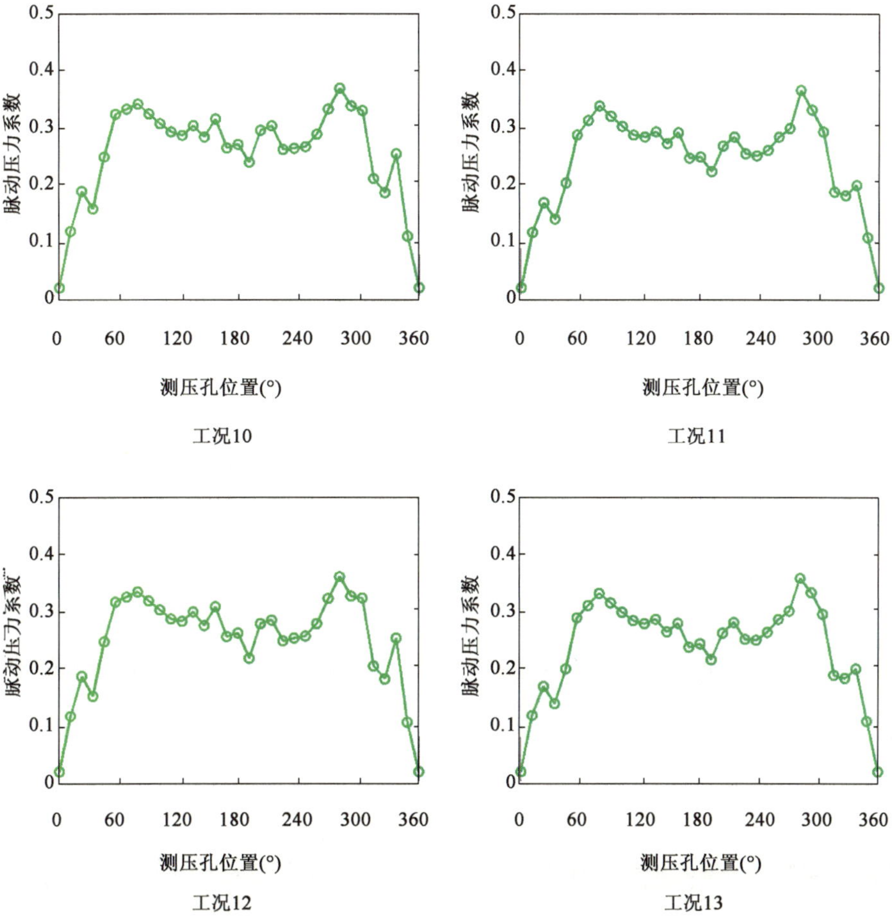

图 3-119　有控和无控各工况下的脉动压力系数

由于被动吹气套环的尺寸和间距直接决定了斜拉索模型在展向单位长度上的平均吸气效率，而吸气效率又会影响流动控制效果，所以套环尺寸和布置间距是决定套环控制效果的关键参数。

在已经完成的试验中，斜拉索节段模型的直径 D 为 70mm，用于控制斜拉索绕流场的控制套环宽度为 30.0mm，套环整体厚度为 4.0mm，套环里外两层壁厚均为 1.0mm，得到套环中空层为 2.0mm。套环上气孔的高度为 15.0mm 即套环宽度的一半，气孔环向的间距是 15°。此时，气动力和流场控制取得良好效果。三维试验结果表明，为保证控制效果，建议套环间距不应大于 1.25 倍索的直径。

套环的设计布置图如图 3-122、图 3-123 所示。如果应用到工程中，根据直径的不同，相关设计参数也应做相应调整，如表 3-18 所示。

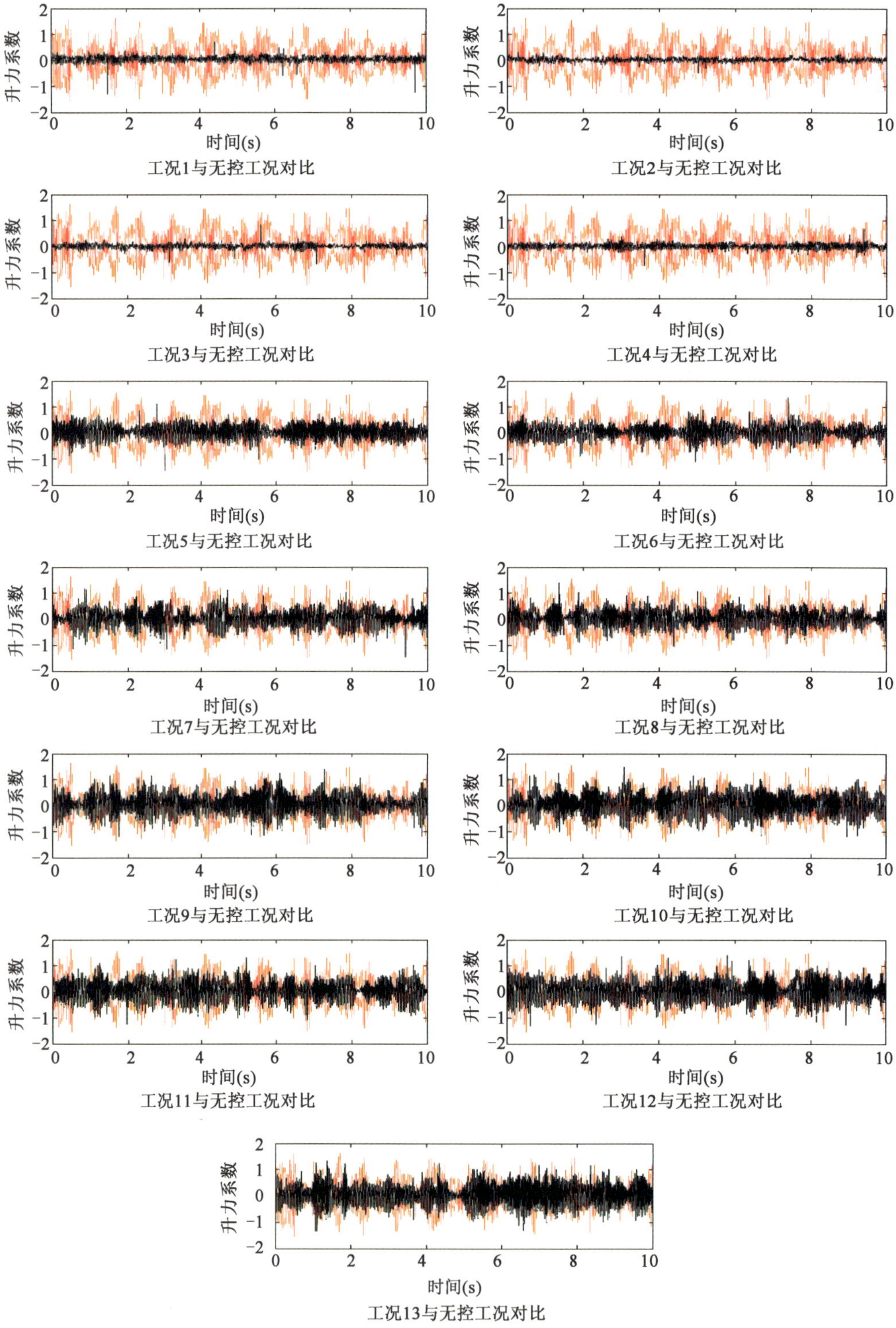

图 3-120　无控和有控各工况下的升力系数时程对比

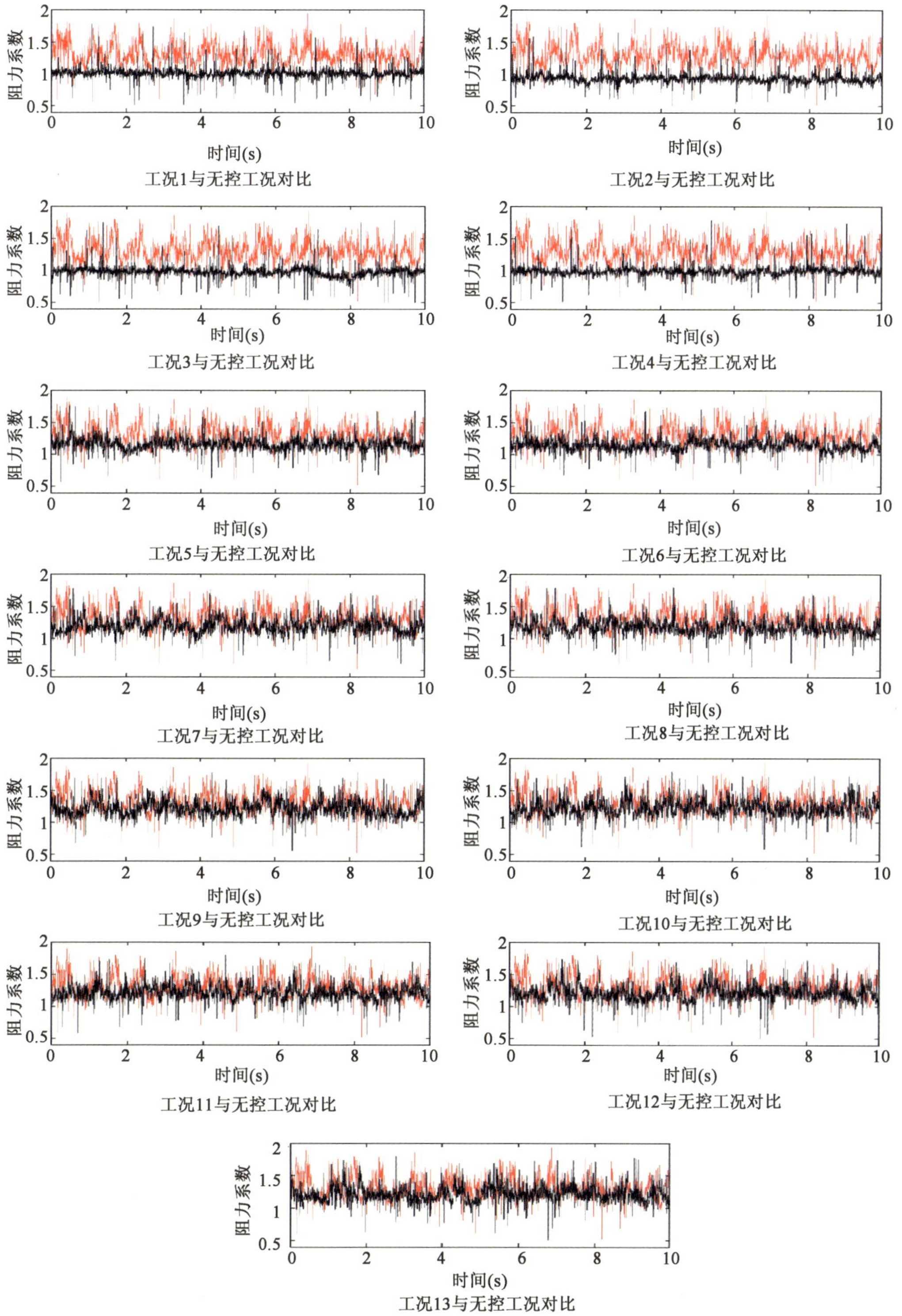

图 3-121　无控和有控各工况下的阻力系数时程对比

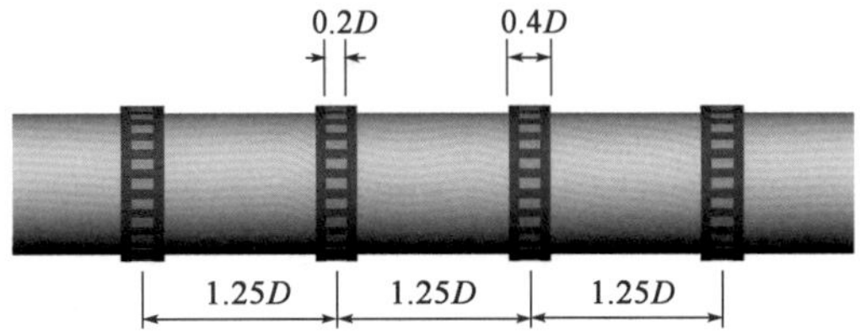

图 3-122　被动吹气套环三维布置图

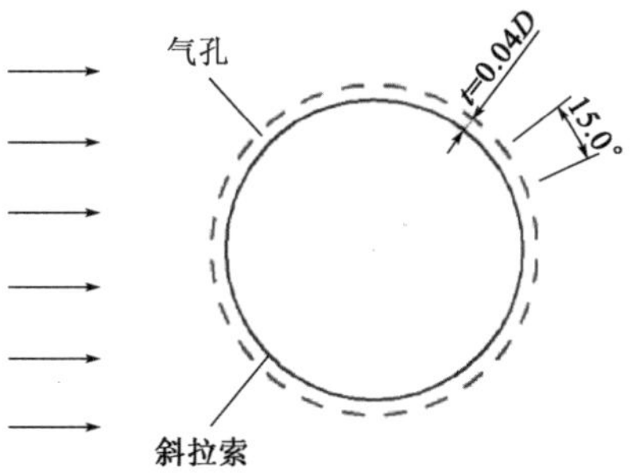

图 3-123　被动吹气套环剖面图

套环布置设计参数　　表 3-18

斜拉索直径 D(mm)	套环厚度 t(mm)	套环高度 H(mm)	气孔高度 h(mm)	套环间距 L(mm)
125	5.00	50.0	25.0	156.25
128	5.12	51.2	25.6	160.00
133	5.32	53.2	26.6	166.25
137	5.48	54.8	27.4	171.25
139	5.56	55.6	27.8	173.75
143	5.72	57.2	28.6	178.75
148	5.92	59.2	29.6	185.00
151	6.04	60.4	30.2	188.75
155	6.20	62.0	31.0	193.75
158	6.32	63.2	31.6	197.50
164	6.56	65.6	32.8	205.00

值得一提的是,上述参数是参考特定的试验结果建议的。如果应用到工程中,根据斜拉索直径不同,套环尺寸和布置间距应由 CFD 数值模拟和风洞试验决定。

3.6　索网结构系统

3.6.1　基本原理

缆索的空气动力学问题历史悠久。由于缆索结构弹性大、结构阻尼较小,在动载荷作用下极易发生振动。缆索结构发生的风致振动现象主要包括:①吊索上发生的涡激振动;②阵风引起的主缆抖振;③吊索上发生的古典驰振;④在吊索上发生的尾流扰动,或尾流驰振、共振性抖振;⑤与雷诺数相关的阻力失稳;⑥参数激振;⑦吊索或者拉索上的风雨振;⑧高速涡激振动;⑨倾斜干索驰振。这些已知的振动现象中,部分激励机制能很好地解释,部分机理目前尚不明确。

缆索的剧烈振动会导致锚固区出现裂纹，索套破裂，严重时两相邻索可能相互碰撞，降低缆索的使用寿命，增加桥梁的养护费用，甚至引发桥梁事故，过大的振动也会引起过桥者的不适与恐慌。由于问题的复杂性，斜拉索、吊索风雨振动的理论分析模型尚有待于逐步完善，而制振措施的研究则着眼于解决工程实际问题，并进入了工程应用的阶段。

目前，缆索振动控制主要有改变拉索结构、空气动力措施和安装机械阻尼器三大类。缆索风-雨振制(抑)振的结构措施主要是增设辅助索，即用数道副索将部分或全部主索连接起来，将原本独立的各主索彼此连成一个索网，使原来各主索独立的振动被约束成索网系统的整体振动，从而提高了主索的刚度及频率，以达到减振的目的。辅助索又分为连接到桥面上的锚固式和不连接到桥面上的非锚固式。结构措施不仅对抑制风雨振动有效，同时也能抑制其他形式的缆索振动。

随着大跨径斜拉桥的建设需要和未来斜拉桥跨径的不断增加，大跨径斜拉桥拉索的振动问题日益突出，尤其是超长拉索的振动问题已成为斜拉桥极限跨径的制约因素。斜拉索减振若只考虑拉索垂度与倾角的影响，所能获得减振性能的拉索极限长度为 1 300m，即拉索长度超过 1 300m 时安装阻尼器不再起作用。同时，索的振动还会引起行人的不舒适感。我国斜拉桥跨径大，拉索振动危害突出，有必要针对斜拉桥拉索振动问题深入开展其振动机理与分析方法的研究。对比拉索的风致振动控制几种措施优劣可知：①空气动力学措施行之有效，并在众多桥梁中得到验证；②减振阻尼器应用成熟，但其抑振效率受到诸多条件的限制；③机械措施例如辅助索对于超过 400m 的超长斜拉索，可以有效的抑制振动。因此，辅助索可以作为未来工程中拉索抗风措施设计的重点。

国内外研究学者对辅助索的研究已经做了不少的工作，但仍然存在不少有待解决的问题，针对现有的研究情况，研究旨在解决如下几方面的不足与空缺之处：第一，对于辅助索的研究，以往的学者往往以数值分析方法居多，得到的结果离散性比较大，采用具体试验手段的少之又少；研究将通过模型试验和数值分析两种手段对辅助索减振进行研究，并比较两种方法的差异，为辅助索减振提供基础数据。第二，在采用数值分析的研究中，超长跨径的索网结构鲜有涉及，且大多集中于研究辅助索对索网结构动力特性的影响，对于索网结构振动控制的研究几乎没有。研究通过编写有限元程序，对超长跨径斜拉桥进行抖振时程分析，得到索网结构的振动响应和抑振效果，并就辅助索参数对索网振动的位移和能量参数进行讨论，揭示超长斜拉索振动规律并提出减振目标，制订有效的减振方案。第三，关于辅助索的施工方法之前没有受到重视，所以作为研究的重点，分析辅助索施工索力、布置以及辅助索的张拉施工顺序和张拉方式对索网结构整体受力的影响，确定各个施工方法的辅助索初始张力，并提出优化的辅助索施工方案。另外，我国现行《公路桥梁抗风设计规范》对于斜拉索的计算只涉及了静风效应和驰振计算，本书的工作可以为斜拉索的振动控制提供依据，填补设计条文的空缺。

目前我国缆索承重桥梁中,很难找到采用辅助索的桥梁实例。一方面由于国内外资料、文献研究较少,另一方面缺乏相应的条件。在常规桥梁中,采用气动和阻尼减振相结合的措施,对拉索振动可以取得较好的控制效果,辅助索更适用在超长拉索(吊索)结构。为了进一步提高我国大跨径桥梁的跨越能力,辅助索作为一个重要的技术手段,可使得桥梁跨径得到突破。可见针对索网结构系统开展机理、设计方法等相关研究,具有十分重要的理论与实际工程意义。

目前辅助索的应用只在国外某些斜拉桥中得以实现,这些工程应用表明,辅助索减振措施可以有效地减小多种类型的斜拉索振动,例如风雨激振和驰振等。索网结构整体动力特性存在两种振动模态:整体振动和局部振动,其振动模态受到了辅助索各项参数的影响,随着辅助索刚度的增大,索网结构振动模态从整体振动向局部振动过渡,索网结构振动基频逐渐增大至一定数值,而后随着辅助索刚度的继续增大而降低。当索网结构振动进入频率密集的局部振动频率内,振动则不可避免且难以控制。

辅助索将若干根索相互连接起来,通过连接,辅助索将长拉索转换为相对较短的索,提高了索网体系整体的刚度和各阶振型的广义质量,增加拉索的机械阻尼和气动阻尼,拉索振动时各模态间相互耦合,从而有效地抑制索的振动。

采用刚性辅助索时,主索的有效长度缩短、刚度增大,提高了索网的自振频率。采用柔性辅助索时,主索和辅助索构成新的柔性体系,模态阻尼有所提高。刚性辅助索的刚度对索网结构频率影响最为显著,随着刚度的增大可以较大幅度提高面内频率,但对于索网面外频率的提升有限。另外在索网结构阻尼方面,柔性辅助索相对刚性辅助索而言,可以更好地提升索网结构面内和面外阻尼。

辅助索的设计原则之一就是提高索网结构的整体振动和局部振动的分界频率,并使其远离振动基频,这样有利于避免斜拉索的参数振动。辅助索使单根拉索的振动能量转移到了整体索网结构,拉索施加辅助索后的1阶模态中,单索的振动能量重新分配且更加平均。索网结构形成之后,拉索和辅助索连接处的振动能量明显降低,振动模态从整体振动过渡为局部振动。

拉索结构主要振动能量集中在面内,而相较于面外振动控制,辅助索对面内起到更好的效果,辅助索刚度增大对索网结构面内的振动控制比面外的振动控制有更显著的作用。辅助索对于提高索网结构面外振动频率没有太大帮助,索网结构面外的振动性能不会因为辅助索的施加而发生很好的改变。

3.6.2 索网体系及设计方法

1)悬索桥索网结构系统

悬索桥索网结构系统包括两种形式,分别为交叉索网形式和平行索网形式。两种形式的索网结构系统构造大致相似，均为在悬索桥吊杆上增设辅助索，以将分散的吊杆连成整体，增加吊杆体系整体刚度，减小吊杆振动。只不过前者辅助索为交叉形式，后者辅助索为近似平行的方式。下面以交叉索网形式为例介绍悬索桥的索网结构系统。

图 3-124 和图 3-125 分别为悬索桥交叉形式索网的整体和局部结构示意图。索网系统具体包括吊杆、辅助索及辅助索与桥塔的连接、辅助索与主缆的连接、辅助索与吊杆的连接、辅助索与钢箱梁的连接等。

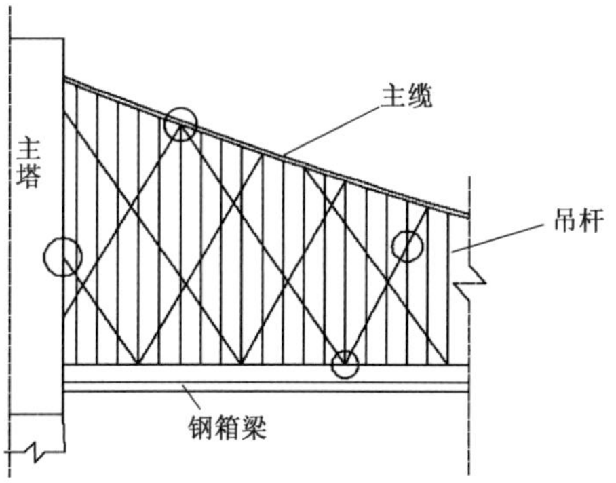

图 3-124　悬索桥索网结构系统示意图

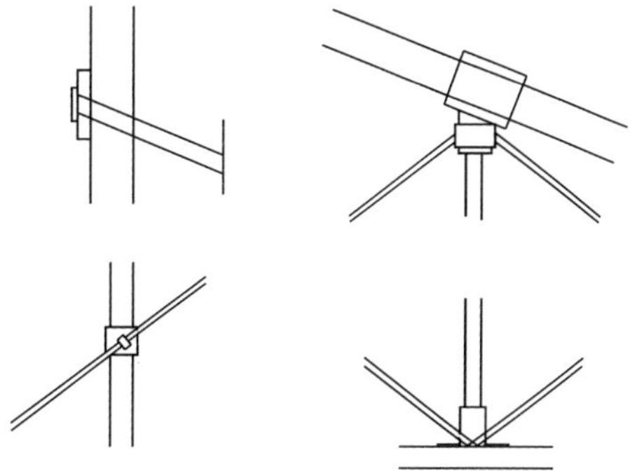

图 3-125　悬索桥索网结构系统局部构造示意图

悬索桥吊杆通过辅助索连为一个整体，从而提高体系的整体刚度，增加吊杆体系的振动频率，抑制单根吊杆的振动，此方法可以广泛应用在悬索桥吊杆与类似结构之上。

辅助索索体采用高阻尼钢丝材料，可以为体系提供更高的阻尼，减小吊杆的振动。辅助索与吊杆之间的连接装置在安装时可以保证两者之间的相互转动，从而满足不同交叉角度的需要，方便施工。

辅助索的安装间距宜为吊杆间距的 3 ~5 倍，安装角度为 30° ~70°（平行索网形式的间距根据所选取的安装道数进一步确定）。辅助索与桥面系、主缆和主塔相连，从而使吊杆、主缆、桥面及主塔连为一个整体，索网的振动受到桥面系和主塔的抑制作用。

悬索桥平行索网形式结构构造与上述交叉索网形式类似，只不过辅助索为单一方向平行布置，角度也更加平缓，以保证同一根辅助索能够与更多的吊杆相连。

2）斜拉桥索网结构系统

斜拉桥索网结构系统的整体构造示意图如图 3-126 所示，具体包括连接拉索和桥面（桥塔）的辅助索索体，以及连接所述辅助索索体与拉索及桥面（桥塔）的索网节点装置和桥面（桥塔）连接装置等。图 3-127 为斜拉桥索网结构的局部放大示意图。图 3-128 为 *A-A* 剖面辅助索的细部构造示意图。

索网节点装置进一步包括索夹、调节套筒及锚具等。通过索网节点装置，辅助索索体可以保证与拉索的垂直相连，使减振效果达到最佳。索网节点装置一方面在长期使用过程中可以随时调节索内的张拉力以保证正常运营使用,另一方面也为以后的维修、换索工作提供了便利。同时,索网节点装置也为结构提供了更高的阻尼,提高了抑振能力。

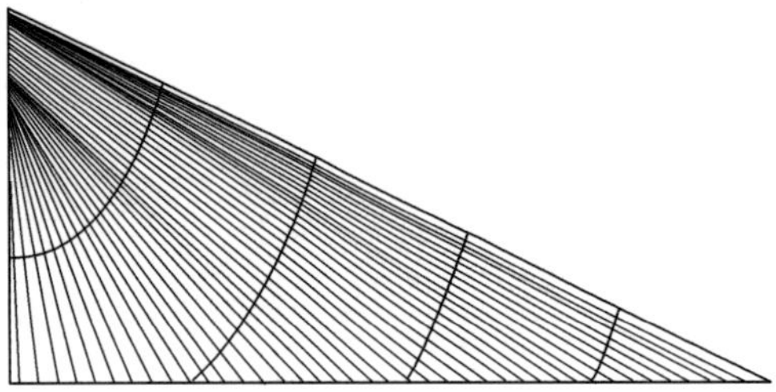

图 3-126　斜拉桥索网结构系统整体构造示意图

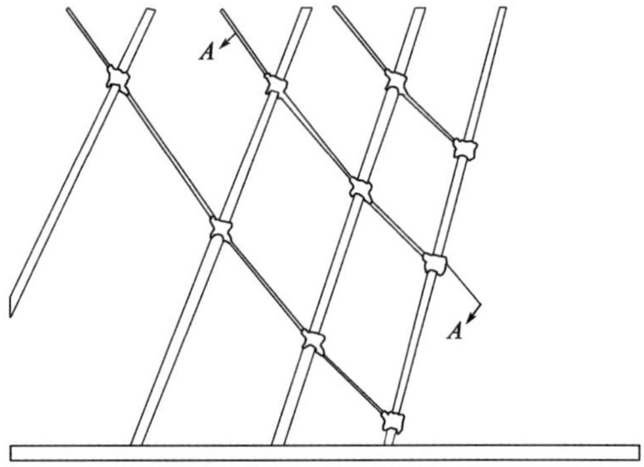

图 3-127　斜拉桥索网结构系统局部放大构造示意图

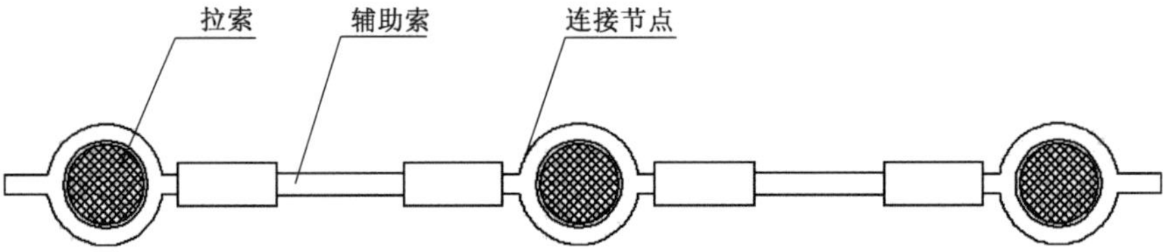

图 3-128　*A-A* 剖面斜拉桥索网结构系统示意图

辅助索通过桥面(桥塔)连接装置与桥面(桥塔)相连接,使索网的振动受到桥面(桥塔)的抑制作用,可以提高索网的自振频率,更好地抑制索网的振动。同时,辅助索索体施工时需要施加较大的初张力,以避免其在大幅振动过程中由于张力过低而导致辅助索的冲击破坏。

索网结构通过辅助索的连接,减小了长拉索的自由长度,将拉索相互连接成整体,提高了索网体系的整体刚度和各阶振型的广义质量,使拉索振动时各模态间相互耦合,从而有效抑制拉索的振动。

3)设计与应用方法

通常来讲,设置辅助索的目的有二:其一,通过辅助索施加改变超长拉索或吊杆的动力特性,包括对其振动频率和阻尼振型的改变,将各自独立的拉索(吊杆)相互联系成索网结构整体,影响这一目标的参数包括辅助索形式、参数、布置等;其二,保证拉索和吊杆在各种极限荷载作用下的位移、强度和疲劳性能,包括在风荷载、车辆荷载下的强度、位移和疲劳性能等。为了达到上述两个目的,需要对辅助索的形式、参数、布置及施工等进行设计,具体设计内容如图 3-129所示。这些内容应结合具体的静力荷载、动力荷载和施工过程分析,根据内力、位移、动力特性和振动分析、疲劳分析等选取确定。

辅助索设计原则如下。

斜拉桥：当斜拉桥最长拉索的长度超过 700m 时建议设置辅助索，辅助索布置应均匀协调，比例一致。辅助索的间距及道数布置应保证将最长拉索分段在 100 ~ 150m 内。辅助索宜采用直线型布置方式，且与最长拉索相垂直，并与桥面或桥塔相连。辅助索直径可取为拉索直径的 1/20 ~ 1/10，钢绞线设计可采用 7ϕ7mm，具体根据计算需要。

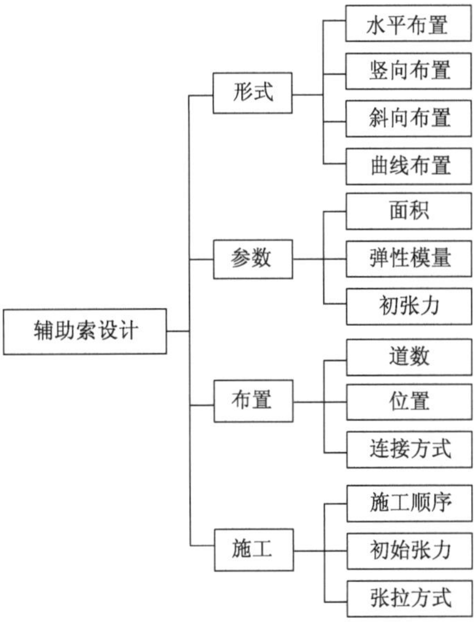

图 3-129　辅助索设计内容

悬索桥：当悬索桥最长吊杆的长度超过 300m 时建议设置辅助索，辅助索布置应均匀协调，比例一致，与桥面夹角应保证在 60°左右。辅助索的间距及道数布置应保证将最长吊杆分段在 50 ~ 100m 内，且布置在吊杆长度大于 100m 的范围内。辅助索宜采用交叉型布置方式，夹角在 60°左右，并与桥面或桥塔相连。辅助索直径可取为吊杆直径的 1/10 ~ 1/5，钢绞线设计可采用 7ϕ7mm，具体根据计算需要。

斜拉-悬索协作桥：当协作桥最长拉索的长度超过 700m 时建议设置辅助索，辅助索布置应均匀协调，比例一致。辅助索的间距及道数布置应保证将最长拉索分段在 100 ~ 150m 内。辅助索宜采用直线型布置方式，与最长拉索垂直相交，并与主缆、桥面或桥塔相连。辅助索直径可取为拉索直径的 1/20 ~ 1/10，钢绞线设计可采用 7ϕ7mm，具体根据计算需要。

以下以斜拉桥索网为例，介绍辅助索的设计方法流程。图 3-130 为辅助索设计的静力荷载、动力荷载分析以及施工方案的确定流程。

首先进行辅助索参数的设定，辅助索的形式主要可以分为直线索和曲线索，其中曲线索因为施工和维护的不便应用较少，直线索则在大部分的斜拉桥索网结构上可见。且大部分辅助索和桥面相连，由于拉索振动能量较大，当辅助索不与桥面相连时容易因为突然的卸载和加载发生断裂，且辅助索和桥面相连时可以控制辅助索，所以辅助索连接方式一般采取和桥面相连的方式。另外辅助索的竖直形式和水平形式则由于相对拉索夹角较大，这两种布置形式下的辅助索受力效果不佳。斜向索和大部分拉索保持垂直，可以充分发挥辅助索的强度，所以索网结构主要采用和桥面相连的斜向直线索。

形式确定之后，进行辅助索的面积和初张力辅助索的第一次参数初选，分别针对索网结构进行静力和动力分析，静力分析可以得到索网结构的内力和位移，根据二者是否超过静力作用下的限值，可以初步确定辅助索的初应变；动力分析则可以得到索网结构的振动频率和模态，例如基频大小和对应的整体或局部振动模态。辅助索与拉索的面积比、拉力比之间存在一个较为合理的范围，使得辅助索面积和张拉力的增加可以得到索网结构动力特性改善的最大化。

推荐采取的辅助索与斜拉索直径比为1/20～1/10，初张力比为0.005～0.1，具体需要经过斜拉桥动力荷载下辅助索相关疲劳和冲击的计算分析得到。

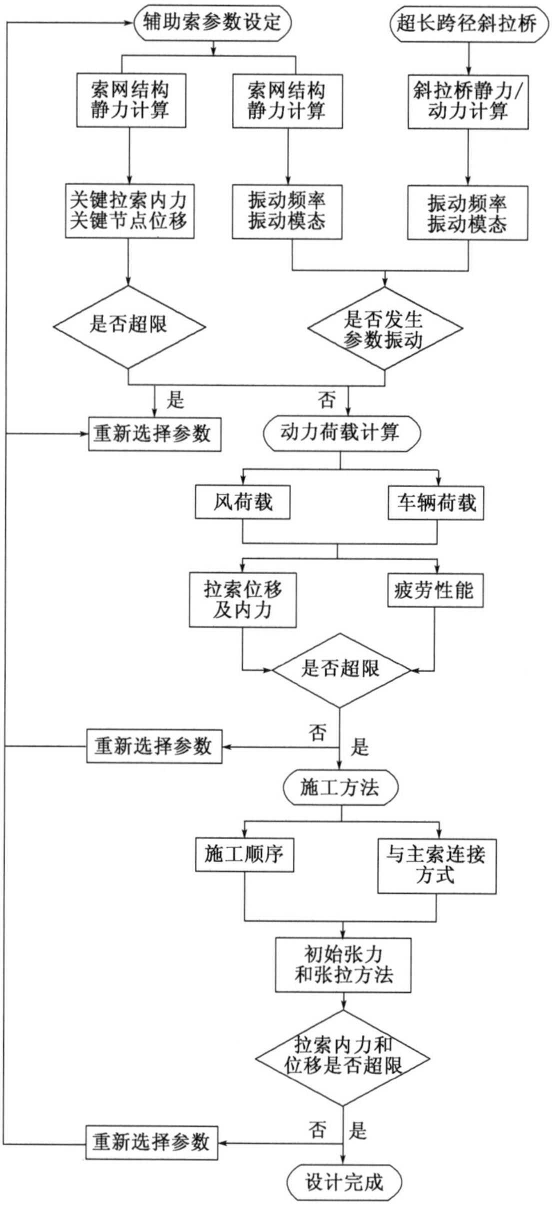

图3-130　辅助索设计流程示意图

接下来确定辅助索的道数和布置，增加道数可以增加索网结构低阶振动频率，这样有利于避免和主梁发生参数振动和线性内部共振；但是道数超过一定数量之后，斜拉索中间各索段的拉力、长度、边界条件等差别逐渐减小，相应斜拉索中间各索段的频率差别也较小，随着拉索被辅助索划分得更加精细，索网结构的模态频率发展也更为接近，说明辅助索道数也存在最优取值。推荐斜拉索划分之后的有效长度取 100 ~ 150m，具体需要经过进一步的分析确定。

完成静力荷载分析后，可以得到多个初步满足要求的辅助索方案，然后进行索网结构和斜拉桥的动力荷载分析，包括在风荷载、车辆荷载及其他动荷载的组合下，索网结构的位移、内力以及疲劳性能的分析，根据位移和内力是否超限、疲劳是否满足要求等评价辅助索方案，并对多个方案比较分析。

进行动力荷载分析时，对辅助索的要求主要包括：具有足够的强度以满足承载能力、较好的抗松弛性能使拉索一直处于张拉状态、抗疲劳性能防止疲劳破坏、较好的防护以保证结构的耐久性能和较高的内阻尼满足抗振的更好需求。例如，选取高碳钢丝拉索作为辅助索索体，同时给钢丝一定的张力和温度，消除钢丝拉拔产生的内应力，提高辅助索钢丝的抗松弛性能。在辅助索外侧涂抹高密度聚乙烯或静电喷涂环氧涂层，和镀锌钢丝相比，可以进一步提高辅助索的耐久性和内阻尼。

通过静力荷载和动力荷载计算分析之后得到的辅助索体系，需要制订具体的施工方案，其中施工顺序决定了施工初始索力。施工顺序可以选择从上至下或从下至上的张拉辅助索方式，施工索力需要根据辅助索的道数、布置以及施工顺序，确定各根辅助索之间的相互影响，并通过迭代试算得到。

由于环境作用、车辆荷载及其他因素，索网结构在动荷载作用过程中的振动能量很大，辅助索面临着疲劳循环，因此疲劳破坏时有发生。对于特大跨径斜拉桥，风致振动是辅助索破坏的主要原因，因此需要对其在风荷载作用下的疲劳寿命进行预测。图 3-131 为辅助索风致振动疲劳寿命预测技术路线示意图。

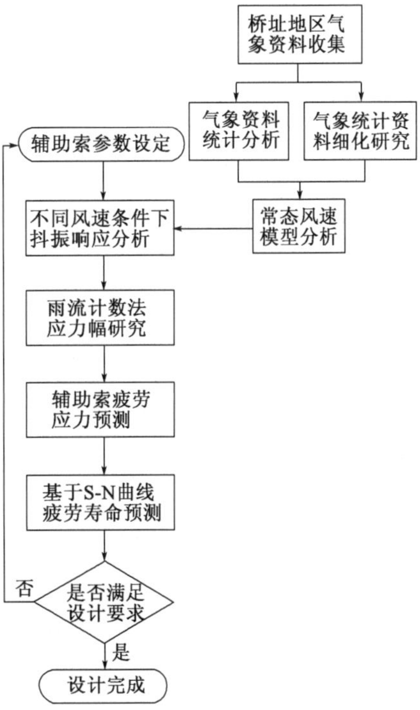

图 3-131 辅助索风致振动疲劳寿命预测技术路线示意图

3.6.3 辅助索索体与连接接头

1）辅助索索体

辅助索是主索（斜拉索或主缆）与斜拉索之间的连接构件，其作用是减少索的有效长度，提高索的固有频率，另外使各主索（斜拉索或主缆）之间产生耦合和牵制作用，是特大型桥梁缆索网结构的基本单元构件。因此，其索体需要满足以下基本要求：要求有足够的强度；具有较好的抗松弛性能；具有较好的抗疲劳性能；具有较好的耐久性；具有较高的内阻尼。

综上所述，为了满足辅助索的基本要求，本书选取热挤聚乙烯的平行钢丝拉索作为特大

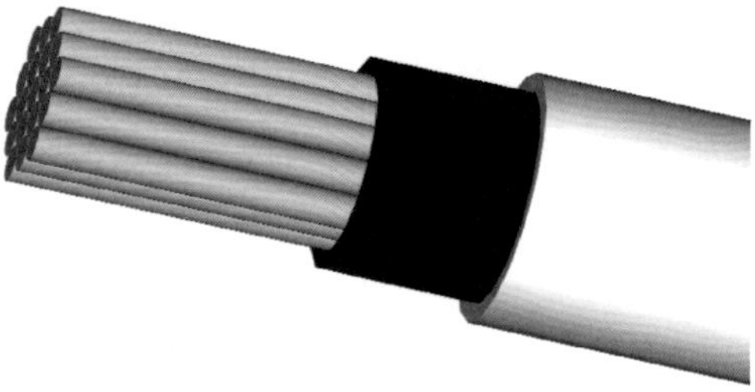
图 3-132　辅助索索体结构

型桥梁缆索索网结构辅助索索体。如图 3-132 所示,该索体是将高强度钢丝经轻度扭绞后热挤双层高密度聚乙烯进行防腐的一种索体结构。该索体结构基本保持了钢丝机械性能,如强度、弹性模量、抗松弛性能、抗疲劳性能等。

该索体的原材料采用直径为 7.0mm 的高碳钢钢丝。该钢丝是通过优质的线材和合适的拉拔加工和稳定化工艺获得的。钢丝的拉拔其实是钢材的形变硬化过程,通过钢丝拉拔,一方面获得所需要的形状和尺寸,另一方面获得预期的机械性能和材料组织。本书辅助索体钢丝采用的原始材料为高碳热轧盘条,该盘条组织为索氏体,有利于拉拔变形;通过冷拉拔变形强化作用,大大提高材料的强度,保证最终的承载能力。

辅助索在使用过程中,需要长期保持一定的张力,以确保索网结构在特大型桥梁中对缆索起制振作用。因此,索网结构中的辅助索需要具有较高的抗松弛性能。为了获得较高的抗松弛性能,本书对辅助索钢丝进行了低温形变热处理。该热处理是将经多道拉拔后的钢丝在一定载荷下加热一段时间,进一步消除钢丝拉拔产生的内应力,以达到提高辅助索钢丝形变抗力的目的。辅助索钢丝经松弛性能检验,其松弛率均在 2.5% 以下,且数据离散性较小,因此该热处理方式能够满足辅助索低松弛性能要求。

辅助索索网结构在运行中需要吸收主索(斜拉索、主缆)的振动能量,面临次数较多的疲劳循环。因此,辅助索的抗疲劳性能是影响索网结构寿命的另一个关键因素。用于辅助索钢丝的抗疲劳性能,在参照斜拉索抗疲劳要求的基础上,要求在承受 200 万次上限为 0.45 倍的钢丝公称破断荷载下、应力幅值为 410MPa 的疲劳循环后,钢丝不断裂。

特大型桥梁缆索索网结构和主索一样,是特大型桥梁的永久性构件,因此,同主索结构一样,特大型桥梁缆索索网结构辅助索索体本身需要有较好的耐久性。为了提高该结构的耐久性,除了在索体外热挤采用耐久性较好的、与主索颜色一致的双层高密度聚乙烯以外,在辅助索的钢丝上采用了静电喷涂环氧涂层的技术,提高辅助索的耐久性。本书采用中性盐雾试验,对环氧涂层钢丝和普通镀锌钢丝进行了抗盐雾能力对比试验。试验结果表明,辅助索用环氧涂层钢丝具有较好的耐久性,可为特大型桥梁缆索索网结构整体使用寿命提供保障。

对于索网的低阶局部振动,辅助索本身的阻尼可用来耗散振动能量。因此,在满足以上其他要求的前提下,需要辅助索有尽可能高的内阻尼。采用环氧涂层钢丝作为辅助索索体,索体中钢丝的涂层为非金属材料,涂层厚度为 0.4mm,此类材料作为阻尼介质存在于索体中,可大大提高钢丝及辅助索的内阻尼。针对此项要求,本书进行了环氧涂层钢丝辅助索和热镀锌钢丝辅助索的内阻尼对比试验,确定其阻尼效果。试验的原理是将辅助索试件张拉到同等的应力荷载(10%、15%、20% 的破断荷载)下同时激振,形成一定的振幅,振幅基本相同,测试两种钢丝及索振幅衰减的时间和速度,比较辅助索的内阻尼。试验基本原理如图 3-133 所示。

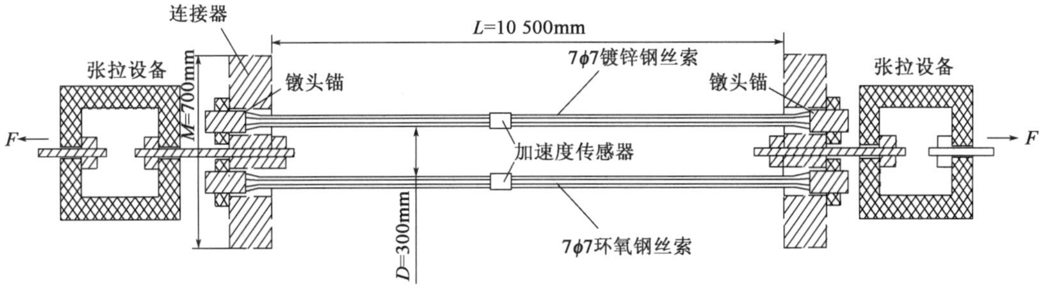

图 3-133　辅助索内阻尼试验基本原理图

试验中分别对 7ϕ7 镀锌钢丝(1 670MPa)试验索和 7ϕ7 环氧钢丝(1 670MPa)试验索进行内阻尼测试。试件形式为不挤塑的试验索各 2 根、挤塑的各 1 根,采取镦头锚形式,索体长度 10.5m。试验结果表明,环氧涂层钢丝与镀锌钢丝相比,在相同的激振条件下,振动衰减效果明显,建议采用环氧涂层钢丝作为辅助索的主要材料。

2)辅助索连接接头

连接接头装置是辅助索索体与主索(斜拉索或者主缆)之间的连接和传力构件,须满足以下基本要求:保证辅助索尽量与主索垂直,且便于安装;节点具有一定的阻尼装置;可实现辅助索的索力导入和调整;具有足够的强度和较好的抗疲劳性能。

(1)斜拉索索网连接接头

斜拉索索网连接接头的材料采用韧性和焊接性能较好的 20 号钢,辅助索锚具采用 40Cr。其结构设计包括以下几个要点:①索网节点采用哈弗式索夹,索夹的上下两部分采用高强度螺栓连接,对于最外侧斜拉索,索夹下部设置单耳板,对于内侧斜拉索,索夹上下均有耳板;②索夹内腔设置了厚度为 5mm 左右的高阻尼橡胶板,既保护了斜拉索的索体,又为节点装置提供适宜的内阻尼;③辅助索索体锚具采用了双耳板销接式结构,与斜拉索索夹通过销轴连接,销轴连接使得索网节点具有一定的灵活性,可提高索网节点的抗疲劳性能;④辅助索一端的锚具带有可调节辅助索索力的螺旋扣,通过调节该螺旋扣可为辅助索导入和调整索力。

本书针对斜拉索辅助索形式以及结构设计的要求,设计了两种索网节点结构,分别为连接接头的螺栓与索夹耳板在异侧以及连接接头的螺栓与索夹耳板在同侧两种类型。前者构造对于实桥安装方便,具有一定的操作空间,后者构造造型优美,但是实桥安装的时候会增加施工难度。两种类型的连接接头形式如图 3-134 所示。

本书还针对斜拉桥索网节点装置进行了试制,通过索体、耳板以及索夹的试制,获得斜拉索索网连接接头的试制样品,样品如图 3-135 所示,试制结果满足技术图纸要求。

为检验索辅助索索网节点装置的抗疲劳性能,本书还对试制样品进行了抗疲劳试验,试验现场布置如图 3-136 所示。

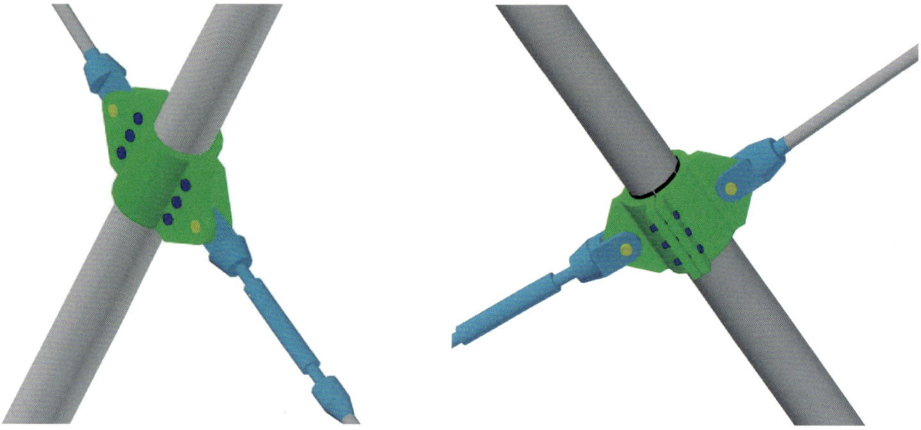

图 3-134　斜拉索索网辅助索连接接头形式

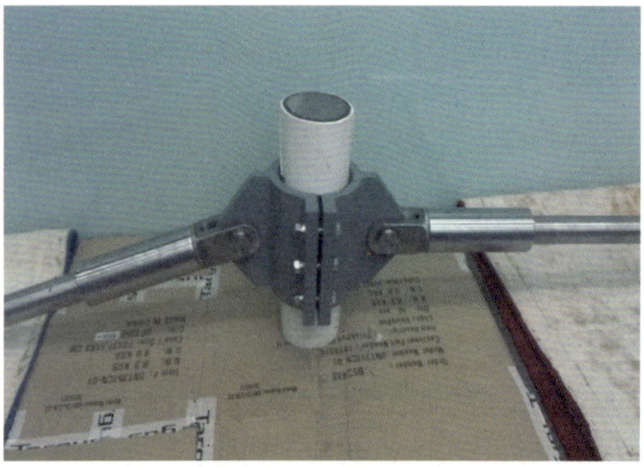

图 3-135　斜拉索索网连接接头样品图

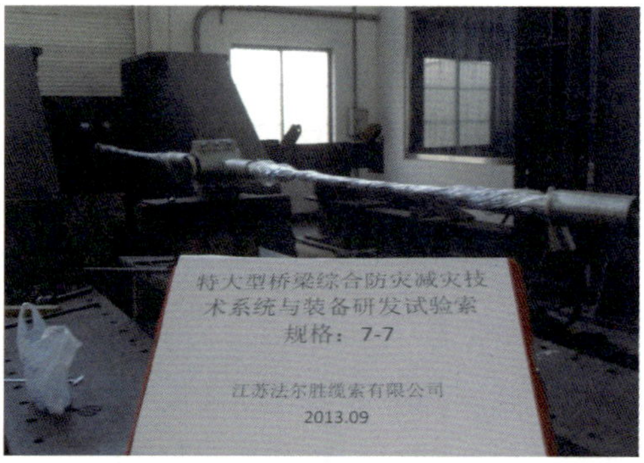

图 3-136　索网疲劳试验现场布置图

经过以上疲劳试验后，对索网结构进行了检查，结果为：辅助索索体表面聚乙烯护套无破损，说明索网结构在动态荷载下对斜拉索主索的高密度聚乙烯护套不会产生摩擦损伤；辅助索索体与主索连接的索夹没有发生破坏，说明辅助索索夹节点构造合理，选材适当；同时辅助索索体与锚具无损坏。

（2）悬索桥吊索索网连接接头

本书针对悬索桥吊索的辅助索形式以及结构设计的要求，设计了两种索网连接接头结构。方案一：此结构装置采用夹板将两根吊索连接起来，吊索与吊索结合处填充橡胶垫板，辅助索由索体、叉耳、调节套筒、调节螺杆、锚杯、连接筒等组成。方案二：此结构装置适用于四点索夹吊索索网结构，该装置与吊索之间采用半哈弗式结构的螺栓连接，装置中心左右两侧各有一块耳板，用于与辅助索的连接。以上两种索网连接接头构造可为悬索桥吊索索网模型的试制提供选择。图 3-137 为两种索网结构的示意图。

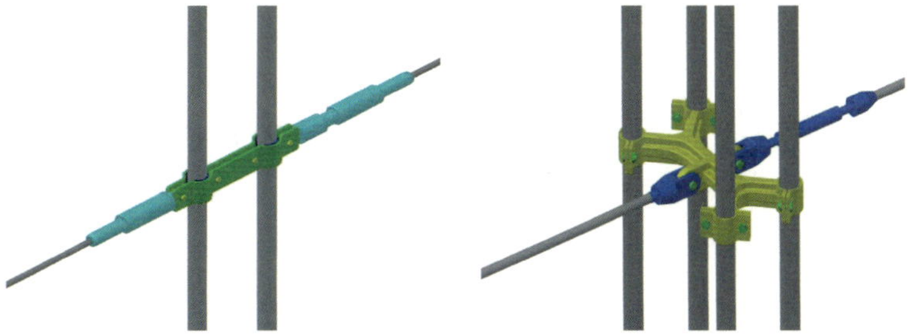

图 3-137　悬索桥吊索索网辅助索连接接头形式

本书还针对悬索桥吊索索网节点装置进行了试制，通过吊索辅助索、连接接头的试制，获得悬索桥吊索索网连接接头的试制样品，样品如图 3-138 所示，试制结果满足技术图纸要求。

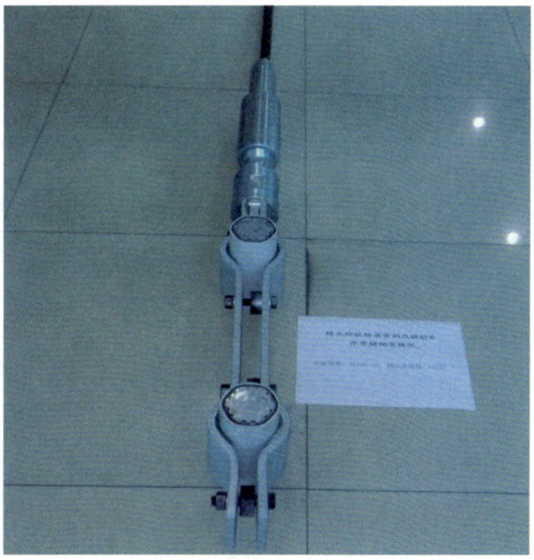

图 3-138　悬索桥吊索索网连接接头样品图

3.6.4　索网计算算例

1）全桥及索网结构模型

（1）全桥模型

采用 ANSYS 通用程序对斜拉桥动力特性进行了建模和计算。全桥离散为 5 195 个空间梁单元和 552 个杆单元，其中主梁、桥塔、桥墩、横梁和刚臂为三维梁单元（BEAM4），斜拉索为只承受拉力的三维索单元（LINK10）。

主梁采用单主梁模型，适用于扭转刚度较大的闭口箱形截面主梁。桥面系的刚度（竖弯刚度、侧弯刚度、自由扭转刚度）和质量（质量惯性矩）都集中在中间节点上，节点和拉索之间采用刚臂连接或处理为主从关系。该模型可以准确地模拟主梁的刚度和质量。

全桥模型中，斜拉索模拟采用等效弹性模量法，每一根索用一个杆单元模拟，采用修正斜拉索弹性模量的方法来描述索的非线性行为。等效弹性模量有割线弹性模量和切线弹性模量两种，等效弹性模量法是目前应用最普遍的方法。

斜拉索成桥状态下的初始索力采用刚性支承连续梁法，并参考最大索力计算而得。主梁横隔板用集中质量单元（MASS21），将其质量和转动惯量加于主梁的相应位置，风嘴只考虑其质量和转动惯量，不考虑其参与受力；二期恒载和压重视为均布于主梁宽度方向，考虑其质量和转动惯量，风嘴、二期恒载、压重均采用集中质量单元（MASS21）。

在中塔的塔梁交接处，梁的横桥向线位移、竖桥向线位移、纵桥向线位移和主塔进行主从约束。在两个边塔的塔梁交接处，仅对约束主梁的竖向和横向位移与边塔主从约束，其他方向自由度均不约束；在主梁与边墩和过渡墩交接处，对其横向线位移、竖向线位移进行主从约束，其他自由度不约束。桥墩和主塔塔底的节点全部采取固结。

(2)单根拉索模型

斜拉索的建模方法有多种,因为斜拉索在自重作用下的线形为悬链线,理想的建模方法为在静力分析中将斜拉索用悬链线单元模拟,确定初始构型。

假设斜拉索沿长度的质量是不变的,悬挂在两个锚固点之间。水平轴 x 与竖直轴 y 组成整体坐标,如图 3-139 所示。

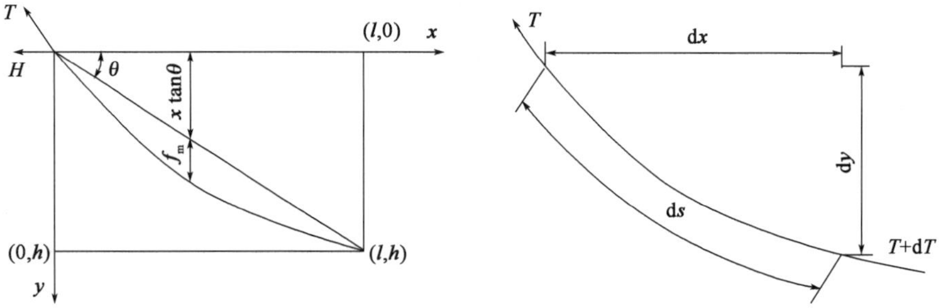

图 3-139　单根斜拉索示意图

拉索微元的静力平衡方程可写成式(3-87)、式(3-88):

$$\frac{\mathrm{d}}{\mathrm{d}s}\left(T\frac{\mathrm{d}x}{\mathrm{d}s}\right)=0 \tag{3-87}$$

$$\frac{\mathrm{d}}{\mathrm{d}s}\left(T\frac{\mathrm{d}y}{\mathrm{d}s}\right)=-mg \tag{3-88}$$

式中:T——拉索切线方向索力;

s——沿拉索长度的坐标;

m——拉索单位长度质量;

g——重力加速度。

斜拉索的质量沿其长度进行分配,则斜拉索的拉力会沿斜拉索变化。斜拉索张力和水平分力之间关系见式(3-89):

$$H=T\frac{\mathrm{d}x}{\mathrm{d}s} \tag{3-89}$$

式中:H——水平分力。

可知拉索的水平分力 H 沿整个索长不变,则斜拉索在自重作用下的静力微分方程为式(3-90):

$$H\frac{\mathrm{d}^2y}{\mathrm{d}x^2}=-mg\sqrt{1+\left(\frac{\mathrm{d}y}{\mathrm{d}x}\right)^2} \tag{3-90}$$

斜拉索满足的边界条件满足式(3-91):

$$\left.\begin{aligned} y(0) &= 0 \\ y(l) &= h \end{aligned}\right\} \quad \left.\begin{aligned} f(0) &= 0 \\ f(l) &= 0 \end{aligned}\right\} \tag{3-91}$$

斜拉索上任意一点的坐标和垂度的关系式如式(3-93)：

$$y = x\tan\theta + f_{\mathrm{m}} \tag{3-92}$$

式中：θ——拉索倾角，即拉索方向和水平方向的夹角。

斜拉索的垂度可以根据斜拉索下部端点的跨中点之间力的平衡进行计算，已知斜拉索自重和跨中的拉力在下部端点产生的合力矩为0，则有式(3-93)：

$$T\cos\theta \cdot f_{\mathrm{m}} = mg \cdot \frac{l}{2} \cdot \frac{l\cos\theta}{4} \tag{3-93}$$

整理后得到式(3-94)：

$$f_{\mathrm{m}} = \frac{mgl^2}{8T} \tag{3-94}$$

将图所示拉索微段的长度 $\mathrm{d}s$ 近似地取为 $\mathrm{d}x \cdot \sec\theta$，即用拉索微段的弦线长度代替曲线长度，则拉索在重力作用下的静力微分方程化为式(3-95)：

$$H\frac{\mathrm{d}^2 y}{\mathrm{d}x^2} = -mg\sec\theta \tag{3-95}$$

方程符合边界条件的解为式(3-96)：

$$y = \frac{1}{2}x(a\sec\theta + 2\tan\theta) - \frac{1}{2}x^2 a\sec\theta \tag{3-96}$$

$$a = \frac{mgl}{H} \tag{3-97}$$

则斜拉索悬链线的节点坐标可以用式(3-98)表达：

$$\left.\begin{aligned} x_i &= \frac{l\cos\theta}{N}(i-1) \\ y_i &= \frac{1}{2}(a\sec\theta + 2\tan\theta)x_i - \frac{1}{2}a\sec\theta x_i^2 \end{aligned}\right\} \tag{3-98}$$

式中：N——斜拉索的分段数；

i——斜拉索节点编号，$i = 1, \cdots, N$。

(3)索网结构建模

在单索建模基础上，索网有限元建模步骤如下：

①确定斜拉桥初始构型，计算中应考虑各种几何非线性；

②选择要分析的拉索索面，添加辅助索方向与最外索垂直，另一端锚固于桥面，各辅助索索段初始张拉力相等，辅助索的设计参数包括初拉力、面积、空间位置及其他；

③制订需要研究的索网结构方案，包括辅助索的位置、刚度、初张力、连接方式等，从而确定辅助索和斜拉索连接位置，同时确定辅助索的基本参数；

④确定辅助索的布置形状，所有交叉的拉索之间夹角都为直角，并对索网结构进行有限元划分；

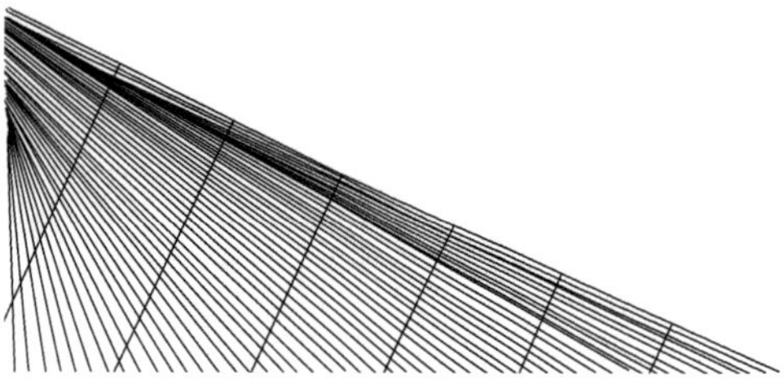

图 3-140　索网结构模型

⑤索网结构调索至张拉力符合设计值，并确定索网结构初始构型。

本算例中最外侧拉索长度接近 800m，因此采用 6 道辅助索设计，将拉索均分为 7 段，辅助索截面直径采用 2cm，约为拉索直径的 1/15，辅助索与桥面或桥塔连接，建立的索网结构模型如图 3-140 所示。

2）全桥及索网结构动力特性分析

（1）全桥动力特性分析

全桥前 10 阶内主要振型及频率见表 3-19。

三塔斜拉桥频率及振型　　表 3-19

振　型　号	频率(Hz)	振 型 描 述
1	0.094 887	主梁 1 阶反对称侧弯
2	0.094 971	主梁 1 阶反对称竖弯
3	0.107 314	主梁 1 阶正对称侧弯
4	0.128 204	主梁 1 阶正对称竖弯
5	0.133 224	主梁 2 阶反对称竖弯
6	0.202 340	主梁 2 阶正对称竖弯
7	0.205 388	中塔侧弯
8	0.213 875	主梁 3 阶反对称竖弯
9	0.233 199	主梁 3 阶反对称竖弯
10	0.243 137	主梁 3 阶正对称竖弯

（2）拉索及索网结构动力特性

对拉索由内侧到外侧分别编号为 J01 ~ J50，以其中 5 根拉索 J10、J20、J30、J40、J50 为例（拉索的设计参数见表 3-20）。根据有限元模型，计算拉索的面内前 10 阶振型如表 3-21 所示。同时分析索网结构模型振动频率，两者对比情况如图 3-141 所示。

拉索的设计参数值　　表 3-20

设 计 参 数	J50	J40	J30	J20	J10
截面积 A(m^2)	0.010 886	0.010 193	0.009 271	0.007 654	0.008 116
初始拉力 T(N)	7 750 544	7 257 576	6 600 286	5 450 029	5 778 674
拉索倾角 θ(°)	24.631	28.331	33.996	43.516	61.071
索长 L(m)	871.277	717.996	569.311	430.237	314.216
单位质量 m(kg/m)	94.01	88.02	80.06	66.09	70.08
弹性模量 E(Pa)	1.95×10^{11}				

拉索面内模态频率计算　　表 3-21

阶　数	频率(Hz)				
	J50	J40	J30	J20	J10
1	0.180 61	0.212 54	0.261 35	0.339 42	0.459 44
2	0.329 83	0.400 41	0.505 12	0.668 62	0.915 62
3	0.495 65	0.601 36	0.758 27	1.003 4	1.373 8
4	0.660 24	0.801 42	1.010 9	1.338 0	1.832 2
5	0.825 80	1.002 3	1.264 2	1.673 2	2.291 1
6	0.991 24	1.203 2	1.517 6	2.008 7	2.750 5
7	1.157 2	1.404 5	1.771 5	2.344 7	3.210 7
8	1.323 2	1.606 1	2.025 8	2.681 3	3.671 6
9	1.489 7	1.808 2	2.280 7	3.018 6	4.133 4
10	1.656 5	2.010 6	2.536 0	3.356 6	4.596 3

可以看出,辅助索对于拉索结构动力特性的改变主要集中在以下几个方面:

①没有辅助索时,斜拉索各自锚固在主梁和桥塔上,相互独立,拉索结构的低阶振动为单根拉索的低阶振动。但是由于辅助索的弯曲刚度非常小,对于索网结构面外刚度的提高并没有效果,所以结构面外振动频率对于有无辅助索并不敏感。

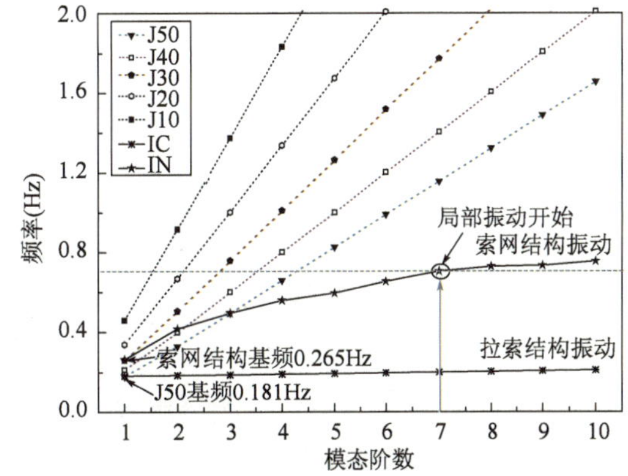

图 3-141　单根拉索与索网结构频率对比

注:IC 为单索;IN 为索网。

②辅助索将斜拉索连接成一个索网结构后,低阶振动为索网的整体振动,是组成索网体系的各拉索平均特性的反映。可以看到,索网结构的低阶面内模态频率都得到了提高,其中 J50 拉索基频为 0.180 6Hz,J10 拉索基频为 0.46Hz,索网结构面内的 1 阶振动频率为 0.264 9Hz,介于 J50 和 J10 基频之间,2 阶频率同样如此,说明索网结构对提升面内频率有显著效果。

根据索网结构模态振型的不同,索网结构的模态可分为整体模态和局部模态。索网模态的低阶振动主要特征是全部斜拉索参与模态振动,这种模态称为索网结构的整体模态,对于本例讨论的索网结构,整体振动发生于前 10 阶振动。对于索网结构的高阶模态振动,基本表现为仅有部分斜拉索索段参与振动,其余部分斜拉索均不参与振动,这种模态称为索网结构的局部模态。局部模态是由于辅助索与斜拉索的连接处形成了弹性支承,特别是当辅助索的轴向刚度足够大时,这些连接点就相当于拉索的固定端点。这样辅助索就把原来长度较长的索变成多段长度较短的索段。从索网结构的振型可以看出,索网结构的高阶模态包含许多局部模态，对于索网的局部模态，辅助索的振型幅值也非常小，这样即使采用高分布阻尼的辅助索，对这些模态的减振效果也将非常有限。

3）辅助索风致灾变及其设计

由于环境作用、车辆荷载及其他因素，辅助索疲劳破坏时有发生。从以往工程实例来看，辅助索用于中短跨径斜拉桥时风致灾变效应并不明显，然而对于大跨径斜拉桥，风致振动是辅助索破坏的主要原因，因此有必要对其进行风荷载下的抖振响应分析。

（1）索网风致抖振时域分析

为了计算结构在风荷载作用下的响应，首先需要对结构进行动力特性分析，得到其自振频率和振型检验模型准确性；其次依据桥梁设计资料和规范，进行脉动风模拟；然后计算结构在静风荷载下的变形和内力，并通过模拟得到桥梁空间各处纵向和竖向脉动风速时程，得到相应的抖振力施加在有限元模型上；最后通过 ANSYS 瞬态分析，得到抖振响应时程。

根据前面 2.2.2 节中介绍的方法进行随机风场模拟，对索网模型风速分块划分情况如图 3-142 所示。

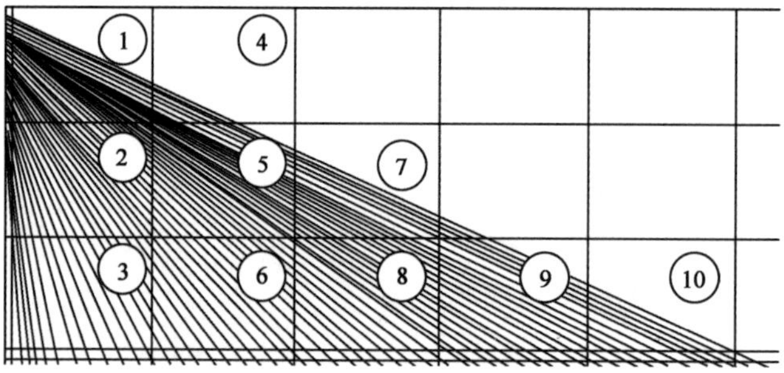

图 3-142 索网结构随机风场模拟分块划分

根据 Davenport 抖振力模型，紊流在桥梁结构单位长度上引起的抖振力见式（3-99）~式（3-101）：

$$D(t)=\frac{1}{2}\rho U^2B\left\{2C_D(\alpha)\frac{u(t)}{U}+[C'_D(\alpha)-C_L(\alpha)]\frac{w(t)}{U}\right\} \tag{3-99}$$

$$L(t)=\frac{1}{2}\rho U^2B\left\{2C_L(\alpha)\frac{u(t)}{U}+[C'_L(\alpha)+C_D(\alpha)]\frac{w(t)}{U}\right\} \tag{3-100}$$

$$F_M(t)=\frac{1}{2}\rho U^2B^2\left\{2C_M(\alpha)\frac{u(t)}{U}+C'_M(\alpha)\frac{w(t)}{U}\right\} \tag{3-101}$$

式中：$D(t)$、$L(t)$、$F_M(\mathrm{t})$——单位长度的抖振力；

C'_L、C'_D、C'_M——$C_L(\alpha)$、$C_D(\alpha)$、$C_M(\alpha)$对风攻角 α 的导数，本节考虑风偏角和风攻角均为 0 的情况，即风来流平均风方向和横桥向间水平夹角为 0，且与桥面之间的夹角也为 0°；

U——各风速块设计基准风速，桥梁不同高度处风速按照规范考虑梯度风效应；

B——计算三分力系数的参考长度；

u、w——横桥向和顺桥向脉动分量。

当 $\alpha=0$ 时，Rayleigh 阻尼模型为线性阻尼，当 $\beta=0$ 时阻尼模型为常阻尼模型。只考虑两阶模态的阻尼比时，系数 α、β 可按式(3-102)、式(3-103)计算：

$$\alpha = 2\frac{w_i w_j}{w_j^2 - w_i^2}(w_j\zeta_i - w_i\zeta_j) \tag{3-102}$$

$$\beta = 2\frac{w_i w_j}{w_j^2 - w_i^2}\left(-\frac{\zeta_i}{w_j} + \frac{\zeta_j}{w_i}\right) \tag{3-103}$$

式中：w_i、w_j、ζ_i、ζ_j——结构第 i、j 阶模态的圆频率和阻尼比，抖振时域分析中选取第 1 阶的竖弯和扭转基本模态。全桥结构的阻尼比为 0.005，索网结构阻尼比为 0.001。

因为斜拉桥和索网结构是柔性体系，变形较大，因此要考虑其在振动过程中的几何非线性。静风荷载直接根据公式将静风风力施加在有限元模型上，利用 ANSYS 静力求解。抖振时域分析根据公式，用 APDL 语言编制计算和后处理程序，计算持续时间取为 80s，采用自动时间步长，时间步长 Δt 从 0.001s 到 0.01s，每 0.01s 为一荷载步，共计算 8 000 次。

为了对比分析斜拉桥拉索施加辅助索前后的抑振效果，本算例的计算流程为：

①建立全桥结构有限元模型，进行全桥结构的抖振计算分析，提取斜拉索梁端与塔端的时程位移，如图 3-143 所示。

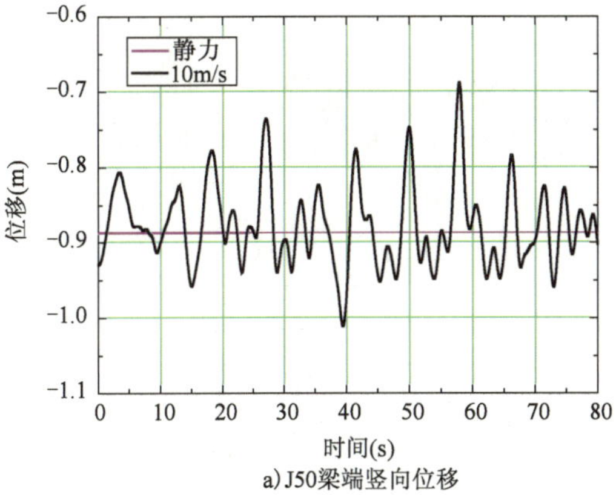

a) J50梁端竖向位移

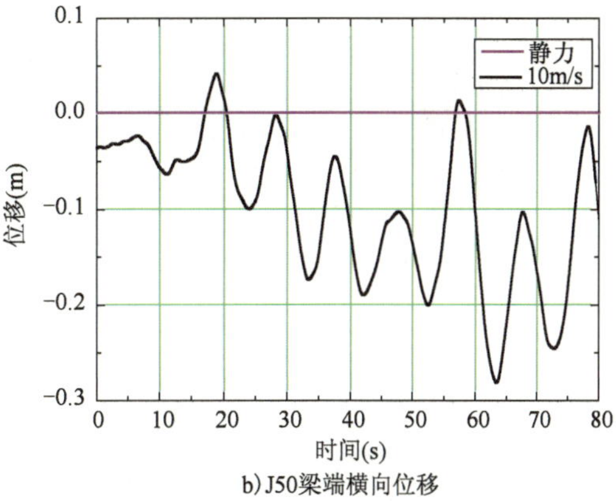

b) J50梁端横向位移

图 3-143 J50 拉索端点位移

②建立单独索网模型，在拉索端点施加相应风速下的抖振强迫位移，计算索网结构在全桥抖振情况下的振动特性，提取 J50 等 5 根拉索关键节点位移，从定量的角度对辅助索的施加进行抑振效果分析。图 3-144 为抖振时域计算中索网结构的位移图。

图 3-145 表示了分别在有、无辅助索情况下拉索关键节点的位移响应情况，从拉索的关键节点位移控制来看，对于索网结构的面内抑振效果，如图 3-145c) ~ f) 所示，对 J40 和 J30 拉索

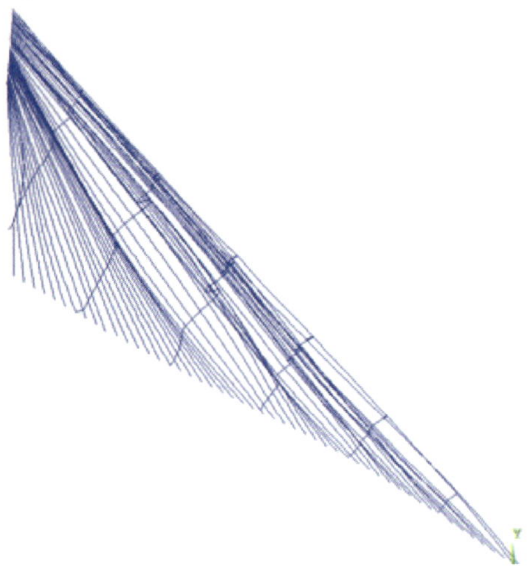

图 3-144　索网模型抖振时域分析某时刻位移图

中点有很好的抑振效果，尤其是拉索结构的 J40 中点竖向和顺桥向位移分别是索网结构竖向和顺桥向位移的 9 倍和 5 倍，J30 中点的竖向和顺桥向位移是索网结构竖向和顺桥向位移的 2 倍左右。

图 3-145g）和 h）表示了节点的面外振动响应，和拉索结构的横向振动相比，索网结构有一定的抑制作用，但只局限于索网结构的部分节点，效果不明显。

（2）常态风速模型分析

辅助索疲劳寿命设计需要考虑到结构所在环境的影响。根据桥址的风速记录气象资料，可以得到该地 1951 年以来每日的平均风速、最大风速和极大风速，其中平均风速是由一天内 4 次定时观测值取平均后得到；最大风速表示一天时间内观测的 10min 平均风速的最大值；极大风速表示一天时间内观测的瞬时（3s）风速的最大值。最大风速和平均风速只表示了一天中某一时刻的风速特征，平均风虽然代表了一天风速的平均特征，但不能反映风速的变化情况。因此直接利用该记录值不能获得需要的常态风速模型，本算例借用苏通大桥风速实时记录资料得到一天内平均风与变化风速之间的关系。

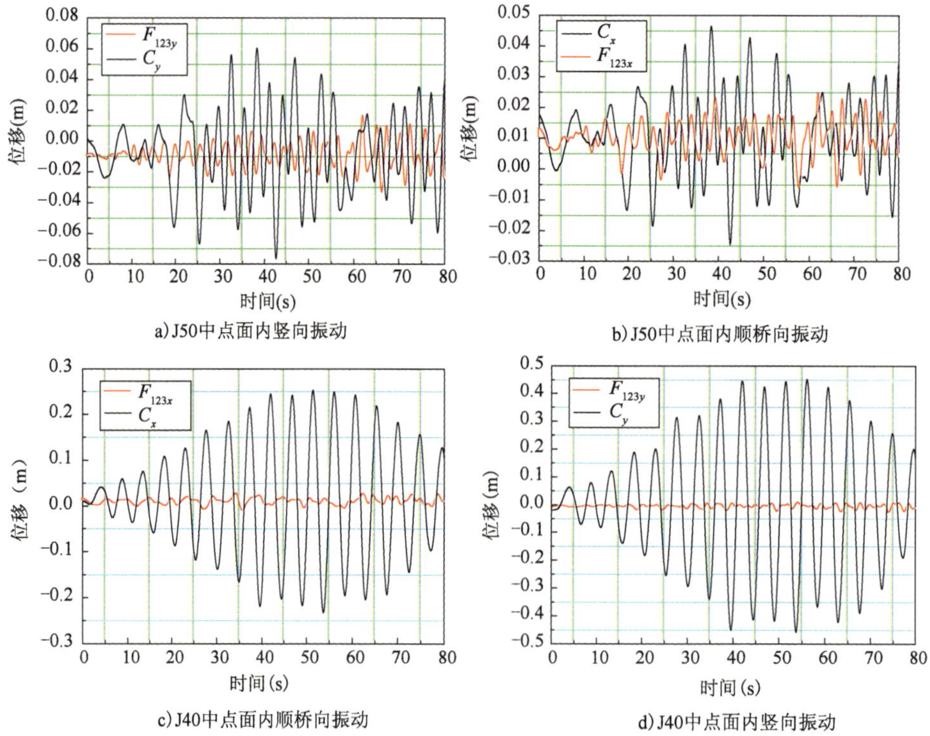

a）J50中点面内竖向振动

b）J50中点面内顺桥向振动

c）J40中点面内顺桥向振动

d）J40中点面内竖向振动

图　3-145

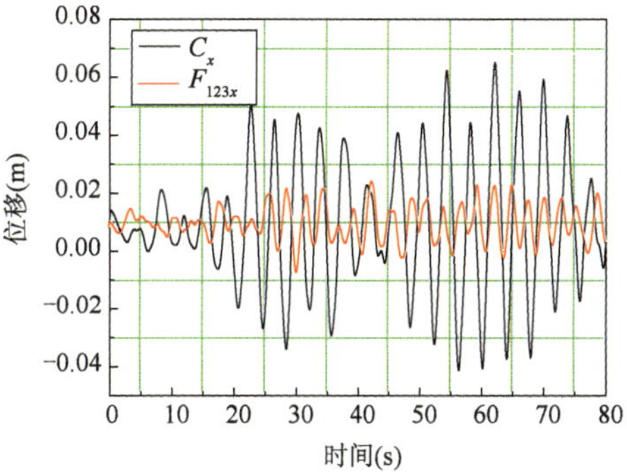

e) J30中点面内顺桥向振动

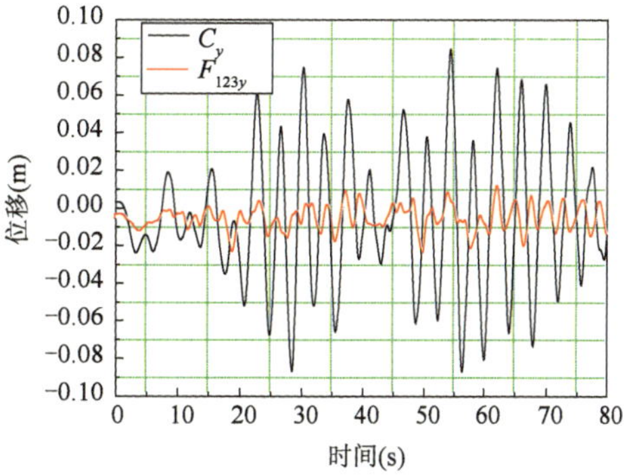

f) J30中点面内竖向振动

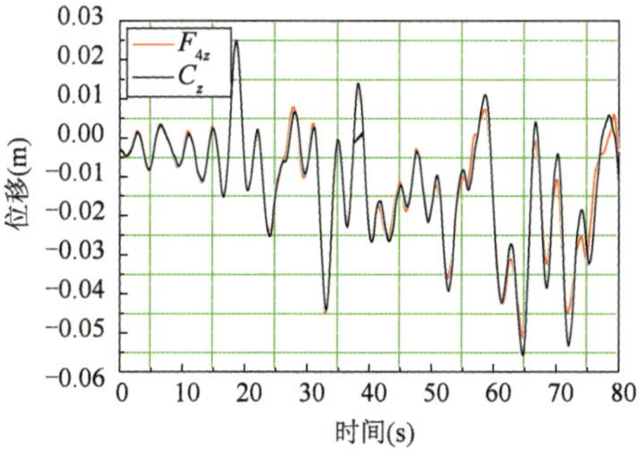

g) J30面外横桥向振动

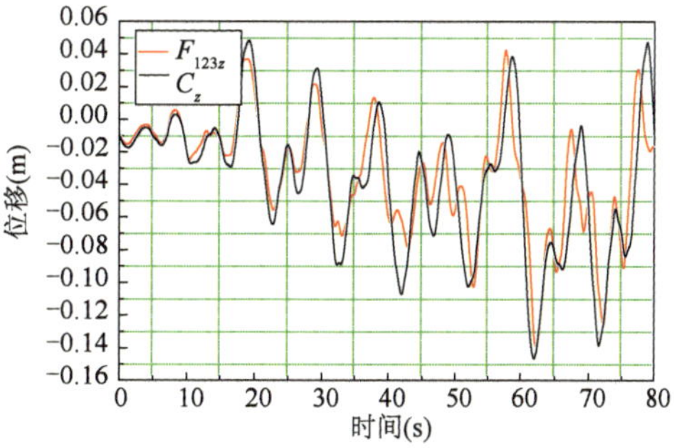

h) J40中点面外横桥向振动

图 3-145 有无辅助索时拉索关键节点位移响应对比

注：F——有辅助索的情况；C——无辅助索的情况

为了表示一天中风速的变化情况，本算例将记录到的全天实时风速数据，按照从大到小的顺序进行排列，然后均分为 10 个等级，计算每个等级内记录风速的平均值。依据每日每级风速与全天平均风速的关系，分析一年的数据发现它们之间具有很好的线性关系。如图 3-146 所示，从上到下依次表征全年每天由慢到快的 10 级风速的平均值与当日全天平均风速的关系。

对分析结果进行线性拟合，如表 3-22 所示，利用该统计关系可以将气象资料中记录的每天平均风速拓展为一天内变化的 10 级风速，每级风速代表时间为 2.4h，以此反映风速的变化情况。

线性拟合结果 表 3-22

风速分级	一次项	常数项
风速 1 级	0.804 1	-1.513 0
风速 2 级	0.877 4	-1.291 0
风速 3 级	0.924 8	-1.090 8
风速 4 级	0.971 3	-0.882 7
风速 5 级	1.028 6	-0.646 6
风速 6 级	1.054 0	-0.165 5
风速 7 级	1.080 6	0.359 8
风速 8 级	1.092 5	0.923 3
风速 9 级	1.097 9	1.562 8
风速 10 级	1.068 4	2.743 7

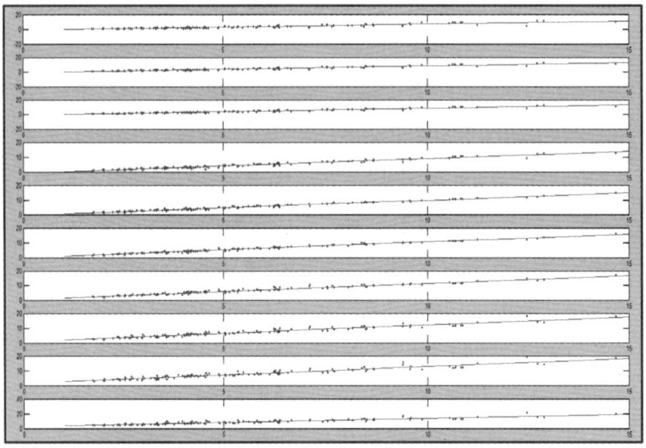

图 3-146　分级风速与平均风速的关系

对桥址的历史平均风速记录资料利用上述关系进行统计分析,可以得到较为精细化的常态风速模型,如图 3-147 所示即为统计得到的常态风速概率分布规律。

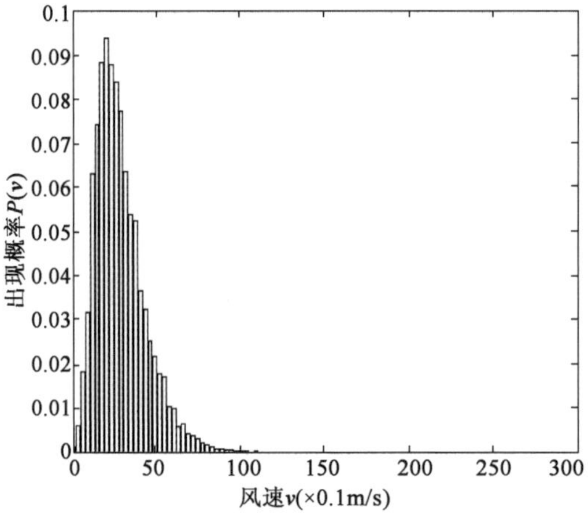

图 3-147　常态风速分布图

(3)风荷载疲劳应力统计研究

利用雨流计数法分析统计辅助索在风荷载作用下的应力变化情况,图 3-148 分别为长、中、短三根拉索在风速 10m/s 作用下 10min 时间内的抖振响应应力谱。

从图中可以看出,无论长、短辅助索,都是低应力幅循环居多,同时长索大应力循环次数多与短索。考虑到长索较短索难于更换、检修,以下以长索为对象进行进一步研究。统计其在不同风速作用下的抖振响应应力幅,再结合图 3-149 所示的常态风速模型,可以得到如图 3-150 所示的年度抖振响应应力统计规律。可见,辅助索的抖振响应低应力幅情况占绝大多数,一年中仅约 500 次应力幅超过 80MPa。

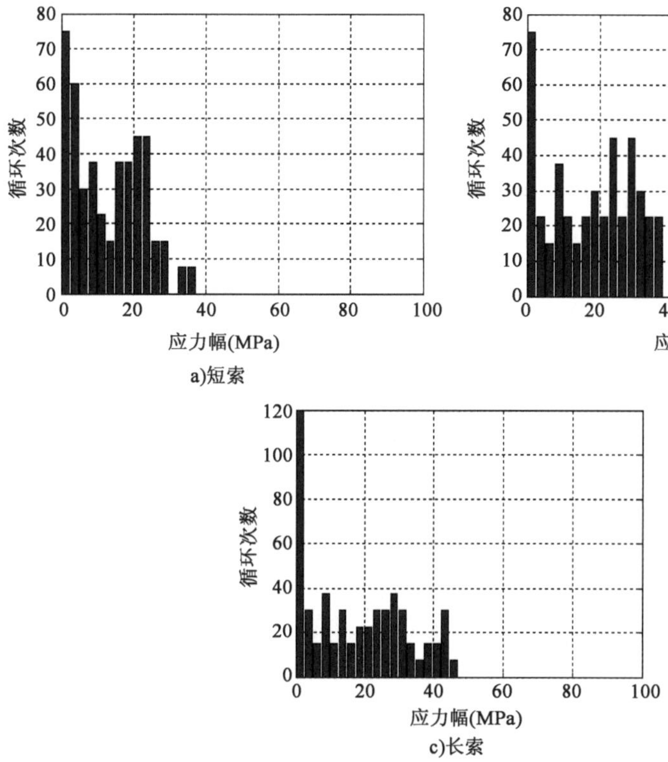

图 3-148　辅助索在 10m/s 风速作用下抖振响应应力谱

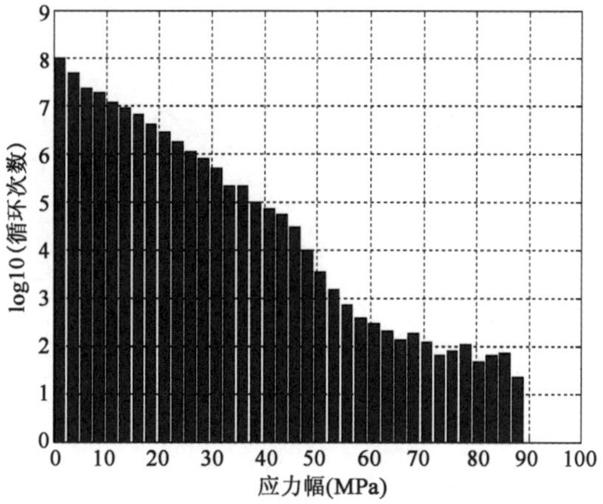

图 3-149　长辅助索风致抖振应力响应年度统计分析

疲劳寿命一般用疲劳失效以前所经历的应力循环次数 N 表示。根据国内外斜拉索疲劳试验研究成果，斜拉索钢丝的 S-N 曲线表达式采用式(3-104)：

$$\log N = 13.95 - 3.5\log\Delta\sigma \tag{3-104}$$

研究变幅疲劳强度，主要是通过建立变幅疲劳强度与常幅疲劳强度之间的关系来解决。目前已经被普遍接受的假设是由 Miner 于 1945 年发表的线性累积损伤准则。Miner 准则由于其使用起来简单方便,各国最新版的钢桥疲劳设计相关规范仍都采用这一准则,将变幅疲劳换算成等效等幅疲劳进行疲劳寿命计算。式(3-105)为 Miner 线性累积损伤准则。

$$D(n) = \sum_{n}^{i} \frac{n_i}{N_i} \tag{3-105}$$

根据式(3-96)计算得到长辅助索的年度损伤度 $D(n) = 0.013\ 28$,若以疲劳损伤 0.2 为限,则疲劳寿命为 0.2/0.013 28 = 15.06 年。

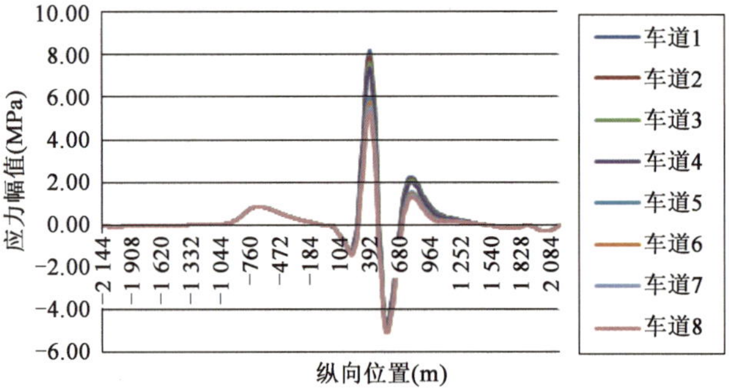

图 3-150　3 号辅助索车道影响线

4)辅助索车辆荷载疲劳分析

(1)辅助索影响面计算

影响面计算采用单位荷载加载法,考虑到桥梁自重较大,为使单位荷载作用在桥面以后斜拉索应力变化值较明显,取用单位荷载值 $P = 1\ 000$kN。大桥每个车道在横隔梁位置处设置一个加载点,全桥共 8 × 276 = 2 208m 个加载点。

由于全桥模型和索网模型分开建立,不能通过在全桥模型上的单位荷载加载直接得到。单位荷载作用在每个加载点位置时,会得到主梁和塔的节点位移,从中选取索网结构模型中拉索锚固点处对应的各方向位移,并作为强迫位移施加到索网结构模型中,即可得出辅助索单元的应力结果。由此,针对每个辅助索单元可以得到其应力随单位荷载加载位置变化而变化的情况,并由此绘制各车道的影响线。如图 3-150 所示即为 3 号辅助索中间单元 8 个车道的影响线情况。

(2)随机车流模拟

由于缺乏大桥的实地交通资料,本书采用随机车流模拟程序,模拟真实的交通流。在编写模拟程序的过程中主要考虑了以下几项:

①车型分类

车辆是组成交通流最基本的元素,建立车辆荷载模型首先要做的就是对通行于桥梁上的车辆进行分类,为此在模型中车型划分标准将依据高速公路管理部门和交通调查采用的车型划分标准,制定反映上述两者要求的车型划分标准,见表 3-23。

模拟程序采用的车辆划分标准　　表 3-23

分类	收 费 分 类	调 查 分 类	车 辆 特 征	图　示
1	第一类	第一类	≤7 座客车 <2t 货车	
2	第二类	第二类	2～5t 货车	
3	第二类	第二类	8～19 座客车	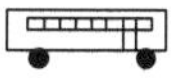
4	第三类	第三类	20～39 座客车	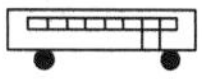
5	第三类	第三类	5～10t 货车	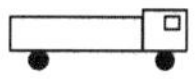
6	第四类	第四类	≥40 座客车	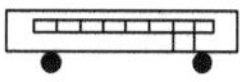
7	第四类	第四类	10～15t 货车	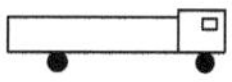
8	第五类	第五类	>15t 货车	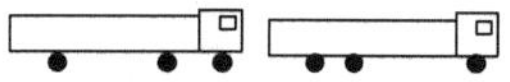
9	第五类	第六类	>15t 货车	
10	第五类	第六类	>15t 货车	
11	第五类	第六类	>15t 货车	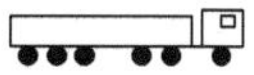

②车型组成

通过车型分类研究，将过桥的车辆按客、货车以及载重能力划分为 11 类，但各类车在桥上所占的比例也是一个随机事件，确定过桥车辆的交通组成是车流模拟的基础。对过桥车辆按 11 类划分，以各类车的比例、各车型的车道分配比例以及各车道的车型比例三方面参数来描述交通组成和分布特性。

③车型比例

通过研究发现，在到达的车辆中，一类车约占 49%，三类车约占 19%，二、四、六类车所占的比例相当、均在 10% 左右，五类车约占 2%。

④各车型的车道分配规律性

一、二、三类车机动性能较好，车道分布比例相差不大，但总的趋势是由超车道向慢车道递减。四、五、六类车由于是载重车辆，主要集中在行车道和慢车道，相比之下行车道的比例更高。模拟程序中各类车辆的分布比例如表3-24所示。

各类车辆比例表 表3-24

第一类	第二类	第三类	第四类	第五类	第六类
0.342 2	0.020 2	0.020 3	0.045 0	0.045 0	0.081 7
第七类	第八类	第九类	第十类	第十一类	
0.081 8	0.080 0	0.131 3	0.089 6	0.062 9	

⑤车道的车型比例

不同时间段内，各车道的车辆比例呈现出稳定的分布规律，但是各车型的车辆在同一车道内的比例却有很大的离散性，这是由于车辆混合行驶所造成的。这一现象为模拟模型的建立增加了不少难点，可以采用车型比例和车道分配两个参数来确定产生车型和形成行驶车道而忽略车道车型的变化。

⑥车辆到达模型

车辆的到达在某种程度上具有随机性，描述这种随机性分布规律的方法有两种：一种是以概率论中描述可数时间统计特征的离散型分布为工具，考察在一段固定长度的时间或距离内到达某场所的交通数量的波动性；另一种是以连续性分布为工具，研究车辆在间隔时间、车速、可穿越空挡等交通流参数的统计分布特性。

经研究分析认为，为了使交通流模拟更具操作性，对随机车流的描述采用离散型分布，在交通模拟中需要大量的实测数据，以离散分布的一定时间内到达车辆数为参数，在时间误差可控性方面更高，且计数简单易于操作。而若采用连续型分布，需要以车头时距作为交通模拟的参数，由于在实测过程中，时间测量的精确性较低，且在交通流量较大的情况下，其精确性更低，为此本算例的车流模拟以离散型的到达数量为基本参数。

⑦车速模型

车辆在道路上行驶速度与诸多因素相关，包括车型、车的性能、驾驶员的驾驶技术、驾驶行为、道路环境、天气情况以及交通情况等，这些因素使得桥梁上行驶的车辆速度存在着差异，因而确定车辆的行驶速度是一项复杂的工作。作为交通流三个基本参数之一，车速的确定关系到模型的质量和模拟结果的合理性，因此，分析模拟中把车速作为基本输入参数。

车速模型与车重模型相同，也采用类似的方法，以车型为划分基础，将车辆划分为6类，通过调查各类型车辆的行驶速度，从而获得各种车型速度的统计特征，其中包括均值、标准差并拟合车型所代表车辆的车速分布模型。根据文献资料显示，车速符合正态分布，因而对于不同车型，可以依据正态分布函数获得车速。

通过上述原理分析，利用Matlab软件编写的随机车流模拟程序对大桥的交通流进行模拟，如图3-151所示。

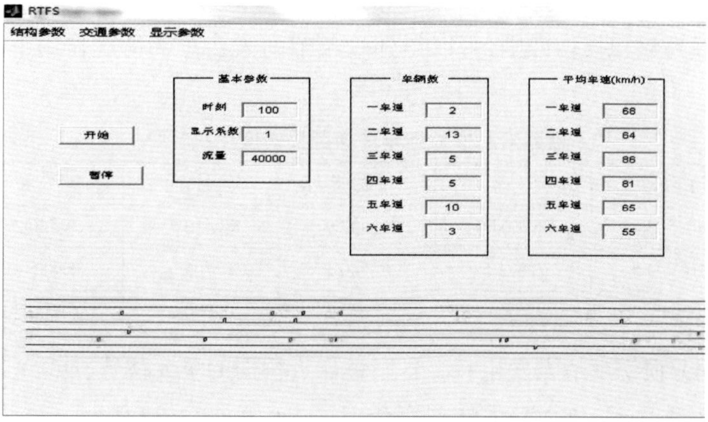

图 3-151 随机车流模拟程序模拟车流情况

(3)辅助索车辆荷载疲劳应力分析

本书对大桥 24h 内的车流进行了随机模拟,通过模拟的结果可以得到每隔 1s 桥面上车辆的分布情况,将每一步的车辆荷载施加到辅助索单元的影响面上,即可得到辅助索在车辆荷载作用下的应力时程,如图 3-152 所示即表示为 3 号辅助索近梁端位置车辆荷载应力时程。

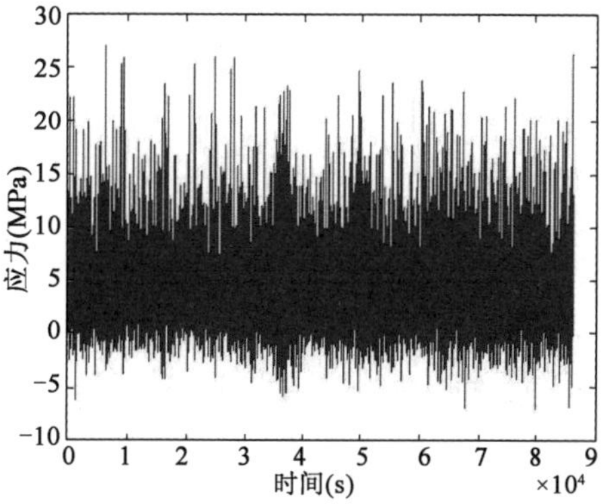

图 3-152 3 号辅助索近梁端位置车辆荷载应力时程

同样,利用雨流计数法对应力时程进行统计分析,即可得到辅助索单元在车辆荷载作用下的应力谱,图 3-153 为 3 号辅助索的应力幅情况。

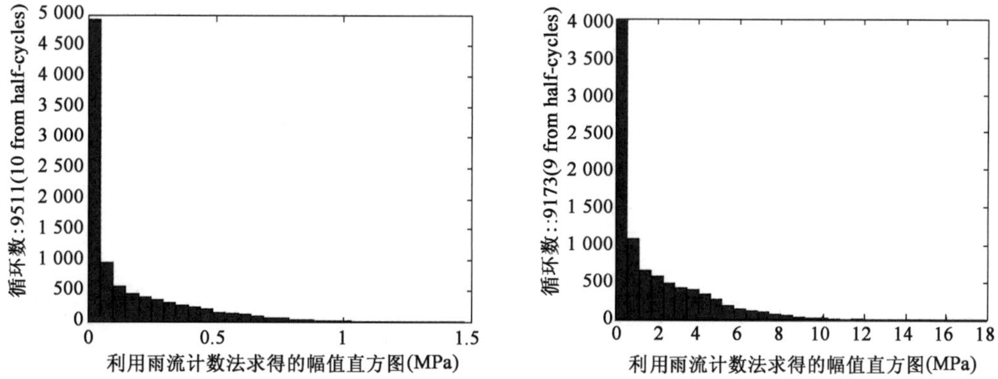

图 3-153 3 号辅助索单元在车辆荷载作用下的应力谱

通过计算结果可以看出,辅助索的应力循环绝大多数都集中在低应力幅阶段;随着索长的减小,出现高应力幅的频数增加;并且对于同一根辅助索,距离桥面越近的单元出现高应力幅值的频数越大。

根据 Miner 线性累积损伤准则，可以得到 6 条辅助索在车辆荷载作用下的年度损伤度如表 3-25 所示。

辅助索车辆荷载年度疲劳损伤度（$\times 10^{-4}$） 表 3-25

单元位置	1 号索	2 号索	3 号索	4 号索	5 号索	6 号索
靠近外侧拉索	40.508 1	56.608 8	1.497 9	8.413 5	1.740 2	0.284 9
中间	10.974 5	7.871 5	0.740 1	1.705 0	1.885 4	2.069 7
靠近桥面系	0.045 9	0.003	0.000 3	0.000 6	0.000 7	0.000 9

由上可知，疲劳损伤度最大发生在 2 号索最靠近桥面的单元位置，$D(n)=0.0057$，在本书中若以疲劳损伤 0.2 为限，则 2 号索疲劳寿命为 $0.2/0.0057=35$ 年。

4　塔梁墩构件灾致变位控制技术研究

对于大跨度桥梁的塔、梁、墩构件灾变现象,其灾致变位技术的研究与应用对桥梁的安全性能和使用性能起着至关重要的影响。本章主要介绍以下内容:

(1)介绍新型格构式组合塔墩阻尼系统,并应用于悬索桥梁体系。结果表明,新型格构式组合塔墩设置防屈曲支撑阻尼器,能很好地提高桥墩的抗震安全性,并且格构式桥塔中第二刚度系数越高,阻尼器对悬索桥桥塔结构的位移控制效果越好。

(2)介绍一种新型合理的连接装置传力系统,它能很好地削减应力集中现象,此外各种力学性能也符合设计要求。

(3)对 SMA 阻尼器的初始刚度、屈服后刚度以及卸屈比的影响进行研究,并进行模型试验。通过以上理论及试验的论证,并结合桥梁结构,由此确定 SMA 阻尼器结构设计的方案。

(4)介绍三向弹性减震支承和水平拉杆支承。通过两种方案的设计与研究,对产品进行试验验证,并确定其各项性能均能满足要求。

(5)对调谐质量阻尼器控制的机理进行理论分析,并模拟分析桥塔结构的振动。进行磁流变弹性体的本构关系试验及理论研究,完成了基于分数阶模型的磁流变弹性体建模分析。结果表明调谐质量阻尼器合理。

4.1　格构式组合塔墩阻尼系统

4.1.1　背景

在传统的桥梁抗震设计中,强震作用下桥梁结构部分构件允许进入非线性,如桥墩利用结构的延性抵御地震。国内外大多数桥梁采用的是钢筋混凝土桥墩,在强震作用下,桥墩进入塑性状态后可以吸收一定的能量,但是结构的损伤修复工作也非常复杂。因此,可以考虑通过相应的技术措施来提高桥塔结构的抗震性能。桥梁支撑连接条件的变化对其动力特性、内力和位移反应均有较大影响。在有限元计算分析过程中,支撑条件的非线性特性大多采用简单明确的恢复力模型来表达,消能减震设备也可以通过其特有的滞回本构模型来表征,进而可以研究不同种类消能减震设备对悬索桥梁结构体系的减震效果。

此外,对于悬索桥和斜拉桥结构体系中的桥塔结构,传统设计时往往将桥塔设计为独立塔柱结构,如图 4-1 所示。独立塔柱结构的优点是塔身整体性好,施工简单,但由于两个塔柱距离较大,不便于在桥塔结构上安装消能减震设备或其他附加设备。

为了解决上述问题,美国设计并建造了世界上第一座分塔式自锚悬索桥——旧金山—奥克兰海湾大桥,该桥于 2013 年 9 月正式建成,如图 4-2 所示。旧金山—奥克兰海湾大桥采用独塔结构,该塔由 4 个子塔组成。格构式组合塔墩阻尼系统的基本原理为:子塔之间用金属阻尼器相互连接,在小震作用下,阻尼器提供弹性支撑作用;在大震作用下,金属阻尼器会发生屈服耗能,地震过后阻尼器可以被更换,起到“保险丝”的作用,从而保证桥梁主体结构的安全。该桥的建成也为新型悬索桥、斜拉桥桥塔的设计提供了新的思路和借鉴。

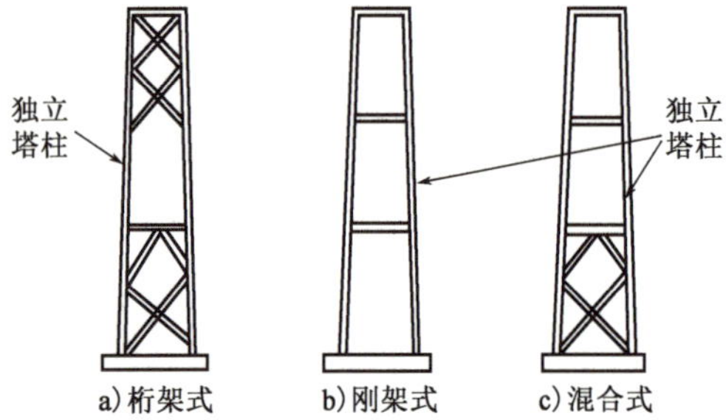

图 4-1　传统悬索桥桥塔结构形式

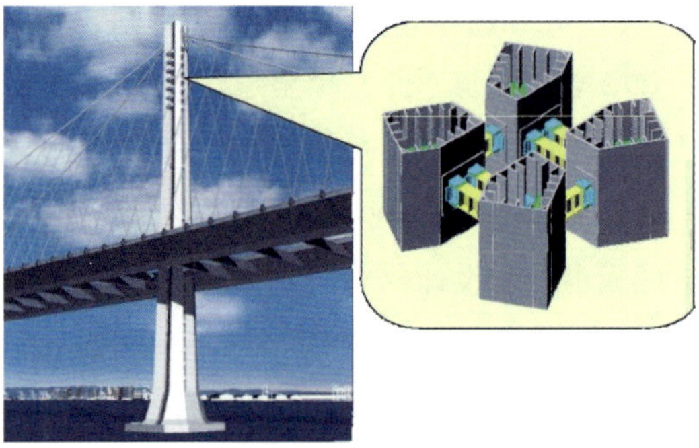

图 4-2　美国旧金山—奥克兰海湾大桥

4.1.2　基本原理

以琼州海峡大桥悬索桥为背景,研究超大跨度悬索桥的抗震性能,探讨新型格构式组合塔墩阻尼悬索桥梁体系在地震作用下的响应,以及不同类型阻尼器对超大跨度悬索桥的振动控制效果。课题研究内容主要包括:①超大跨度悬索桥在远场、近场地震动作用下的非线性响应分析;②格构式组合塔墩阻尼悬索桥梁体系的动力特性以及地震动作用下的响应分析;③位移型和速度型阻尼器的布置方式和阻尼器参数等对超大跨度悬索桥的控制效果分析;④模型桥梁分塔阻尼的振动台试验等。

4.1.3　超大跨度悬索桥梁体系抗震分析

根据悬索桥各构件的结构特性,本书采用三维梁单元模拟桥塔和加劲梁,采用三维杆单元模拟悬索桥吊杆,由于该悬索桥的主缆面积很大,其弯曲刚度不可忽略,采用杆单元模拟主缆并不准确,这里采用梁单元模拟悬索桥主缆。各构件的连接方式为:主缆与桥塔塔顶采用铰接(或者耦合平动自由度),吊杆与主缆之间采用铰接,吊杆与加劲梁之间采用铰接,由于悬索桥为纵向漂浮体系,主梁与桥塔在支座连接处释放纵向(顺桥向)位移约束,主塔与地基分别采用固结和考虑承台-桩基影响的连接形式。全桥主缆共划分为 492 个单元,共 486 个吊索杆单元，主塔为钢筋混凝土截面，配筋率为1%，采用24个不同的截面形式模拟其变截面，每根横梁划分为4个单元。钢筋及钢箱梁的弹性模量为 2.01×10^{11} Pa，泊松比为0.3，屈服应力分别为423MPa和248MPa，第二刚度系数为0.02；采用C50混凝土，弹性模量为 3.45×10^{10} Pa，泊松比为0.2。

1）琼州海峡悬索桥动力特性分析

结构的动力特性主要包括频率、振型和阻尼比。对于大跨度悬索桥结构来说，除了具有较低的自振频率、复杂的振型外，阻尼特性也必须重点考虑，其大小和特性直接影响结构的动力响应规律。在一般桥梁结构地震反应分析，阻尼可用阻尼比的形式计入；而对于非线性地震反应分析，具有非均匀阻尼的桥梁（如斜拉桥、悬索桥）的地震反应分析必须采用正确的方法计算阻尼矩阵。目前均质结构一般都采用瑞利阻尼矩阵，即假定阻尼矩阵为刚度矩阵和质量矩阵的线性组合。根据以往的研究和实测经验，悬索桥结构的阻尼比较低，我国虎门大桥和江阴大桥的实测阻尼比在0.5%～1.5%。其中江阴大桥第1阶以塔身纵向弯曲为主的模态阻尼比仅为0.5%。因此，在悬索桥的地震反应分析中，建议阻尼比取值不宜大于1.0%。在本书的计算分析过程中，琼州海峡大桥的前两阶振型阻尼比取0.8%。

通过对琼州海峡大桥进行模态分析，可以得到其前700阶自振频率，图4-3给出了琼州海峡大桥振型阶次-自振频率的变化规律。限于篇幅，这里只给出前20阶自振频率与相应的振型描述，如表4-1所示。考虑到悬索桥桥塔基础的影响，文中简要给出了桥塔根部固结边界时与考虑桥塔（Tower）-承台（Cap）-桩基（Pile）时的悬索桥自振频率的变化，结果在表4-1中也一并给出，文中后续时程分析中以塔身固结边界为主。琼州海峡大桥部分阶次振型图如图4-4所示。

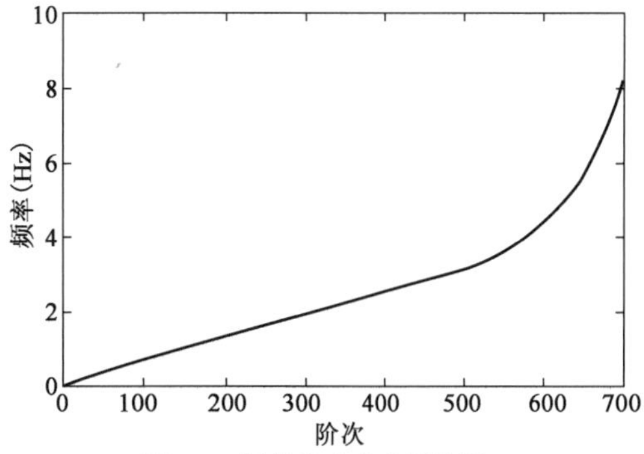

图4-3 频率-阶次分布规律图

琼州海峡大桥自振频率与振型 表4-1

阶数	频率(Hz)(固结)	振型描述	频率(Hz)(T-C-P)
1	0.055	主跨正对称侧弯	0.045
2	0.089	主跨正对称竖弯	0.080
3	0.100	主跨反对称竖弯+纵漂	0.088
4	0.104	主跨2阶侧弯	0.099
5	0.126	主跨、边跨1阶竖弯+纵漂	0.100
6	0.134	主跨主缆振动	0.111
7	0.145	边跨竖弯+主跨反对称+纵漂	0.125
8	0.146	主跨3阶侧弯+边跨1阶侧弯	0.133
9	0.150	边跨1阶主振型	0.141
10	0.156	主跨3阶振型竖弯	0.144

续上表

阶数	频率(Hz)(固结)	振 型 描 述	频率(Hz)(T-C-P)
11	0.158	主跨 2 阶侧弯	0.155
12	0.161	主跨 3 阶侧弯 + 边跨 1 阶侧弯	0.156
13	0.174	主跨 3 阶振型竖弯 + 边跨 1 阶竖弯	0.158
14	0.191	主跨主缆 2 阶侧弯振动	0.165
15	0.191	主跨主缆 3 阶侧弯振动	0.174
16	0.195	主跨主缆 3 阶 + 边跨 1 阶侧弯	0.191
17	0.201	主跨主缆振动	0.201
18	0.209	边跨主缆振动	0.205
19	0.213	主跨 4 阶竖弯	0.209
20	0.216	主跨主缆 2 阶侧弯 + 边跨主缆反对称振动	0.213

从表 4-1 可以看出,当桥塔根部固结时,悬索桥的前两阶频率比考虑承台-桩基体系时分别高 18.2% 和 10.1%,导致上述基频差异较大的原因是悬索桥第 1 阶振型为侧向振动,桥塔基础的约束形式对侧向振动影响很大。由于跨海大桥的承台-桩基一般置于河床或海底泥沙中,其侧向约束并非为刚度无穷大,在进行实际工程分析时应该充分考虑场地土特性与基础形式,承台-桩基侧向约束的影响不能忽略。

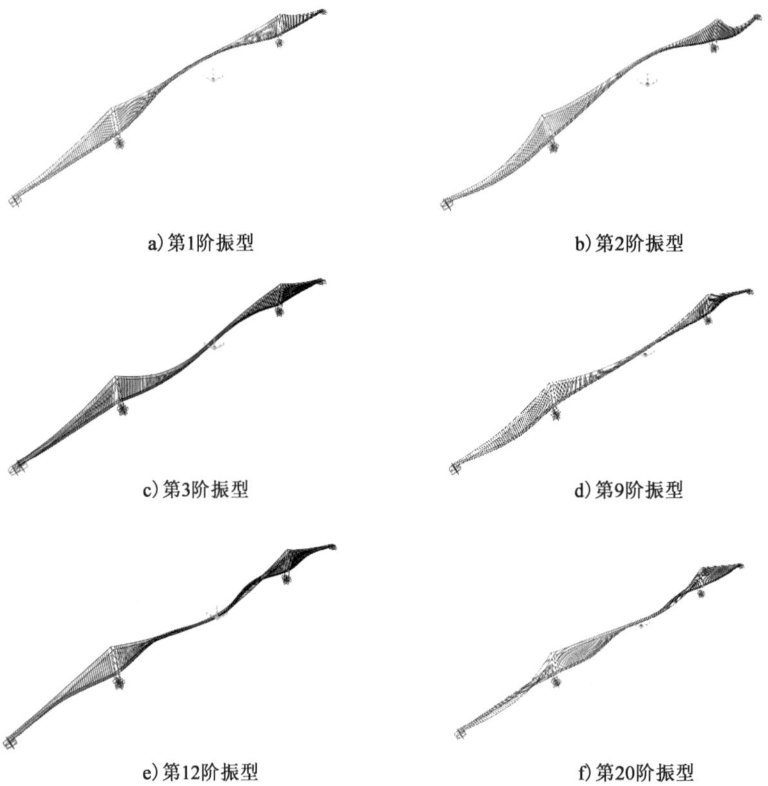

图 4-4　琼州海峡大桥部分阶次振型图

2)地震动输入

目前,国内外现有的桥梁工程抗震设计规范多数只适用于中等跨径的普通桥梁,超过适用范围的大跨度桥梁抗震设计则仍无规范可循。除了对常用的中小跨度桥梁仍采用反应谱方法计算外,对于大跨度悬索桥的抗震设计,尽管日本、美国和我国许多学者已经进行了大量的研究,但是在大跨度桥梁抗震设计方面尚无统一标准。与中等跨径普通桥梁相比,大跨度桥梁的地震反应比较复杂,相应的抗震设计也比较复杂,如高阶振型的影响、多点激励和行波效应、各种复杂的非线性因素以及桩-土-结构相互作用等。因此,现阶段一般建议重要复杂的大跨度桥梁的抗震计算采用时程分析方法,原因是时程分析法可以得到地震过程中每一时刻下结构各节点、构件以及耗能减震装置的位移、速度、加速度以及作用力响应等,进而可以研究结构在地震作用下弹性和弹塑性阶段的内力变化以及构件逐步开裂、损坏直至坍塌的全过程。因此,时程分析方法可以使桥梁工程师更清楚结构在地震作用下的延性特征和破坏机理,为正确提高桥梁的抗震能力提供重要的参考。

地震动输入是进行结构反应分析的依据,对结构的地震反应影响很大。地震地面运动在时间和空间上具有高度的变化性,在一般的结构地震反应分析中,往往只考虑它们的时间变化性,而不考虑它们的空间变化性。因此,在结构地震反应分析中,通常都假定各支撑点的地面运动是相同的。本书在计算分析时考虑了地震动特性对桥梁响应的影响,未考虑行波效应。计算分析中分别选取了远场地震动记录和近场地震动记录,分别如图 4-5、图 4-6 所示。所选取的地震动记录如下:

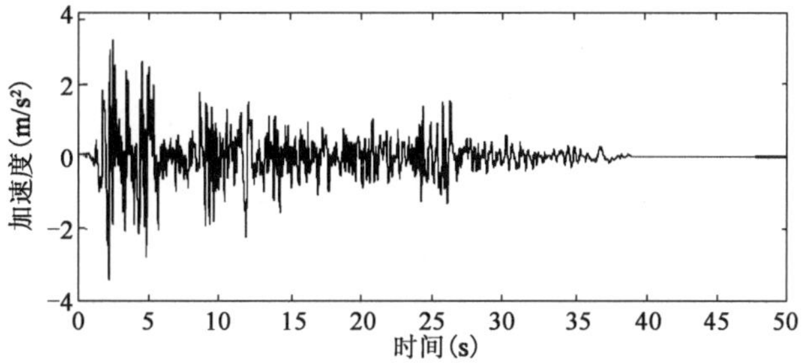

图 4-5　1940 年 5 月 El Centro NS 地震记录时程

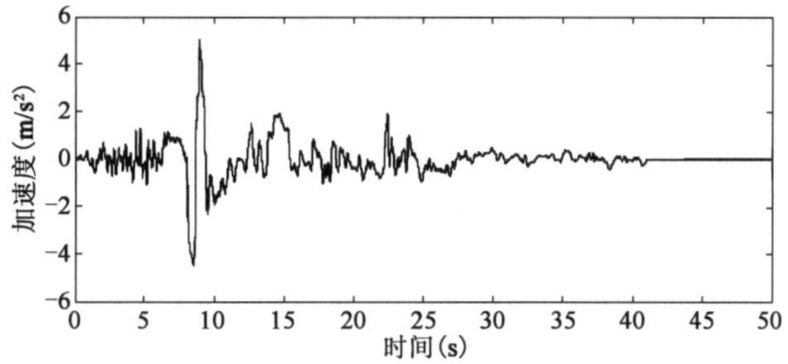

图 4-6　1999 年 9 月 Chi-chi EW 地震动记录时程

(1)El Centro NS,1940 年 5 月 Imperial Valley 地震,峰值加速度(*PGA*)为 3.417m/s^2;

(2)Chi-chi EW,TCU052 台站,1999 年 9 月我国台湾集集地震,峰值加速度(*PGA*)为 5.030m/s^2。

3)琼州海峡悬索桥在横向地震激励下的响应研究

悬索桥是以主缆受力为主的结构,跨度越大,主缆的作用越明显,本书在时程分析过程中考虑了主缆的几何大变形和应力刚化效应。课题首先计算分析了琼州海峡大桥在远场地震动 El Centro 和近场地震动 Chi-chi 地震动记录作用下的地震响应,并通过时频分析方法对比研究了不同特性的地震波对悬索桥响应的影响。

PGA 分别为 400gal 和 800gal 时塔身中部、跨中主缆、桥面跨中位移及加速度响应的最大值如表 4-2、表 4-3 所示。

地震作用下琼州海峡大桥主要节点的位移及加速度响应(*PGA* = 400gal)　　表 4-2

节点位置	El Centro 地震动记录		Chi-chi 地震动记录	
	位移(m)	加速度(m/s^2)	位移(m)	加速度(m/s^2)
主塔塔顶	0.343	6.006	1.297	9.365
塔身中部	0.129	5.637	0.568	6.697
主缆跨中	0.514	7.349	5.526	16.050
桥面跨中	0.365	3.449	5.981	7.283

地震作用下琼州海峡大桥主要节点的位移及加速度响应(*PGA* = 800gal)　　表 4-3

节点位置	El Centro 地震动记录		Chi-chi 地震动记录	
	位移(m)	加速度(m/s^2)	位移(m)	加速度(m/s^2)
主塔塔顶	0.655	9.907	2.502	19.119
塔身中部	0.232	8.256	1.293	11.392
主缆跨中	0.807	14.248	11.681	26.785
桥面跨中	0.806	7.190	11.591	10.361

从表 4-2、表 4-3 可以发现,在 *PGA* = 400gal 时,El Centro 地震动记录作用下的主塔塔顶水平位移为 0.343m,侧向水平位移转角(水平位移/主塔高度)约为 1/112 2,保持为弹性;而在 Chi-chi 地震动记录作用下的侧向水平位移转角约为 1/295,已经进入塑性阶段。在 El Centro 和 Chi-chi 地震动记录作用下的桥面跨中位移分别为 0.365m 和 5.981m。因此,悬索桥结构体系的位移响应与地震动的特性关系密切,由于近场地震动卓越周期较长,因此对大跨越悬索桥在地震作用下的影响也更加明显。

在课题选用的地震动记录作用下的悬索桥主塔顶端和悬索桥跨中位移响应时程曲线如图 4-7、图 4-8 所示。

为了分析远场地震动和近场地震动作用下悬索桥体系动力响应的差别,本书通过时频分析方法对悬索桥不同位置处的位移响应曲线进行了研究,其中对主塔塔顶和主缆跨中位移时程曲线进行时频变换的结果如图 4-9、图 4-10 所示。可以发现,主塔参与振动的主要频率(振型)在不同特性地震动记录作用下也存在明显差别,其中 El Centro 地震动记录作用下主塔振动的主要频率为 0.35Hz,而在 Chi-chi 地震动记录作用下主塔参与振动的主要频率是0.15Hz,这说明远场地震动会激发悬索桥主塔的高阶振型。对于基频更低的主缆而言,远场地震动作用下,主缆参与振动的主要振型除了第 1 阶以外,还包括更高阶的振型;而在近场地震动作用下,主缆参与振动的振型则主要为第 1 阶振型。

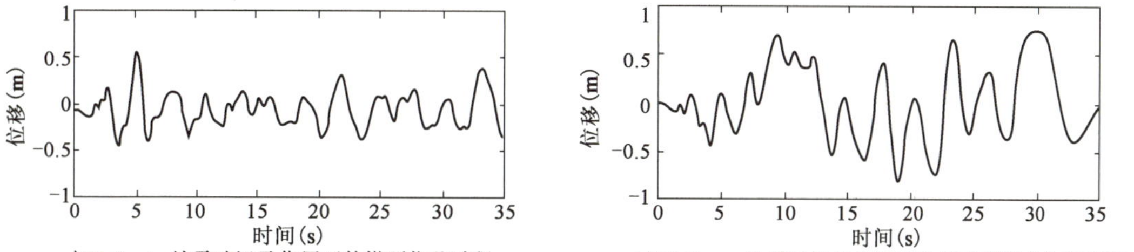

a)El Centro地震动记录作用下的塔顶位移时程　　b)El Centro地震动记录作用下的悬索桥跨中位移时程

图 4-7　El Centro 地震动记录作用下的悬索桥位移响应(PGA = 800gal)

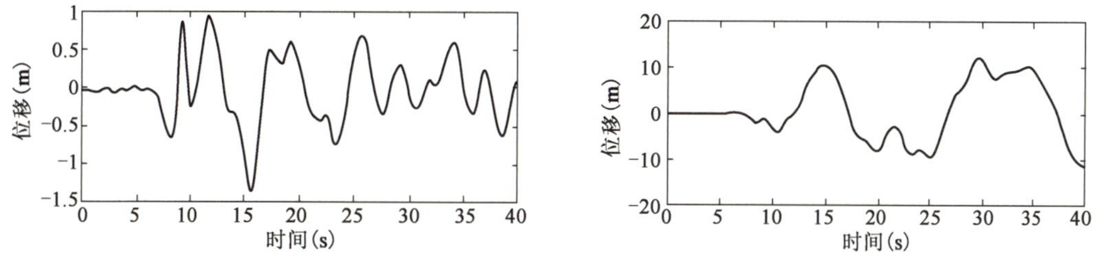

a)Chi-chi地震动记录作用下的塔顶位移时程　　b)Chi-chi地震动记录作用下的跨中位移时程

图 4-8　Chi-chi 地震动记录作用下的悬索桥位移响应(PGA = 400gal)

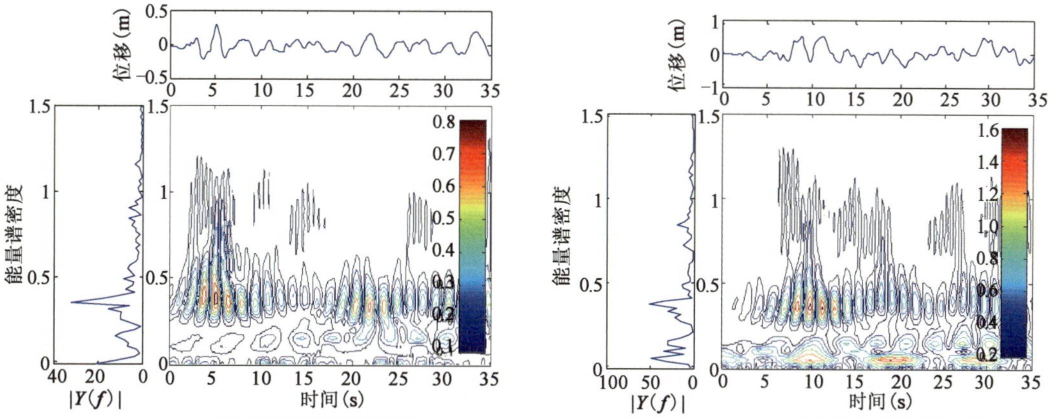

a)塔顶位移时程时频变换　　b)主缆位移时程时频变换

图 4-9　El Centro 地震动记录作用下的主塔塔顶、主缆跨中位移时程曲线时频变换结果

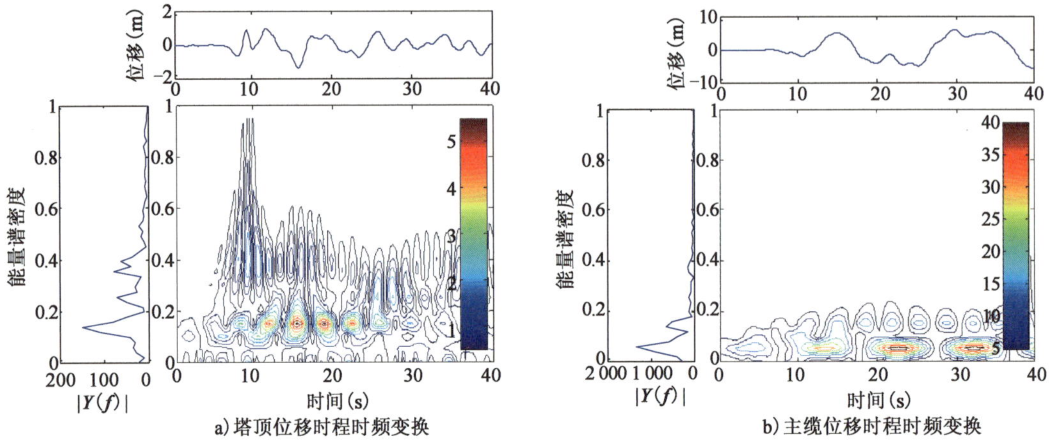

图 4-10 Chi-chi 地震动记录作用下的主塔塔顶、主缆跨中位移时程曲线时频变换结果

4)琼州海峡悬索桥顺桥向地震响应及控制效果分析

为了研究琼州海峡悬索桥在顺桥向地震动作用下的抗震性能,本节首先计算分析原桥在远场地震动和近场地震动作用下的地震响应,并得到了地震动峰值为400gal 和 800gal 时悬索桥主要节点的位移及加速度响应的最大值,如表 4-4、表 4-5 所示。

地震作用下琼州海峡大桥顺桥向主要节点的位移及加速度响应(*PGA* = 400gal)　　表 4-4

节点位置	El Centro 地震动记录		Chi-chi 地震动记录	
	位移(m)	加速度(m/s^2)	位移(m)	加速度(m/s^2)
主塔塔顶	0.241	4.415	1.282	4.771
塔身中部	0.360	5.704	1.263	7.299
主缆跨中	0.290	5.512	2.181	5.119
桥面跨中	0.301	2.620	3.635	3.796

地震作用下琼州海峡大桥顺桥向主要节点的位移及加速度响应(*PGA* = 800gal)　　表 4-5

节点位置	El Centro 地震动记录		Chi-chi 地震动记录	
	位移(m)	加速度(m/s^2)	位移(m)	加速度(m/s^2)
主塔塔顶	0.471	8.032	2.408	9.504
塔身中部	0.701	11.409	2.266	15.180
主缆跨中	0.561	11.015	3.455	10.811
桥面跨中	0.582	5.138	6.364	8.307

对比分析表 4-2、表 4-3 中悬索桥在横桥向作用下的地震响应可以看出,在相同峰值的地震动作用下,悬索桥桥塔、主缆跨中和桥面跨中位移和加速度的顺桥向响应基本都小于横桥向的地震响应。与横桥向地震响应相比一个显著的特点是,在远场地震动作用下塔身中部位置处的位移响应不一定小于塔顶处的位移响应,这表明主塔在振动时受高阶振型影响比较明显;此外,出现上述现象的原因是,由于主塔塔顶在顺桥向受到两侧主缆很大的张力,当塔顶产生

位移时，两侧的不平衡张力对塔顶的变形产生一定的“阻碍”作用，因此，主缆在塔顶的索鞍相当于一个“支座”，导致桥塔顶部并非为自由端，从而使其振型与单独主塔振动时产生差别；而在横桥向振动时，由于门式塔架的侧向刚度比较大，主缆的面外刚度与桥塔约束比较小，索鞍的“支座”作用较弱。

对主塔塔顶和主缆跨中位移时程曲线进行时频变换的结果如图4-11、图4-12所示。可以发现，远场地震动作用下结构参与振动的振型阶数明显高于近场地震动作用。而对于主缆而言，在顺桥向地震动作用下，主缆与塔顶振动中的频率成分几乎一致，这表明主缆的振动受到塔顶的“支座约束”影响越来越大，塔顶-主缆之间的耦合作用更加明显。

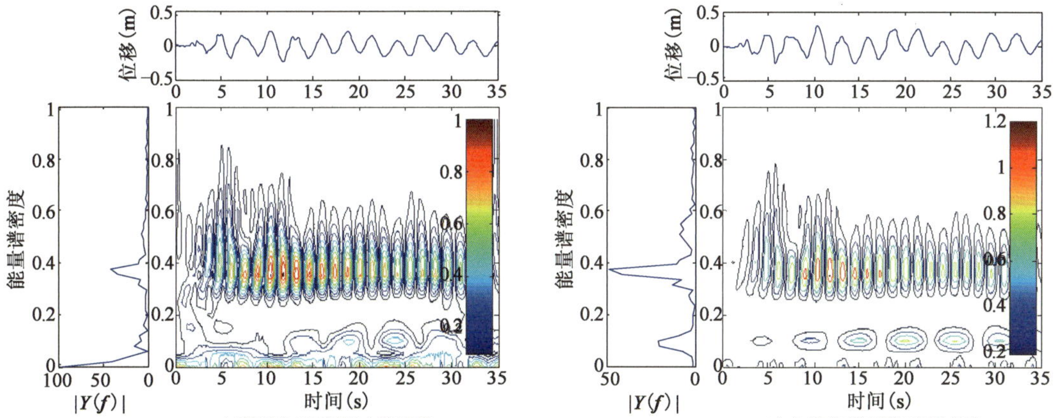

a) 塔顶位移时程时频变换　　b) 主缆位移时程时频变换

图4-11　El Centro地震动记录作用下的主塔塔顶、主缆跨中顺桥向位移时程曲线时频变换结果

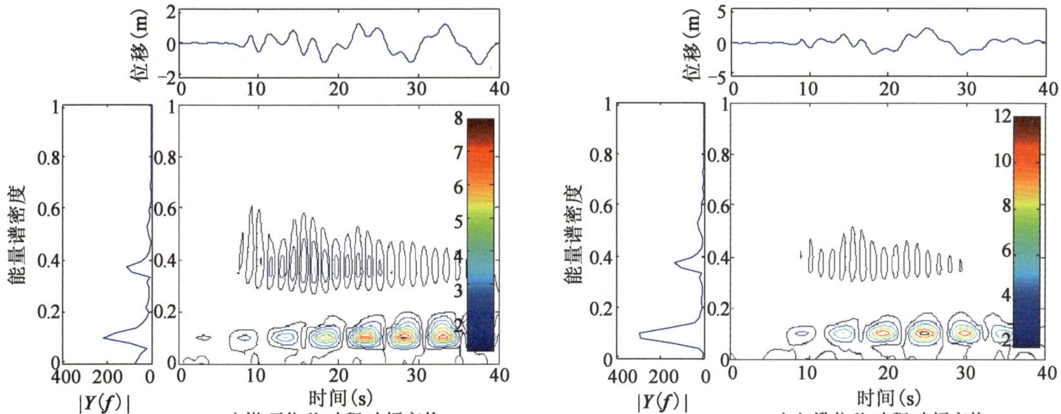

a) 塔顶位移时程时频变换　　b) 主缆位移时程时频变换

图4-12　Chi-chi地震动记录作用下的主塔塔顶、主缆跨中顺桥向位移时程曲线时频变换结果

4.1.4　格构式组合塔墩悬索桥抗震性能分析

传统的悬索桥一般为门形桥塔，由两根单独截面的塔柱利用横梁连接而成，从而提高其整体刚度。近年来，随着消能减震技术的不断发展和完善，国内外许多桥梁工程与建筑工程上都

安装了消能减震设备，如斜拉索根部、漂浮式主梁与桥塔之间等位置处安装阻尼器等，取得了很好的减震效果。安装阻尼器的前提条件是阻尼器两端需要有独立的连接节点并能产生相对位移，这样才能够安装阻尼器并发挥消能减震作用，而现有的悬索桥主塔由于采用单独截面，因此不具备安装消能减震设备的条件，需要进行必要的设计和改造。

1）格构式组合塔墩阻尼悬索桥有限元模型

为了研究在悬索桥主塔上安装阻尼器的可行性和减震效果，本书首先将悬索桥每个主塔分解为 4 个子塔，这里称之为格构式组合塔墩阻尼悬索桥；之后在子塔之间按照不同布置规则安装不同种类的消能减震装置，并通过时程分析方法比较了安装黏滞阻尼器、防屈曲支撑与摩擦阻尼器对悬索桥体系的减震效果。本书建立的格构式组合塔墩阻尼悬索桥有限元模型如图 4-13 所示。

格构式组合塔墩的主要结构参数及构造如下：四分式主塔采用与原型塔柱相同的截面形式，即沿塔身高度方向为变截面锥台形；若将原桥塔截面直接等分为 4 部分，则塔柱的“长细比”将会增加 1 倍，塔柱在主缆传递的巨大压力作用下的稳定性将会受到很大影响，因此采用 4 ×0.7倍原截面尺寸。为了方便安装阻尼器，分离式主塔外截面的间距设置为 1m，分离式桥塔顶部采用钢梁相互连接，主缆与分离式主塔顶部中心点铰接，局部放大图如图 4-14 所示。

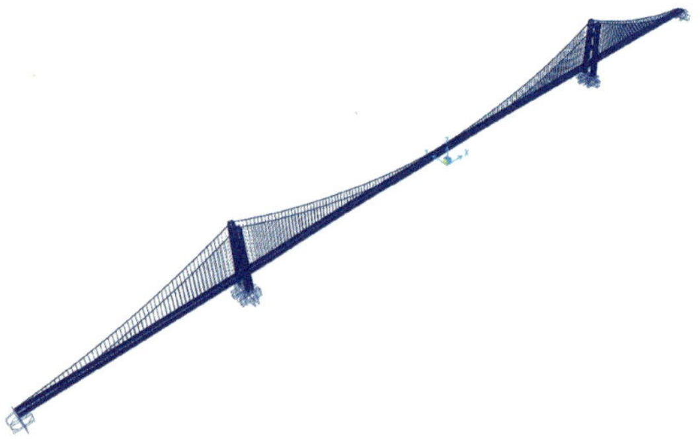

图 4-13　琼州海峡格构式组合塔墩阻尼悬索桥有限元模型

图 4-14　琼州海峡格构式组合塔墩局部放大图

对上述格构式组合塔墩阻尼悬索桥进行模态分析，得到结构的前 20 阶频率如表 4-6 所示。

琼州海峡格构式组合塔墩阻尼悬索桥自振频率表　　表 4-6

阶数	单独截面塔柱频率(Hz)	格构式组合塔墩阻尼频率(Hz)(固结)	格构式组合塔墩阻尼频率(Hz)(T-C-P)	安装摩擦阻尼器频率(Hz)
1	0.055	0.056	0.049	0.057
2	0.089	0.092	0.089	0.094
3	0.100	0.102	0.090	0.102
4	0.104	0.105	0.102	0.106

续上表

阶数	单独截面塔柱 频率(Hz)	格构式组合塔墩阻尼 频率(Hz)(固结)	格构式组合塔墩阻尼 频率(Hz)(T-C-P)	安装摩擦阻尼器 频率(Hz)
5	0.126	0.132	0.109	0.134
6	0.134	0.146	0.117	0.149
7	0.145	0.147	0.129	0.149
8	0.146	0.151	0.141	0.153
9	0.150	0.153	0.146	0.154
10	0.156	0.157	0.149	0.158
11	0.158	0.158	0.156	0.158
12	0.161	0.162	0.157	0.162
13	0.174	0.174	0.158	0.174
14	0.191	0.192	0.165	0.192
15	0.191	0.200	0.174	0.201
16	0.195	0.201	0.192	0.204
17	0.201	0.207	0.201	0.214
18	0.209	0.214	0.207	0.217
19	0.213	0.221	0.213	0.226
20	0.216	0.223	0.219	0.226

从表4-6可以看出,与单独截面的主塔相比,格构式组合塔墩阻尼悬索桥的自振频率略有提高,这主要是由于分离式桥塔的整体抗侧刚度有所提高,相当于悬索桥主缆索鞍处的支座刚度略有提高,进而改变了主缆的边界条件;此外,安装摩擦阻尼器后,桥塔的抗侧刚度进一步提高,格构式组合塔墩悬索桥的自振频率也随之提高,但由于悬索桥的低阶振型以主缆和桥面系的耦合振动为主,因此,提高桥塔的抗侧刚度对结构整体刚度矩阵影响不大,悬索桥结构的主要频率特性基本保持不变。

2)琼州海峡格构式组合塔墩阻尼悬索桥阻尼器控制方案研究

为了研究不同类型阻尼器对格构式组合塔墩阻尼悬索桥地震响应的控制效果,本书共计算分析了三种类型的阻尼器减震效果:黏滞阻尼器、防屈曲支撑和摩擦阻尼器+剪力连梁组合。在计算分析时,采用横桥向和纵桥向阻尼器设置方式相同的原则进行建模分析,各种阻尼器的参数如下:

(1)黏滞阻尼器(Viscous Damper),阻尼系数C取1 000kN·(m/s)$^{-0.5}$,速度指数$\alpha=0.5$;

(2)防屈曲支撑阻尼器(Buckling Restrained Braces,BRBs),其屈服力为1 500kN,采用双线性本构关系,第二刚度系数分别取0.02、0.06和0.10;

(3)滑动摩擦阻尼器(Friction Damper)+弹性剪力连梁(Shear-Link-Beam),滑动摩擦阻尼器的起滑力分别取1 000kN和1 500kN,弹性剪力连梁的剪切刚度取为5×10^4kN/m。

格构式组合塔墩阻尼悬索桥模型中沿横桥向和纵桥向分别设置72个阻尼器,全桥共计144个阻尼器,即每组四分式塔柱之间沿横桥向和纵桥向各安装18个阻尼器。含有阻尼器的格构式组合塔墩阻尼悬索桥有限元模型局部放大如图4-15、图4-16所示。

图4-15 琼州海峡悬索桥主塔均匀布置阻尼器

图4-16 琼州海峡悬索桥主塔分段布置阻尼器

作为格构式组合塔墩阻尼悬索桥抗震性能的前瞻性和可行性研究,较全面地考虑地震动特性、阻尼器类型、布置方式以及阻尼器参数对新型悬索桥体系抗震性能的影响,本书在进行计算分析时的思路如下:

①首先将三种阻尼器沿主塔高度均匀布置,对比研究远场和近场地震动作用下各类阻尼器的控制效果,选定效果最佳的阻尼器类型;

②将选定类型的阻尼器分别按照预定的阻尼器布设方案进行布置,对比研究阻尼器布置方式对悬索桥地震响应控制效果的影响,选定相对合理的方案;

③按照步骤①、②中确定的阻尼器类型和布置方式进行建模,调整阻尼器参数,研究阻尼器参数(如滑动摩擦阻尼器起滑力、阻尼器屈服后刚度等)对悬索桥地震响应控制效果的影响。

这里需要说明的是,在步骤①中,防屈曲支撑的屈服力和滑动摩擦阻尼器的起滑力设置为相同数值,均为1 500kN,黏滞阻尼器的阻尼系数选择以出力与前两种阻尼器接近为调整依据(以El Centro地震动记录作用下的阻尼器出力为参照),全桥沿某一方向阻尼器总出力的取值接近原桥结构在地震作用下基底剪力的20%。

本书计算了*PGA*分别为400gal和800gal的远场地震动和近场地震动作用下的格构式组合塔墩阻尼悬索桥的地震响应,并提取了基底剪力、基底弯矩在桥面跨中、主缆跨中以及沿主塔高度节点坐标的位移和加速度响应。琼州海峡悬索桥主塔在上述地震动作用下沿高度的位移和加速度分别如图4-17、图4-18所示,其中*PGA*为400gal时的计算数据结果如表4-7、表4-8所示,各阻尼器出力如图4-19所示。

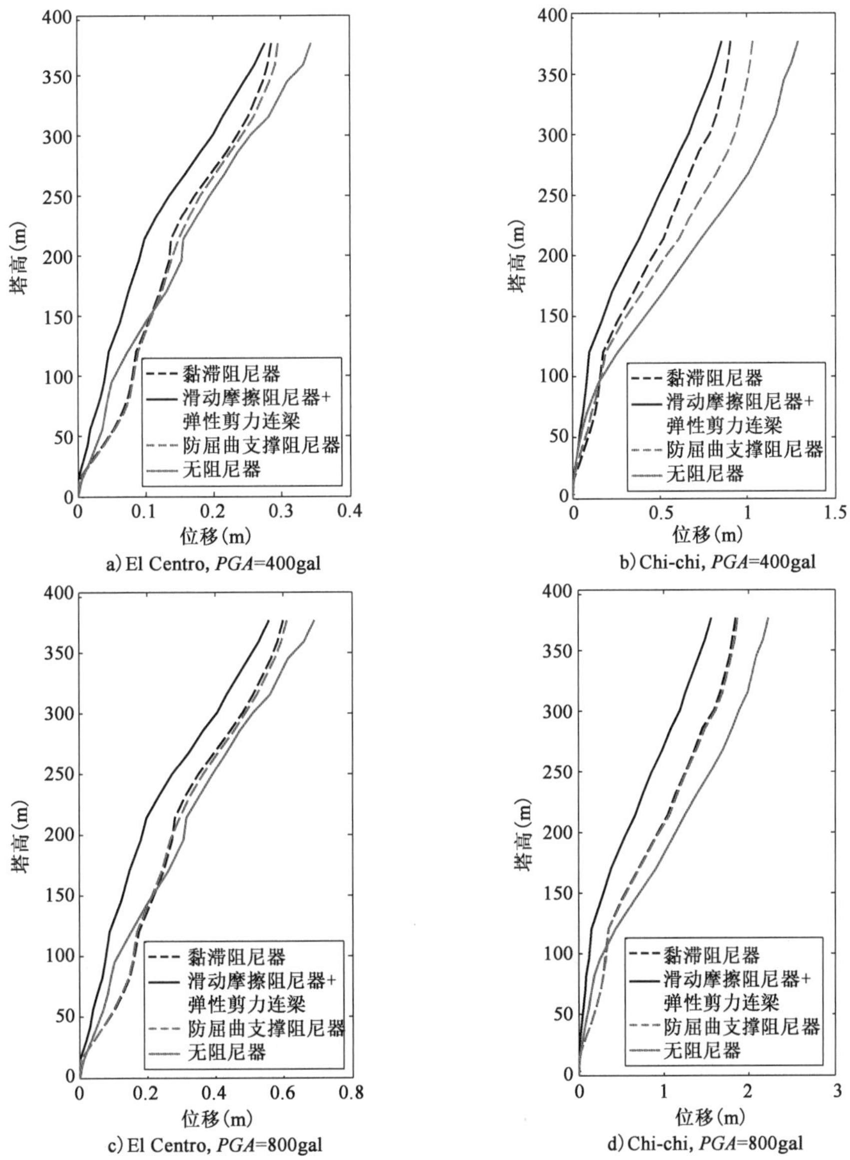

图4-17　安装不同种类阻尼器的悬索桥主塔沿高度位移分布图

从图4-17可以发现,当阻尼器在结构上均匀布置时,在加速度峰值为400gal和800gal的地震动作用下,三类阻尼器中滑动摩擦阻尼器+弹性剪力连梁组合阻尼器表现较好,黏滞阻尼器的控制效果略好于防屈曲支撑阻尼器。在El Centro地震动记录作用下,各类阻尼器对主塔位移的控制效果与不同峰值加速度工况下各自对应的控制效果较相似,这主要是由于悬索桥的主塔在El Centro地震动记录作用下结构响应较小,主塔绝大部分处于弹性阶段;而在Chi-chi地震动记录作用下,主塔结构位移响应明显增大,阻尼器自身的变形也随之增大,耗能比例增加,阻尼器对近场地震动作用下结构位移响应的控制效果要优于远场地震动作用。

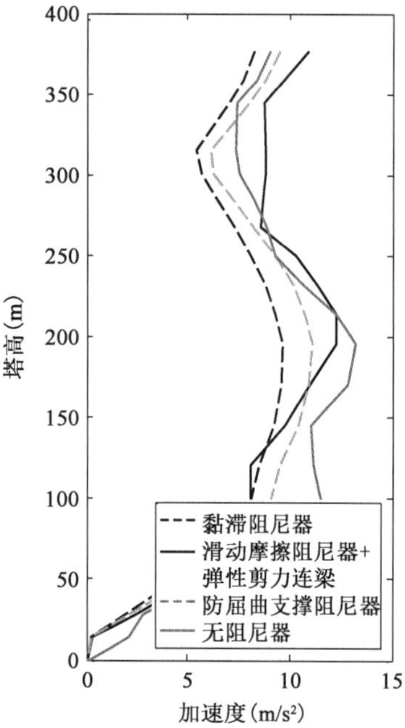

a) El Centro, *PGA*=800gal

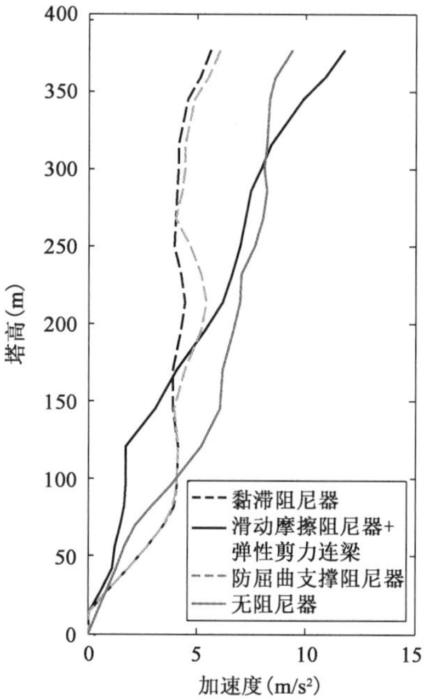

b) Chi-chi, *PGA*=400gal

图 4-18　安装不同种类阻尼器的悬索桥主塔沿高度加速度分布图

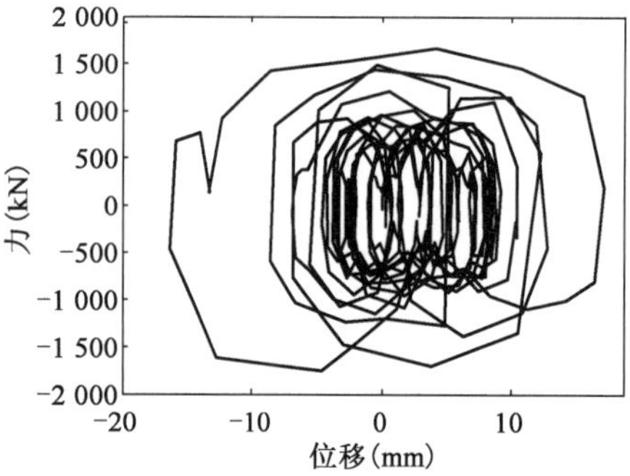

a) 黏滞阻尼器, El Centro, *PGA*=400gal (Δt=0.1s)

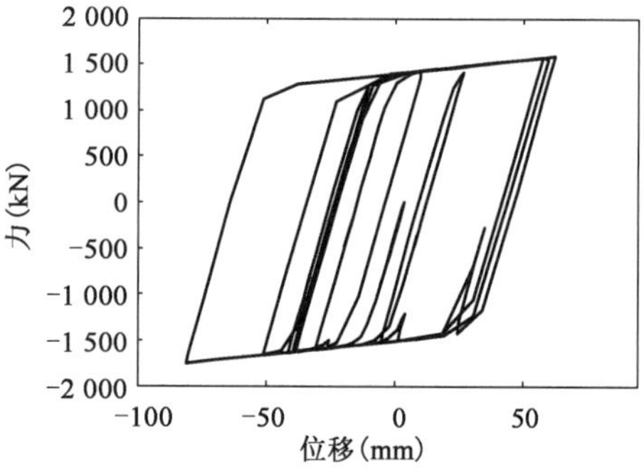

b) 防屈曲支撑阻尼器, Chi-chi, *PGA*=400gal

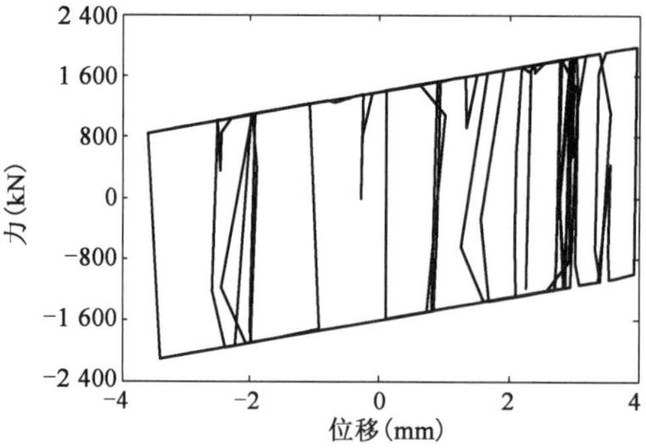

c) 滑动摩擦阻尼器+弹性剪力连梁, El Centro, *PGA*=400gal

图 4-19　各类阻尼器力-位移关系曲线

此外,根据主塔结构的变形图还可以发现,在 Chi-chi 地震动记录作用下,原桥主塔结构的变形以 1 阶摆动为主;而在 El Centro 地震动记录作用下,主塔的侧向变形表现出高阶振型成分,其结果与图 4-9 得到的结论一致。通过计算分析可知,原桥主塔下部 1/3 区段内的刚度较大,位移相对较小,而在中段处的相对位移较大,为结构的相对薄弱截面,因此,需要加强在主塔中段 1/3 区段内的控制措施。

从表 4-7 可以看出,在 El Centro 地震动记录作用下,黏滞阻尼器对结构的基底剪力起到了控制作用,而滑动摩擦阻尼器 + 弹性剪力连梁组合则使结构的基底剪力放大了 38.6%,但是三类阻尼器对沿主震方向的基底弯矩控制效果比较接近。由于格构式组合塔墩阻尼悬索桥结构塔柱的截面积有所增大,且由 4 × 4 个子塔承受上述剪力,因此分担到每根子塔上的剪力增长值实际约为 9.7%。

各种阻尼器对悬索桥地震响应控制效果的比较(El Centro,*PGA* = 400gal)　　表 4-7

物理量	无阻尼器	黏滞阻尼器		滑动摩擦阻尼器 + 弹性剪力连梁		防屈曲支撑阻尼器	
	数值	数值	减震率(%)	数值	减震率(%)	数值	减震率(%)
塔顶位移(m)	0.343	0.282	17.8	0.242	29.4	0.286	16.6
塔身中部位移(m)	0.129	0.134	-3.9	0.088	31.8	0.089	31.0
主缆跨中位移(m)	0.514	0.425	17.3	0.602	-17.1	0.452	12.1
桥面跨中位移(m)	0.365	0.311	14.8	0.414	-13.4	0.328	10.1
塔顶加速度(m/s^2)	6.006	5.640	6.1	7.943	-32.3	4.974	17.2
塔身中部加速度(m/s^2)	5.637	4.266	24.3	7.190	-27.6	5.581	1.0
主缆跨中加速度(m/s^2)	7.349	6.287	14.5	7.972	-8.5	4.552	38.1
桥面跨中加速度(m/s^2)	3.449	4.553	-45.7	3.806	-10.4	4.958	-43.8
基底剪力(kN)	565 987	417 490	26.2	784 671	-38.6	434 834	23.2
主震方向基底弯矩(MN·m)	298 539	307 485	-3.0	302 921	-1.5	308 206	-3.2

注:表中减震率正值表示抑制,负值表示放大。

从表 4-8 可以看出,在 Chi-chi 地震动记录作用下,三类阻尼器对结构的基底剪力的控制效果都不理想,均放大了结构的基底剪力,此时,滑动摩擦阻尼器 + 弹性剪力连梁组合则使结构的基底剪力放大了 24.7%,使得结构沿主震方向的基底弯矩放大了 6.3%,效果均优于防屈曲支撑阻尼器。

各类阻尼器对琼州海峡悬索桥主塔的加速度控制效果如图 4-18 所示。可以发现,不同类型的阻尼器对主塔振动加速度的控制效果规律不明显,但总体来说,黏滞阻尼器由于对结构的附加刚度较小,对结构的震动加速度有一定的控制效果;而对于滑动摩擦阻尼器 + 弹性剪力连梁组合和防屈曲支撑阻尼器而言,由于其在不同程度上增加了结构的刚度,对结构加速度的控制效果也与阻尼器自身的参数有关,规律性不明显。

各种阻尼器对悬索桥地震响应控制效果的比较(Chi-chi,$PGA=400$gal)　　表4-8

物理量	无阻尼器	黏滞阻尼器		滑动摩擦阻尼器+弹性剪力连梁		防屈曲支撑阻尼器	
	数值	数值	减震率(%)	数值	减震率(%)	数值	减震率(%)
塔顶位移(m)	1.297	0.906	30.1	0.853	34.2	1.036	20.1
塔身中部位移(m)	0.568	0.446	21.5	0.312	45.1	0.517	9.0
主缆跨中位移(m)	5.526	5.431	1.7	5.834	-5.6	5.465	1.1
桥面跨中位移(m)	5.981	5.043	15.7	4.970	16.9	5.027	16.0
塔顶加速度(m/s^2)	9.365	5.640	39.8	11.790	-25.9	6.029	35.6
塔身中部加速度(m/s^2)	6.697	4.266	36.3	5.393	19.5	5.164	22.9
主缆跨中加速度(m/s^2)	16.050	14.877	7.3	18.922	-17.9	15.325	4.5
桥面跨中加速度(m/s^2)	7.283	8.492	-16.6	7.247	0.5	8.555	-17.5
基底剪力(kN)	770 769	896 518	-16.3	961 143	-24.7	1 003 868	-30.2
主震方向基底弯矩(MN·m)	274 629	223 829	18.5	292 052	-6.3	322 348	-17.4

注:表中减震率正值表示抑制,负值表示放大。

综合上述分析,滑动摩擦阻尼器+弹性剪力连梁组合在对悬索桥主塔侧向位移有较好控制效果的同时,引起的结构附加剪力和附加弯矩都相对较小,在目前选用的阻尼器参数条件下,更适用于悬索桥结构的消能减震。

3)阻尼器布置方式对悬索桥主塔的控制效果影响

阻尼器的布设位置会影响结构附加刚度和附加阻尼的分布以及相应控制力的作用位置,在实际工程应用中需要进行大量的计算分析以确定阻尼器的优化合理布置。为了研究阻尼器的优化布置方案,本书共按三种布置方式进行计算分析,即全塔均匀布置阻尼器(Full-Uniform-Distribution,F-U-D)、全塔三段式布置阻尼器(Full-Trilaminar-Distribution,F-T-D)和塔身中下部布置阻尼器(Bottom-Middle-Distribution,B-M-D),如图4-20所示。计算分析时仅调整阻尼器的布置位置,阻尼器的型号和数量不变。阻尼器参数如下:采用建议的滑动摩擦阻尼器+弹性剪力连梁组合作为分析依据,阻尼器的起滑力设置为1 500kN。

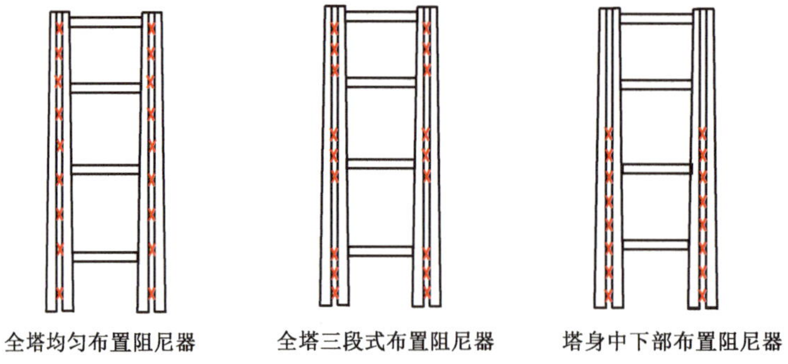

图4-20　阻尼器布置方案示意图

安装有不同布置方式的阻尼器计算结果如图 4-21 所示。

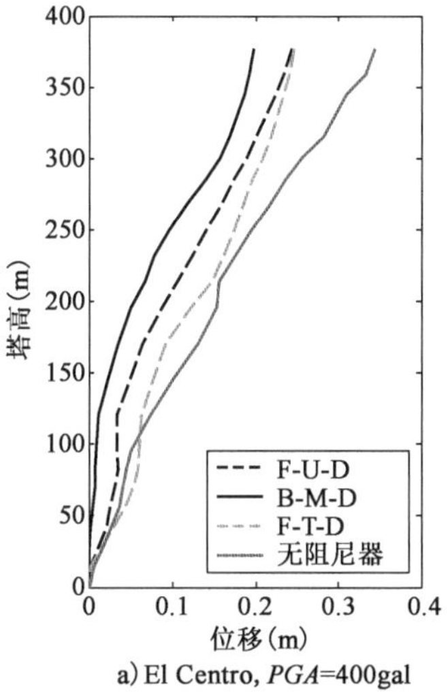

图 4-21　阻尼器布置位置对主塔位移控制效果的影响

可以发现,在远场地震动和近场地震动作用下,当阻尼器布置在主塔的中下部时,主塔的位移响应最小,阻尼器控制效果最好;当阻尼器均匀布置在主塔上时控制效果次之;当阻尼器分三段分别布置在塔身下部、中部和上部时,减震效果最差。

根据主塔沿高度处的变形可知,当阻尼器布置在塔身中下部时,塔身整体位移控制效果较好,尤其以塔身中段的位移控制效果最为明显,这是由于塔身中段承受的剪力、弯矩都较大,但是截面积相对塔身下部要小,相邻塔柱之间的相对位移较大,为整个塔柱的“薄弱”环节,需要重点加强和保护;对于塔身上部 1/3 区段而言,根据计算结果发现,该区段内的阻尼器出力较小,在 El Centro 地震动记录作用下有些摩擦阻尼器尚未滑动,因此,该区段内不太适宜布置出力较大的阻尼器,或者可以不布置阻尼器;在计算中还发现,尽管塔柱下部 1/3 区段承受的剪力和弯矩较大,但是由于塔柱下部的横截面积较大,整体刚度很大,相邻塔柱之间产生的相对位移也较小,阻尼器发挥的作用也较小,此部分结构不需要进行重点保护。

根据上文分析可以得到以下结论:琼州海峡格构式组合塔墩阻尼悬索桥的阻尼器安装位置应优先选择在塔身中段 1/3 区段内,并以位移型阻尼器为主,以增加该部分结构的刚度;主塔上 1/3 区间内可以布置一些出力较小的阻尼器或者仅安装剪力连梁,剪力连梁也可以用剪切型阻尼器替代,其主要作用是增加主塔上部各子塔间的相互联系,减小主塔塔身的长细比,进而提高结构的整体性;主塔下 1/3 区段内由于自身刚度较大,无须安装位移型阻尼器,而是采用速度型阻尼器(如黏滞阻尼器)进行耗能。

4)阻尼器参数对悬索桥主塔控制效果的影响

上文仅考虑了单一出力阻尼器对悬索桥主塔减震效果的影响,本节分析了地震动峰值加速度为400gal的远场地震动和近场地震动作用下，阻尼器参数（如滑动摩擦阻尼器的起滑力、防屈曲支撑第二刚度系数等）对悬索桥抗震效果的影响，本节计算过程中阻尼器的布置方式为塔身中下部分布式（B-M-D）。

（1）滑动摩擦阻尼器起滑力对控制效果的影响。

滑动摩擦阻尼器起滑力分别为1 000kN和1 500kN其对主塔位移控制效果的影响如图4-22所示。从图4-22可以看出，在远场El Centro地震动记录作用下，滑动摩擦阻尼器起滑力对控制效果有显著的影响，起滑力为1 000kN时，主塔中部靠上位置处的滑动摩擦阻尼器均发生滑动而耗能，而当起滑力为1 500kN时，对应位置处的部分滑动摩擦阻尼器并未发生滑动，控制效果下降。当在近场Chi-chi地震动记录作用下，滑动摩擦阻尼器起滑力的影响规律基本显现，这是由于在近场地震动作用下，结构响应较大，阻尼器都发生滑动而耗能。悬索桥主塔的位移控制效果随着摩擦阻尼器起滑力的增大而提高，也即随着阻尼器出力的增加而改善。

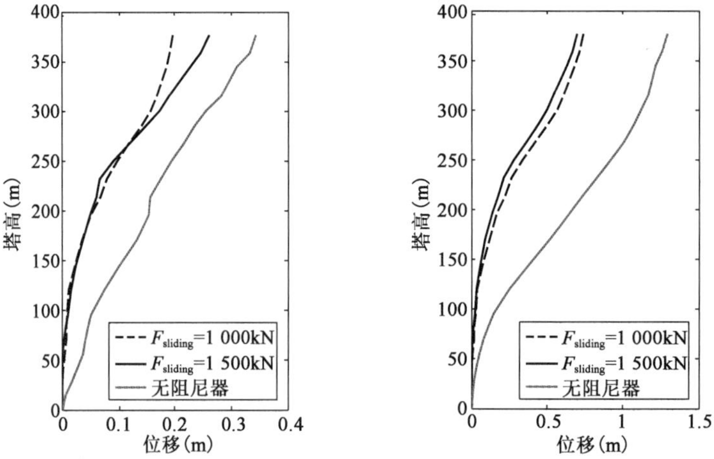

a) El Centro, *PGA*=400gal　　b) Chi-chi, *PGA*=400gal

图4-22　滑动摩擦阻尼器起滑力对主塔位移控制效果的影响

（2）防屈曲支撑第二刚度系数对控制效果的影响。

防屈曲支撑的屈服力为1 500kN，第二刚度系数α分别取0.02、0.06和0.10，相应的计算结果如图4-23所示。

通过计算分析可以发现，当地震动强度较小时，部分防屈曲支撑阻尼器未发生屈服或者屈服位置不同，从而导致第二刚度系数对悬索桥主塔的位移控制效果规律不明显；而在近场地震动作用下，结构位移响应增大，安装在结构上的防屈曲支撑阻尼器发生屈服，此时可以发现，防屈曲支撑阻尼器的第二刚度系数越高，阻尼器对悬索桥桥塔结构的位移控制效果越好。

4.1.5　格构式组合塔墩的振动台试验

在进行格构式组合塔墩的振动台试验时，根据原始记录地震波，需要选择合适的时间压缩比。因为按 1∶2 时间压缩的地震波激励下结构响应位移不大，没能完全激起原塔及分塔的振动。选择 1∶4 的时间压缩比，台面实现的 El Centro、Kobe 和 Chi-chi 波的时程和频谱与给定目标波的对比见图 4-24。对于 El Centro 波，时程大致可以对上，在台面实现的频谱在低频时幅值较高，但在高频时部分吻合较好；对于 Kobe 波，大体上实现了时程，但台面实现的许多小幅值与目标波差距较大，所以在频谱上体现为频率可以对得上，但是频率的幅值差距较大；对于 Chi-chi 波，仍然是低频成分上相比目标波较大，在高频部分对应比较好。综合来说，振动台基本实现了预想的地震波，但无法实现与目标波完全一致的波。

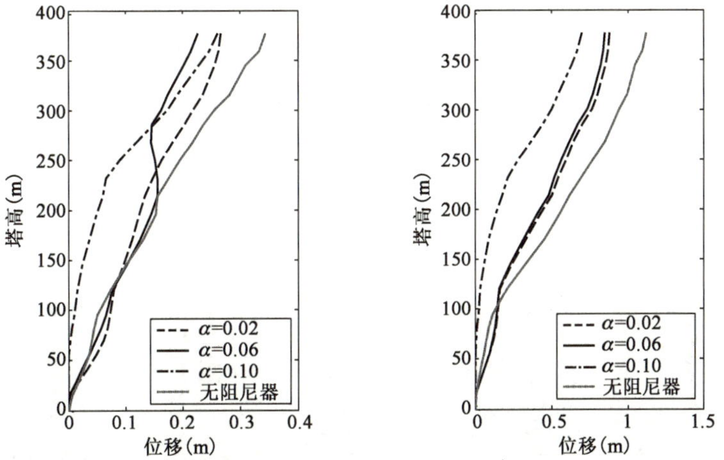

a) El Centro, *PGA*=400gal　　b) Chi-chi, *PGA*=400gal

图 4-23　阻尼器第二刚度系数对主塔位移控制效果的影响

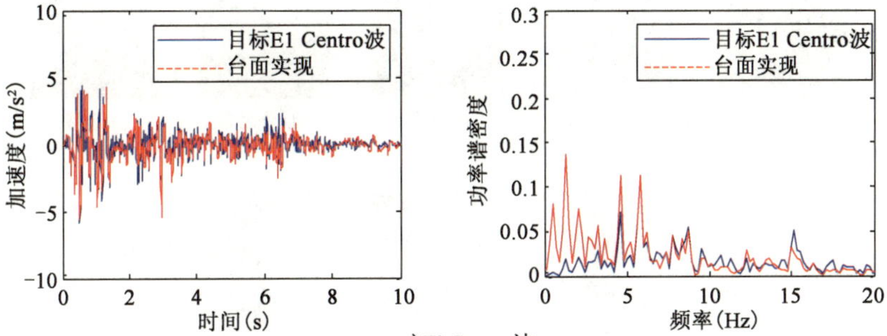

a) El Centro波

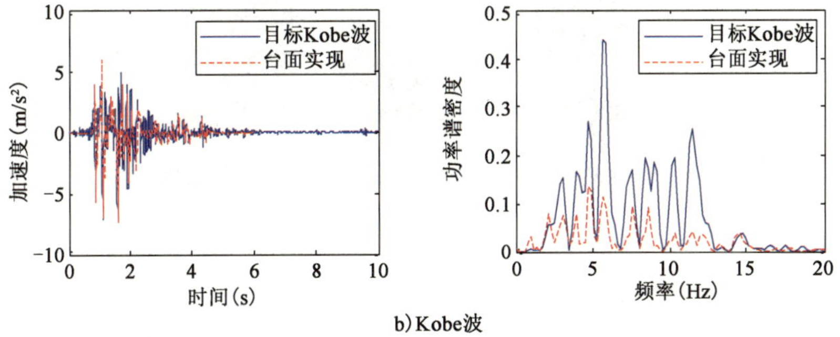

b) Kobe波

图　4-24

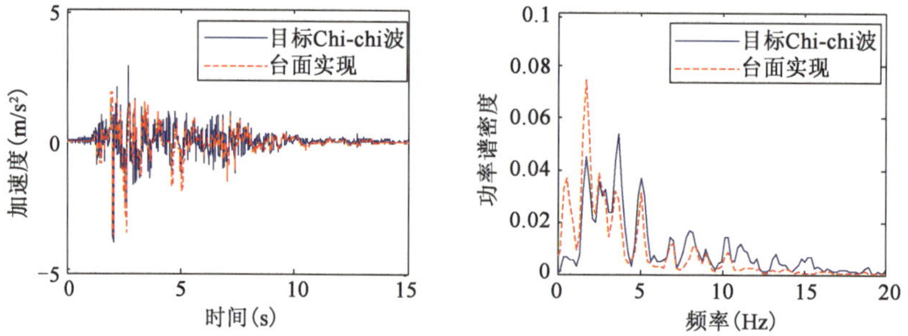

c)Chi-chi波

图4-24　台面实现地震波与给定目标波的时程与频谱对比

试验工况如图4-25所示,考虑了分塔不加任何阻尼器的情况,共有5种:原塔、分塔0、分塔1、分塔2、分塔3。原塔表示原来的单塔,没有任何控制措施;分塔0表示4个分塔,之间没有连接任何阻尼器;分塔1,相当于上次试验的工况1,即4个黏滞阻尼器集中安装在塔身中间位置;分塔2和3分别相当于上次试验的工况2和3,4个黏滞阻尼器分散布置在塔身的不同高度处。

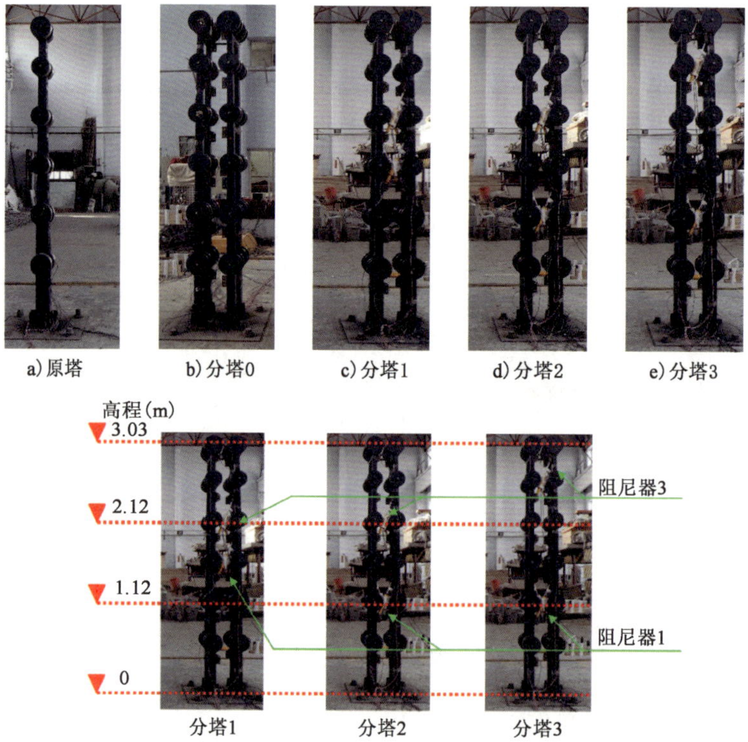

f)高程与阻尼器安装位置(阻尼器2在1的背面,阻尼器4在3的背面)

图4-25　试验工况

El Centro地震波下的控制效果比较如下:

分析原塔与分塔0、1、2、3在El Centro波下1.12m、2.12m和3.03m三个高度处的加速度响应时程，在此仅给出 1.12m 高度处的加速度响应时程，如图 4-26 所示。从时程响应可以看出，原塔与分塔 0 的加速度响应均较大，而分塔 1、2、3 的加速度响应则明显减小，即加上阻尼器后，与原塔和分塔 0 相比，黏滞阻尼器对加速度响应有明显的控制效果。

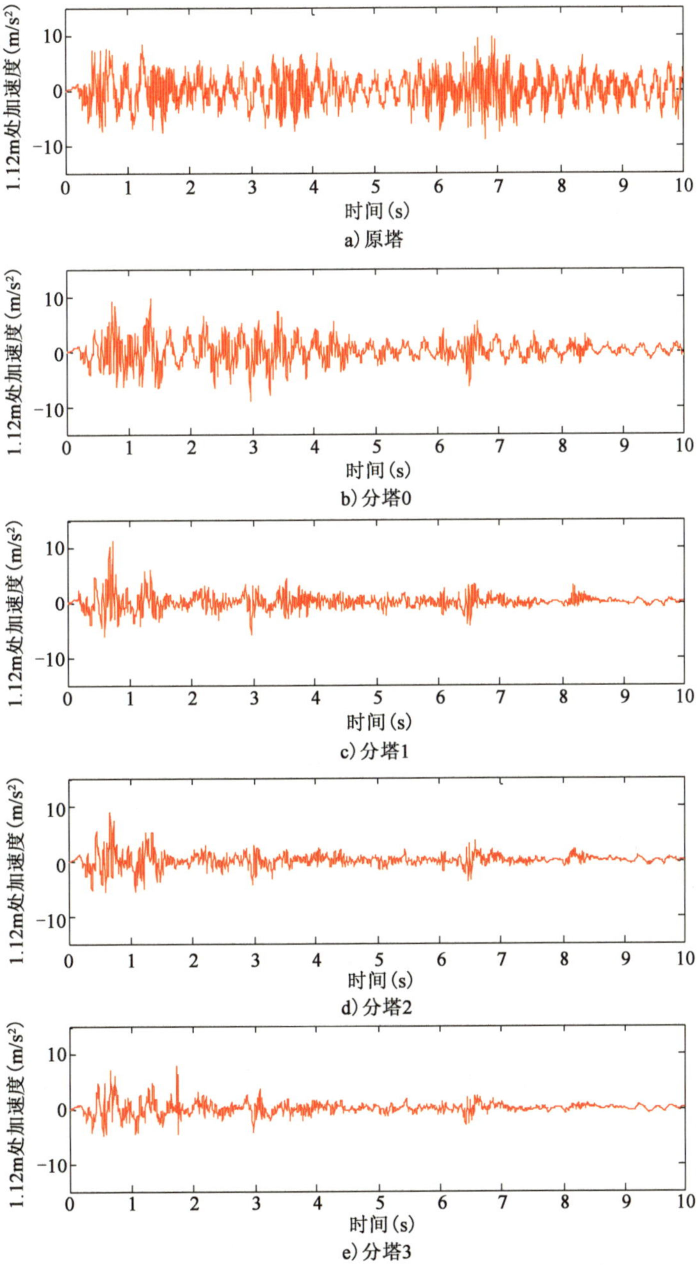

图 4-26 El Centro 波下塔身不同高度处的加速度响应时程

分析塔身不同高度处的相对位移响应时程，即塔身相对于振动台台面的位移响应时程，如图 4-27 所示。阻尼器控制效果分析如图 4-28 所示。

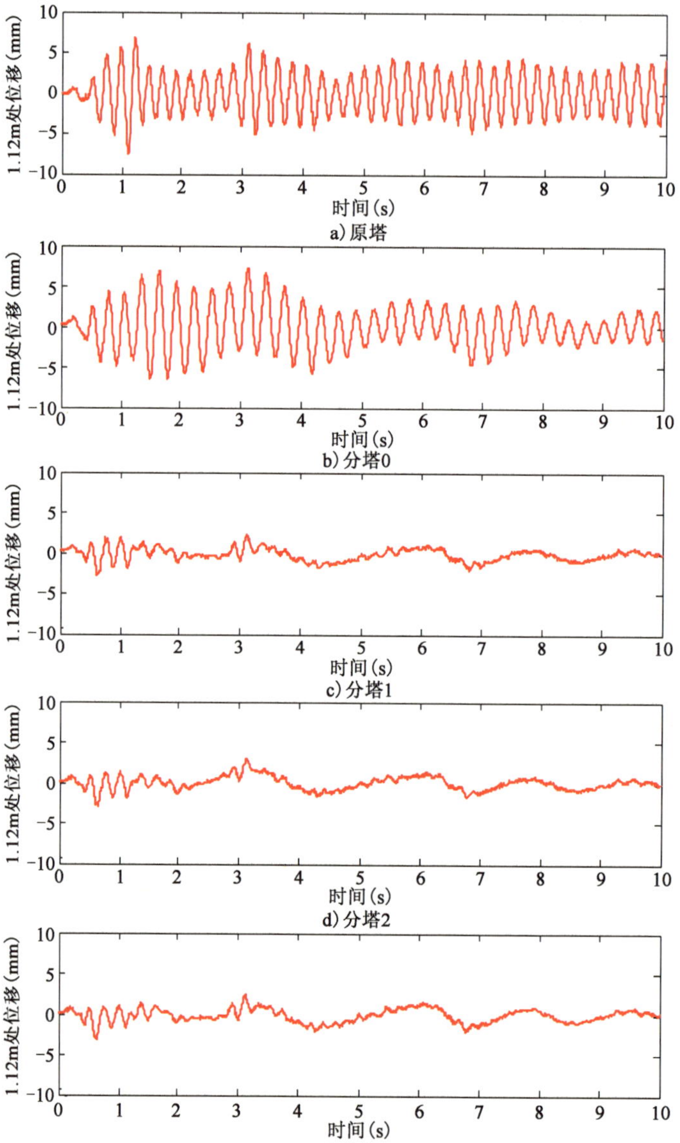

a)原塔

b)分塔0

c)分塔1

d)分塔2

e)分塔3

图 4-27　El Centro 波下塔身 1.12m 高度处的位移响应时程

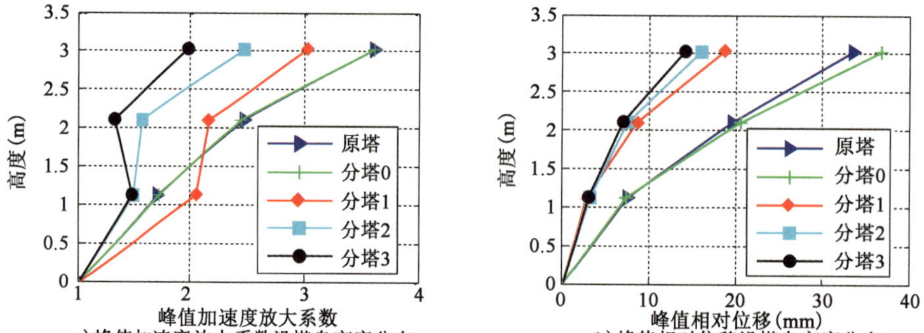

a)峰值加速度放大系数沿塔身高度分布　b)峰值相对位移沿塔身高度分布

图 4-28　阻尼器控制效果分析

进一步分析黏滞阻尼器的位移时程，观察阻尼器是否真正地起到控制作用，分塔 1、2、3 下阻尼器的位移响应时程如图 4-29 所示。不同于上次试验，4 个阻尼器全程均产生振动，没有明显的锁死现象。

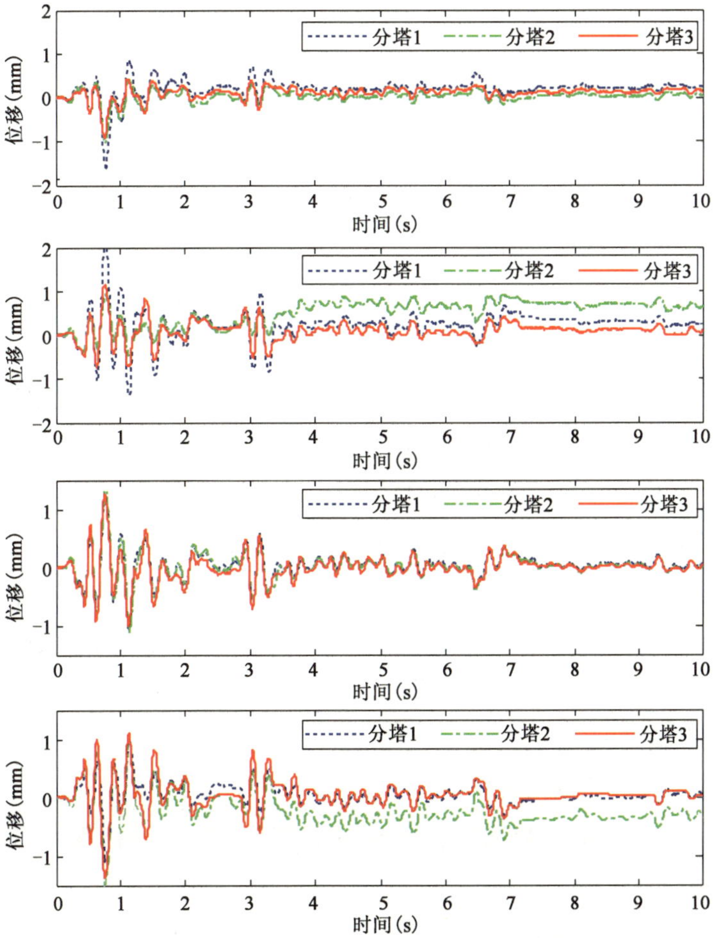

图 4-29　El Centro 波下阻尼器的位移响应时程

在分塔 1、2、3 布置下振动的幅值不尽相同，编号为 1 和 2 的两个黏滞阻尼器在分塔 1 的工况下振动的幅值更大一些，而图 4-28a）中的下半塔身高度内的加速度响应最大值反而大一些，这是因为 4 个阻尼器集中布置相对于分塔 2、3 的分布布置，此种情况下分塔 1 在阻尼器的集中布置区域刚度会大一些，因而加速度响应会变大。

4.1.6　格构式组合塔墩悬索桥设计要点与建议

通过对琼州海峡超大跨度悬索桥有限元模型及格构式组合塔墩阻尼悬索桥在远场和近场地震动作用下的地震响应及其阻尼器消能减震效果的分析研究，给出格构式组合塔墩阻尼悬索桥的相关设计要点及建议如下：

（1）超大跨度悬索桥结构在近场长周期地震动作用下的位移及加速度响应明显大于远场

地震动作用下的结构响应,甚至可以达到几倍以上,在悬索桥抗震设计和分析计算时需要重点考虑;悬索桥结构在近场和远场地震动作用下主塔和主缆参与振动的主要振型差别较大,近场地震动作用下以低阶振型为主,远场地震动作用下以高阶振型为主。此外,对于超大跨度悬索桥而言,地震动特性如行波效应和多点输入对格构式组合塔墩阻尼悬索桥的抗震性能影响需要在设计分析中考虑。

(2)地震作用下,超大跨度悬索桥结构的横桥向响应要高于纵桥向响应,这主要是由于悬索桥结构的平面外整体刚度较小所致;由于主缆张力很大,悬索桥主塔塔顶在顺桥向的位移受到其约束作用,索鞍起到"支座"作用,导致桥塔顶部并非为自由端,使其振型与单独主塔振动时产生差别,主塔-主缆的耦合作用明显。

(3)格构式组合塔墩阻尼悬索桥的动力特性与原结构基本一致,受到主缆对桥塔的轴向压力作用,为了保证主塔的稳定性,子塔的截面尺寸不宜取值过小;结合不同种类阻尼器对主塔位移响应的控制效果,建议格构式组合塔墩阻尼悬索桥中采用位移型阻尼器,阻尼器在小震、中震时为结构提供刚度,大震时可以起到滞回耗能作用。滑动摩擦阻尼器 + 弹性剪力连梁组合对主塔的位移控制效果较好,滑动摩擦阻尼器主要发挥滞回耗能作用,弹性剪力连梁则可以加强各子塔间联系,起到提高整体刚度的作用,但剪力连梁的参数优化取值仍有待进一步研究。

(4)悬索桥主塔在地震动作用下沿高度的位移分布特点表明,悬索桥结构主塔中间 1/3 区段为相对薄弱环节,需要重点加强,也是阻尼器比较合理的布设位置,主塔底部 1/3 区段内由于结构横截面积较大,抗剪刚度和抗弯刚度与中间区段相比高出许多,不适合安装位移型阻尼器,可以考虑安装速度型阻尼器(如黏滞阻尼器);主塔上 1/3 区段内阻尼器的出力较小,可以安装一些屈服力相对较小的阻尼器设备或仅需安装剪力连梁,必要时可以使用"可替换"剪切连梁进行子塔之间的连接,以提高主塔的整体性,但在实际工程中,阻尼器的布置方案需要根据具体问题进行分析优化。

(5)地震峰值加速度较小时,摩擦阻尼器起滑力以及防屈曲支撑阻尼器第二刚度系数等参数对主塔的位移减震规律不明显;随着地震动强度(或结构响应)增加,阻尼器逐渐都发挥耗能作用时,阻尼器对主塔的控制效果随着起滑力的增加而提高,随着第二刚度系数的增加而提高。在实际工程中,应针对特定的悬索桥结构按照前文分析的方法对格构式组合塔墩阻尼减震体系进行优化设计。

4.2 桥塔调谐质量阻尼器控制技术

20 世纪 80 年代后期,日本首次将施工检测数据与设计数据应用到修建斜拉桥当中,充分保证了斜拉桥施工期的质量及精确度。此后在大跨度斜拉桥施工中,振动控制监测技术逐步得到完善,并取得飞速发展,得到更广泛地应用。为给桥塔建设施工过程中的舒适性和安全性提供更好的保障,众多工程在施工期均采用被动制振措施实现对钢塔振动响应幅值的抑制作用。到目前为止,桥塔振动控制多采用被动调谐质量阻尼器(TMD)或者调谐液体阻尼器(TLD)装置,而桥塔施工阶段的特点是结构频率在不断变化,这样也需要不断改变 TMD 或者 TLD 装置的频率,这又增加了控制装置应用的复杂性。因此,本书针对此问题,提出了基于磁流变弹性体材料的调谐质量阻尼器,可以通过调整装置的磁场强度来改变控制装置的频率,从而实现对于施工阶段桥塔的振动控制。

4.2.1 基本原理

主要考虑两种方式对调谐质量阻尼器进行频率调节,一种简单的方式是固定刚度,改变调谐质量阻尼器的质量以达到改变频率的目的;另一种复杂的方式是考虑利用磁流变弹性体的变刚度特性,固定阻尼器的质量,通过改变外部磁场来改变磁流体弹性体的刚度,从而实现改变频率的目的。

根据磁流变弹性体(MRE)固化过程中是否施加磁场,将 MRE 分为结构无序 MRE(颗粒随机分布)和结构有序 MRE(颗粒沿磁场方向成链分布)。已有研究表明,结构有序的 MRE 材料具有更显著的磁流变效应。本书以室温固化的双组份 RTV 硅橡胶为基体,以羰基铁粉为功能相,在 300mT 磁场下制备颗粒体积含量为 30% 的结构有序 MRE 试样。试样直径为 20mm,厚度为 1mm。采用 Anton Paar 公司生产的 MCR 301 旋转流变仪测试 MRE 的性能。

首先,在不同磁场下对 MRE 施加不同应变幅值的正弦激励,测试其储存模量与损耗模量随应变幅值的变化曲线,以确定 MRE 的线性黏弹区。然后,在不同应变、不同磁场下测试 MRE 的松弛曲线,方案如表 4-9 所示。

应力松弛测试方案 表 4-9

测试方案	应变(%)	磁场强度(kA/m)
方案一	0.5	82
	1	
	2	
	3	
方案二	1	0
		82
		142
		186
		220

1)MRE 的动态黏弹性

MRE 试样在不同磁场下,储存模量与损耗模量随应变幅值的变化如图 4-30 所示。由图可见,在小应变范围内,MRE 的剪切储存模量与剪切损耗保持恒定。当应变幅值增大至某一

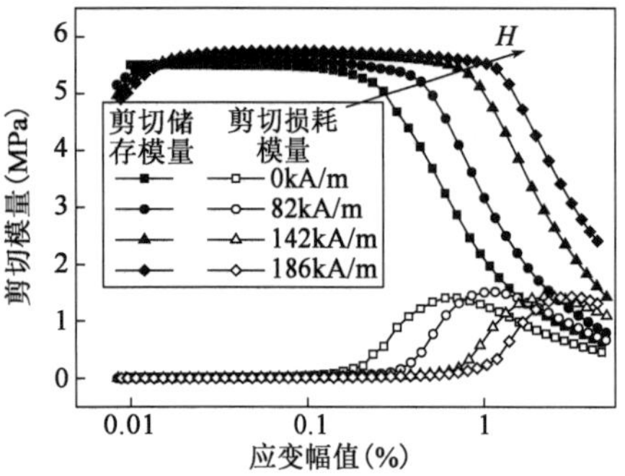

图 4-30　不同磁场下 MRE 储存模量与损耗模量随应变幅值的变化

临界值时,储存模量随应变幅值增大而减小,而损耗模量呈现先增后减的变化趋势。在临界应变之前,MRE 处于线性黏弹区,当应变幅值超过临界值,MRE 进入非线性。临界应变幅值随磁场强度的增大而增大,即磁场越大,MRE 的线性黏弹性区越大。在相同应变幅值下,MRE 的储存模量随磁场强度的增大而增大,表现出明显的磁流变效应。在 82kA/m 磁场强度下,MRE 的线性黏弹区范围小于 0.5%。

2)MRE 的应力松弛

图 4-31 为磁场强度 82kA/m 时,不同应变下 MRE 的松弛模量时变曲线。从图中可以看出,在恒应变作用下,MRE 材料具有明显的松弛现象,松弛模量约在 10s 处趋于稳定;MRE 的松弛模量随应变的增加而降低,表明其松弛模量具有显著的应变依赖性,这一问题在建立本构模型时必须予以考虑。

图 4-32 为应变 1% 时,不同磁场强度下 MRE 的松弛曲线。从图中可以看出,在恒应变作用下,MRE 材料具有明显的松弛现象:开始时松弛模量衰减较快,而后逐渐变缓并趋于平稳。磁场越小,MRE 的松弛现象越显著:在无磁场时,MRE 的松弛模量约在 20s 时开始趋于稳定。随着磁场强度的增加,MRE 的松弛时间变短,在磁场强度达到 186kA/m 后,几乎观察不到明显的松弛现象,其松弛时间小于 2s。

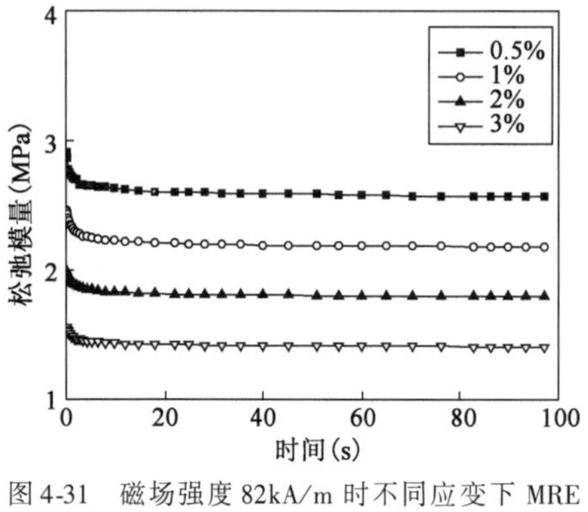

图 4-31　磁场强度 82kA/m 时不同应变下 MRE 的松弛曲线

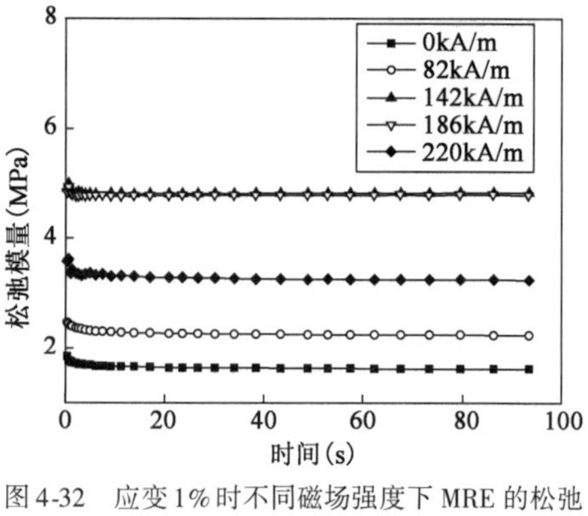

图 4-32　应变 1% 时不同磁场强度下 MRE 的松弛曲线

3)MRE 的本构模型

建立 MRE 的五参数广义 Maxwell 模型,如图 4-33 所示。图中包含 5 个元件,其特征参数分别为 k_1、k_2、k_3、c_1 和 c_2。k_1、k_2、k_3 表征 MRE 的弹性,c_1 和 c_2 则代表 MRE 的黏性。由于不同应变、不同磁场强度下 MRE 表现出不同的松弛性能,所以 k_1、k_2、k_3、c_1 和 c_2 均是应变和磁场强度的函数。该模型的本构方程和 MRE 的松弛模量的表达式分别见式(4-1)和式(4-2):

$$k_1k_2\tau(t)+(k_2c_1+k_1c_2)\dot{\tau}(t)+c_1c_2\ddot{\tau}(t)$$
$$=[k_3(k_2c_1+k_1c_2)+k_1k_2(c_1+c_2)]\dot{\gamma}(t)+k_1k_2k_3\gamma(t)+(k_1+k_2+k_3)\ddot{\gamma}(t) \quad (4\text{-}1)$$
$$G(t)=k_3+k_2\exp\left(-\frac{k_2}{c_2}t\right)+k_1\exp\left(-\frac{k_1}{c_1}t\right) \quad (4\text{-}2)$$

将 MRE 的松弛试验数据代入式(4-1)和式(4-2),进行非线性拟合,可以得到不同工况下 MRE 的模型参数。图 4-34 为应变为 1%、磁场强度为 82kA/m 时拟合曲线与试验结果的对比。

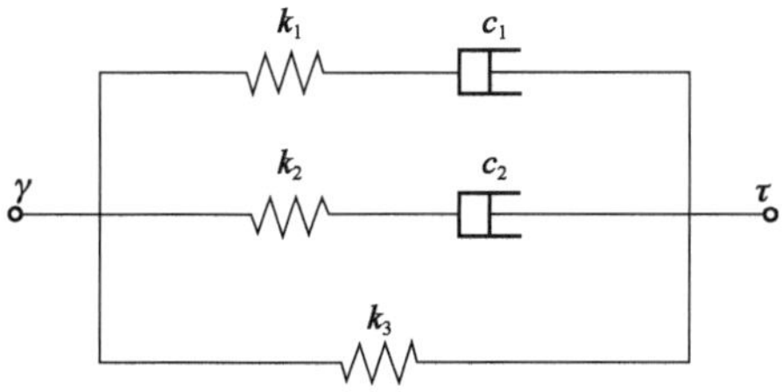

图 4-33　MRE 的五参数广义 Maxwell 模型

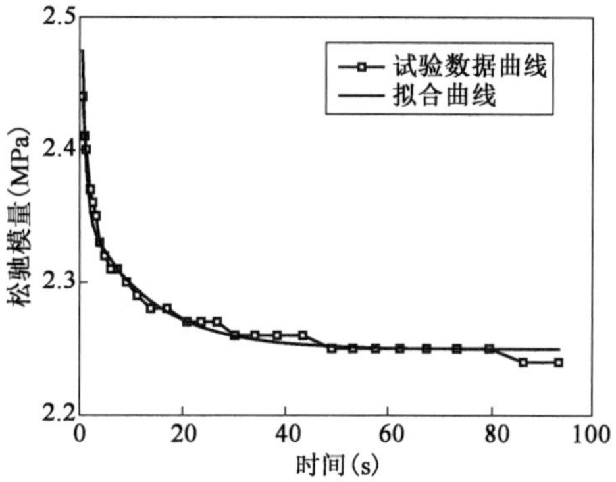

图 4-34　应变 1%、磁场强度 82kA/m 时拟合曲线与试验的对比

表 4-10 为磁场强度 82kA/m 时各应变下得到的松弛曲线所拟合的参数值。由表可知,MRE 松弛模量具有显著的应变依赖性,并呈现一定的规律:随着应变的增加,k_1、k_2、k_3 减小,而 c_1、c_2 也呈减小的趋势,但在 2% 应变处发生波动。这可能是试验的偶然误差,也可能是优化过程中的波动。

应变对 82kA/m 下 MRE 本构五参数的影响　　表 4-10

应变(%)	k_1(Pa)	k_2(Pa)	k_3(Pa)	c_1(Pa·s)	c_2(Pa·s)
0.5	306 032	103 894	2 579 336	199 114	1 336 688
1	214 084	90 696	2 189 069	196 219	1 095 269
2	152 464	49 922	1 791 483	255 253	1 769 510
3	96 793	45 038	1 419 409	116 785	469 284

表 4-11 为 1% 应变下,各不同磁场强度下松弛曲线的拟合参数。由表可知,磁场强度对 MRE 松弛模量的影响很显著,同时也很有规律:随着磁场强度的增加,k_1、k_2、k_3 增加,而 c_1、c_2 呈减小趋势。同理,在 186kA/m 处发生的波动,也可能是实验误差或者优化过程中的波动。

不同磁感应强度对 1% 应变下 MRE 本构五参数的影响　　表 4-11

磁场强度(kA/m)	k_1(Pa)	k_2(Pa)	k_3(Pa)	c_1(Pa·s)	c_2(Pa·s)
0	115 144	63 829	1 617 323	244 325	1 734 799
82	158 966	82 130	2 247 332	283 398	1 495 399
142	232 585	82 508	3 263 120	219 713	1 129 186

续上表

磁场强度(kA/m)	k_1(Pa)	k_2(Pa)	k_3(Pa)	c_1(Pa·s)	c_2(Pa·s)
186	662 176	168 200	4 810 410	260 810	67 286
220	614 251	804 606	4 770 000	210 431	181 375

(4)分数阶模型的离散形式

基于前面的分析可知,采用传统的模型需要较多的辨识参数且辨识精度有限,同时模型的非线性程度较大,不易引入控制算法。而分数阶模型形式较为简单,且辨识参数相对较小,可以很好地模拟黏弹性材料。因此本书采用如下所示的分数阶模型来建立 MRE 的本构模型:

$$F_{\mathrm{freq}}(t_n)=bD^{\alpha}x_n\approx b\frac{\Delta t^{\alpha}}{\Gamma(-\alpha)}\sum_{j=0}^{n-1}\frac{\Gamma(j-\alpha)}{\Gamma(j+1)}x_{n-j}\quad(0<\alpha<1)\tag{4-3}$$

其中,x 表示位移,当阶数 =1 时,表示速度,与之前的 x 相关;当阶数 =0 时,表示位移,与之前的 x 无关。阶数满足时,则表示与位移和速度均相关,表现为对过程的记忆性,与过程也相关。例如,令 $b=1$,$t=0.1\mathrm{s}$。则有

$$F_{\mathrm{freq}}(t_n)=bD^{0.5}x_n\approx 0.316\,2x_n-0.158\,1x_{n-1}-0.039\,5x_{n-2}-0.019\,8x_{n-3}-0.012\,4x_{n-4}\cdots\tag{4-4}$$

由式(4-4)可以看出,某时刻的分数阶导数是与之前整个过程相关的,且与该时刻时隔越远,则影响逐渐减弱。

含分数阶的五参数模型如图 4-35 所示。

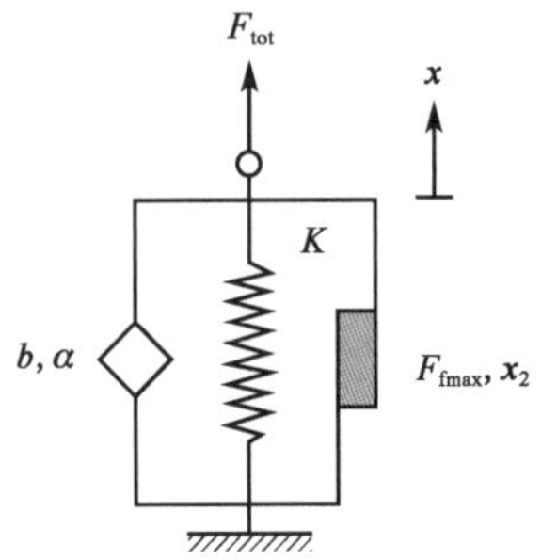

图 4-35　分数阶模型

该模型分为三个部分:磁场作用下,磁粉的抗剪作用用弹簧表示,其本构模型为 $F_{\mathrm{elast}}(t_n)=Kx_n$($K$ 为弹簧刚度);橡胶基体本身的力学特性,用分数阶模型代表,其本构模型为 $F_{\mathrm{freq}}(t_n)=b\dfrac{\Delta t^{\alpha}}{\Gamma(-\alpha)}\sum\limits_{j=0}^{10}\dfrac{\Gamma(j-\alpha)}{\Gamma(j+1)}x_{n-j}$,$0<\alpha<1$(取前 11 项,其中 b 为黏度系数,α 为阶数);橡胶基体与磁粉之间的相互作用(佩恩效应),用分段双曲线模型代表,其本构模型如下式所示:

x 增加时

$$F_{\mathrm{frict}}(t_n)=\frac{x_n}{x_n+x_2}F_{\mathrm{fmax}}$$

x 减少时

$$F_{\mathrm{frict}}(t_n)=\frac{x_n}{-x_n+x_2}F_{\mathrm{fmax}}$$

式中:F_{fmax}——最大摩擦力;

x_2——达到最大摩擦力一半时的相对位移。

基于以上的分析,分数阶模型最终的计算式为:

x 增加时

$$F_{\text{tot}}(t_n)=Kx_n+b\frac{\Delta t^{\alpha}}{\Gamma(-\alpha)}\sum_{j=0}^{10}\frac{\Gamma(j-\alpha)}{\Gamma(j+1)}x_{n-j}+\frac{x_n-x_c+\dfrac{\mu x_2}{1-\mu}}{x_n-x_c+\dfrac{x_2}{1-\mu}}F_{\text{fmax}} \tag{4-5}$$

x 减少时

$$F_{\text{tot}}(t_n)=Kx_n+b\frac{\Delta t^{\alpha}}{\Gamma(-\alpha)}\sum_{j=0}^{10}\frac{\Gamma(j-\alpha)}{\Gamma(j+1)}x_{n-j}+\frac{x_n-x_c+\dfrac{\mu x_2}{1-\mu}}{-x_n+x_c+\dfrac{x_2}{1-\mu}}F_{\text{fmax}} \tag{4-6}$$

式中：x_c——最近一个转向点处的位移；

μ——最近转向点的摩擦力与最大摩擦力的比值。

下面进行分数阶模型的参数拟合。分析中没有考虑磁场的作用(即 $K=0$)，用其余 4 个参数拟合滞回曲线。主要的思路是利用滞回曲线右上部的下降段，由于双曲线部分在较大变形下变化很小，故滞回曲线右上端的下降段为黏弹性部分的影响，由此可以设法找到黏弹性部分的 2 个参数，进而找出双曲线的参数。

拟合步骤如下：选取滞回环上的下降部分的点，对这些点代表的应力和应变时程进行多项式拟合(目的：使各曲线平滑)；用处理后的所有力均减去下降段的最后一个点所代表的力，以消除摩擦力部分；再将得到的数除以最后一个数，这样可以消除黏度系数 b，得到一条只与 α 有关的曲线；得到 α 的值并找到黏度系数 b 的值；得到 F_{fmax}，并适当放大 F_{fmax}，通过调整 x_2 和 F_{fmax}，得到最终拟合结果，如图 4-36 所示。

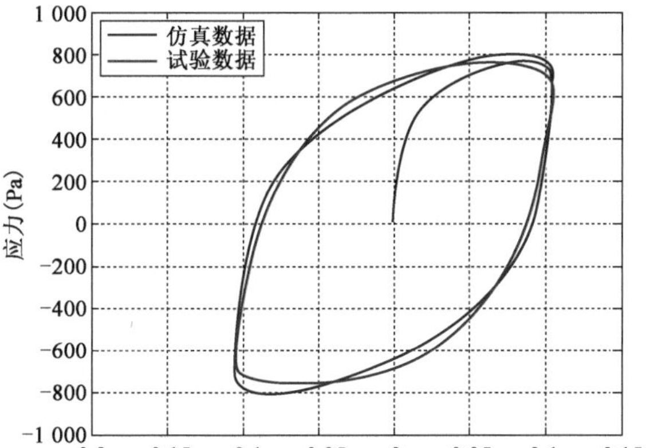

图 4-36　仿真与试验数据拟合结果

从拟合的结果中可以看出，分数阶模型能够较好地建立 MRE 本构模型。

4.2.2　流变弹性材料

(1)磁流变弹性体智能支座基本参数

磁流变弹性体智能支座性能试验的主要目的是验证磁流变弹性体分数阶模型的适用性并

评价其力学性能。试验原理如图 4-37 所示。

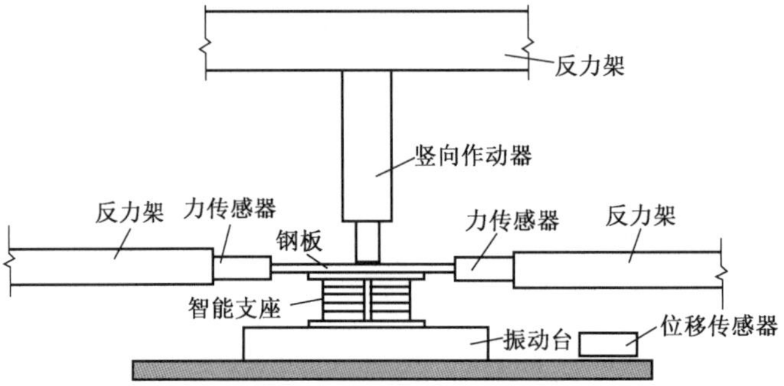

图 4-37　磁流变弹性体智能支座性能测试原理

支座上端通过作动器或者其他装置施加一个竖向荷载,以模拟磁流变弹性体压剪的真实工作状态;智能支座上端水平方向由反力架固定,并且在反力架上安装力传感器,测量反力架提供的水平剪力;支座下端固定在振动台上,由振动台提供水平向的位移,实际位移由位移传感器采集。

考虑此试验目的和实验室的实际条件(如振动台的承载能力等),磁流变弹性体智能支座的基本参数见表 4-12。

磁流变弹性体智能支座基本参数　　表 4-12

构件	参数项目	数　值	构件	参数项目	数　值
橡胶-钢板叠层	单层橡胶厚度	1mm	线圈	高度	180mm
	橡胶层数	40 层		内径	137mm
	橡胶有效直径	100mm		外径	210mm
	夹层钢板厚度	0.5mm		线径	1mm

此外,支座放置于线圈中心空腔位置,为了保证足够的磁场,线圈和支座之间的间距约 10mm,容许发生的最大剪应变为 25%,为安全起见,试验的最大剪应变定在 10%。根据此前材料滞回试验 2 号试样(颗粒体积百分比为 20%,有场条件下制备)在 10% 正弦应变下磁流变弹性体的储能模量为 0.4MPa,因此预计最大水平力约为 320N。线圈总线长 2 900m,总电阻约 63Ω。设计最大电流 5A,设计最大磁场强度 95kA/m。磁流变弹性体羰基铁粉填料的体积百分比为 20%。

(2)磁流变弹性体智能支座性能试验

试验装置如图 4-38 和图 4-39 所示。此装置考虑实验室的实际条件,在试验原理图 4-37 的基础上进行了改进。

为了保证支座处于压弯状态,同时防止支座发生弯曲变形,支座上端用角钢限制住其竖向变形(图 4-39)。图 4-40 和图 4-41 为磁流变弹性体智能支座。底板的凹槽用来固定线圈,避免试验中发生碰撞。

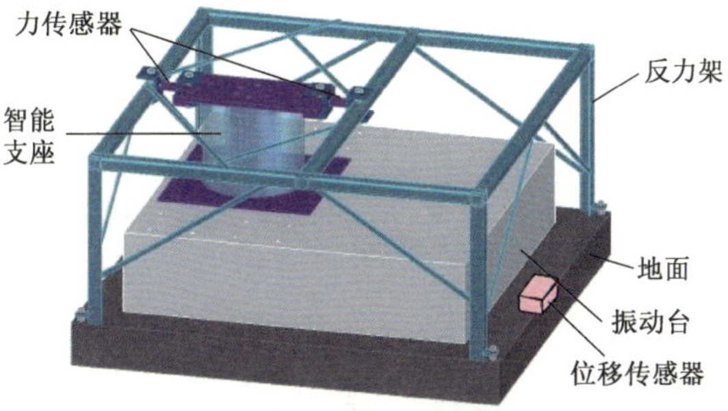

图 4-38　试验装置设计模型图

图 4-39　试验装置实物图

图 4-40　磁流变弹性体支座(无线圈)

4-41　支座(绿色部分为线圈)

试验中,力传感器采用上海狄佳传感科技有限公司生产的 DJSX-25-50KG 型拉压力传感器,量程为 500N(图 4-42)。位移传感器为米铱公司生产的 NCDT1300 型位移传感器(图 4-43)。传感器按照图 4-44 和图 4-45 所示模型进行布置。试验时,两个力传感器对正支座中心,保证对支座无扭矩;还需保持水平,保证只施加水平剪力;此外,预先给两个传感器施加部分压力,且保证两个力传感器压力相等,整个过程两个传感器只受压力作用。

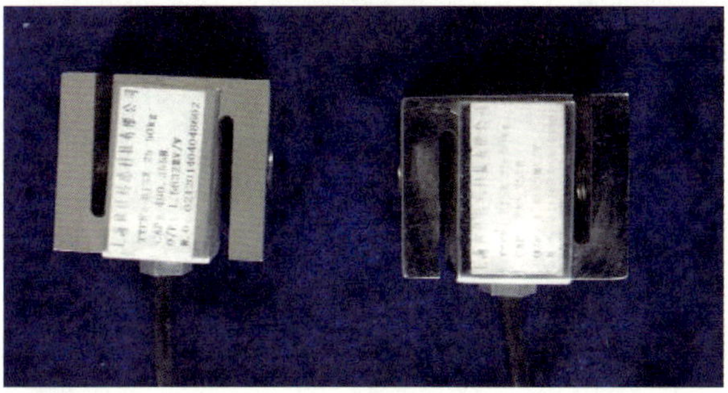

图 4-42　力传感器实物图

图 4-43　位移传感器实物图

试验数据采集使用 NI 数据采集装置,如图 4-46 所示。振动台控制系统如图 4-47 所示。

试验时,通过振动台控制系统输入地震动参数,采集两个力传感器和位移传感器的信号,经 NI 数据采集装置处理信号后输出并存储在计算机中。数据处理为将两个力传感器的出力相减,就能得到磁流变弹性体智能支座的出力时程,而位移传感器的位移就是磁流变弹性体智能支座的真实水平位移。

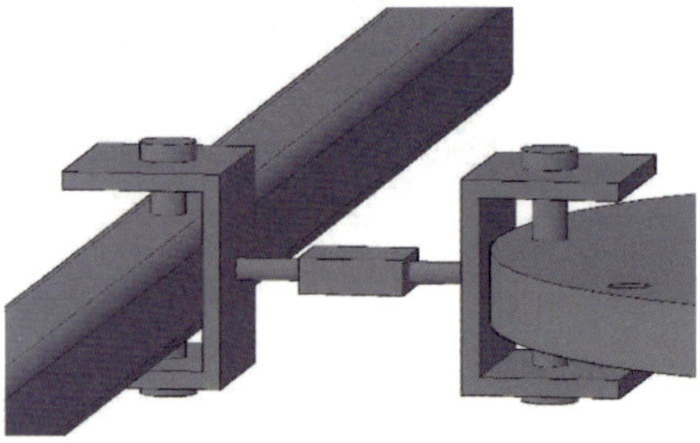

图4-44　力传感器安装模型示意图

图4-45　力传感器安装实物图

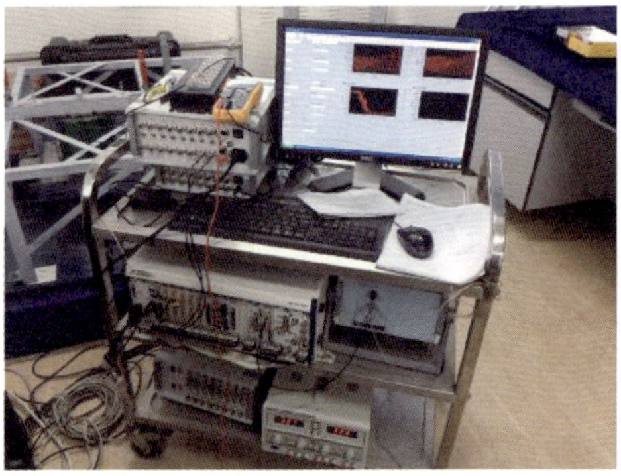

图4-46　NI数据采集装置及线圈电源

图4-47　振动台控制系统图

(3)磁流变弹性体智能支座的力-位移关系

首先,对试验测试得到的曲线进行定性分析,观察应变幅值、频率等因素对滞回环的影响,确定曲线是否符合定性分析结果。然后根据前面建立的磁流变弹性体智能支座的五参数分数阶模型,对试验得到的数据进行处理,以验证力学模型的准确性。图4-48所示为应变幅值对滞回环的影响,图4-49所示为频率对滞回环的影响。

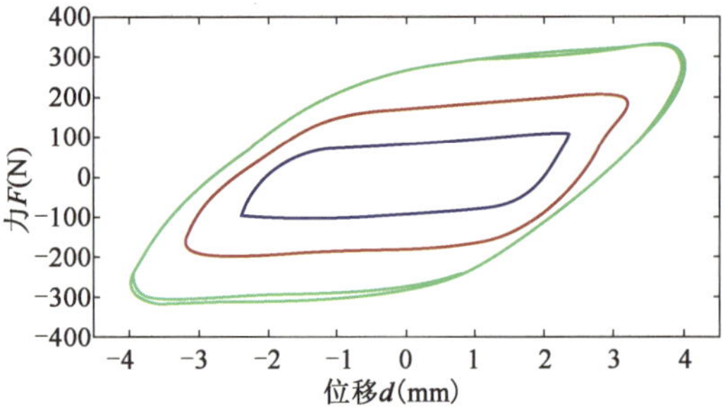

图4-48　各应变幅值下的滞回环

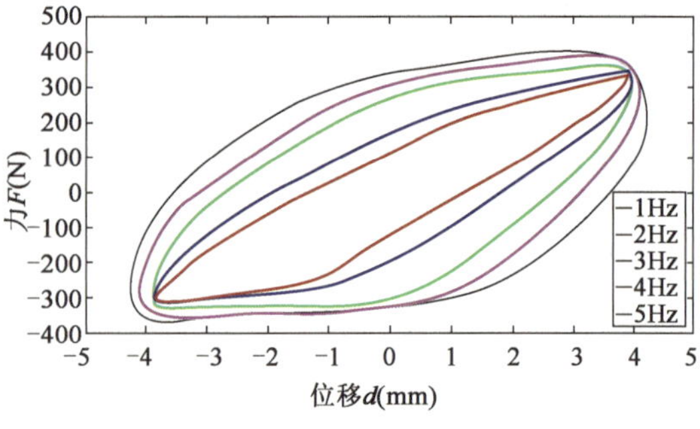

图4-49　各频率下的滞回环

在图 4-48 中,随着应变幅值增加,滞回环上升段的斜率降低,滞回环形状也在发生变化,这正是佩恩效应的体现;在图 4-49 中,随着频率的增加,滞回环的耗能(即面积)逐渐增大,而等效刚度不变。此外,各滞回环均表现出显著的摩擦型元件的平行四边形滞回环特点。

图 4-50 所示为磁场强度 0kA/m,应变 2.5m,4Hz 工况下的滞回环拟合效果图。

如果拟合结果良好,则说明五参数模型足够精确,可用于描述磁流变弹性体智能支座的力-位移关系。此外,理论计算的滞回环是关于原点中心对称的,试验采集的数据一侧与计算结果吻合而另一侧出现偏差,这说明滞回环本身不满足中心对称。因此,试验测量存在一定的误差,若对试验进行改进,可依据此原则进行调试。

图 4-51 为磁场强度 0kA/m、应变 3.2mm 时,3Hz 和 4Hz 工况下实测滞回环与理论计算值的对比。

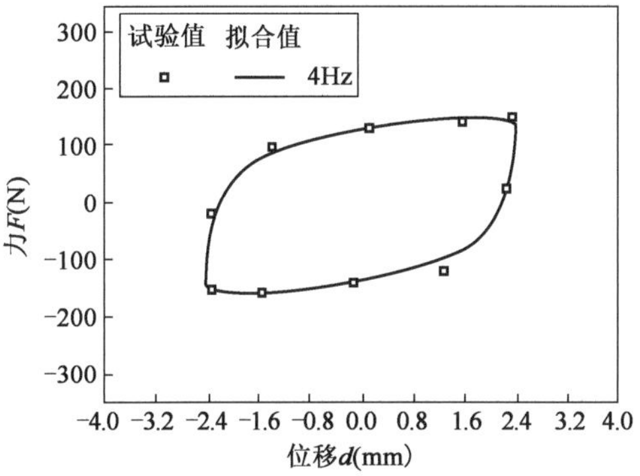

图 4-50 磁场强度 0kA/m、应变 2.5mm,4Hz 工况下的滞回环拟合效果图

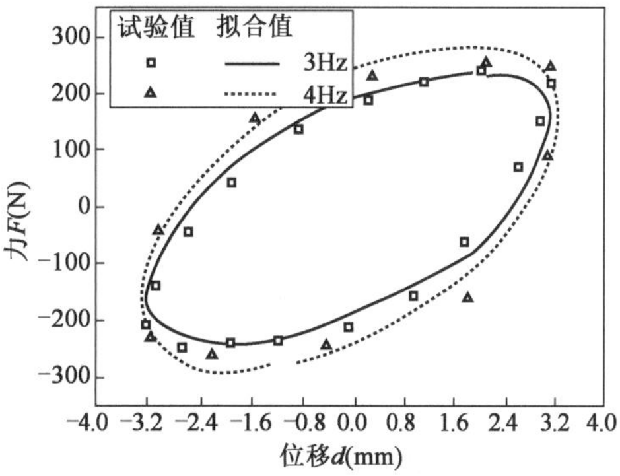

图 4-51 磁场强度 0kA/m、应变 3.2mm,3Hz、4Hz 工况下的滞回环拟合效果图

由此可知,可以用一组参数描述不同频率、幅值相同的正弦荷载,即参数与频率不存在耦合关系。

4.2.3 调谐质量阻尼器

1)桥塔涡激振动分析

当风速处在一定的范围内时,结构会发生涡激共振,则涡激共振发生的最初风速为临界风速,其表达式为:

$$\bar{v}_{cr} = \frac{n_j D}{St} \tag{4-7}$$

对于竖向弯曲悬臂结构,横风向涡激动力荷载为:

$$p_L(z,t) = \frac{1}{2}\rho \overline{v^2}(z) D(z) \mu_L \sin\omega_s t \tag{4-8}$$

本书选取 38 个模拟点,从桥塔 5 ~ 375m 高度,每点间隔为 10m,每点的临界风速为 1 ~ 90m/s。根据每点的临界风速分别计算对应的涡激力时程,总时间为 200s,时间间隔为 0.02s。对桥塔各工况的涡激力时程进行傅里叶变换,计算不同风速对应的旋涡脱落频率。桥塔施工过程分为 7 个工况,各工况示意如图 4-52 所示。

结果表明,桥塔施工阶段的 7 种工况均出现旋涡脱落频率锁定的现象。将桥塔各工况的旋涡脱落频率与结构自振频率相比,则工况 1 和工况 2 会发生第 1 阶振型的涡激共振,而工况 3 ~ 工况 7 则会发生第 2 阶振型的涡激共振,将发生涡激共振时的风速提高 1.3 倍,则对应高度为共振区域的终点高度。各工况共振区域的起点高度和终点高度见表 4-13。

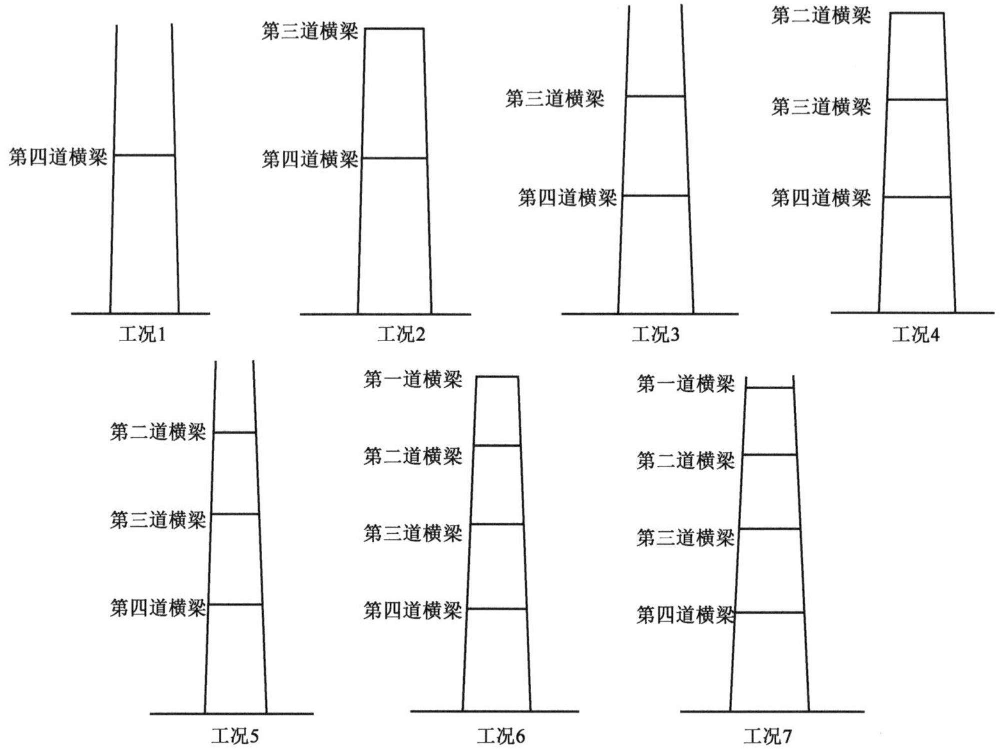

图 4-52 桥塔施工各工况示意图

桥塔各工况共振区域 表 4-13

工　况	高度(m)	起点高度(m)	终点高度(m)
工况 1	202	37	331
工况 2	202	31	276
工况 3	292	254	2 258
工况 4	292	241	2 144
工况 5	364	134	1 194
工况 6	364	141	1 291
工况 7	377	99	883

通过表 4-13 可以看出,对于发生涡激共振的工况,共振区域的起点高度小于桥塔高度,而终点高度则大于桥塔高度,所以将共振区域的终点高度取至各工况顶点。

2)桥塔施工阶段振动控制仿真模拟

磁流变弹性体(MRE)能够在外加磁场的作用下改变机械性能,提高刚度和阻尼,本项目采用的是磁流变弹性体来实现 TMD 的变刚度控制，磁流变弹性体的力学模型包括三部分，即：

(1)橡胶基体黏性部分，其力-位移关系为：

$$F_1 = C\dot{X} \tag{4-9}$$

(2)橡胶基体弹性部分，其力-位移关系为：

$$F_2 = K_0 X \tag{4-10}$$

(3)填料的磁流变效应，其力-位移关系为：

$$F_3 = \Delta K X \tag{4-11}$$

综上所述，磁流变弹性体支座的力-位移关系的计算公式为：

$$F = F_1 + F_2 + F_3 = C\dot{X} + K_0 X + \Delta K X \tag{4-12}$$

式中：C——黏力系数；

K_0、ΔK——刚度，其中 ΔK 为可调刚度。

将基于 MRE 的被动调谐质量控制装置分别安装在桥塔施工阶段各工况的横梁上，根据前面计算出的涡激力进行 Simulink 模拟。通过对桥塔施工阶段的各工况进行模拟，基于 MRE 的被动调谐质量控制装置的位移限制以及控制效果的综合考虑，确定基本参数见表 4-14。

基于 MRE 的被动调谐质量控制装置的基本参数 表 4-14

工　况	质量比(%)	阻尼比(%)
工况 1	0.295	10
工况 2	0.283	22
工况 3	0.556	20
工况 4	0.541	10
工况 5	0.724	10
工况 6	0.710	10
工况 7	0.684	17

以工况 7 为例，MRE 不同位置处的控制效果如图 4-53 ~ 图 4-56 所示。

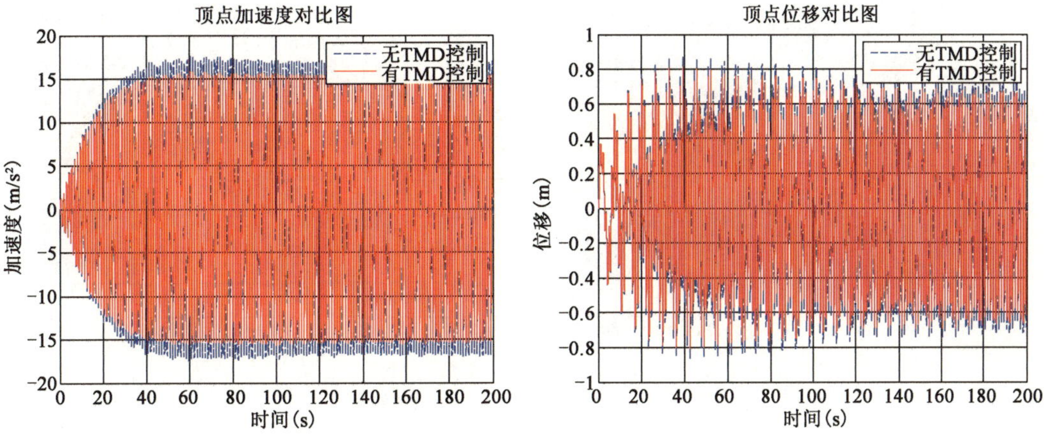

图 4-53　MRE 安装在第一道横梁的控制效果

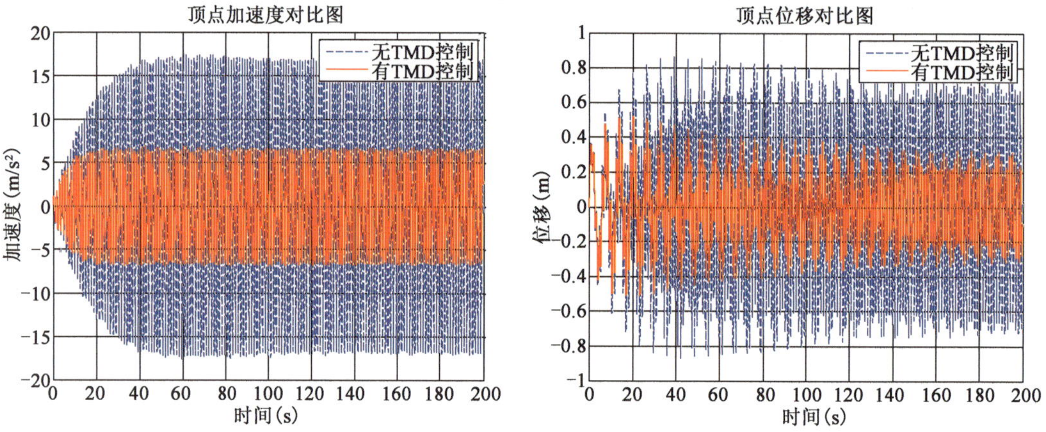

图 4-54　MRE 安装在第二道横梁的控制效果

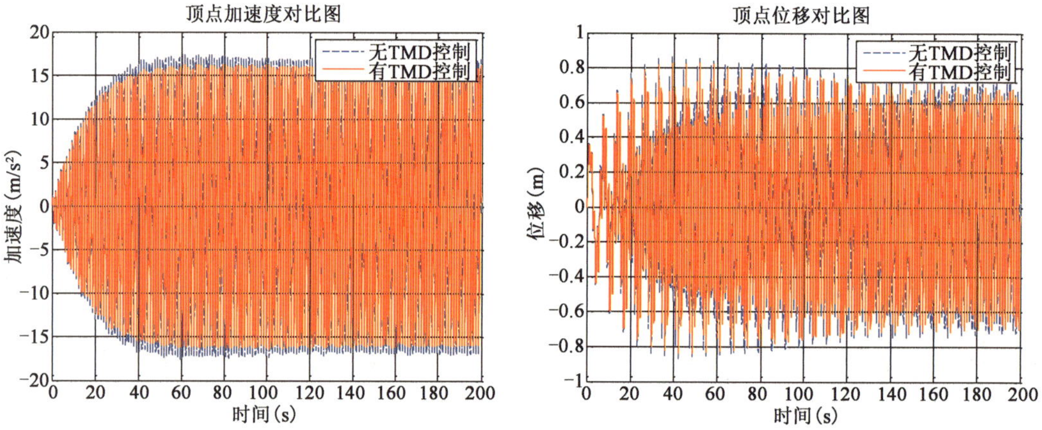

图 4-55　MRE 安装在第三道横梁的控制效果

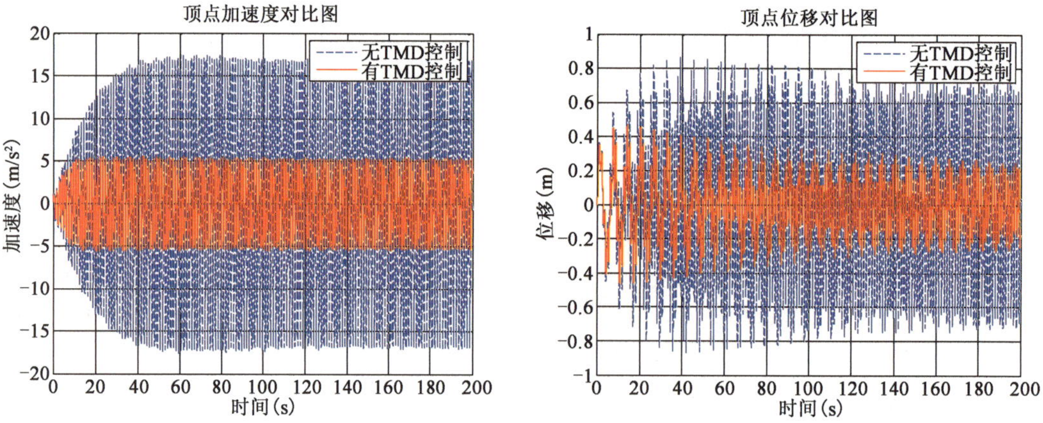

图 4-56　MRE 安装在第四道横梁的控制效果

MRE 对桥塔施工阶段各工况的控制效果见表 4-15。

MRE 控制效果 表 4-15

工况	MRE 安装位置	位移		加速度	
		最大控制效果(%)	平均控制效果(%)	最大控制效果(%)	平均控制效果(%)
工况 1	第一道横梁	7.81	8.25	8.86	8.25
工况 2	第一道横梁	3.20	1.75	3.12	1.75
	第二道横梁	53.17	50.19	53.12	50.23
工况 3	第一道横梁	8.45	13.24	31.03	28.20
	第二道横梁	11.53	16.24	19.98	17.30
工况 4	第一道横梁	34.14	47.14	14.22	10.90
	第二道横梁	40.44	58.92	18.16	14.86
	第三道横梁	54.67	80.88	36.47	44.75
工况 5	第一道横梁	13.73	16.03	18.32	16.89
	第二道横梁	45.42	61.78	67.72	68.87
	第三道横梁	0.29	2.14	1.41	1.41
工况 6	第一道横梁	12.30	19.33	20.35	23.14
	第二道横梁	36.12	49.85	66.98	69.13
	第三道横梁	2.83	2.00	1.78	2.03
	第四道横梁	46.86	57.50	84.05	87.69
工况 7	第一道横梁	7.65	8.40	10.74	9.11
	第二道横梁	41.23	54.02	60.69	60.18
	第三道横梁	4.48	5.44	6.87	6.00
	第四道横梁	45.83	60.95	68.14	67.85

3)桥塔 TMD 控制风洞试验研究

桥塔 TMD 控制风洞试验在哈尔滨工业大学完成。哈尔滨工业大学风洞实验室是一座闭口回流式矩形截面风洞,分为大小两个试验段,小试验段尺寸为宽 4.0m、高 3.0m、长 25m;大试验段尺寸为宽 6.0m、高 3.6m、长 50m。试验风速范围:小试验段为 3 ~ 50m/s、大试验段为 3 ~ 30m/s。本工程为 A 类地貌,对桥塔结构的大气层边界风场进行风洞试验研究,模型的缩尺比例为 1/250,在小试验段进行,风速控制在 1.8 ~ 8m/s。风洞试验模型如图 4-57 所示。

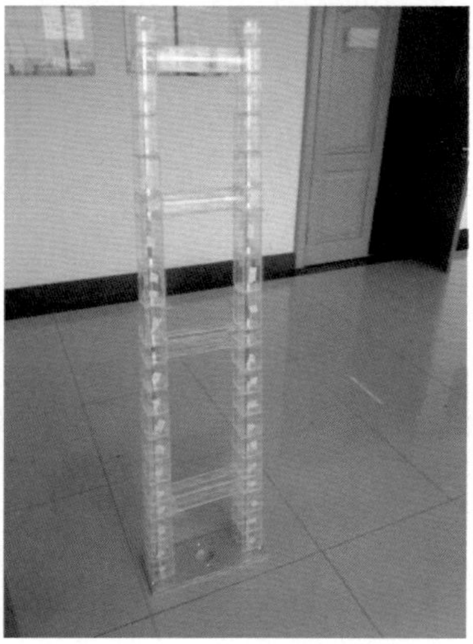
图 4-57 1/250 缩比例尺桥塔模型

(1)试验步骤

首先测试无阻尼情况下的自由振动;其次确定阻尼装置,和各工况 TMD 的安装位置;然后做相同风震下的不同小工况(TMD 安装在不同位置控制结构的位移响应)数据采集;最后对数据进行处理,对比有控和无控下的数据,进行数据处理。

TMD 装置如图 4-58 所示,其中中间的小车用于调整质量,刚度由弹簧来提供,阻尼主要由滚轴与导轨之间的摩擦力提供。

(2)TMD 控制效果:自由振动

首先进行自由振动下无控与有控的效果对比,TMD 的质量为 150g,弹簧刚度 K 为 7N/m,得到的控制对比结果如图 4-59 所示。其均方值控制效果为 69%。

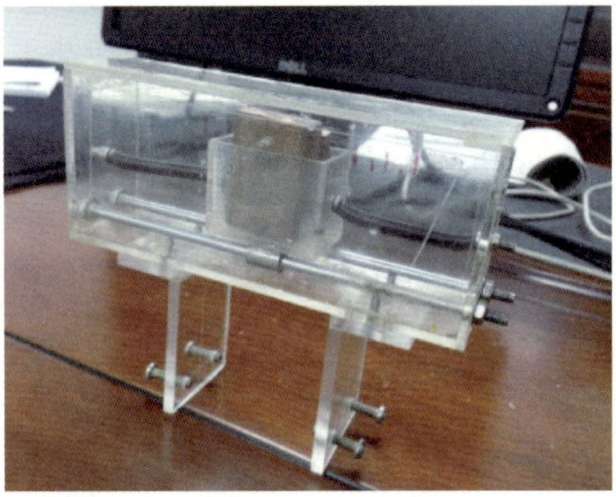

图 4-58 TMD 装置简图

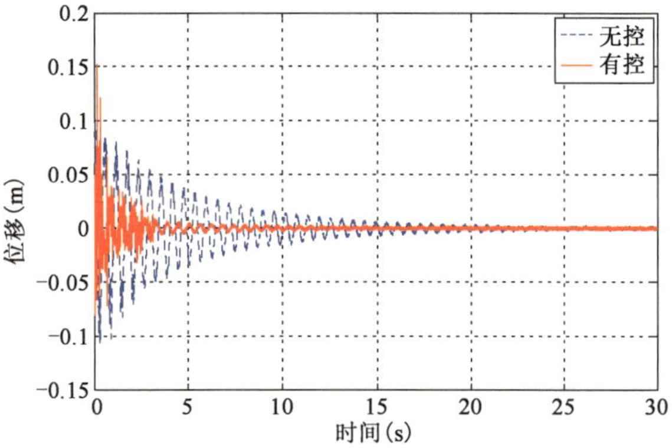

图 4-59 自由振动下对比

(3)TMD 控制效果:风洞试验

试验过程主要根据前面仿真分析的结果分为 7 个施工工况进行控制。根据前面的分析和研究,将桥塔的施工阶段主要分成了 7 个大工况。各个施工工况中根据 TMD 安装位置不同又分为若干个小工况,每个工况做 6 组数据采集,对比有控与无控的数据,取其平均值作为最终结果。

工况 1 主要考虑 TMD 安装在第四道横梁上的控制效果:

TMD 安装在第四道横梁的数据分析及控制效果如图 4-60 和图 4-61 所示。通过数据分析可以得到,最大值控制效果为 40.42%,均方值控制效果为 19.40%。

图 4-60 TMD 模型布置图一

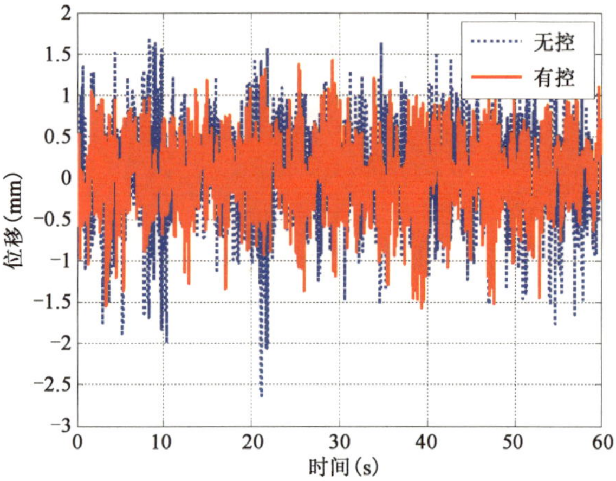

图 4-61 TMD 控制效果图一

工况 2　主要考虑 TMD 安装在第三道横梁及第四道横梁上的控制效果：

TMD 安装在第三道横梁的数据分析及控制效果如图 4-62 和图 4-63 所示。通过数据分析可以得到，最大值控制效果为 7.77%，均方值控制效果为 0.50%。

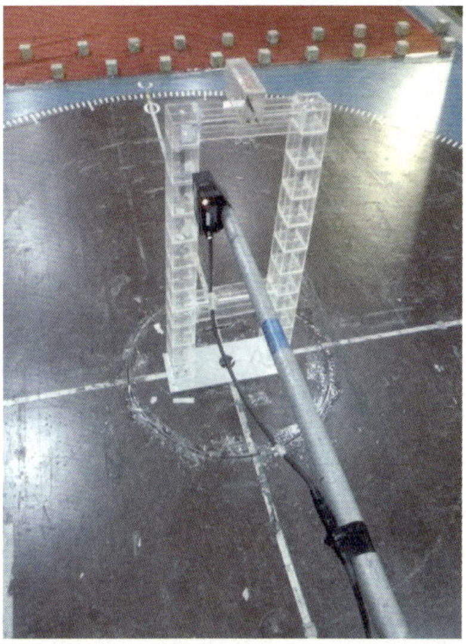

图 4-62　TMD 模型布置图二

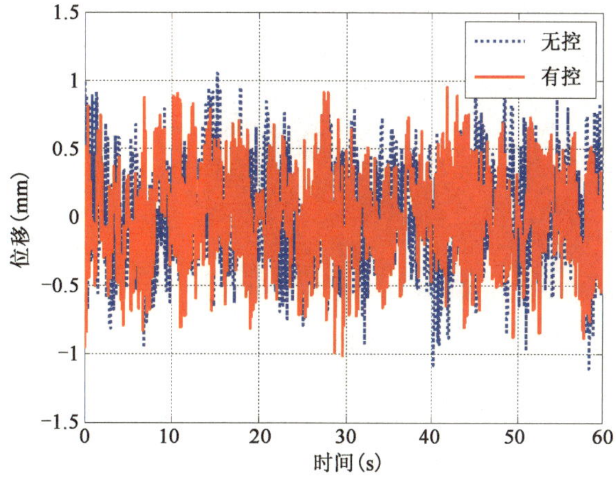

图 4-63　TMD 控制效果图二

TMD 安装在第四道横梁的数据分析及控制效果如图 4-64 和图 4-65 所示。通过数据分析可以得到，最大值控制效果为 4.94%，均方值控制效果为 5.35%。

图 4-64　TMD 模型布置图三

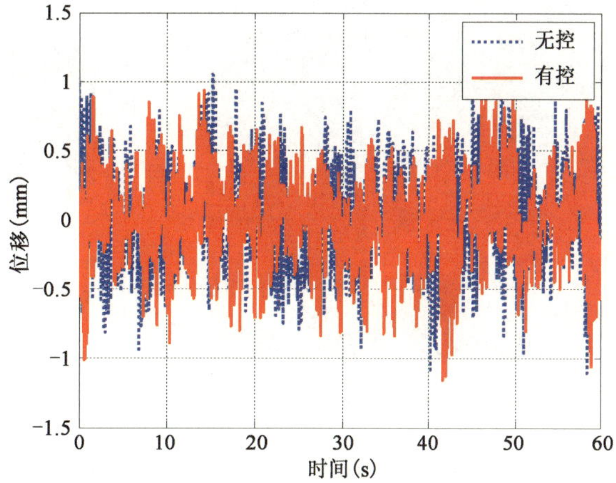

图 4-65　TMD 控制效果图三

工况 3　主要考虑 TMD 安装在第三道横梁及第四道横梁上的控制效果：

TMD 安装在第三道横梁的数据分析及控制效果如图 4-66 和图 4-67 所示。通过数据分析可以得到，最大值控制效果为 14.33%，均方值控制效果为 10.67%。

图 4-66　TMD 模型布置图四

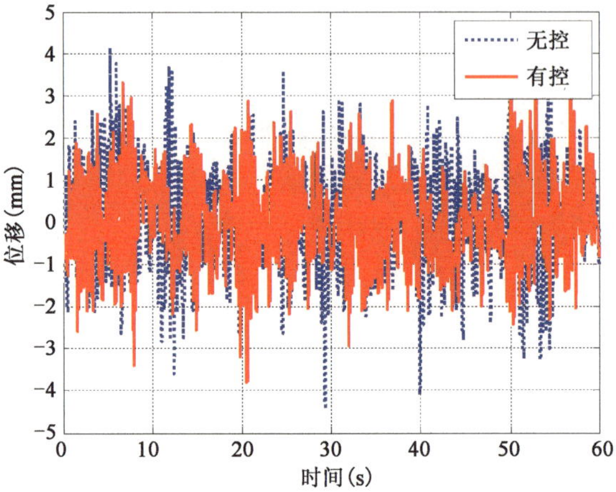

图 4-67　TMD 控制效果图四

TMD 安装在第四道横梁的数据分析及控制效果如图 4-68 和图 4-69 所示。通过数据分析可以得到,最大值控制效果为 12.99%,均方值控制效果为 6.80%。

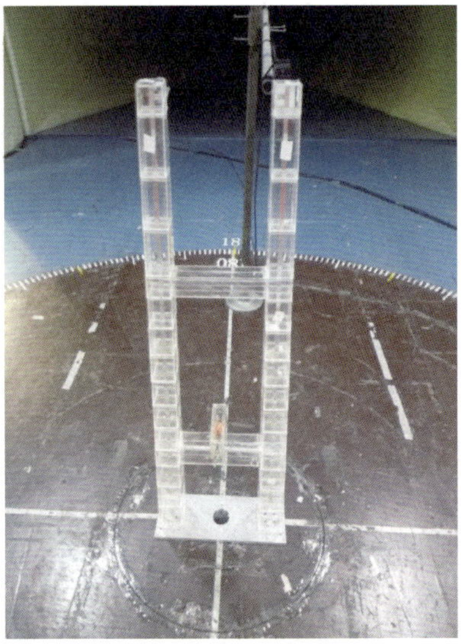

图 4-68　TMD 模型布置图五

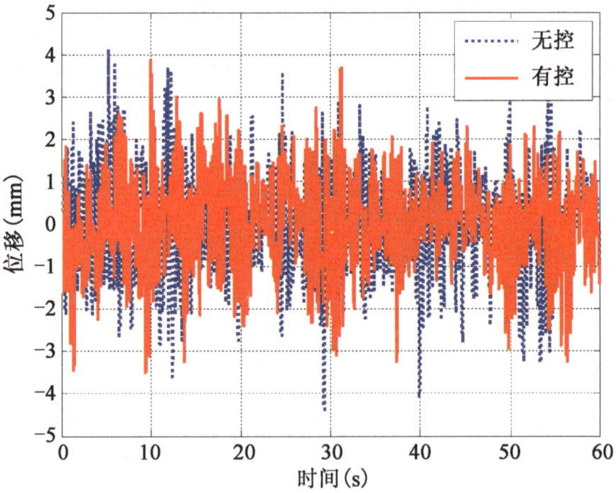

图 4-69　TMD 控制效果图五

工况 4　主要考虑 TMD 安装在第二道横梁、第三道横梁及第四道横梁上的控制效果:

TMD 安装在第二道横梁的数据分析及控制效果如图 4-70 和图 4-71 所示。通过数据分析可以得到,最大值控制效果为 6.21%,均方值控制效果为 14.76%。

TMD 安装在第三道横梁的数据分析及控制效果如图 4-72 和图 4-73 所示。通过数据分析可以得到,最大值控制效果为 15.55%,均方值控制效果为 7.72%。

图 4-70　TMD 模型布置图六

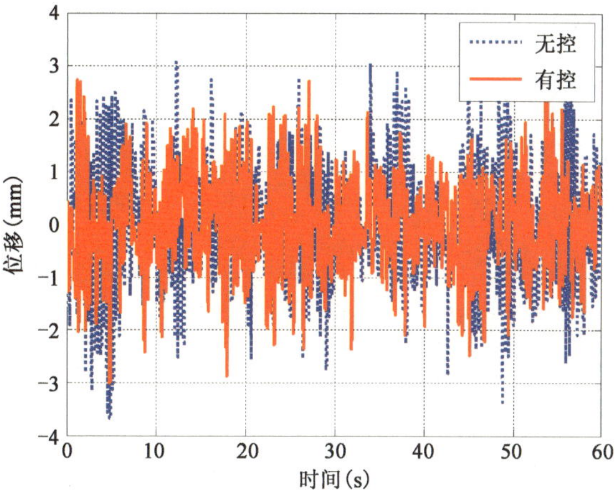

图 4-71　TMD 控制效果图六

图 4-72　TMD 模型布置图七

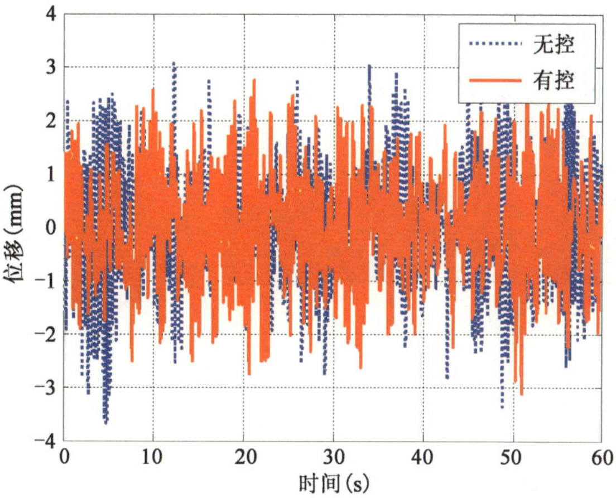

图 4-73　TMD 控制效果图七

TMD 安装在第四道横梁的数据分析及控制效果如图 4-74 和图 4-75 所示。通过数据分析可以得到,最大值控制效果为 3.81%,均方值控制效果为 11.58%。

工况 5　主要考虑 TMD 安装在第二道横梁、第三道横梁及第四道横梁上的控制效果:

TMD 安装在第二道横梁的数据分析及控制效果如图 4-76 和图 4-77 所示。通过数据分析可以得到,最大值控制效果为 34.63%,均方值控制效果为 44.79%。

TMD 安装在第三道横梁的数据分析及控制效果如图 4-78 和图 4-79 所示。通过数据分析可以得到,最大值控制效果为 9.81%,均方值控制效果为 26.46%。

图 4-74　TMD 模型布置图八

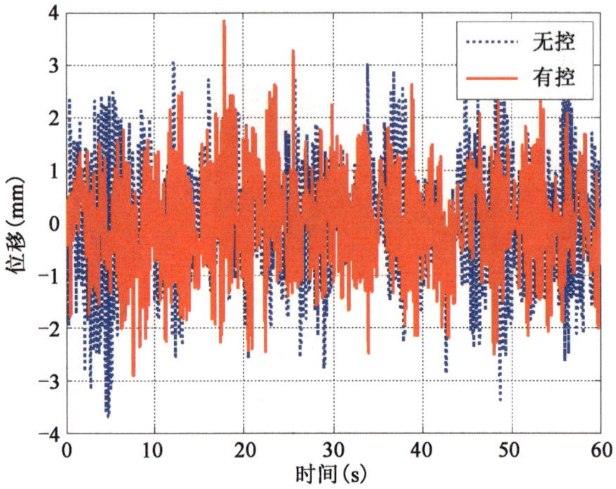

图 4-75　TMD 控制效果图八

图 4-76　TMD 模型布置图九

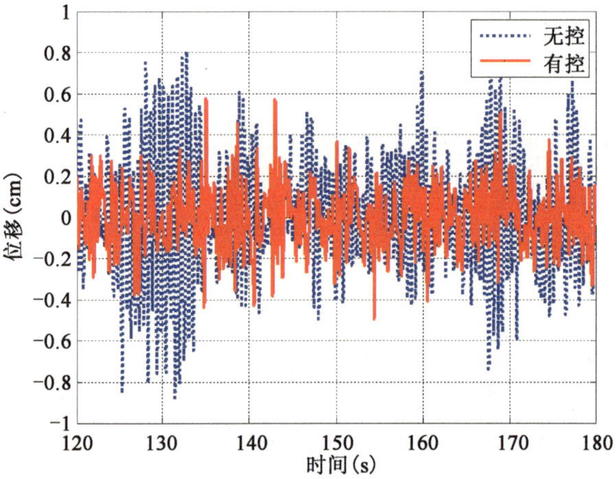

图 4-77　TMD 控制效果图九

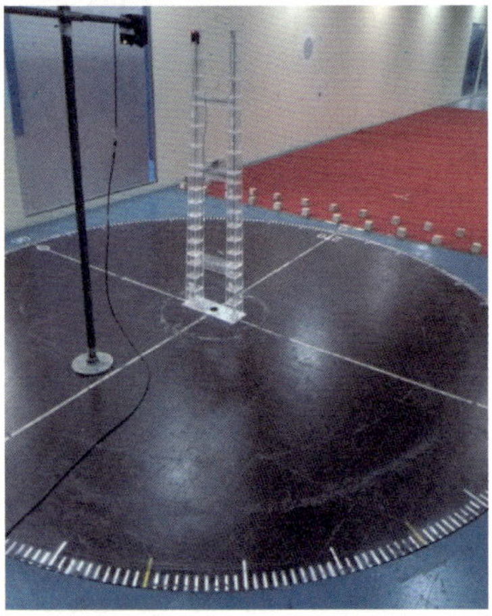

图 4-78　TMD 模型布置图十

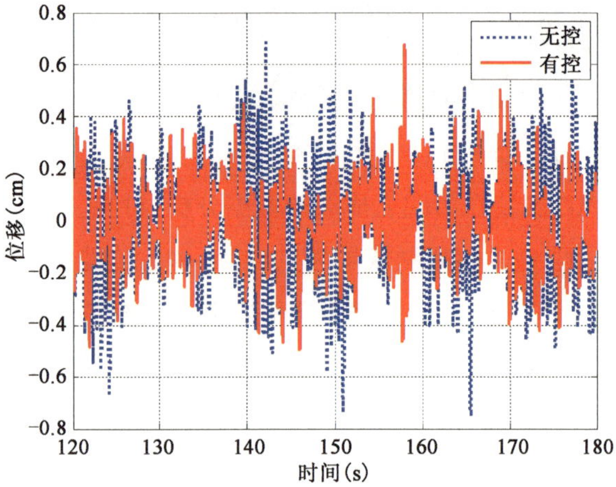

图 4-79　TMD 控制效果图十

TMD 安装在第四道横梁的数据分析及控制效果如图 4-80 和图 4-81 所示。通过数据分析可以得到,最大值控制效果为 20.08% ,均方值控制效果为 14.90% 。

图 4-80 TMD 模型布置图十一

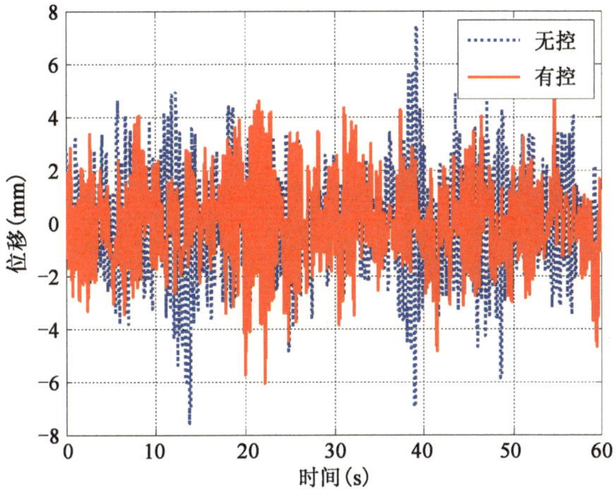

图 4-81 TMD 控制效果图十一

工况 6 主要考虑 TMD 安装在第一道横梁、第二道横梁、第三道横梁及第四道横梁上的控制效果:

TMD 安装在第一道横梁的数据分析及控制效果如图 4-82 和图 4-83 所示。通过数据分析可以得到,最大值控制效果为 39.95% ,均方值控制效果为 43.11% 。

图 4-82 TMD 模型布置图十二

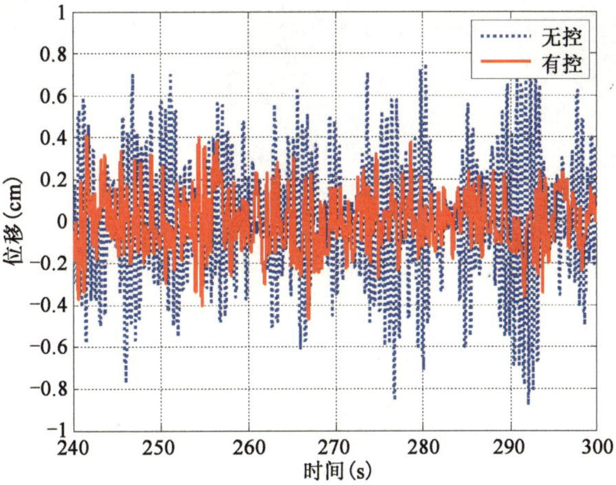

图 4-83 TMD 控制效果图十二

TMD 安装在第二道横梁的数据分析及控制效果如图 4-84 和图 4-85 所示。通过数据分析可以得到,最大值控制效果为 15.90% ,均方值控制效果为 40.17% 。

图 4-84　TMD 模型布置图十三

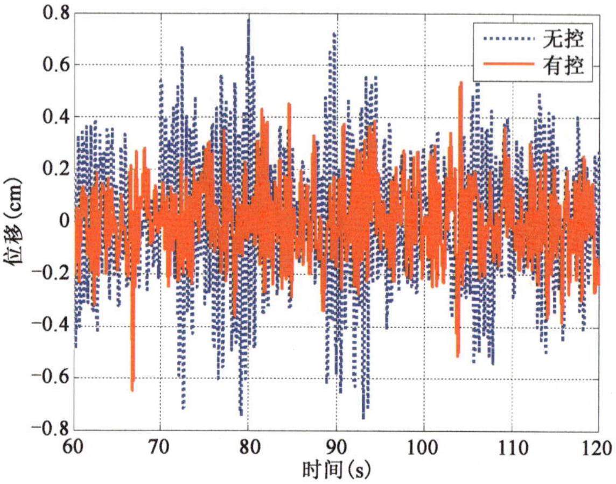

图 4-85　TMD 控制效果图十三

TMD 安装在第三道横梁的数据分析及控制效果如图 4-86 和图 4-87 所示。通过数据分析可以得到，最大值控制效果为 25.88%，均方值控制效果为 30.69%。

图 4-86　TMD 模型布置图十四

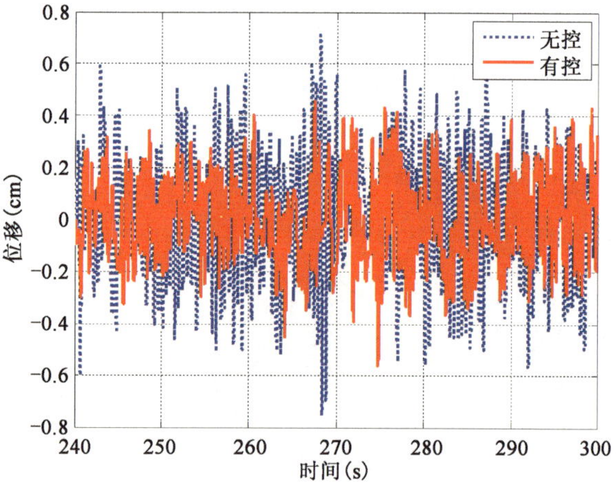

图 4-87　TMD 控制效果图十四

TMD 安装在第四道横梁的数据分析及控制效果如图 4-88 和图 4-89 所示。通过数据分析可以得到，最大值控制效果为 0.16%，均方值控制效果为 10.94%。

工况 7　主要考虑 TMD 安装在第一道横梁、第二道横梁、第三道横梁及第四道横梁上的控制效果：

TMD 安装在第一道横梁的数据分析及控制效果如图 4-90 和图 4-91 所示。通过数据分析可以得到，最大值控制效果为 44.36%，均方值控制效果为 44.63%。

图 4-88　TMD 模型布置图十五

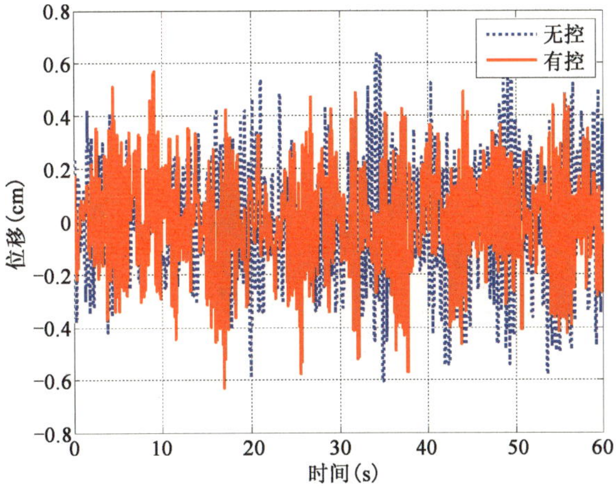

图 4-89　TMD 控制效果图十五

图 4-90　TMD 模型布置图十六

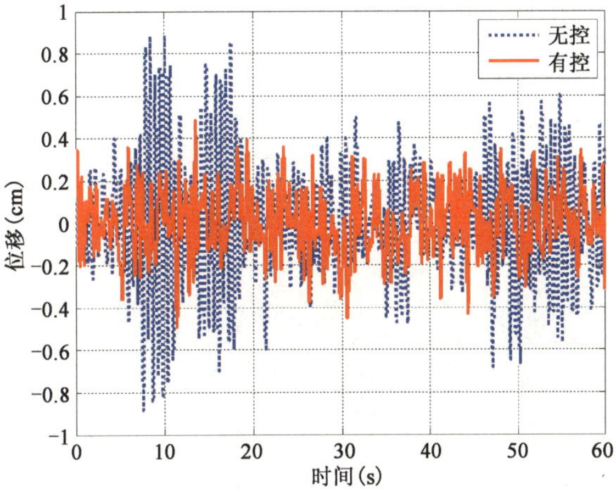

图 4-91　TMD 控制效果图十六

TMD 安装在第二道横梁的数据分析及控制效果如图 4-92 和图 4-93 所示。通过数据分析可以得到,最大值控制效果为 34.22%,均方值控制效果为 43.11%。

TMD 安装在第三道横梁的数据分析及控制效果如图 4-94 和图 4-95 所示。通过数据分析可以得到,最大值控制效果为 21.65%,均方值控制效果为 27.51%。

TMD 安装在第四道横梁的数据分析及控制效果如图 4-96 和图 4-97 所示。通过数据分析可以得到,最大值控制效果为 9.91%,均方值控制效果为 2.36%。

通过以上的试验结果,可得出以下结论:

(1)相同工况和外界条件下,只对 TMD 进行质量比的调节,随 TMD 系统与主结构质量比

的增大,TMD 的控制效果会相应增加,且当质量比较小时变化趋势越明显,质量比逐渐增大,变化趋势趋于稳定;

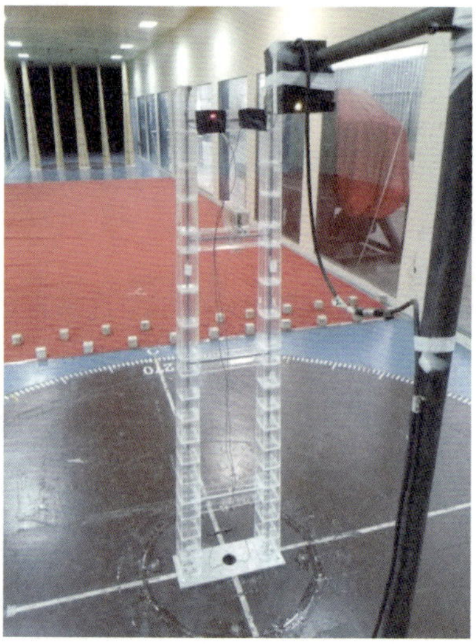

图 4-92　TMD 模型布置图十七

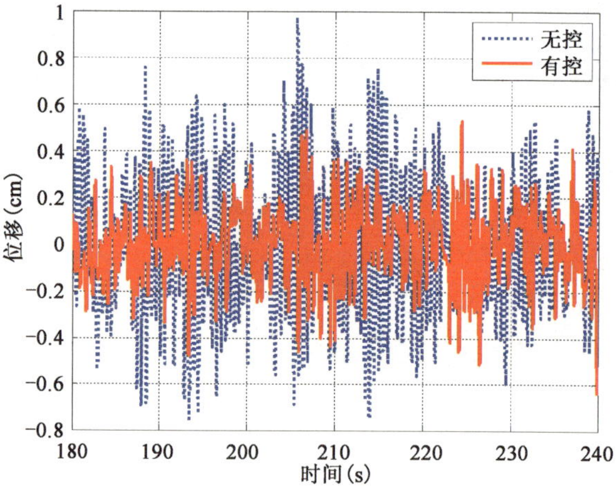

图 4-93　TMD 控制效果图十七

图 4-94　TMD 模型布置图十八

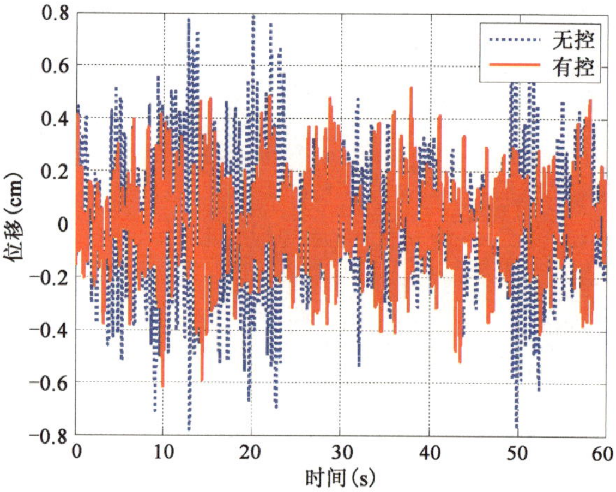

图 4-95　TMD 控制效果图十八

(2)通过第一工况内的 4 个小工况控制规律的相互对比可知,在只改变 TMD 控制位置的情况下,TMD 安装位置越靠近桥塔顶部,对结构风振控制的效果越好,越靠近结构底部,控制效果越差;

(3)第四工况情况下,TMD 的特性与第三工况的相同,对比第三工况和第四工况的最优控制效果可知,TMD 的控制效果不随质量比的增加而无限制增大,为达到最好的控制效果,必须针对特定工况对 TMD 进行质量比的调节;

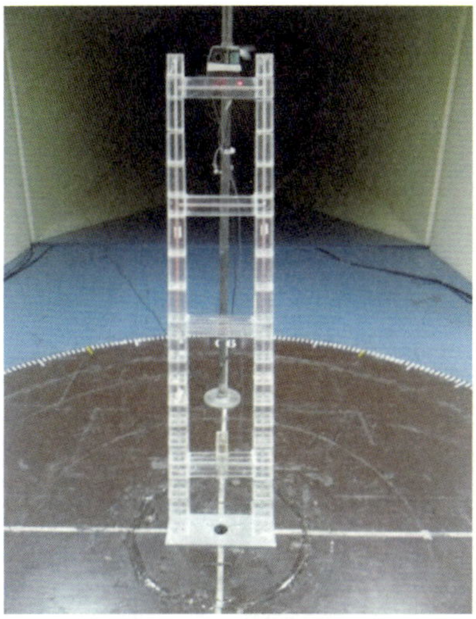

图 4-96　TMD 模型布置图十九

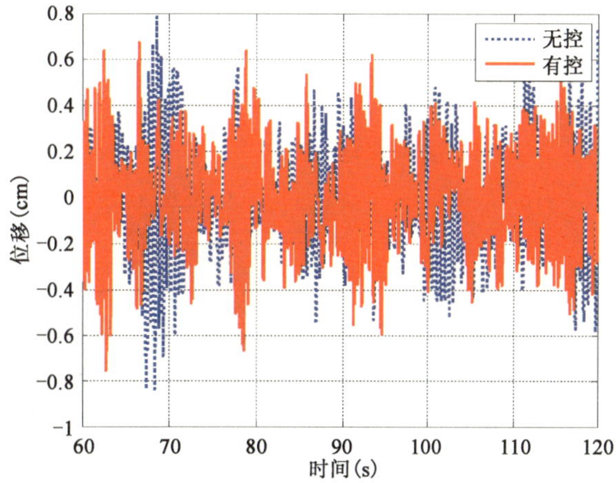

图 4-97　TMD 控制效果图十九

(4)由于试验过程中工况之间的改变对桥塔地基造成一定影响,第五工况之后,都是在桥塔地基松动情况下进行的,对比前三种工况和后三种工况的最优控制效果可知,地基松动对 TMD 的控制效果有很大影响,在质量比、阻尼比等特性最优情况下,地基松动会减弱 TMD 的控制效果。

4.2.4　设计与应用方法

1)设计方案

设计方案主要针对桥塔施工期间的 7 个工况进行分析,然后在不同的频率范围内对 MRE 材料采用不同磁场强度或布置方案。为了更好地保证支座的整体稳定性,本设计采用的是基于圆台形磁流变弹性体支座的调谐质量阻尼器,如图 4-98 所示,其中圆台形磁流变弹性体支座主要是提供调谐质量阻尼器的刚度和阻尼,调谐质量阻尼器的质量主要包括线圈质量和附加质量块的质量。

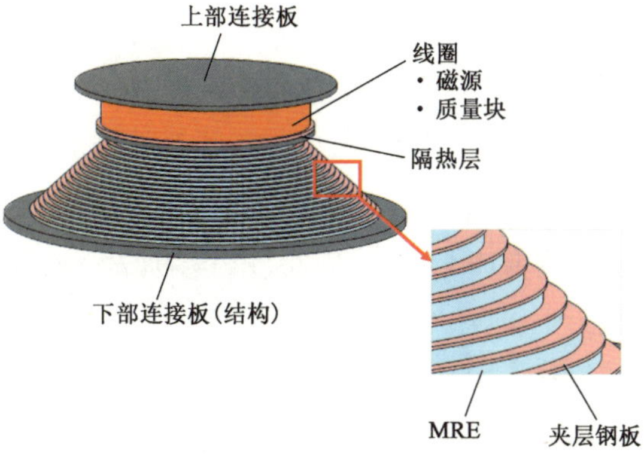

4-98　基于圆台形磁流变弹性体支座的调谐质量阻尼器装置

具体设计方案如下：

(1)圆台形磁流变弹性体支座

圆台形磁流变弹性体支座的剖面结构如图 4-99 所示。

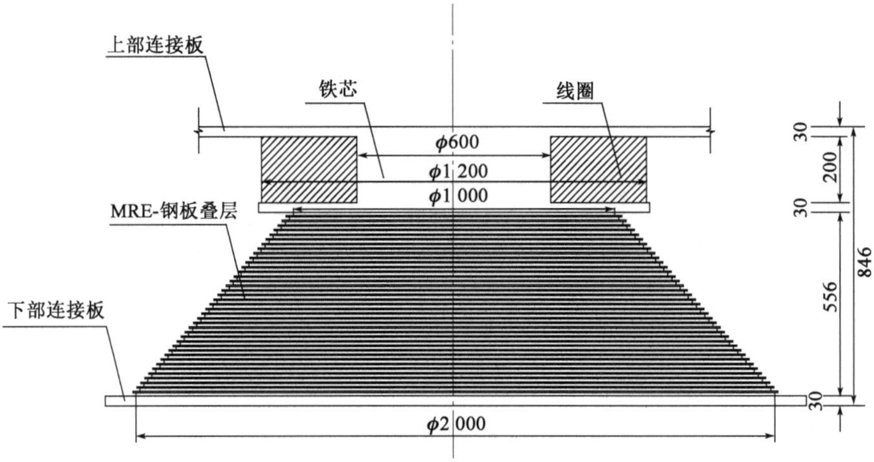

图 4-99 圆台形磁流变弹性体支座剖面结构图(单位：mm)

圆台形支座下部直径 2m，上部直径 1m，由 40 层厚 10mm 的磁流变弹性体和 39 层厚 4mm 的夹层钢板交叠硫化成一体。无磁场状态的刚度为 34.57kN/m。

该支座顶部安装有内直径 0.6m，外直径 1.2m，高为 0.2m 的铜线圈。铜线圈的具体参数见表 4-16 和表 4-17。

基本材料参数 表 4-16

裸线直径(mm)	含漆皮直径(mm)	最大载流(A)	电阻(Ω/km)	质量(kg/km)
2.5	2.58	14.75	3.584	44.375

线圈设计参数 表 4-17

线圈内径(m)	线圈外径(m)	线圈高度(m)	线长(km)	匝数	质量(t)	总电阻(Ω)
0.6	1.2	0.2	22.48	7 950	0.997	80.57

(2)支座的变刚度性能

当励磁电流为 4A 时，单个支座 ANSYS 有限元磁场模拟结果如图 4-100 所示。

当励磁电流为 4A 时(最大励磁电流为 14.75A)，最上层的 MRE 刚度变化在 300% 以上，且刚度增加效应随层数递减，到第 26 层时，磁流变效应忽略不计。此时，圆台形磁流变弹性体支座的刚度为 64.24kN/m，刚度增加了 86%，因此，频率增加范围在 36.3% 左右。

(3)支座的变形能力及力学验算

①最大剪应变

显然，无磁场时，支座的最上层变形最大。MRE 实验室的极限剪应变在 300% 以上，从安全方面考虑，取安全剪应变 250%，则有：

$$d_{max} = \frac{GA_{min}\gamma_{max}}{k_0} = \frac{8\,860\pi/4 \times 2.5}{34\,570} = 0.503(\mathrm{m})$$

即无磁场时,最大安全位移为0.5m。

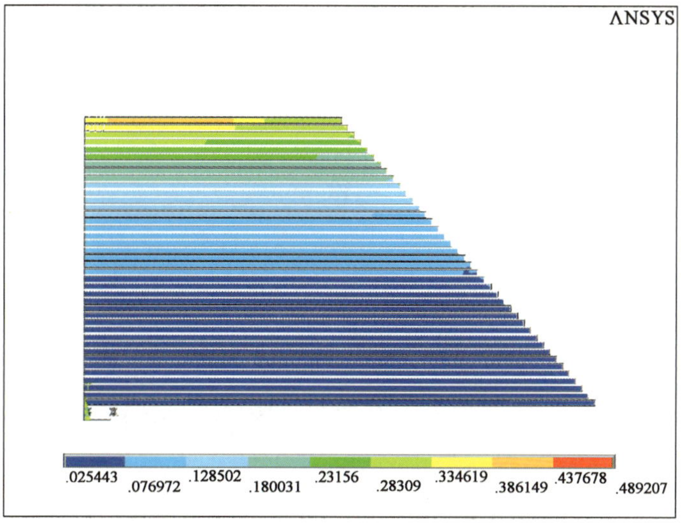

a)励磁电流为4A时，支座MRE所处位置的磁场分布

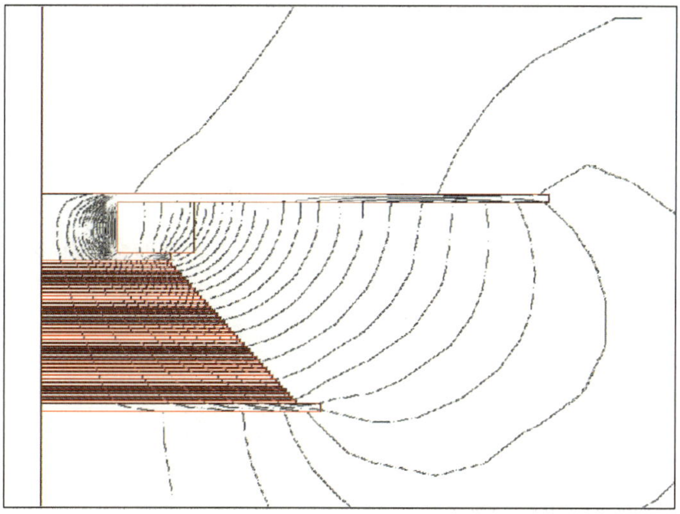

b)励磁电流为4A时，支座MRE所处位置的磁感线分布

图4-100　圆台形磁流变弹性体支座磁场有限元分析结果

当施加磁场时,若最上层的MRE刚度变化为300%,且刚度增加效应随层数递减,到第26层时,磁流变效应忽略不计,则支座的最上层变形最大,此时:

$$d_{max} = \frac{4 \times GA_{min}\gamma_{max}}{k_1} = \frac{4 \times 8\,860\pi/4 \times 2.5}{64\,240} = 1.083(\mathrm{m})$$

根据计算结果可知,无磁场的安全位移为0.5m,施加磁场可以增加TMD系统的变形能

力。为了增加支座的极限变形能力,可以给支座顶部几层增加限位装置,或者在大位移状态下,施加较大的励磁电流,也可以额外安装阻尼器,限制 TMD 的位移。

②强度验算

支座验算参照《橡胶支座　第 2 部分:桥梁隔震橡胶支座》(GB 20688.2)进行。

a. 构造要求

第一形状系数:

$$S_1 = \frac{d_{\min}}{4t_r} = \frac{1\,000}{40} = 25 > 12$$

故有最大设计压应力 $\sigma_{\max} \leqslant 12$;

第二形状系数:

$$S_2 = \bar{d}/T_r = 5/3/0.4 = 4.17 > 4$$

构造满足规范要求。

b. 受压强度

该种情况下,当 TMD 正常工作,即 $d < d_{\max} = 0.5\text{m}$ 时,有:

$$A_e = \frac{\pi d^2}{4} = 0.785\text{m}^2 \Rightarrow m_{\max} = \frac{A_e \sigma_{\max}}{g} = \frac{0.785 \times 12 \times 10^6}{g} = 9.61 \times 10^5(\text{kg})$$

因此,单个支座受压承载力高达 9 610kN,故竖向承载力一般不会有问题。

c. 抗拉强度

假设夹层钢板厚度为 4mm,则支座总高度为 556mm,则:

$$\sigma_t = \frac{Qh}{W} = \frac{32 \times 17\,285 \times 0.556}{\pi \times 2^3} = 0.012\text{MPa} < 1.6\text{MPa}$$

满足规范要求。

③夹层钢板拉应力

$$m_{\max} = \frac{f_u A_e t_s}{2\lambda g t_r} = 34\,460(\text{kN})$$

满足规范要求。

(4)支座的质量分布及能耗

①质量分布

由线圈信息表知,每个线圈质量为 1t。此外,每个支座的铁芯质量为 0.44t。上部连接板将所有支座和导轨连接起来,若厚度为 25mm,则总质量为 29.25t。这些质量不可忽略,需要计入 TMD 系统的总质量。

②能耗

正常工作电流(4A 以内)时,单个支座能耗在 1 250W 左右。

(5)各工况的 TMD 参数设计

①工况 1 的 TMD 系统

工况 1 的工作频率为 0.580 84Hz。设计方案采用 20 个支座,不施加额外配重,则有:

质量分布如下:线圈 20 个 20t,铁芯 20 个 8.8t,上部大连接板 29.25t,共计 58.05t(约 60t)。额外加配重至 100t(总计)。

此时,该 TMD 系统推荐工作调节范围是 0.418 5 ~0.570 5Hz(节能考虑,推荐范围 0 ~4A,而额定电流为 14.75A),电流加到 5A 左右,即可精确满足工况 1 的频率。平面布置如图 4-101 所示。

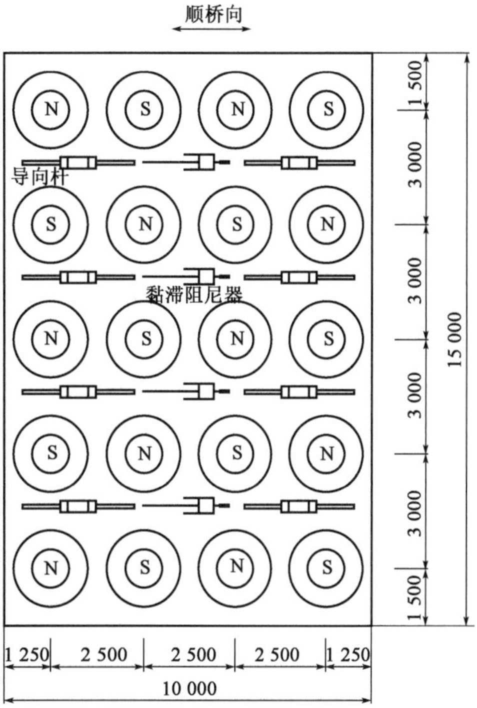

图 4-101 TMD 系统工况 1 状态下的支座布置图(尺寸单位:mm)

②工况 2 的 TMD 系统

工况 2 的工作频率为 0.544 23Hz。因此设计方案同工况 1,该 TMD 系统正常工作调节范围是 0.418 5 ~0.570 5Hz。

③工况 3 的 TMD 系统

工况 3 的工作频率为 0.277 58Hz。设计方案采用 20 个支座,质量分布如下:线圈 20 个 20t,铁芯 20 个 8.8t,上部大连接板 29.25t,共计 58.05t。额外加配重至 260t(总计)。此时,该 TMD 系统正常工作调节范围是 0.259 5 ~0.353 8Hz。

④工况 4 的 TMD 系统

工况 4 的工作频率为 0.266 92Hz。设计方案同工况 3,该 TMD 系统正常工作调节范围是 0.259 5 ~0.353 8Hz。

⑤工况 5 的 TMD 系统

工况 5 的工作频率为 0.180 42Hz。设计方案采用 8 个支座,不施加额外配重,则有:

质量分布如下:线圈 8 个 8t,铁芯 8 个 3.52t,上部大连接板 29.25t,共计 40.77t。额外加配重至 400t(总计)。

此时,该 TMD 系统正常工作调节范围是 0.158 2 ~0.215 6Hz。平面布置如图 4-102 所示。

⑥工况 6 的 TMD 系统

工况 6 的工作频率为 0.173 80Hz。设计方案同工况 5,该 TMD 系统正常工作调节范围是 0.158 2 ~0.215 6Hz。

⑦工况 7 的 TMD 系统

工况 7 的工作频率为 0.160 40Hz。设计方案同工况 5,该 TMD 系统正常工作调节范围是

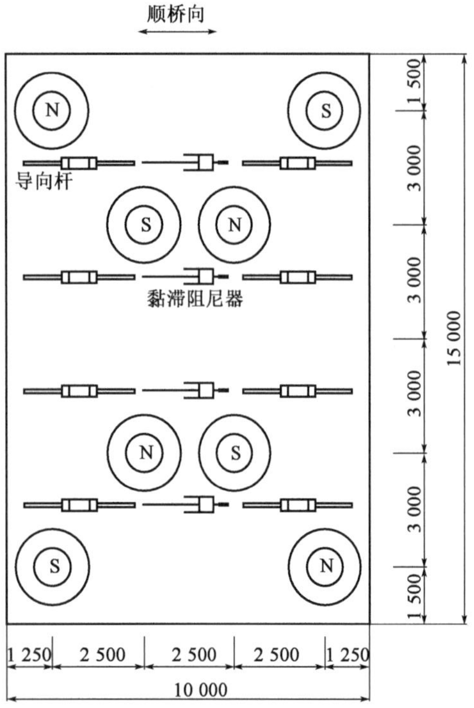

图 4-102　TMD 系统工况 5 状态下的支座布置图（尺寸单位：mm）

0.158 2 ~ 0.215 6Hz。

2）应用方法

（1）调谐质量阻尼器在施工阶段主要考虑布置在横梁上，根据试验及仿真分析的结果针对不同的施工工况布置在相应的横梁上。

（2）调谐质量阻尼器的调频主要是针对 7 个施工工况进行调频，在这 7 个施工工况中需要改变阻尼器相应的参数。

（3）基于改变质量的阻尼器，固定阻尼器的刚度，通过改变质量来进行调频，改变的原则就是使得阻尼器的频率对应于 7 个工况的结构自振频率。

（4）基于磁流变弹性体的调谐质量阻尼器设计需要根据所需要刚度来设计相应的阻尼器，具体设计参见指南中相关内容。

（5）调谐质量阻尼器的参数设计要综合考虑调谐质量阻尼器的质量、刚度、阻尼系数、阻尼比、最大行程、最大速度、极限控制力等。

（6）调谐质量阻尼器的质量比考虑在 0.5% ~5%，且在可能条件下尽量取较大值。

（7）调谐质量阻尼器的阻尼比应尽量选择最优阻尼比，同时要分析阻尼器的行程限制。

（8）为了减少扭转的不利影响，阻尼器的布设宜选择横梁质心处。

4.3　主梁连续连接装置

4.3.1　研究背景

近年来随着桥梁工程的飞速发展，桥梁跨越能力不断提高，多塔斜拉桥因具有跨越能力强、适用性好、经济性好等特点，在大跨度桥梁建设中被广泛采用。但是对于大跨度多跨斜拉桥，温度变化带来的结构次内力已经对结构的安全造成威胁，因此为减小温度变化对桥梁结构造成的影响，同时避免设置辅助墩，进而提出了一种新型的连接装置——刚性铰。相比于传统连续伸缩装置或者是伸缩缝，刚性铰构造不仅具备传统连续伸缩装置能够释放主梁顺桥向位移的功能，而且能够承受外部荷载。

目前，美国奥克兰海湾大桥引桥和我国的嘉绍大桥均采用了刚性铰连接装置。嘉绍大桥为减小温度受力，在结构中跨跨中主梁中设置刚性铰构造，通过数值分析可知，在温度荷载作用下，设置刚性铰后，外侧塔塔底内力减小50%，在最不利组合作用下，边塔、次边塔内力减小20%～43%，由此可见，设置刚性铰有效地减小了索塔及基础的受力，提高了结构的安全度，同时节省了工程造价，又避免了设置过渡墩，降低了船舶撞击的风险。但是在刚性铰构造中小箱梁与主梁的连接是装置中受力最为复杂的位置，嘉绍大桥在主梁与小梁采用过多的板肋连接会导致过大的应力集中，在运营中车辆荷载反复作用下容易出现疲劳破坏，一旦发生损坏，难以修复，并且焊接时操作困难。因此本设计中提出了小箱梁顶板和腹板和主梁顶板和主梁通过支座的方式连接，并对滑动传力装置进行了设计，这种方式便于施工，小箱梁和主梁相应的位置无焊接残余应力，可以通过支座的变形调整局部应力集中的问题，并且固定端在偶然荷载作用下支座发生破坏便于修复。通过对两种不同的连接方式进行数值分析可以看出，改进后装置的安全性能得到了较高提升，并且在本次设计中首次提出了主梁连续连接装置设立后对塔底弯矩的减少量与各参数之间的关系，明确了主梁连续连接装置在大跨桥中设置的适用范围，填补了主梁连续连接装置设计计算方法和应满足的构造要求的空白。

4.3.2 基本原理

连续连接装置是结构在跨中的传力、滑动装置，其功能除具有桥梁伸缩缝的伸缩功能以允许主梁在纵向滑动外，还必须满足在伸缩位置传递竖向和横向的剪力与弯矩以及扭矩的要求，因此与一般的伸缩缝有本质的区别。滑动连接装置传力示意如图4-103所示。

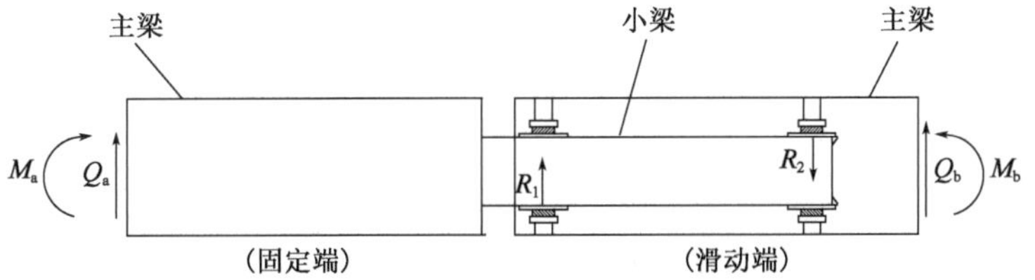

图4-103　滑动连接装置传力示意图

装置由伸缩缝两侧的主梁和主梁内的小箱梁组成，主梁在跨中断开并设置伸缩装置。装置内部设置2个与主梁轴线平行的小梁，每个小梁与主梁之间沿轴线四周设置滑动支座进行约束以实现主梁顺桥向的滑动功能，约束主梁在横桥向、竖桥向的平动自由度和3个转动自由度，以此保证结构在装置位置扭、弯、剪等受力的传递和变形协调。小箱梁的一端与主梁固结，满足主梁间的传力；另一端为滑动端，是由与主梁固结的小箱梁插入相邻的主梁，并在纵桥向设置两排滑板支座，与主梁接触，通过支座实现箱梁左右两段主梁在伸缩位置弯矩和剪力的传递，同时允许小箱梁沿纵向在主梁内自由伸缩。

4.3.3 主梁连续连接装置构造设计

1）小箱梁固定端与主梁连接方式

小箱梁一端需要与主梁固结，以约束小箱梁在主梁箱体内的纵向位移，并实现除轴向力外的内力传递。因此小箱梁与主梁的连接需要具有可靠的传力方式，具备足够的可靠性，并且便于制造，易于检查和维修。滑动连接装置小箱梁与主梁固定端连接构造如图 4-104 所示。

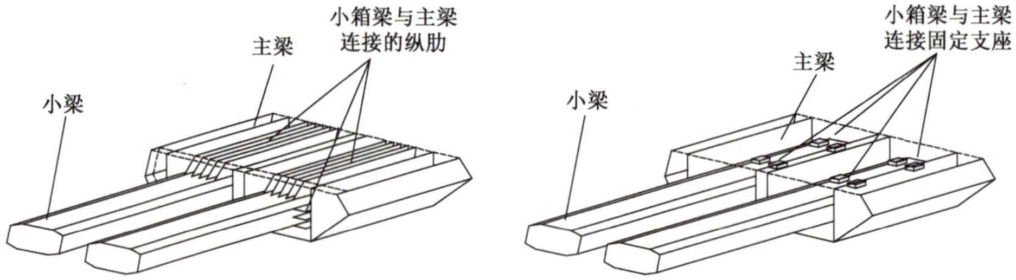

a）板肋传力方式（装置A）　　b）支座传力方式（装置B）

图 4-104　滑动连接装置小箱梁与主梁固定端连接构造

连续连接装置构造中固定端可以采用图 4-104a）的小箱梁顶板和腹板的纵肋与主梁顶板和纵隔板连接的方式来传递弯矩、剪力和扭矩，这种方式的构造中板件多，纵肋间空间狭窄，焊接时操作困难，小箱梁纵肋与主梁焊接位置会出现较大的焊接残余应力，局部有应力集中，运营中在车辆荷载反复作用下容易出现疲劳破坏，一旦发生损坏，难以修复。

本书提出了图 4-104b）的小箱梁顶板和腹板与主梁顶板和主梁通过支座连接的方式来传递弯矩、剪力和扭矩，这种方式便于施工，小箱梁和主梁相应的位置无焊接残余应力，可以通过支座的变形调整局部应力集中的问题，并且固定端在偶然荷载作用下支座发生破坏便于修复。

2）滑动传力装置

小箱梁与主梁间的传力和纵向伸缩都是依靠传力滑动装置进行的，因此滑动传力装置除了需要满足竖向承载的要求外，还要具有较小的滑动摩擦系数，此外装置的耐久性能要求传力装置具备良好的耐磨性。滑动连接装置小箱梁与主梁固定端连接构造如图 4-105 所示。

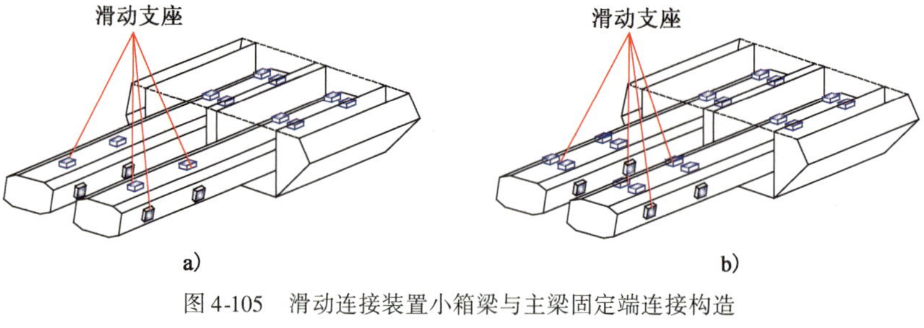

a）　　b）

图 4-105　滑动连接装置小箱梁与主梁固定端连接构造

滑动传力装置可以采用滑动支座，滑动支座的摩擦材料选用具有较高承压能力和较小摩阻系数的聚四氟乙烯材料，为了实现连接装置在滑动端的传力要求，支座可以采用图 4-105 的两种布置方式，即沿着小箱梁和主梁的纵向设置两排滑动支座。图 4-105a）每排顶板和底板横桥向各设置 1 个支座，侧腹板设置 1 个支座；图 4-105b）每排顶板和底板沿着横桥向各设置

2 个支座,侧腹板设置 1 个支座。横桥向设置 2 个滑动支座时,对安装的要求较高,出现偏载或制造误差时,由于支座距离较近,2 个支座受力相差很大,容易导致一侧的支座磨耗远大于另一侧的,从而影响结构的使用性能和寿命。而在顶底板设置 1 个支座的方式能够消除这种不利因素,但支座的受力较前者大。

为了实现有效的传力和伸缩功能,连接装置的构造应采用主梁内设两个小箱梁的构造形式,通过小箱梁与大箱梁之间的传力来实现结构在伸缩位置的横向力和力矩的传递。小箱梁的传力装置在滑动端采用滑动支座实现连接装置的伸缩,滑动支座的摩擦材料选用具有较高承压能力和较小摩阻系数的聚四氟乙烯材料,每个小箱梁滑动端顶底板设置 1 个支座,以减小横向设置多个支座由于安装误差带来的不利影响。

3)装置构造理论分析

装置构造中小箱梁与主梁的连接是装置中受力最为复杂的位置,主梁与小箱梁采用过多的板肋连接会导致过大的应力集中,并且制造时焊接困难。因此合理的构造形式不仅能减小结构局部的应力集中,并且能有效传递内力,并具备可靠的耐久性能。小箱梁固定端可以采用两种不同的连接方式,采用这两种连接方式的装置以下称为装置 A 和装置 B,其中装置 A 为嘉绍大桥刚性铰所采用的连接方式,而装置 B 的连接为本书研究所提出的传力方式。

4.3.4 连接装置数值模拟分析

1)静力工况分析

(1)装置 A、装置 B 在最大正弯矩工况下响应的对比

图 4-106 所示为装置 A 与装置 B 在最大正弯矩工况下顶板和底板 Z 轴向应力(即顺桥向的拉、压应力)的对比图。

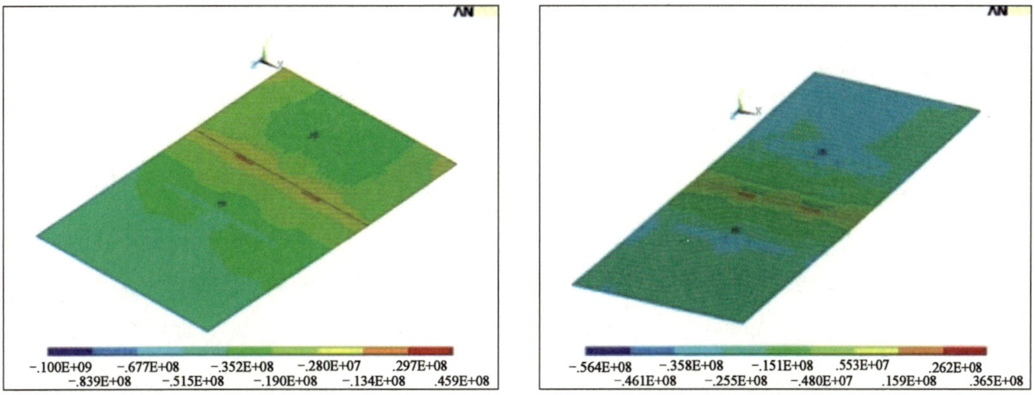

a)装置A主梁顶板　　b)装置B主梁顶板

图 4-106

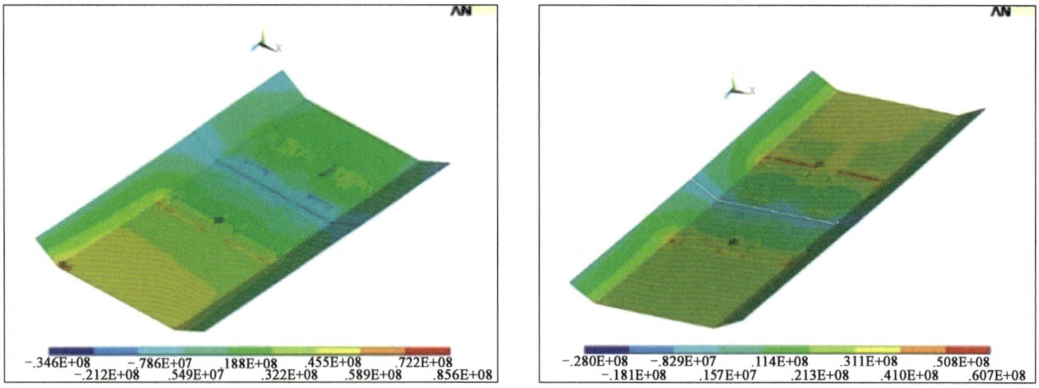

c)装置A主梁底板　　d)装置B主梁底板

图 4-106　最大正弯矩下装置 A、装置 B 主梁顶板和底板应力分布图

装置 A 顶板上最大压应力约为 100MPa，位于固定端小箱梁与主梁的连接肋板处及活动端的支座处，装置 B 的最大压应力也发生在活动端与固定端的两排支座处，其值约为56.4MPa；同时，底板与顶板相反，在正弯矩下受拉，支座处的最大压应力装置 A 为 86.5MPa、装置 B 为 60.7MPa。装置 A 则将大部分的应力传递给了大小箱梁连接肋板，提高了对肋板的应力需求；此外，在同样正弯矩工况下，装置 A 顶底板平均应力不超过 60MPa，而装置 B 则不超过 50MPa，因此装置 B 顶板受力更为合理一些。装置 A、装置 B 小箱梁应力分布如图 4-107 所示。

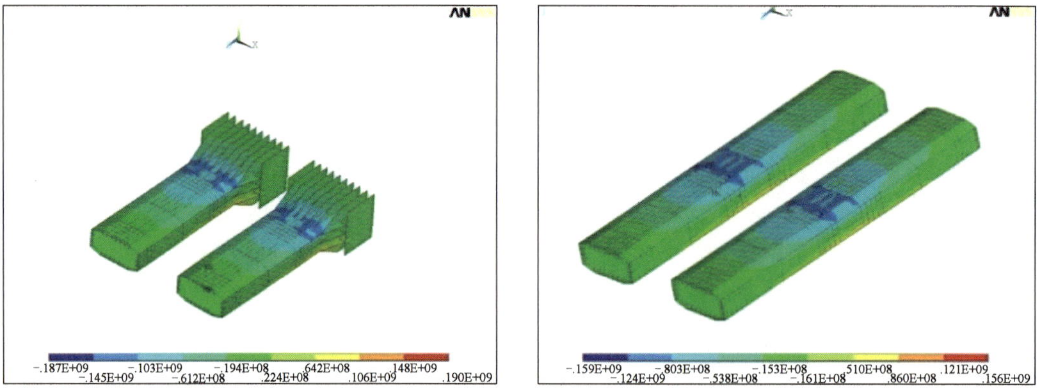

a)装置A小箱梁纵向应力分布　　b)装置B小箱梁纵向应力分布

图 4-107　装置 A、装置 B 小箱梁应力分布图

图 4-107a)、b)分别为装置 A、装置 B 中的小箱梁在正弯矩工况下，Z 轴方向应力分布图。装置 A 中小箱梁与主梁固结肋板处出现了最大压应力，高达 190MPa，这主要是由于连接装置在承受弯矩作用时，小箱梁相当于从主梁与之固结肋板处伸出的悬臂，这些让大小箱梁能协同作用的固结肋板在承受弯矩挤压的同时还要抵抗剪力和轴力的作用，应力集中现象突出。此外在 X 轴方向与 Y 轴方向，固结肋板处的应力也均在 150MPa 左右，说明钢箱梁在弯矩作用下，还产生了扭转，在弯-剪-扭共同作用下，固结肋板的受力情况复杂。装置 B 在 Z 轴方向的压应力集中于跨中位置，即固定端与滑动端的第一排支座中间，约为 150MPa，较装置 A 小了

约20%。

(2)装置A、装置B在最大负弯矩工况下响应的对比

根据分析在负弯矩作用下,主跨跨中的连接装置明显上挠,活动端发生较大位移,体现了连接装置解决主梁轴向变形的能力。由于最大负弯矩工况,在装置左右施加的位移和转角并非对称,所以应力图也不具对称性,但是大体还是能看出顶板受拉、底板受压的趋势。装置A顶底板的最大应力仍处于大小箱梁固结处,已达200MPa。而装置B小箱梁支座处的应力仅在20MPa左右,其最大应力位于板端,也均保持在100MPa左右的水平。

小箱梁在最大负弯矩下的响应如图4-108所示。图中装置A仍是在小箱梁与主梁固结肋板处出现较大的拉压应力,Z轴方向和X轴方向都近180MPa,而Y轴方向上的最大应力100MPa,全部集中在肋板尖端最薄弱的地方。而装置B的小箱梁应力水平较低,主要大应力还是集中于跨中与支座的位置,因此相比较而言,装置B较为理想。

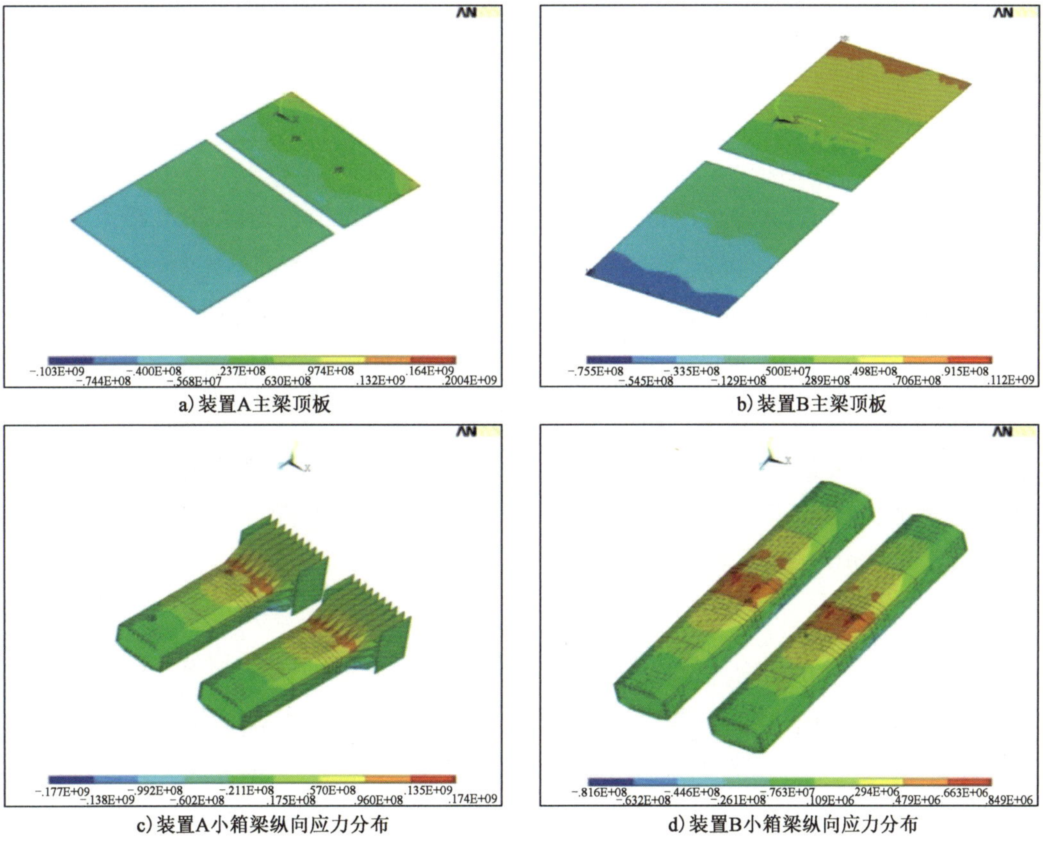

a)装置A主梁顶板　b)装置B主梁顶板

c)装置A小箱梁纵向应力分布　d)装置B小箱梁纵向应力分布

图4-108　最大负弯矩下装置A、装置B纵向应力分布图

2)地震作用下数值模拟

(1)装置A连接装置地震响应分析

当连接装置内部小箱梁的固定端采用肋板与主梁连接方式时(装置A),在主梁两端施加

地震荷载时,连接装置A整体和顶底板在地震过程中的最大节点应力如图4-109和图4-110所示。

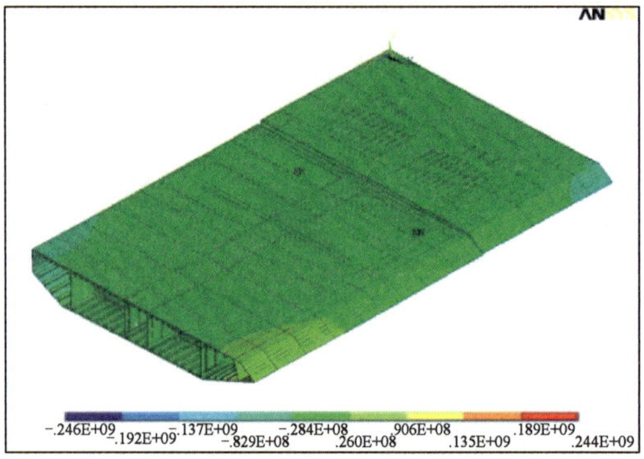

图4-109 装置A整体最大节点应力

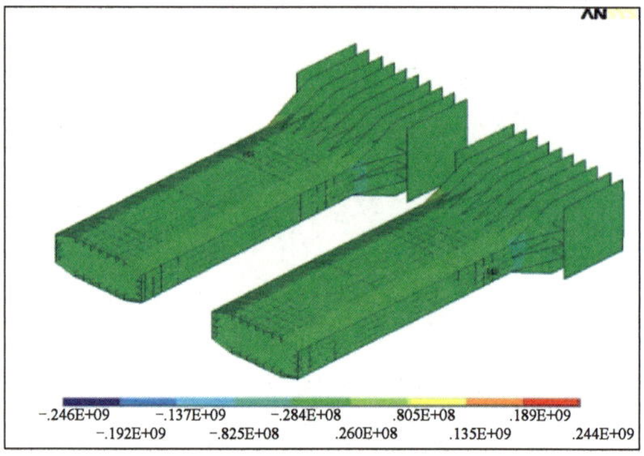

图4-110 装置A小箱梁最大节点正应力

根据分析,装置A的连接装置在地震荷载作用下,节点最大正应力达到了246MPa,该点位置并不在连接装置的表面,而是处于装置的内部。而顶板最大正应力为64.6MPa,底板最大正应力为49.6MPa,从其最大应力值可以看出,相对整体而言顶底板的应力较小,因而顶底板不是结构的薄弱点。

根据分析结果,装置A中的小箱梁正是连接装置应力峰值所出现的部位,最大应力点位于小箱梁外壁侧面的固结端附近,其峰值高达246MPa。在大小箱梁固结处的肋板也存在较明显的应力集中现象,其最大正应力值达到87.3MPa。小箱梁的顶底板应力最大值分别为35.5MPa与33.3MPa。小箱梁的各应力图表明,装置A在小箱梁外壁侧面与主梁固结处附近区域存在明显的应力集中现象,在地震作用下局部应力峰值达到246MPa。

装置A下的主梁横隔板整体应力较小,但是在横向支承小箱梁的支座处会产生较大的应力,其峰值达到175MPa,这是在受到地震作用下大小箱梁相互作用而导致的。而主梁纵向隔板局部存在一定的应力集中,但是其峰值仅为34MPa。

(2)装置B连接装置地震响应分析

连接装置内部小箱梁的固定端采用支座与主梁传力的方式(装置B),从图4-111和图4-112可以看出,装置B的连接装置在地震荷载作用下,节点最大正应力为85.1MPa,该点位置处于连接装置的内部。顶板最大正应力为53.6MPa,底板最大正应力为53.9MPa,均位于边界角点处。

小箱梁外壁的最大应力位于侧面中部,应力峰值达到38.9MPa,而相应的靠近该点内部的横隔板存在应力集中,应力峰值达到45.5MPa,是小箱梁局部应力最大处。小箱梁顶板最大应力为19.4MPa,底板最大应力为19.1MPa,且均位于顶底板的中部。从以上数据可以看出,装置B的连接装置在小箱梁中部以及靠近中部的内横隔板出现应力集中,但是其应力峰值并不大。

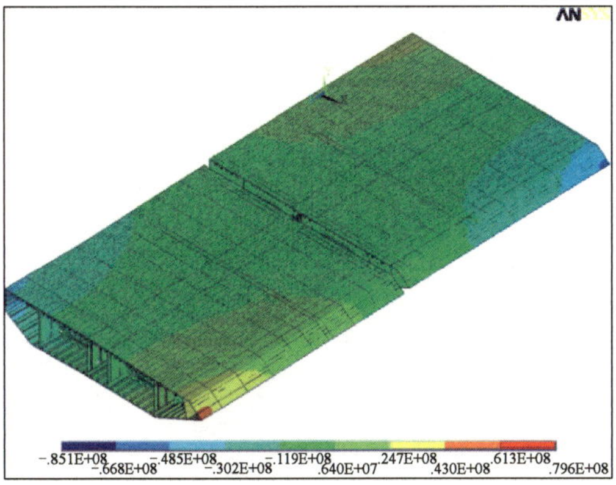

图 4-111　装置 B 整体最大节点应力

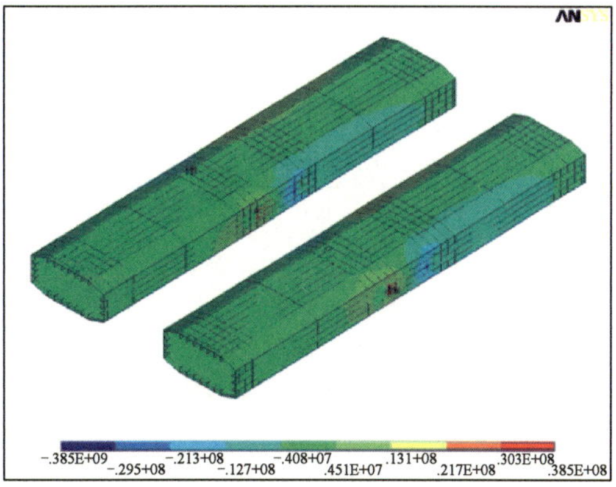

图 4-112　装置 B 小箱梁最大节点正应力

3)装置易损部位分析

装置 A 的连接装置在静力工况和地震荷载作用下应力峰值较大,且在多个部位出现应力集中的现象:小箱梁外壁侧面的固结端附近、小箱梁内部靠近纵肋固结处的横隔板以及主梁横隔板处的横向支座。以上几个部位出现的应力峰值最小的为 152MPa,而最大值是位于小箱梁与主梁连接的纵向肋板位置,峰值应力达到了 246MPa,这些区域同时由于板件焊接存在较大的残余应力,对于结构的局部是十分不利的,较容易出现局部的弯曲,并且在车辆荷载下也易发生疲劳开裂。

装置 B 的连接装置在静力荷载工况下和地震荷载作用下的响应均表现出良好的性能,整体所表现出的应力峰值较小,在以下几个部位出现应力集中现象:小箱梁侧壁的中部、小箱梁内部中间的横隔板以及主梁横隔板处的横向支座。以上几个部位应力峰值最大点出现在主梁横隔板处的横向支座处,其值为 86.7MPa,该应力不会对局部结构造成太大的不利影响。从应力峰值来看,在地震荷载作用下,装置 B 的应力峰值相对于装置 A 有了明显下降,各部位数值比较见表 4-18(由于静力工况下,装置 A、装置 B 均满足设计要求,并未列出相关数据)。从表中不难看出,装置 B 的连接装置应力明显小于装置 A,各部位的应力都有了不同程度地减小,其中最大应力峰值从装置 A 的 246MPa 下降到了 86.7MPa,减少了 64.8%,而且小箱梁固结处已不再是装置最不利位置。装置 A 在地震荷载作用下在部分位置会出现较危险的应力集中,而相同地震作用下装置 B 中应力峰值仅为 86.7MPa,处于结构承载的安全范围之中,综合数据可以看出装置 B 在受力性能方面,较装置 A 有明显的优势。

地震作用下装置 A 与装置 B 各部位应力峰值对比(单位:MPa)　　表 4-18

峰　值	装　置　A	装　置　B
整体应力峰值	246	86.7
小箱梁应力峰值	246	38.9
小箱梁横隔板应力峰值	152	45.5

续上表

峰　　值	装　置　A	装　置　B
小箱梁顶板应力峰值	35.5	19.4
小箱梁底板应力峰值	33.3	19.1
主梁顶板应力峰值	64.6	53.6
主梁底板应力峰值	49.6	53.9
主梁横隔板应力峰值	175	86.7

4)连接装置刚度对结构的影响

连接装置在荷载下的变形对行车的舒适性具有较大的影响,然而对此特殊装置并没有相应的设计指南和相关规范作为参考,因此连接装置结构的刚度是需要研究的问题。如果箱梁刚度增加过大,会导致小箱梁高度无法满足构造要求。因此在研究中采用逐步改变小箱梁刚度,在多种工况下计算大、小箱梁的变形和受力,以得到最优的刚度比例范围。桥梁结构在恒载与活载共同作用下,分别取小箱梁刚度与主梁刚度之比为1/5、1/10、1/20、…、1/100,求得连接装置上分配的弯矩以及相应转角。

连接装置所受最大正弯矩大于其所受最大负弯矩,故采用正弯矩作为控制参数。连接装置所受最大正弯矩与转角随小主梁刚度比的变化曲线如图4-113所示。从图4-113可知:对于跨海大桥,跨中的折角不大于0.01rad,则小箱梁与主梁刚度比应不小于1/10;折角之和与弯矩都随着小箱梁与大箱梁的刚度比增大而呈抛物线减小,为满足全桥的承载能力(弯矩)和行车安全舒适(折角之和)的要求,可取小箱梁与大箱梁的刚度比最佳区间为0.02~0.08。

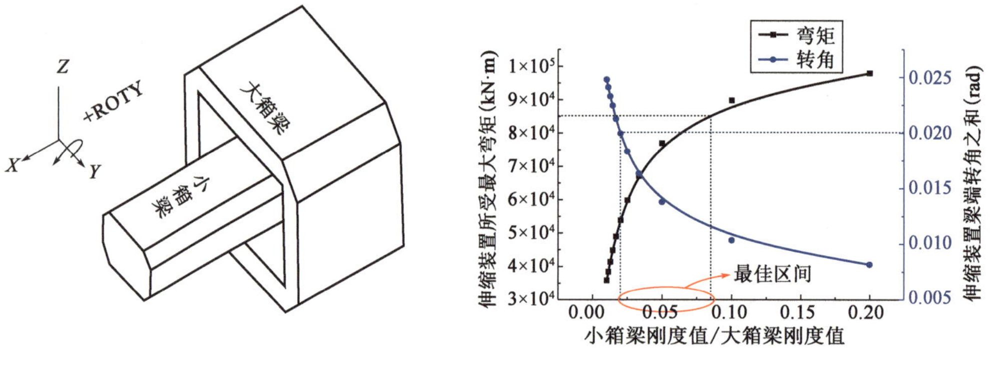

图4-113　弯矩与转角随刚度比变化曲线图

5)小结

(1)通过对装置在最大正弯矩、最大负弯矩和最大扭矩工况静力荷载下的受力分析,装置B在顶底板、小箱梁、横隔板等位置应力均小于装置A,应力集中部位应力减小幅度可达50%以上。

(2)在地震荷载作用下,装置A的连接装置在地震荷载作用下应力峰值较大,最大值是位于小箱梁固结端附近,峰值达到了246MPa,明显高于装置B的86.7MPa。

(3)装置B固定端的连接方式简单、便于施工与更换,且具有良好的耐久性。

综上可得,装置B的使用性能优于装置A,故值得推荐。

4.3.5 设计与应用方法

1)试验研究工作实施方案

试验目的:通过模型试验的静力试验验证连接装置在使用阶段的应力状态,承载性能。并通过连接装置的运动性能试验,验证装置在承载时的伸缩性能以及支座的耐磨性能,并研究连接装置的相关参数。

(1)试验模型方案

根据试验设备和加载条件,试验模型比例取1∶10,试验模型取整幅双箱梁,即两个小箱梁及其周围大箱梁构成的单元,试验模型总长为3.08m,宽1.542m,高0.4m。

试验模型由大箱梁1段、2段及小箱梁组成。试验梁段通过支座固定在试验钢筋混凝土墩台上,梁端1和梁段2下沿横桥向分别设置2个支座,梁段1下为固定支座,梁段2下为滑动支座。加载及边界条件模拟示意如图4-114所示。

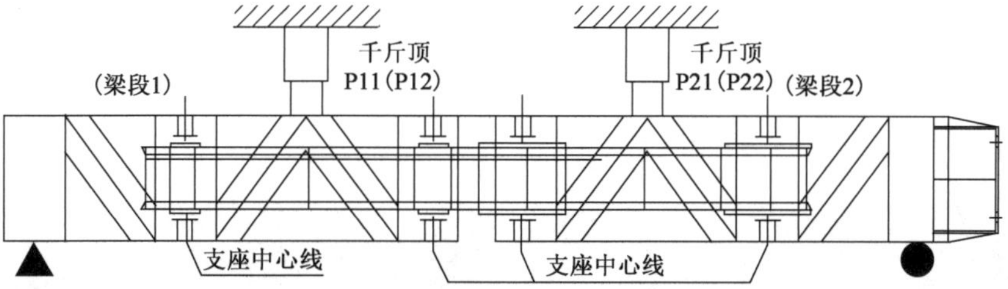

图4-114 加载及边界条件模拟示意图

连接装置运动工作性能及支座耐磨性能测试时,采用竖向千斤顶加载,MTS电液伺服试验系统的作动器施加水平的反复荷载。

(2)试验加载工况

①静力荷载试验

最大弯矩工况和最大扭矩工况对应以上每一工况,加载可以采用分级加载的方式进行。

②连接装置运动工作性能及支座耐磨性能测试工况

对连接装置实施正弯矩加载,同时采用MTS将连接装置在行程范围内反复推拉。

(3)连接装置反复运动工作性能及支座耐磨性能测试

将连接装置在行程范围内反复推拉,观察结构的运动工作状态以及竖向和侧向滑板支座的磨损情况,并在此基础上测试在静力荷载试验的试验加载工况下结构的主要力学行为,加载按竖向弯矩作用工况进行。

2)静力荷载试验部分

根据加载和边界条件的要求,需要将试验模型通过支座安装在试验台座上,同时考虑到加载千斤顶的安放位置和 MTS 作动器的连接需要,在反力墙前根据模型尺寸,浇筑混凝土墩台座,如图 4-115 所示。

图 4-115　钢筋混凝土墩台制作与模型安装

连接装置反复运动工作性能及支座耐磨性能测试的部分,是将与应变采集箱(图 4-116)相连的导线拆下,接在动态应变采集仪上,准备工作就绪后,进行预加载,读取位移数据、应变数据,观察模型变形、支座情况和加载装置的情况,测试中的试验模型如图 4-117 所示。确认无异常情况后可进行 MTS 作动器加载。

图 4-116　测试元件标定应变采集箱

图 4-117　测试中的试验模型

3)连接装置静力荷载试验结果

连接装置静载试验包括连接装置应力测试、位移测试,测试结果如下。

(1)最大正弯矩工况应力测试结果

最大正弯矩工况对应的分级加载方式为:第 1 次 P11、P12、P21、P22 均加载至 5kN;第 2 次均加载至 10kN;第 3 次均加载至 15kN;以后依次加载至 20kN、25kN,直至最终加载至 30kN。由于测试数据较多,因此只给出部分测点的测量结果如图 4-118 ~ 图 4-121 所示。

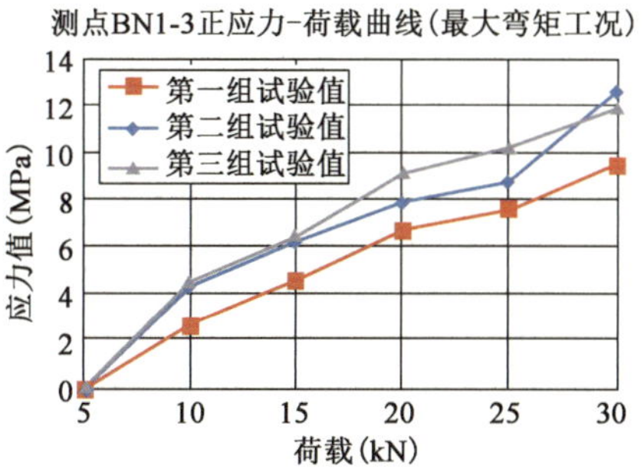

图 4-118　BN1-3 正应力-荷载曲线

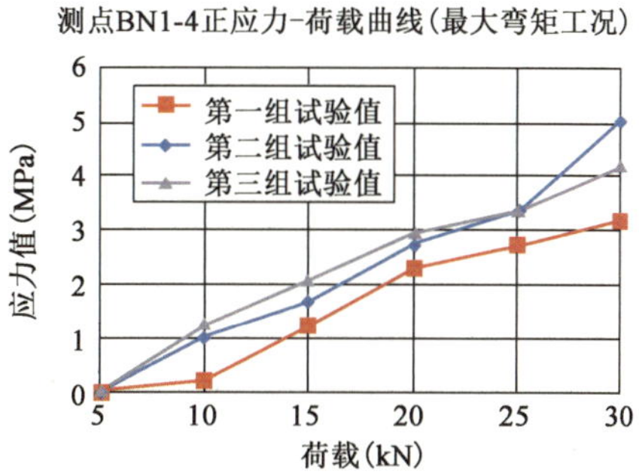

图 4-119　BN1-4 正应力-荷载曲线

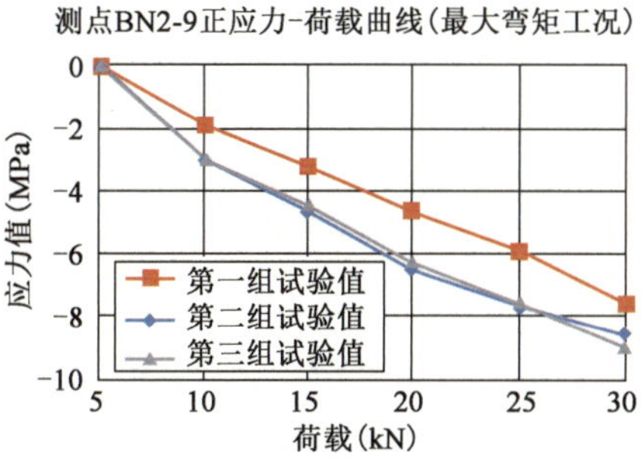

图 4-120　BN2-9 正应力-荷载曲线

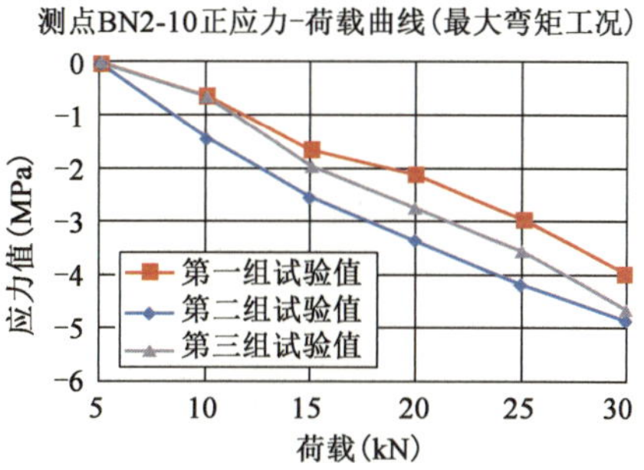

图 4-121　BN2-10 正应力-荷载曲线

(2)最大扭矩工况应力测试结果

最大扭矩工况的分级加载方式为:第 1 次 P11、P12、P21、P22 均加载至 5kN;之后 P11、P22 保持 5kN,P12、P21 依次加载至 10kN、15kN、20kN、25kN,直至最终加载至 30kN。此工况共进行 6 次测量。部分测点的测量结果如图 4-122 ~ 图 4-125 所示。

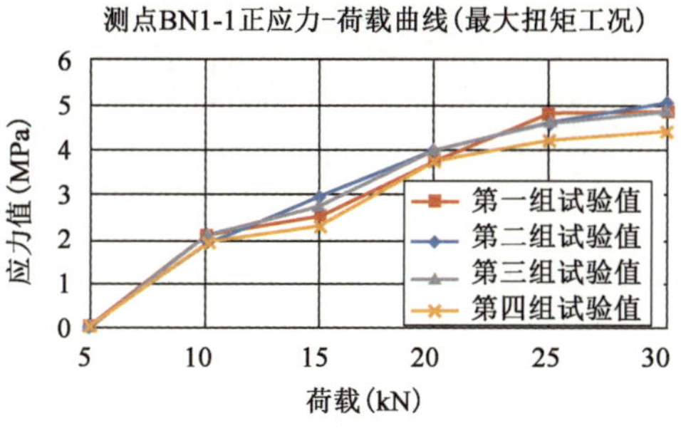

图 4-122　BN1-1 正应力-荷载曲线

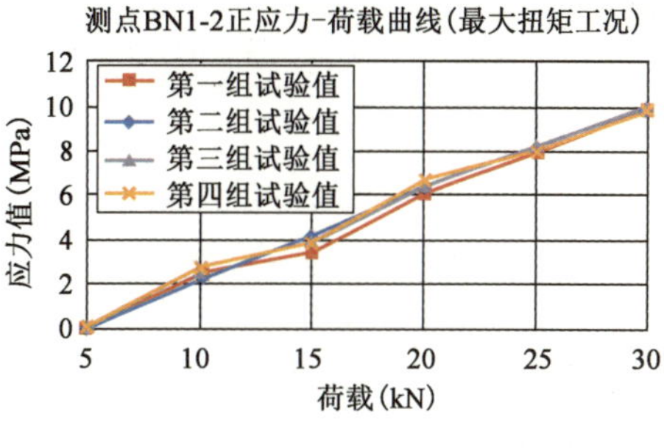

图 4-123　BN1-2 正应力-荷载曲线

(3)最大弯矩工况位移测试结果

按照最大正弯矩工况对连接装置施加竖向荷载,对连接装置的竖向位移进行测试,位移测点分为 5 个截面,对此工况进行 6 次测量,以达到结果准确。测量结果如图 4-126 ~ 图 4-129 所示。

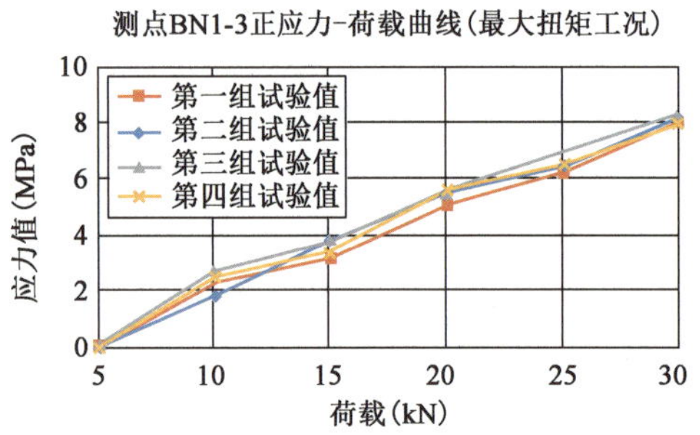

图 4-124 BN1-3 正应力-荷载曲线

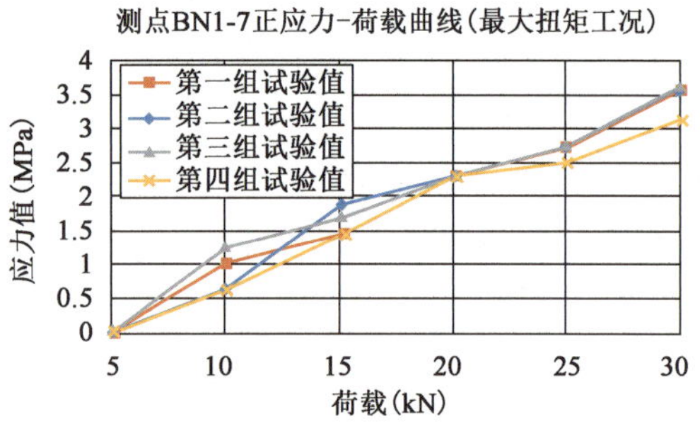

图 4-125 BN1-7 正应力-荷载曲线

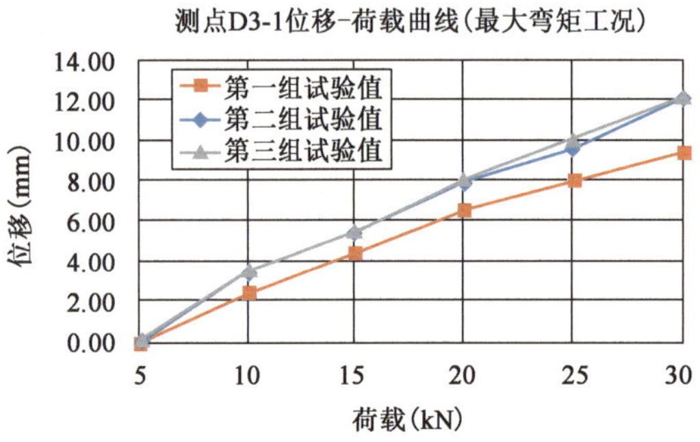

图 4-126 D3-1 位移-荷载曲线

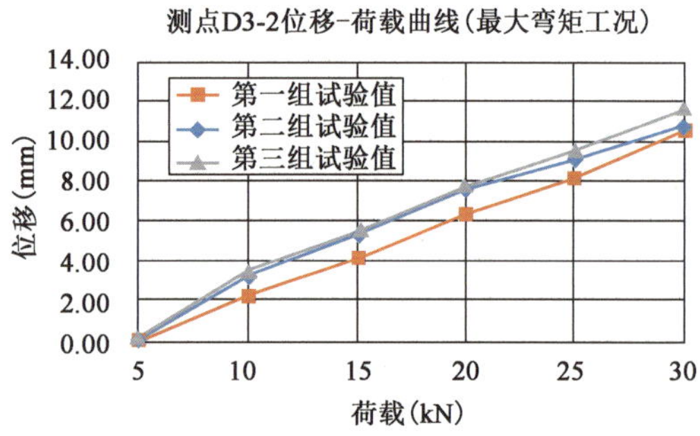

图 4-127 D3-2 位移-荷载曲线

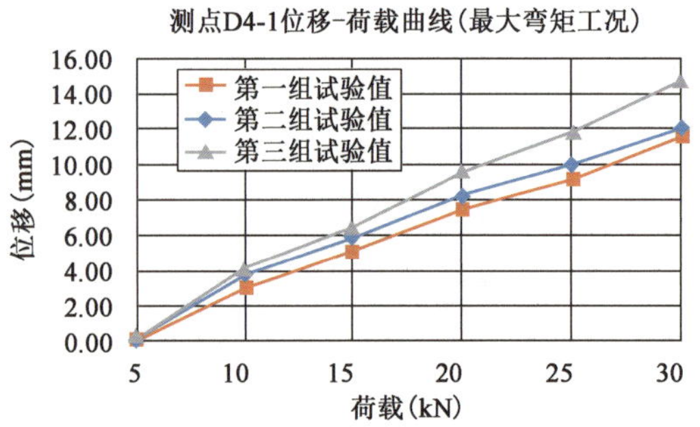

图 4-128 D4-1 位移-荷载曲线

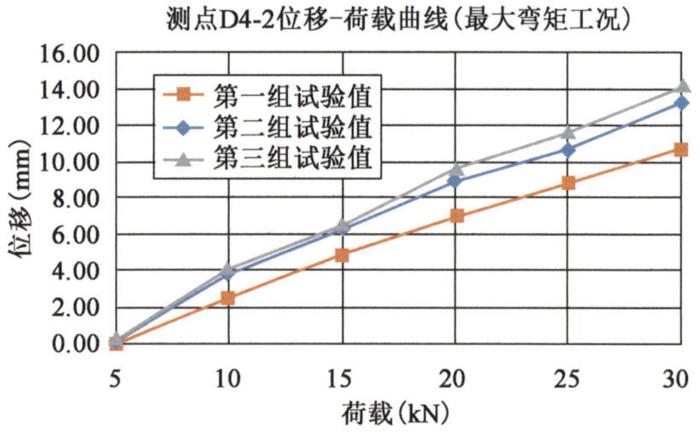

图 4-129 D4-2 位移-荷载曲线

(4)最大扭矩工况位移测试结果

按照最大扭矩工况对连接装置施加竖向荷载,对连接装置的竖向位移进行测试,位移测点分为 5 个截面,对此工况进行 6 次测量,以达到结果准确。测量结果如图 4-130 和图 4-131 所示。

根据各数据计算各测试截面转角,可以看出装置的扭转与荷载基本保持线性关系。部分测试结果如图 4-132 和图 4-133 所示。

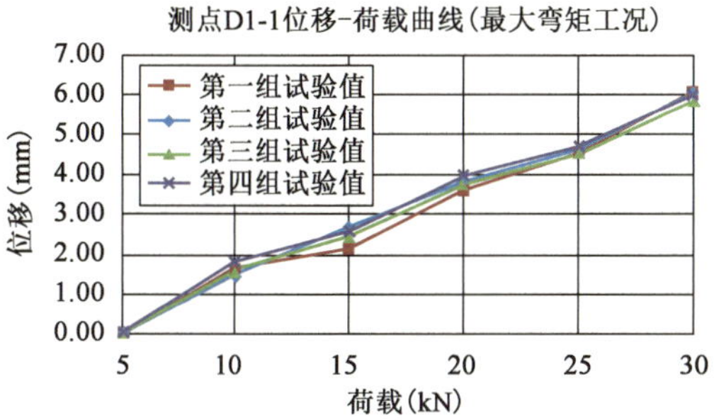

图 4-130 D1-1 位移-荷载曲线

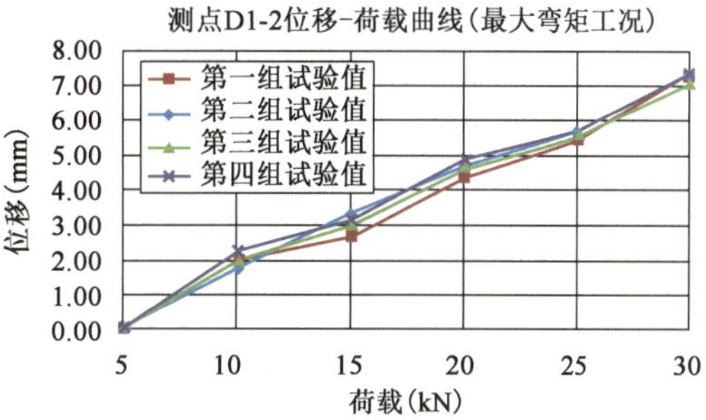

图 4-131 D1-2 位移-荷载曲线

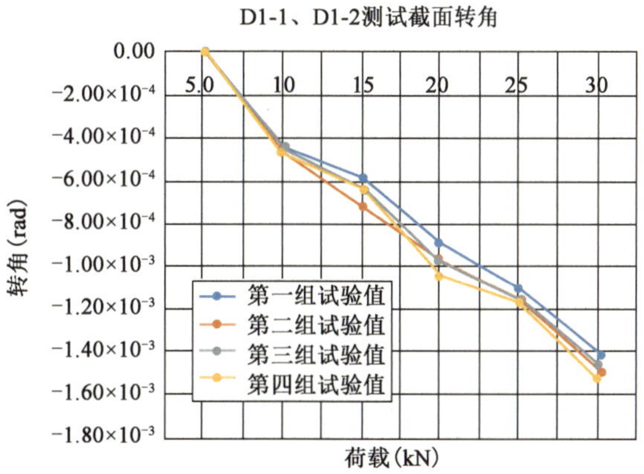

图 4-132 D1-1、D1-2 测试截面转角

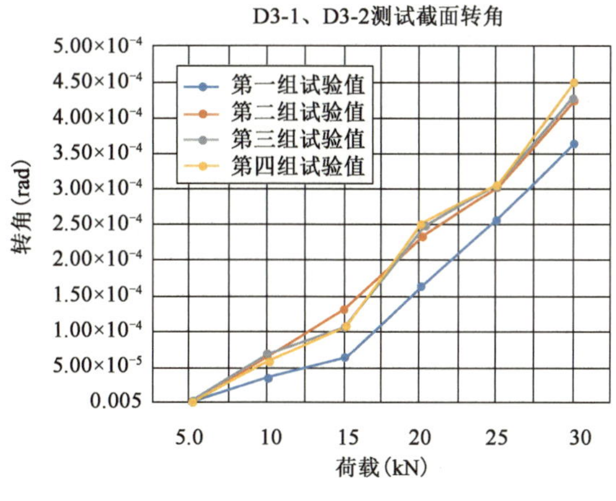

图 4-133 D3-1、D3-2 测试截面转角

4)连接装置运动工作性能及磨耗试验

(1)连接装置运动工作性能及磨耗试验方法

试验时通过千斤顶对连接装置施加竖向荷载,并将连接装置在行程范围内利用 MTS 程控试验机反复水平推拉。推拉过程中检验连接装置的工作性能,及内部支座磨损等情况。

(2)小箱测点应力变化

在推拉过程中,连接装置处于受力状态,小箱梁通过支座完成内力传递,而小箱梁支撑点位置随小箱梁的运动变化,引起小箱梁应力发生变化,试验中利用动态应变数据采集仪采集了部分测点的应力,计算分析出了变化规律。由于采集数据的时间较长,报告中仅给出了部分时间段的应力-时间曲线,如图 4-134 和图 4-135 所示。

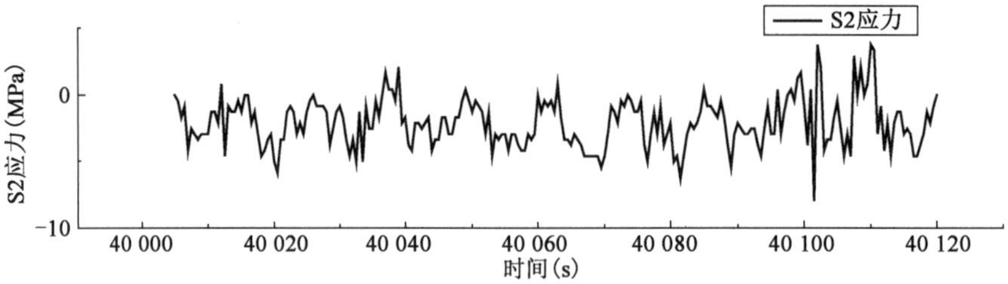

图 4-134　S2 应力-时间曲线

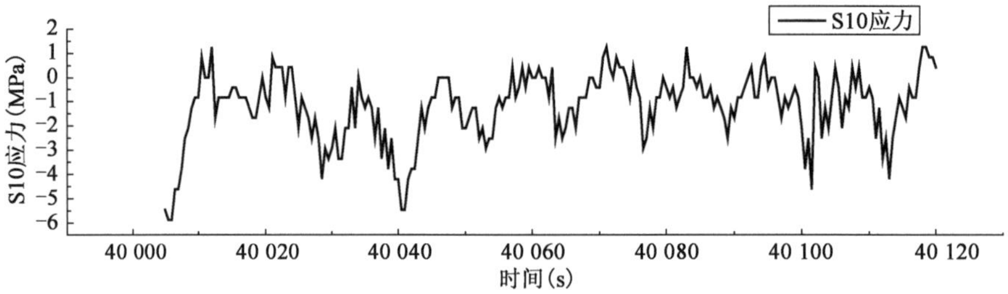

图 4-135　S10 应力-时间曲线

(3)MTS 推拉力及行程

MTS 系统自动记录其推拉力及行程,取其中一部分数据,如图 4-136 和图 4-137 所示。

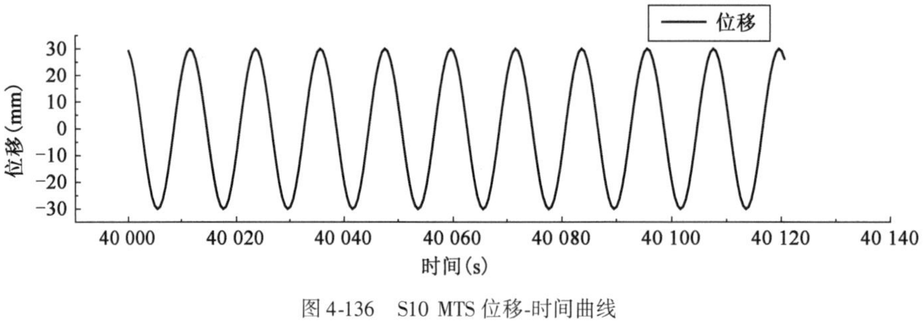

图 4-136　S10 MTS 位移-时间曲线

(4)连接装置纵向运动性能

①40cm 推拉行程测试

竖向加 10kN 荷载,设定周期为 40s,行程设定为 40cm,运行速度仍为 1cm/s,运行 1 000s,其位移-时间曲线及推拉力-时间曲线如图 4-138 和图 4-139 所示。

②不同竖向荷载下 MTS 推拉力测试

保持行程 12cm,周期 12s,运行速度为 1cm/s,P11、P12 竖向荷载依次增加到 15kN、20kN、

25kN、30kN、35kN，各运行 5min 左右，待运行稳定后记录 MTS 推拉力幅值，如图 4-140 所示。

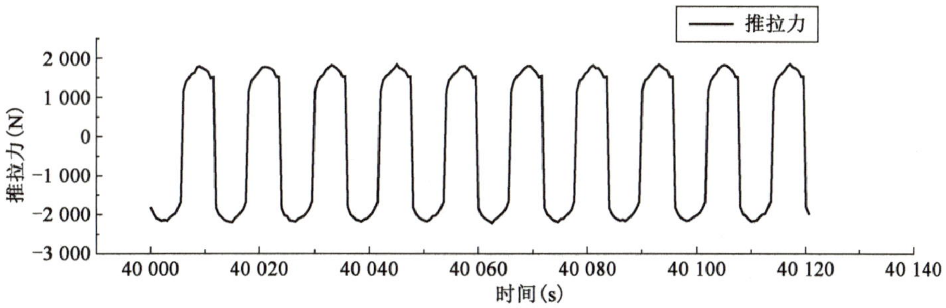

图 4-137　MTS 推拉力-时间曲线

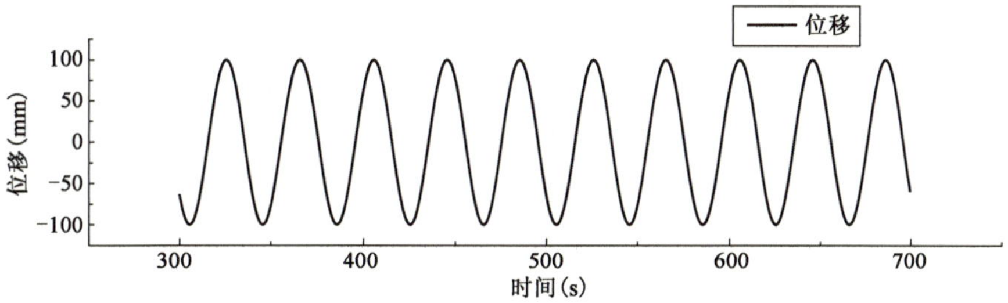

图 4-138　MTS 位移-时间曲线

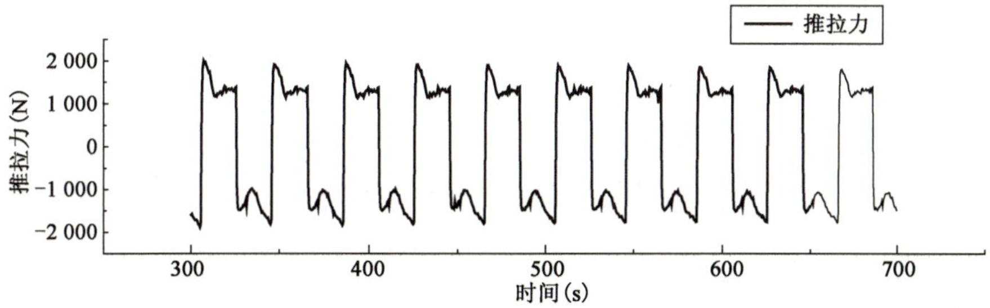

图 4-139　MTS 推拉力-时间曲线

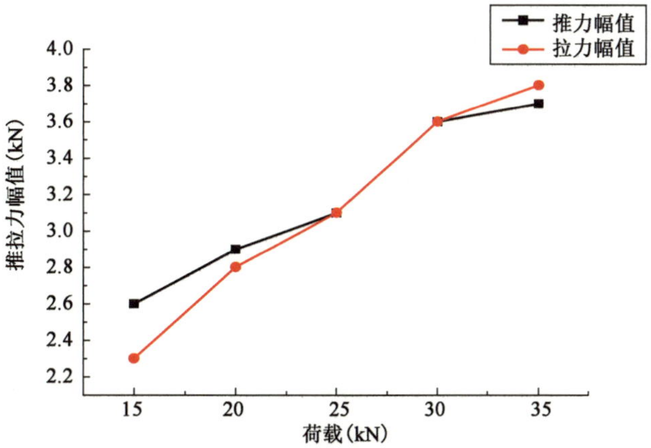

图 4-140　不同竖向荷载下 MTS 推拉力幅值

5)支座磨耗测试

试验中,连接装置的运动速度为0.1cm/s。支座在试验中经过3万次的反复运动摩擦,其磨损情况如图4-141所示。

图4-141 支座磨耗状况

由图4-141可见,支座在经历3万次反复推拉后,聚四氟乙烯材料的磨耗很小,储油槽深度无明显改变,摩擦副上划痕为支座中尖锐杂质划伤所致,其对摩擦系数的影响不明显,满足预定功能要求。

6)小结

根据连接装置模型在最大弯矩和最大扭矩工况的静力试验,以及环境温度变化引起的纵向运动工作性能试验和装置内部支座耐磨试验结果,得到以下结论:

(1)跨中钢箱梁的竖向弯矩、扭矩等通过连接装置中的小箱梁支座传递给另一侧的钢箱梁,其传力途径明确,传力机构合理。

(2)连接装置的大箱梁与小箱梁及其附属构件在运营阶段的多种荷载组合作用下,其应力均满足规范的要求。

(3)根据对连接装置应力、位移测试,连接装置最大伸缩行程可达20cm,满足预定的功能要求。

(4)小箱梁沿横桥向的两个竖向支座安装的密贴程度,对其在工作状态的受力大小有较大影响。

(5)根据静力竖向静力荷载工况试验以及连接装置运动工作性能试验结果,连接装置在运营阶段荷载作用下工作正常,在纵向推拉过程中运动平顺,未观察到摩擦和碰撞发生。

(6)连接装置内部传力支座在3万次往复运动过程中,摩擦材料耐磨性满足要求。

4.3.6 适用范围

多塔斜拉桥采用连续连接装置后,能降低桥塔塔底弯矩,减小的幅度与结构体系、跨径、跨数、下塔柱高度、主梁截面尺寸、环境温度变化等因素有密切关系。通过前述的研究分析可知在常规的截面设计范围内,可以将设置连接装置后边塔塔底截面弯矩减小百分比作为设置连接装置的参考值。

分别针对三、四、五、六塔斜拉桥，给出以下边塔塔底弯矩减小百分比 d 的计算公式：

三塔斜拉桥

$$d = 1.517 \times \frac{L^{\frac{2}{5}}\sqrt{T}}{\sqrt{H}} + 44.953 \tag{4-13}$$

四塔斜拉桥

$$d = 1.517 \times \frac{L^{\frac{2}{5}}\sqrt{T}}{\sqrt{H}} + 44.953 \tag{4-14}$$

五塔斜拉桥

$$d = 2.398 \times \frac{L^{\frac{2}{5}} \times T^{\frac{2}{5}}}{\sqrt{H}} + 45.569 \tag{4-15}$$

六塔斜拉桥

$$d = 0.304 \times \frac{L^{0.15} \times T^{0.8}}{H^{0.1}} + 33.556 \tag{4-16}$$

式中：L——跨度(m)；

T——年环境温度变化最大值(℃)；

H——结构下塔高(m)。

4.4 形状记忆合金塔(墩)梁连接技术

4.4.1 塔梁连接与形状记忆合金概述

斜拉桥受力体系主要由桥塔、拉索、主梁和桥墩等构成，不同的结构体系决定了斜拉桥的抗震能力及对各主要受力构件的能力需求。塔梁间不同的连接方式决定了斜拉桥的抗震体系，如图 4-142 所示。研究发现，塔梁间连接不同类型的阻尼器，斜拉桥主梁的位移可以得到不同程度的控制，相应的，桥塔的内力相比全漂浮体系会有一定的变化。如何选择设计塔梁间的连接就成了斜拉桥抗震设计的重要内容。地震后，塔梁之间会有一定的残余变形，如何消除这种残余变形，对于大桥迅速恢复功能有重要意义。

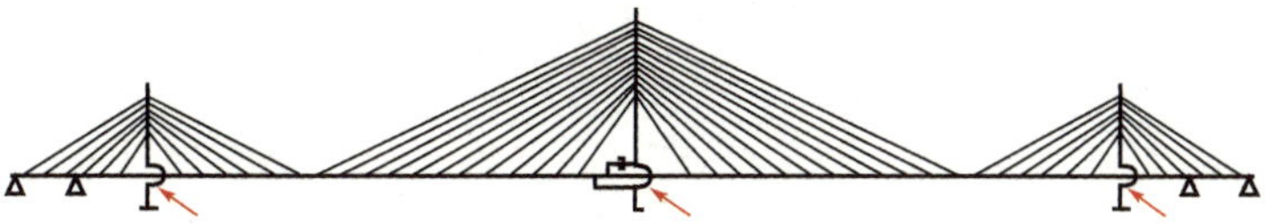

图 4-142 斜拉桥抗震体系示意(红色箭头处可选择不同类型的阻尼限位装置)

早在 1932 年，瑞典物理学家 Ölander 就在 AuCd 合金中发现了形状记忆效应，但当时并没有得到足够的重视。直到 1962 年，美国海军武器实验室的 Buehler 和 Gilfric 在近等原子比 Ni-

Ti 合金中发现了形状记忆效应后，SMA 的研究和应用才引起人们广泛的兴趣，正是这一发现拉开了世界范围内对 SMA 研究和开发的热潮。NiTi 合金的发现被称为是 SMA 材料发展史上的一个里程碑。现在，市场上有很多种具有形状记忆效应的材料，如 Nitinol 合金、Cu-Zn-Al 合金和 Cu-Al-Ni 合金等，其中 Nitinol 合金以它优良的性能在科学研究和实际工程中得到了广泛的应用。SMA 之所以引起人们如此大的兴趣是因其具有形状记忆效应（Shape Memory Effect，简称“SME”）和超弹性（Pseudo-elasticity，简称“PE”）这两个独特的特性。除此之外，SMA 还具有高阻尼性能、感知特性、良好的电学和机械特性以及弹性模量的动态变化等特性。

正是 SMA 的形状记忆效应和超弹性效应等这些独特而优异的性能使得 SMA 的研究与应用发展十分迅速。在过去的几十年内，由 SMA 制作的器件和系统已经广泛地应用于航空航天、仪器仪表、自动控制、能源、机器人、生物、医学等领域。近年来，在土木工程领域，基于形状记忆合金的结构振动控制已经引起了越来越多人的关注，也取得了一些成功的工程应用。

常温下处于奥氏体的 SMA 具有自复位和耗能的特性，其可恢复应变可达到 6% ~8%，在移去外力后，可以完全回复到零点，没有残余变形。利用上述这些特性，可以开发具有自复位耗能特性的塔梁连接装置，控制塔梁之间的相对位移，在地震作用后，使残余变形位移减小。

4.4.2 基本原理

利用形状记忆合金特有的超弹性特性及其独特的形状记忆效应，发展高性能耗能减震装置并将其安装在桥塔与主梁之间，在动力荷载作用下塔梁之间产生相对变位，导致形状记忆合金丝材出现变形，随着变形的增加，形状记忆合金发生相变，利用其相变的过程消耗地震能量。同时，因为形状记忆合金丝材的形状记忆效应，在经历一定的变形后可自动回复到初始状态，不会留下残余变形，以保证桥梁在震后具有可靠的使用功能。

4.4.3 形状记忆合金装置对桥梁抗震性能的影响分析

通过数值模拟分析，考察形状记忆合金减震装置基本参数变化对桥梁整体减震效果的影响，从而找到合理的减震装置参数，为形状记忆合金减震装置的设计提供基础，本书将对 SMA 阻尼器初始刚度、屈服后刚度以及卸屈比的影响进行研究。

为了考察 SMA 阻尼器刚度变化对斜拉桥抗震性能的影响，本书对 7 种具有不同刚度 SMA 阻尼器的斜拉桥体系分别进行时程分析，刚度从 0 开始逐渐增大，考察 SMA 阻尼器初始刚度变化对斜拉桥抗震性能的影响，所用地震波为 1999 年台湾 Chi-chi 地震中 TCU052 台站得到的加速度记录，地震动输入采用纵向 + 竖向双向联合输入，峰值加速度分别调整 $0.2g+0.13g$。图 4-143 所示为斜拉桥 8 个性能指标（各指标意义见表 4-19）随刚度比变化的规律图。图中横坐标为 SMA 阻尼器的初始刚度 k 与桥塔抗侧刚度的比值，纵坐标为无量纲化的斜拉桥性能指标，其中 SMA 阻尼器初始刚度和无量纲指标可分别按式(4-17)和式(4-18)计算：

$$k = \frac{EA}{l} \tag{4-17}$$

$$J'_{i,k} = \frac{J_{i,k}}{J_{i,k=0}} \quad (i = 1,2,\cdots,8) \tag{4-18}$$

式中：E——SMA 初始弹性模量；

A——阻尼器 SMA 丝工作段总截面面积；

l——SMA 丝工作段长度；

$J'_{i,k}$——第 i 个无量纲性能指标；

$J_{i,k}$——第 i 个性能指标；

$J_{i,k=0}$——SMA 阻尼器刚度 $k=0$ 时第 i 个性能指标，即完全漂浮体系的性能指标。

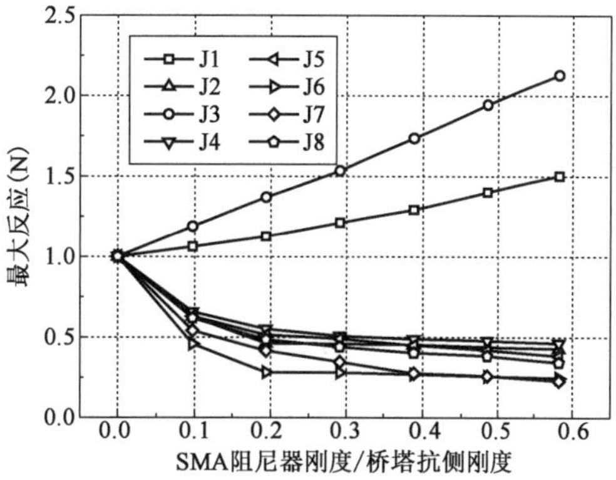

图 4-143 SMA 阻尼器刚度变化的影响

斜拉桥性能指标 表 4-19

指 标	物理意义及计量单位	指 标	物理意义及计量单位
J1	中塔底截面纵向最大弯矩（10^6N·m）	J5	中塔顶最大纵向位移（m）
J2	边塔底截面纵向最大弯矩（10^6N·m）	J6	边塔顶最大纵向位移（m）
J3	中塔底截面最大纵向剪力（10^6N）	J7	桥面与中塔处最大纵向位移（m）
J4	边塔底截面最大纵向剪力（10^6N）	J8	斜拉索索力变化最大值（%）

从图中可以看出随着 SMA 阻尼器刚度与桥塔抗侧刚度的比值由 0 增加到 0.6，塔底截面所受的弯矩和剪力随之增加，弯矩增加了约 50%，而剪力则增加了约 120%，其他指标则随初始刚度的增加逐渐降低，在刚度较小时降低幅度很快，但到达 0.2 倍桥塔刚度后，降低幅度变缓，基本保持在 50% 左右。可见对 SMA 阻尼器初始刚度的选取应适中，过大则导致中塔底内力增加过多，过小则对斜拉桥位移以及斜拉索振动的控制能力减小，建议 SMA 阻尼器的初始刚度 k 取 0.2 ~ 0.3 倍的桥塔刚度，这可以为 SMA 阻尼器的设计提供参考。

研究表明，SMA 在屈服后的刚度约为屈服前的 10%，屈服后刚度系数 α（即屈服后刚度与屈服前刚度的比值）由 6% 增加到 14% 各性能指标的变化情况如图 4-144 所示，图 4-144 给出各无量纲后各性能指标随屈服后刚度变化的关系，其中无量纲指标按式（4-19）计算：

$$J'_{i,\alpha} = \frac{J_{i,\alpha}}{J_{i,\alpha=0.06}} \quad (i = 1,2,\cdots,8) \tag{4-19}$$

式中：$J'_{i,\alpha}$——第 i 个无量纲性能指标；

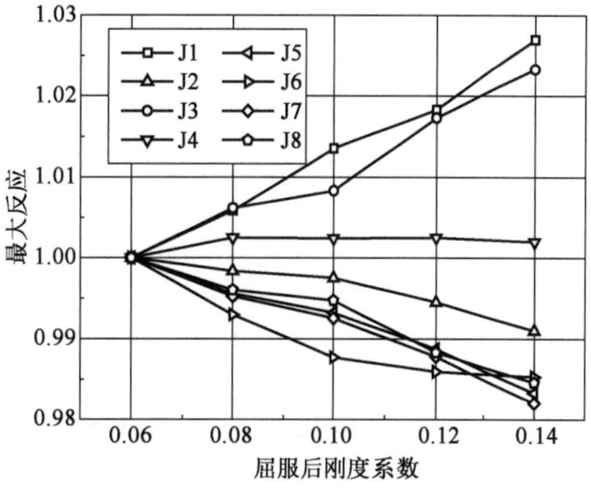

图 4-144 SMA 阻尼器屈服后刚度的影响

$J_{i,\alpha}$——第 i 个性能指标；

$J_{i,\alpha=0.06}$——屈服后刚度系数 $\alpha=0.06$ 时的第 i 个性能指标。

从图 4-144 可以看出，随着屈服后刚度系数的增加，塔底剪力弯矩均有增加的趋势，当 $\alpha=0.06$增加至 $\alpha=0.14$ 后塔底剪力与弯矩分别增加约 2.4% 与 2.7%，其他指标均随 α 的增加而减小，减小幅度均在 2% 以内。可见 SMA 阻尼器屈服后刚度变化对斜拉桥抗震性能的影响与初始刚度的影响趋势相似，但其影响程度却要小很多。

卸屈比 γ 是反应 SMA 阻尼器耗能能力的重要参数，γ 越小阻尼器耗能能力越强，本书计算了 SMA 阻尼器卸屈比由 0 增加至 0.8 斜拉桥性能指标的变化情况，图 4-145 所示为无量纲后斜拉桥性能指标随卸屈比增加而变化的关系，其中无量纲指标按式(4-20)计算。

$$J'_{i,\gamma}=\frac{J_{i,\lambda}}{J_{i,\gamma=0}}\qquad (i=1,2,\cdots,8)\tag{4-20}$$

式中：$J'_{i,\gamma}$——第 i 个无量纲性能指标；

$J_{i,\gamma}$——第 i 个性能指标；

$J_{i,\gamma=0}$——屈服后刚度系数 $\gamma=0$ 时的第 i 个性能指标。

从图 4-145 可以看出，随着 γ 的增加，斜拉桥性能指标均有增加的趋势，即随着 SMA 阻尼器耗能能力的降低，斜拉桥反应增大，其中受影响较大的 3 个指标是斜拉索索力变化量、边塔顶位移及桥面位移，增量达到 1% 左右，而其他指标的变化幅度则较小，均在 0.5% 以内。总体而言，SMA 阻尼器卸屈比的变化对斜拉桥抗震性能的影响较小，这主要是因为 SMA 阻尼器本身的耗能能力较弱导致。

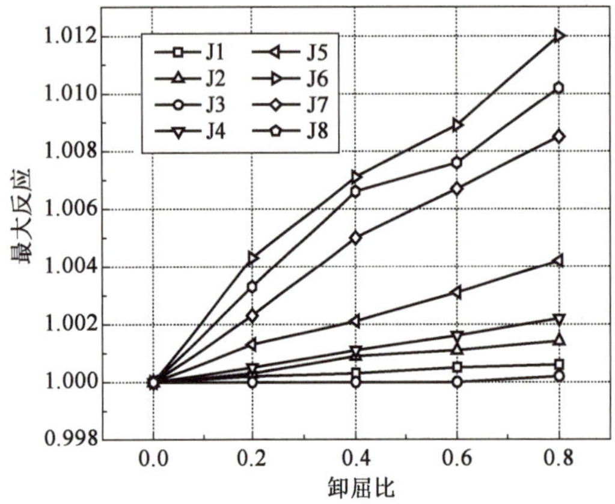

图 4-145　SMA 材料卸屈比的影响

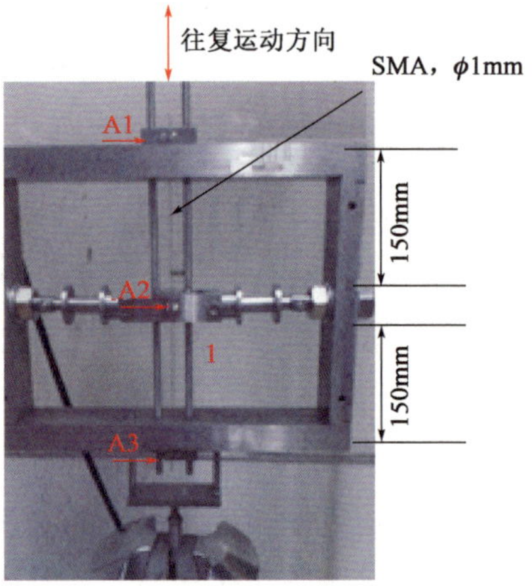

图 4-146　形状记忆合金丝阻尼器示意图

4.4.4　形状记忆合金塔梁连接振动台试验

根据形状记忆合金丝只能受拉，不能受压的特点，设计基于形状记忆合金丝的阻尼器，如

图 4-146 所示。其中 SMA 丝通过 3 个锚固块 A1、A2 和 A3 锚固住，A1 和 A3 可以沿活塞杆运动，但被外框挡住，A2 固定在构件 1 中，构件 1 与两根活塞杆是通过焊接固定为一体的：当活塞杆向上运动，A2 锚固块随构件 1 向上，这样 A2 与 A3 之间的 SMA 丝受拉进入工作状态；反之当活塞杆向下运动，A2 锚固块随构件 1 向下运动，A1 与 A2 之间的丝受拉进入工作状态。其中 SMA 丝常温下为奥氏体，直径 1mm，每个工作段长度 150mm。

性能试验如图 4-147 所示。正弦位移加载，如图 4-147a）和图 4-147b）所示，在位移幅值不变时，改变加载的频率，得到的力-位移滞回曲线基本相同，在 0 位移附近的平台段，是安装缝隙的位移，SMA 丝没进入工作，SMA 丝的出力是与位移相关的，与频率无关。图 4-147c）是在加载频率为0.1Hz时，不同位移幅值下的力-位移滞回曲线，当工作段长度为 150mm 时，拉伸变形在 2mm 内，初始刚度为 175N/mm；超过 2mm 后，即变形 1.33% 后进入屈服第二刚度段，此时第二刚度系数为 32.4N/mm。在卸载段，现有的 SMA 丝有超弹性，能回到零点，但不太理想。位移超过 6mm 后，SMA 丝会有显著的残余变形，无法完全回去，图 4-147c）中的频率 0.1Hz、幅值 9mm 的工况只能做一次，因残余变形不能重复。塔梁模型如图 4-148 所示。

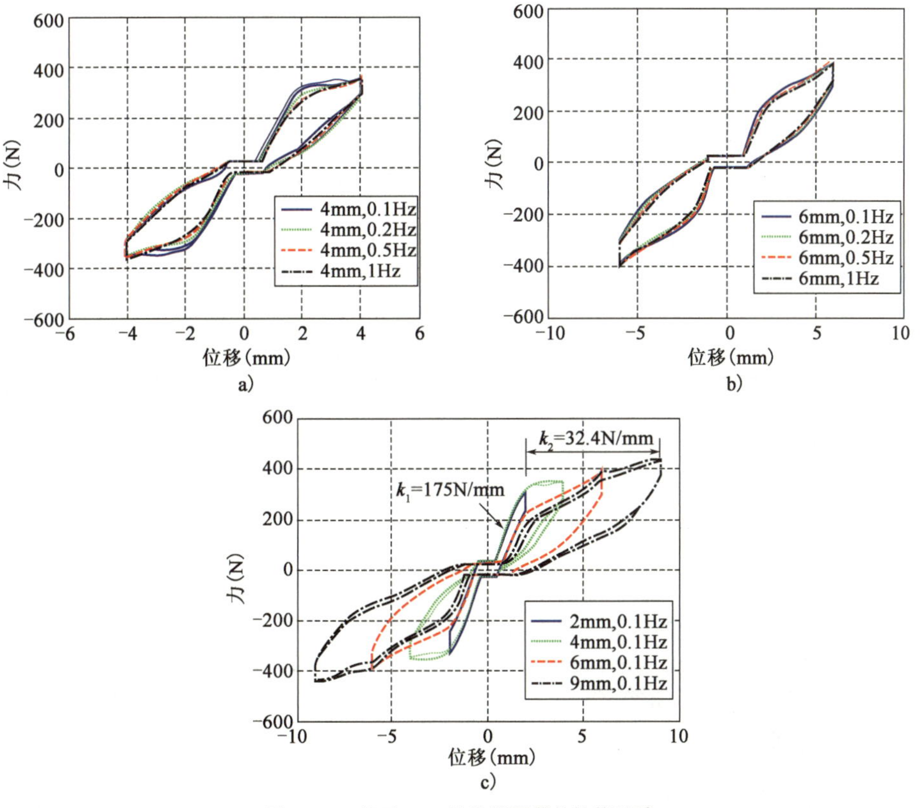

图 4-147　基于 SMA 丝的阻尼器的性能试验

振动台试验在中国地震局工程力学研究所开放实验室进行。选取分析的加载地震波如图 4-149所示，选取时间压缩比 1∶4 的地震动峰值为 250gal 的 El Centro 波，分别进行塔梁形状记忆合金连接振动台的有控与无控试验,并对比分析形状记忆合金连接的控制效果。地震动加载方向为主梁的纵向。

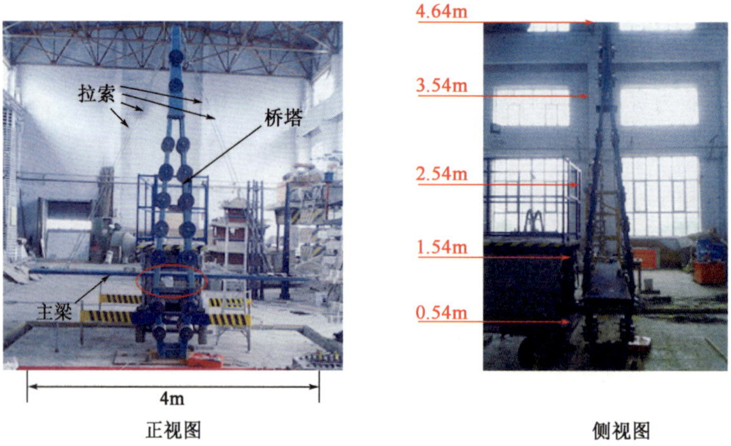

图 4-148 塔梁模型

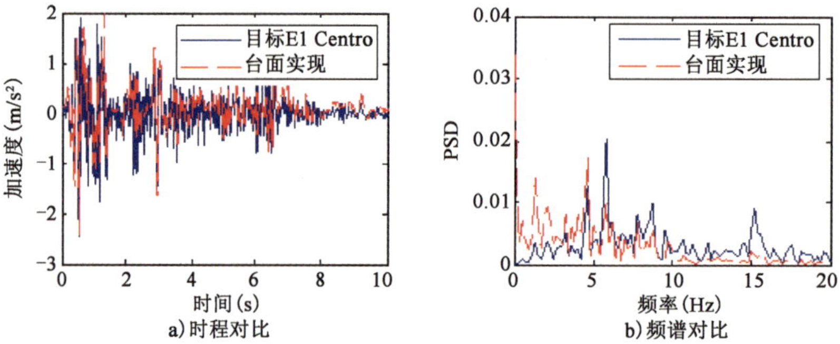

图 4-149 选取分析的加载地震波

形状记忆合金阻尼器与主梁和桥塔连接的细节如图 4-150 所示,基于 SMA 丝的形状记忆合金阻尼器通过外框架与桥塔连为一体,阻尼器前端活塞杆安装有位移计和测力计,然后再与主梁上预留的连接件连接。试验中阻尼器的力-位移滞回曲线如图 4-151 所示,与性能试验时的曲线形状基本一致,在卸载段阻尼器基本能回到位移零点,体现了形状记忆合金丝的超弹性特性。

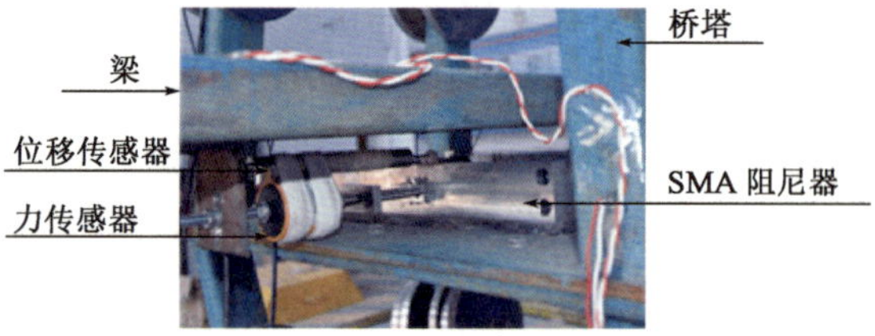

图 4-150 形状记忆合金阻尼器与主梁连接的细节

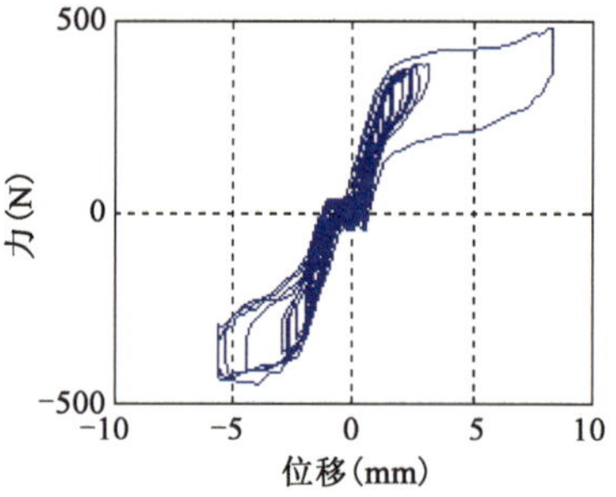

图 4-151 El Centro 地震波形状记忆合金阻尼器的力-位移滞回曲线

图4-152所示为桥塔不同高度的加速度时程和频谱响应：相比于无控的工况，形状记忆合金连接下的桥塔的加速度响应的最大值在靠近阻尼器安装的部位会变大，但是这个最大值是

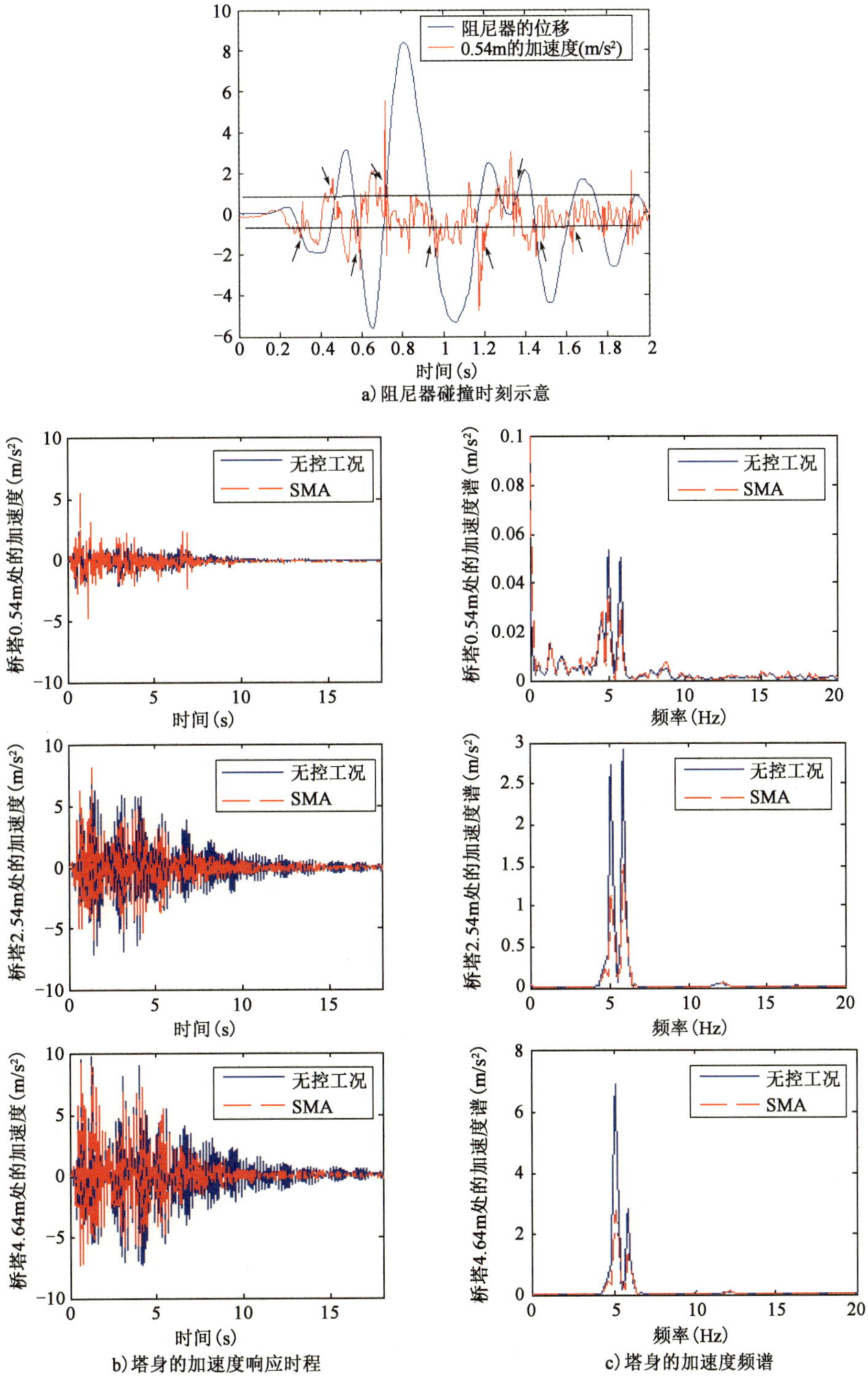

图4-152　无控与形状记忆合金连接时塔身的对比

一个脉冲，是由于 SMA 阻尼器在起作用的瞬间碰撞导致的突变，如图 4-152a）所示，图中蓝线是有控工况下阻尼器的位移，两条黑色横线表示阻尼器本身固有的缝隙，当阻尼器在主梁的带动下，运动到此处时，形状记忆合金丝进入作用的瞬间会有一个碰撞作用，导致 0.54m 高度的加速度响应会有一个突变，在其他的高度，如 2.54m 高度处也会有类似的碰撞峰值出现。从图 4-152b）无控与有控的加速度时程对比来看，忽略碰撞瞬间的峰值，有控工况下加速度的整体响应是减少的。图 4-152c）中的频谱响应显示：塔梁模型的前两阶频率是 5.1Hz 和 5.9Hz，有控工况下频率没有显著的增加，是因为桥塔本身刚度很大，相对来说 SMA 阻尼器增加的刚度很小；有控工况下在峰值点的响应明显小于无控工况，即塔梁间连接的 SMA 阻尼器对桥塔的加速度响应有很好的控制效果。

桥塔的位移反应如图 4-153 所示，不同高度处，有控即桥塔与主梁间连接形状记忆合金丝时，桥塔的位移响应均小于无控时的位移响应，表明形状记忆合金阻尼器对桥塔的位移响应有明显的控制效果。图 4-154 则表示了无控与有控时桥塔不同高度最大位移响应的对比，可以看出，桥塔与主梁间连接形状记忆合金阻尼器后，在控制桥塔的加速度响应的同时，也可以很好地控制桥塔的位移响应。

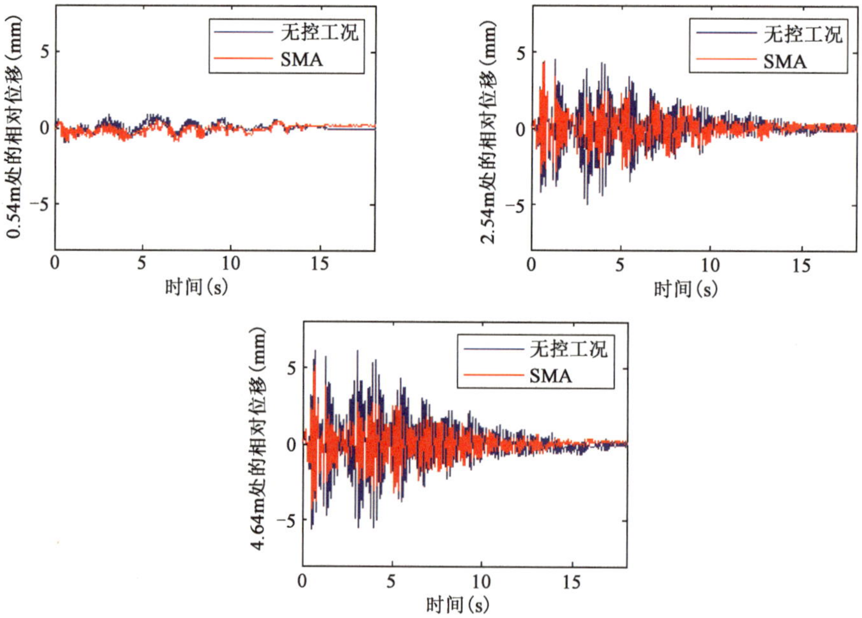

图 4-153　塔身不同高度处的位移响应应对比

图 4-155 所示为主梁的纵向位移响应对比。从时程上可以看出，无控工况下，由于主梁呈漂浮状态，除了拉索有很弱的约束作用外，主梁在纵向上可以沿水平方向产生很大的位移响应，位移响应的频率为 0.29Hz；连接形状记忆合金阻尼器后，相当于在纵向给主梁附加了约束，其位移响应显著地减少。进一步分析主梁的加速度（图 4-156），从时程上可以看出，在桥塔与主梁间连接形状记忆合金阻尼器后，主梁的加速度响应的幅值有明显的增大；从频谱图

上,可以看出:无控时,主梁加速度的频率成分主要是桥塔的频率5.1Hz和5.9Hz,从前面的分析可得,这两个频率其实是桥塔在地震动下的频率,由于主梁仅通过4根拉索连接到主梁上,在加速度的频谱上没有显示出主梁本身的频率(由于主梁是漂浮的,地震动的传递路线是振动台-桥塔-拉索-主梁,所有主梁的加速度响应主要是桥塔的响应)。有控即主梁与桥塔通过形状记忆合金连接,频率成分变得更加复杂,除了桥塔的频率5.1Hz和5.9Hz外,还有3.42Hz、3.81Hz和4.20Hz等成分,而且其响应要更大。3.42Hz、3.81Hz和4.20Hz等频率成分的响应是由于连接了非线性的SMA阻尼器后所引起的主梁的非线性振动部分(这部分可以通过估算验证一下,由SMA阻尼器的性能试验可以知道初始第一刚度为 $k_1 = 175\text{N/mm}$,主梁是4 000mm × 400mm × 10mm的两块钢板组成,其质量 m 为251kg,在纵向水平位移响应很小的情况下,忽略拉索的约束作用,其纵向水平响应的频率为4.20Hz,正好与有控加速度的响应频谱的一个峰值吻合,而前面小于4.20Hz的成分是因为形状记忆合金丝进入屈服段后其刚度减少所引起的)。

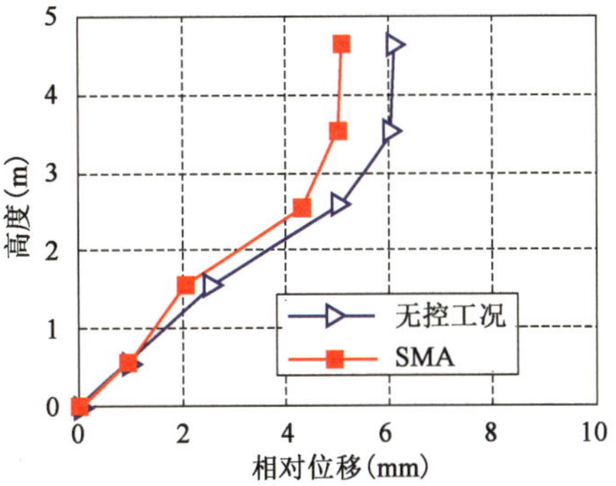

图4-154　桥塔位移响应最大幅值沿高度的分布

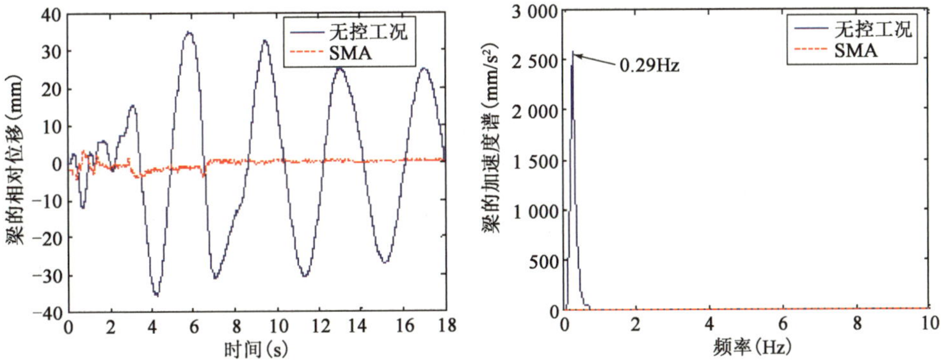

图4-155　主梁纵向位移响应对比

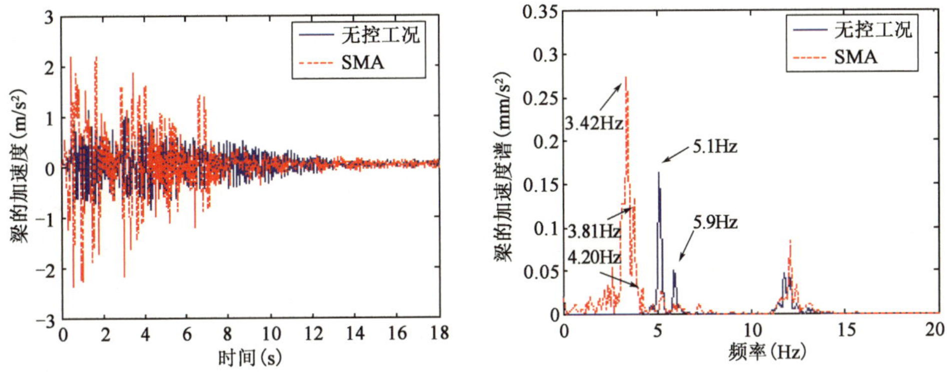

图4-156　主梁纵向加速度响应对比

试验中在桥塔连接形状记忆合金的上下附近布置了沿桥塔分柱纵向的应变片，测量桥塔在地震动作用下的应变。可以将贴有应变片高度处的桥塔近似简化为一个梁截面，按平截面假定分别计算出对应位置处的最大弯矩响应值，见表4-20。总体上塔梁间SMA阻尼器连接相比无控工况情况下，在阻尼器安装的上下位置处都能减少桥塔的最大弯矩响应，在高于阻尼器的安装处，控制效果稍差，只有6.25%，但在低于阻尼器安装位置处，控制效果有22.4%。

El Centro波下桥塔阻尼器安装位置上下最大弯矩响应比较 表4-20

桥塔最大弯矩(kN·m)	无 控	塔梁间SMA阻尼器连接	控制效果
稍高于阻尼器安装处	14.4	13.5	6.25%
稍低于阻尼器安装处	15.2	11.8	22.4%

进一步验证分析塔梁形状记忆合金连接在近场地震作用下的控制效果。在峰值为170gal的Chi-chi地震波激励下塔梁间连接的形状记忆合金阻尼器的力-位移关系曲线如图4-157所示，与性能试验时的曲线形状基本一致，在卸载段，阻尼器基本能回到位移零点，体现了形状记忆合金丝的超弹性特性。

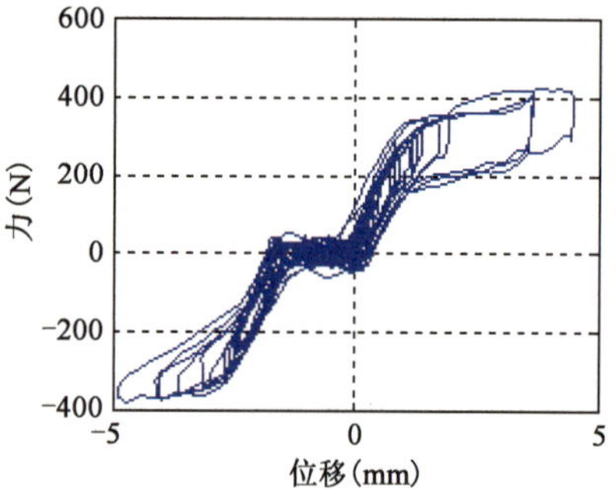

图4-157 Chi-chi地震波形状记忆合金阻尼器的力-位移滞回曲线

图4-158所示为桥塔不同高度的加速度时程和频谱响应：同El Centro工况下类似，忽略碰撞瞬间的峰值，有控工况下加速度的整体响应是减少的。图4-158(b)中的频谱响应显示：塔梁模型振动的主要频率是5.1Hz，在Chi-chi地震波激励下5.9Hz的成分相对比较小，有控工况下频率没有显著的增加，是因为桥塔本身刚度很大，相对来说SMA阻尼器的增加的刚度很小；有控工况下在峰值点频率的响应明显小于无控工况，即塔梁间连接的SMA阻尼器对桥塔的加速度响应有很好的控制效果。

桥塔的位移反应如图4-159所示，不同高度处，有控即桥塔与主梁间连接形状记忆合金丝时，桥塔的位移响应均小于无控时的位移响应，表明形状记忆合金阻尼器对桥塔的位移响应有明显的控制效果。图4-160则表示了无控与有控时桥塔不同高度最大位移响应的对比，可以看出，桥塔与主梁间连接形状记忆合金阻尼器后，在控制桥塔的加速度响应的同时，也可以很好地控制桥塔的位移响应。

如图4-161所示为主梁的纵向位移响应对比。位移响应的频率为0.29Hz；连接形状记忆合金阻尼器后，相当于在纵向给主梁附加了约束，相比与无控工况，其位移响应显著的减少。进一步分析主梁的加速度如图4-162所示，从时程上可以看出，在桥塔与主梁间连接形状记忆合金阻尼器后，主梁的加速度响应的幅值有明显的增大；从频谱图上，可以看出：无控时，主梁加速度的频率成分主要是桥塔的频率5.1Hz，是桥塔在地震动下的频率，同El Centro波类似，有控即主梁与桥塔通过形状记忆合金连接，频率成分变得更加复杂，除了桥塔的频率 5.1Hz 和 5.9Hz 外，还有2.9Hz、3.6Hz 和 4.0Hz 等成分。

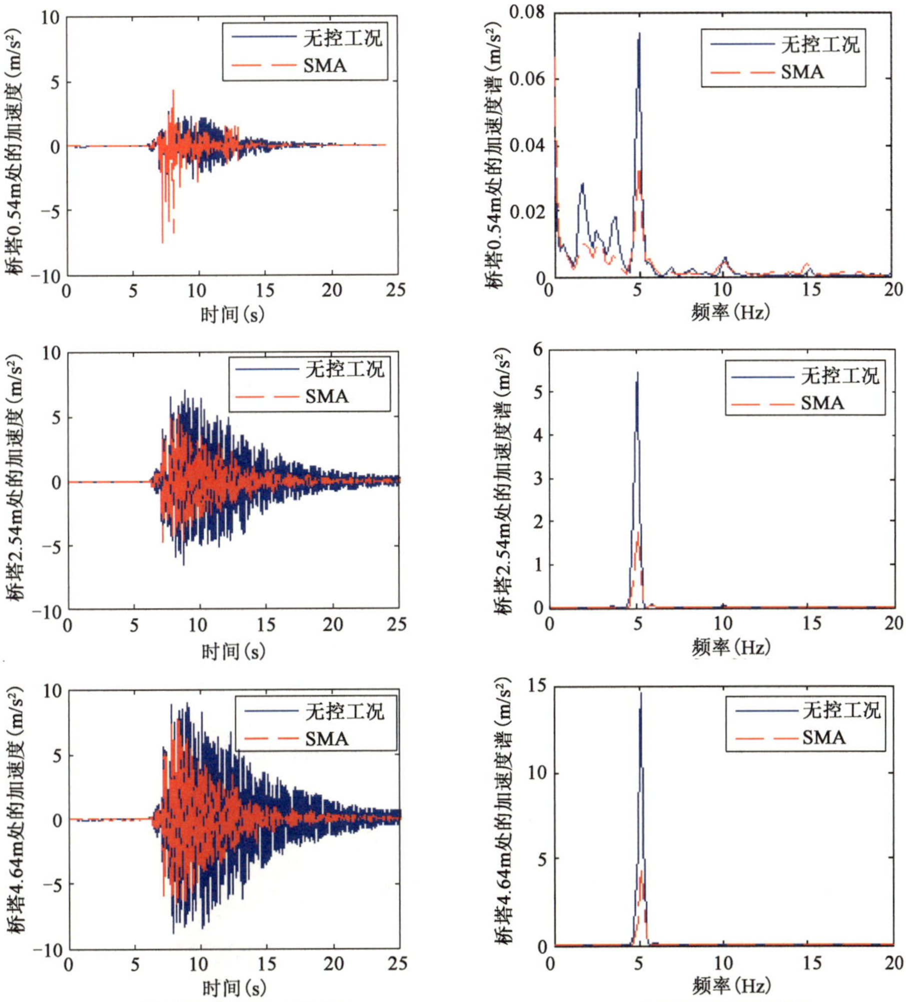

a) 桥塔的加速度响应时程　　b) 桥塔的加速度频谱

图 4-158　无控与形状记忆合金连接时桥塔响应对比

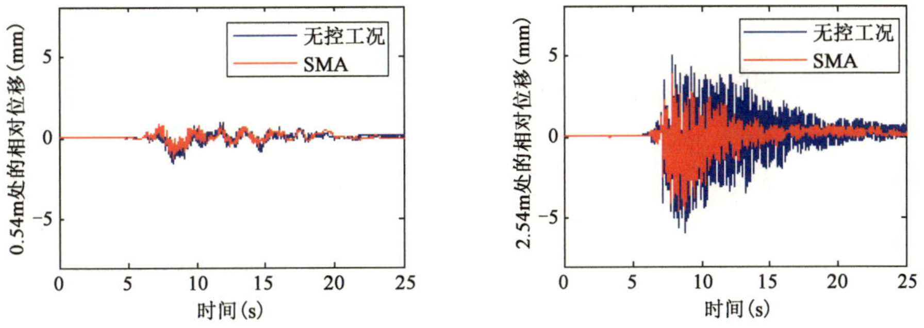

图　4-159

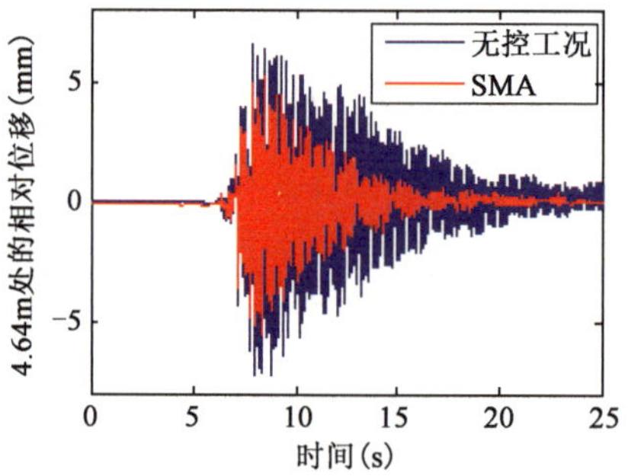

图 4-159　桥塔不同高度处的位移响应对比

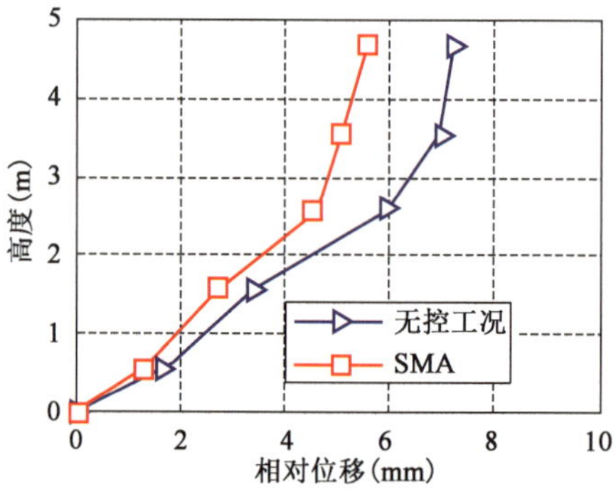

图 4-160　桥塔位移响应最大幅值沿高度的分布

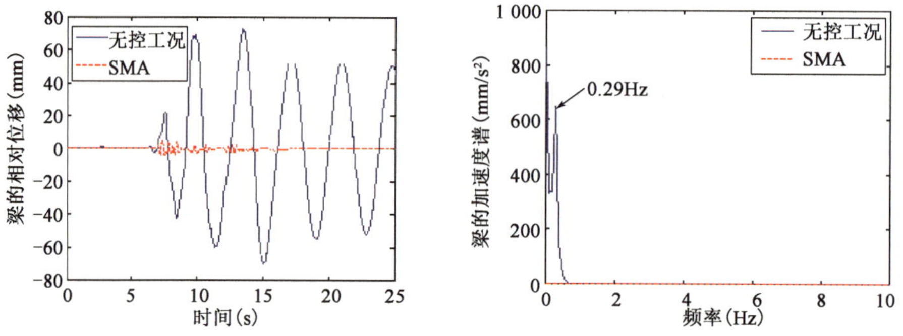

图 4-161　主梁纵向位移响应对比

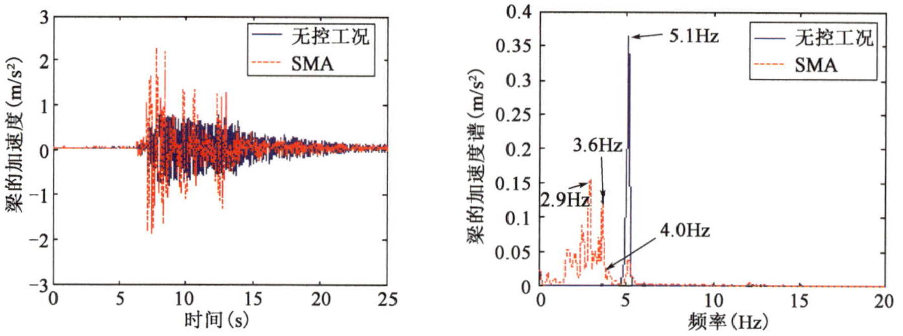

图 4-162　主梁纵向加速度响应对比

通过应变响应计算出的桥塔对应位置处的最大弯矩响应值，见表 4-21。总体上塔梁间

SMA 阻尼器连接相比无控工况情况下,在阻尼器安装的上下位置处都能减少桥塔的最大弯矩响应,在高于阻尼器的安装处,弯矩减少了 32%,在低于阻尼器安装位置处,控制效果更好,弯矩减少了 50%。

桥塔阻尼器安装位置上下最大弯矩响应比较 表 4-21

桥塔最大弯矩(kN·m)	无　控	塔梁间 SMA 阻尼器连接	控制效果
稍高于阻尼器安装处	15.3	10.4	32%
稍低于阻尼器安装处	21.0	10.6	50%

4.4.5 设计与应用方法

考虑到目前 SMA 的产品主要是丝材,为了保证其在地震作用中始终处于受拉状态,借鉴相关文献中拉压型 SMA 阻尼器的基本原理,设计了 SMA 被动阻尼器并将其安装在斜拉桥桥塔与主梁之间,其基本构造如图 4-163 所示。该阻尼器主要由支架、SMA 丝、限位销、传力销、助推板以及锚头组成,其中支架固定在中塔上,限位销固定于支架平台上,传力销则固定连接于主梁并随主梁一起振动,SMA 丝穿过助推板的孔洞并由锚头锚固于一侧。由于限位销的存在,保证了 SMA 丝始终保持在拉伸状态,当主梁受振向一方运动时,由传力销将位移传给助推板,使其向一边移动,而另一边的助推板受限位销作用不能移动,使 SMA 丝被迫受拉伸长,同理当主梁向另一侧运动时由另一侧助推板带动 SMA 丝拉伸,这是 SMA 阻尼器的工作原理。

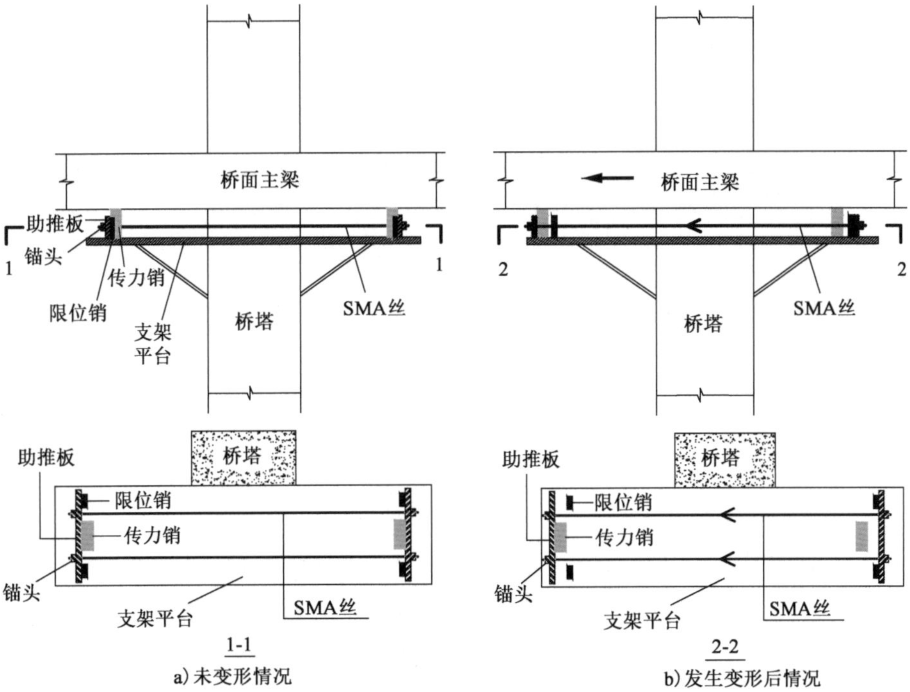

图 4-163 SMA 被动阻尼器构造示意

经过构造设计可以实现形状记忆合金消能减震的功能,但阻尼器参数需要经过合理选择才能取得最佳的减震效果。首先,对于 SMA 丝材的工作长度,需要根据桥面纵向最大位移进行计算,并取 SMA 材料最大设计应变6%;根据4.3.2 节的分析,取 SMA 阻尼器弹性刚度为桥塔刚度的0.2~0.4 倍,并由此设计 SMA 丝材总截面面积,同时由屈服后刚度系数 $\alpha=0.1$ 以及卸屈比 $\gamma=0.4$ 两个参数选择形状记忆合金材料。沿桥面两侧对称布置共两个 SMA 阻尼器,阻尼器一端固定于斜拉桥桥塔,另一端与桥面主梁相连,即可完成 SMA 耗能装置的设计。

4.5 主梁竖(侧)向支承技术

4.5.1 基本原理

根据特大型桥梁结构体系研究,1 000m 级多塔斜拉桥结构体系、3 000m 级悬索桥和3 000m级斜拉-悬索协作体系,为特大型桥梁在多灾害作用下适宜桥梁结构的体系。该类桥梁的结构支承体系的结构特点是:需具备一定竖向承载能力,横向静载水平力大,纵向位移量大。对于该类桥梁的约束和支承体系来看,主要通过减小风致振动和约束其位移。

索桥结构体系的支承体系,其主要功能是提供桥梁辅助支承和抗漂浮能力。地震作用下,桥梁和塔柱间会有较大的相对位移。针对本书中的特大型桥梁结构体系,在支承处应具有承载能力、竖向刚度和变位能力、水平刚度、阻尼和变位能力。控制灾变的核心是控制和减小位移。

设定本书的目标:

①竖向,具有较强的承载能力、可有一定的弹性变形、提供一定的阻尼耗能能力。

②水平向,具有一定的承载能力、滑移量和一定的回复能力、提供较大的阻尼耗能能力。

从支承减震机理分析,可有通过以下两种途径:一是增大结构的刚度,增加支承装置的水平承载力,减小结构位移;二是增大桥梁结构的阻尼。

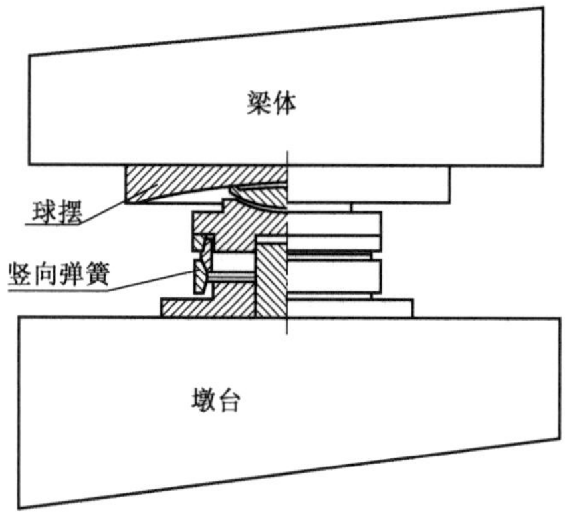

图4-164 三向性减震支承示意图

4.5.2 主梁竖(侧)向支承结构方案与材料

1)结构方案选择

利用特大跨度桥梁纵向位移量大的特点,通过对特大型桥梁对竖向(侧向)支承防灾减灾要求的分析,达到限制桥梁位移,对地震荷载起耗能减震作用,并提高桥梁横向抗减震性能。三向性减震支承示意如图4-164所示。

2)结构方案

根据弹性支撑装置图,完成样件的结构设计。样件结构如图4-165所示,弹性支撑装置设计参数见表4-22。

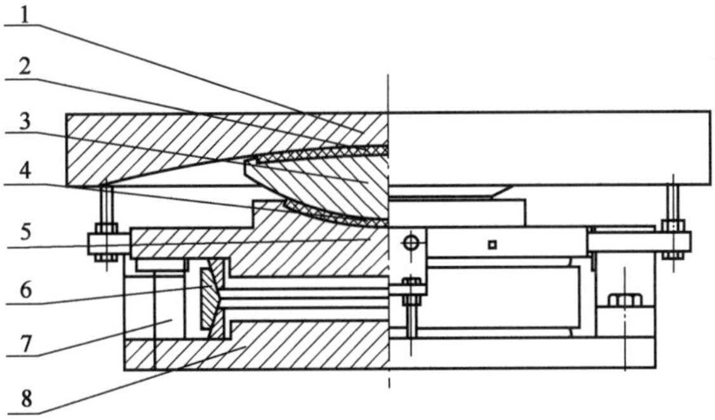

图4-165　样件结构图

1-上摆动板;2-滑动板1;3-双球面板;4-滑动板2;5-中间板;6-环形弹簧;7-导向板;8-下底板

弹性支撑装置设计参数表　　表4-22

序号	名　　称	材　　料	备　　注
1	上摆动板	Q345	提供支座滑动曲面
2	滑动板1	PTFE	滑动副材料
3	双球面板	Q345	提供结构转动功能
4	滑动板2	PTFE	滑动副结构
5	中间板	Q345	传递结构竖向荷载
6	环形弹簧	$60Si_2MnA$ 或 50CrMN	弹簧钢,提供竖向回复力
7	导向板	Q345	结构位移导向
8	下底板	Q345	传递结构竖向载荷

4.5.3　主梁竖(侧)向支承设计与应用方法

三向减隔震装置的设计,根据桥梁使用和减隔震需求,装置的设计计算可以按照摩擦摆支座结构结合支承弹簧进行减隔震计算。计算分析如下:

1)设计计算

摩擦摆支座利用两个曲面的滑动摩擦进行耗能,并通过滑动面的设计延长结构振动周期,以减小结构因地震作用而引起的放大作用,同时地震结束后可以依靠重力自动复位。摩擦摆支座滞回曲线如图4-166所示。

结构摆动周期如下:

$$T = 2\pi\sqrt{\frac{m}{K_v\sqrt{1+\theta^2}-1}} \tag{4-21}$$

在摩擦摆支座与竖向弹簧双重作用下,形成本构关系如图4-167所示。

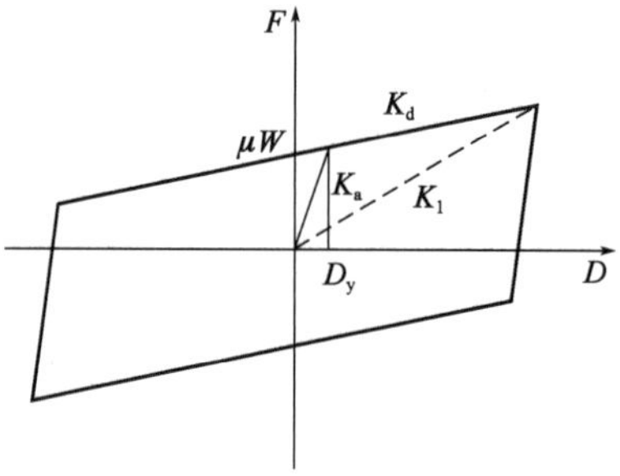

图 4-166　摩擦摆支座滞回曲线

注：D_y 为屈服位移，余见公式。

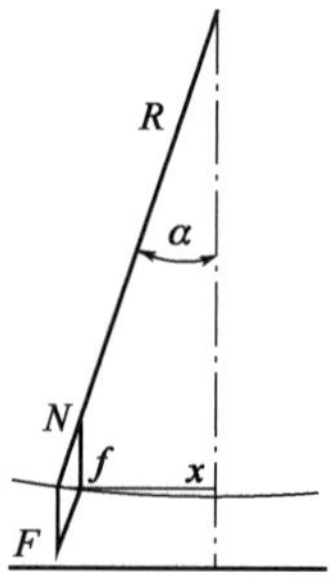

图 4-167　回复阻力力学分析

设最大地震位移 x，摆半径 R，系数 $\varphi=\frac{x}{R}$，有：

$$T = 2\pi \cdot \sqrt{\frac{m}{K_v \cdot (\sqrt{1+\varphi^2}-1)}} \tag{4-22}$$

水平回复力：

$$f = K_v \cdot (\sqrt{1+\varphi^2}-1)x \tag{4-23}$$

水平刚度：

$$K_h = K_v \cdot (\sqrt{1+\varphi^2}-1) \tag{4-24}$$

回复力如下式所示：

$$f = K_v x(\sqrt{1+\theta^2}-1) \tag{4-25}$$

摩擦摆支座利用两个曲面的滑动摩擦进行耗能，并通过延长结构自振周期，减小地震力的作用，同时地震结束后可以依靠重力自动复位。

摩擦摆支座水平力由摩擦力、回复力组成，即：

摆动刚度：

$$k_d = \frac{W}{R} \tag{4-26}$$

等效线性刚度：

$$k_b = \frac{W}{R} + \frac{\mu W}{D} \tag{4-27}$$

初始刚度，根据经验公式，可取 2.5mm 位移时的等效刚度。

等效阻尼比：

$$\xi_b = \frac{4\mu WD}{2\pi D\left(\frac{WD}{R}+\mu W\right)} = \frac{2\mu}{\pi\left(\frac{D}{R}+\mu\right)} \tag{4-28}$$

式中：W——上部结构质量；

R——滑道半径；

μ——摩擦因数；

D——滑动位移。

竖向弹簧分析计算：

采用具有锥面的内外钢圈相互嵌套形成，弹簧在受到竖向压力时通过内外钢圈的径向变形实现弹簧的功能，同时，弹簧在加载和卸载过程中，内外钢圈之间的摩擦力将竖向力转化为热能而实现耗能作用。环形弹簧结构如图 4-168 所示。

竖向弹簧滞回曲线如图 4-169 所示。

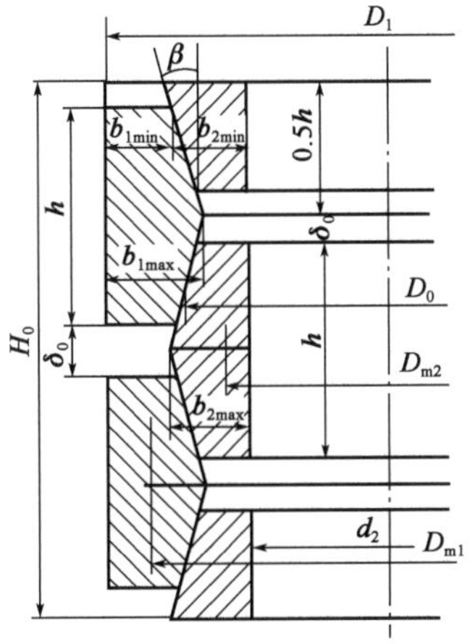

图 4-168　环形弹簧结构图

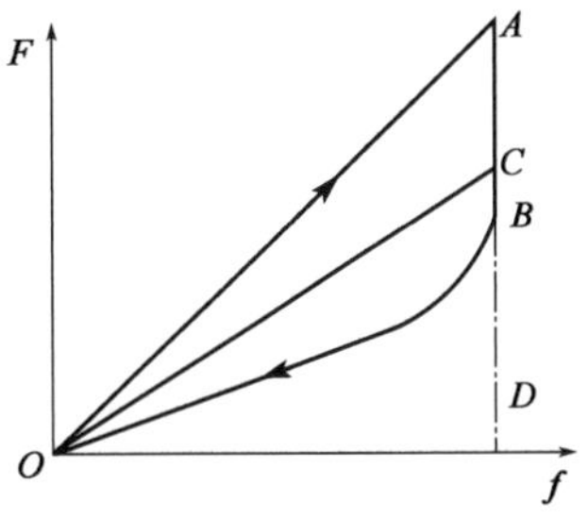

图 4-169　竖向弹簧的滞回曲线

OA 段取负号，OC 段取正号。弹性提供的竖向阻力如式(4-29)所示。

$$F_x = \frac{\sin\alpha + \mu\cos\alpha}{\cos\alpha \pm 2\mu\sin\alpha - \mu^2\cos\alpha} \tag{4-29}$$

在摩擦摆和竖向弹簧的相互影响下，形成了竖向弹性减震支座的特性曲线。弹性装置的滞回曲线如图 4-170 所示。

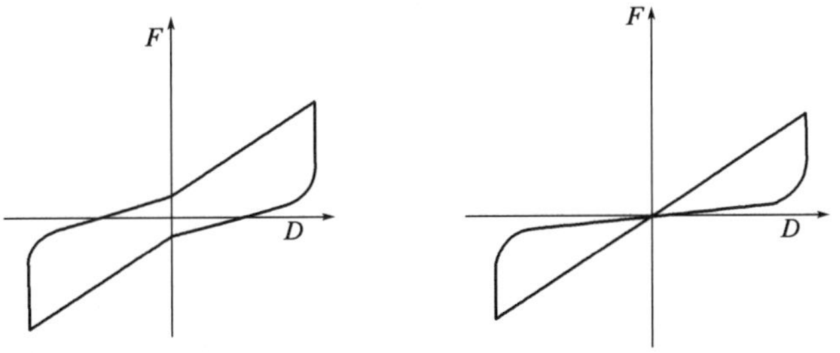

a）包含摩阻力曲线图　　b）无摩阻力曲线图

图 4-170　弹性装置的滞回曲线

有限元分析：选用 SOLID185 实体单元进行模型建立及网格划分。实体模型如图 4-171 所示。

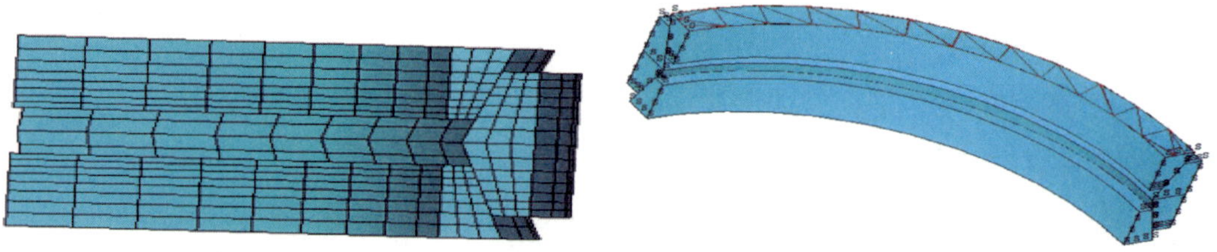

图 4-171　实体模型

通过有限元模型分析得出：结构最大等效应力发生在内环，外环最大等效应力发生在内表面下沿处，内外环的等效应力分布都是由内向外逐渐减小。等效应力总体比理论结果略微超出一部分，是因为理论分析所计算应力为环向应力，理论计算时只分析了一对接触面并且将下部外环进行固定，实际情况是只对与下支座板接触的环进行竖向约束，而有限元分析结果是等效应力。所以分析所得到的等效应力较理论计算的环向应力更贴合实际。总的来说，在 $F=806$kN 作用下，弹簧应力及位移基本符合要求。

耗能分析：选用实体单元 SOLID185 进行模型建立及网格划分。由于实体模型节点数量大，导致计算量大，所以选择一个接触对进行分析。对称约束，建立接触对，设置摩擦系数为 0.16，对外环底面的竖向位移进行约束。内环上表面施加如图所示位移荷载 s，模拟环形弹簧的加载与卸载过程，从而分析环形弹簧在一个加载和卸载过程中的耗能情况。耗能曲线如图 4-172所示。

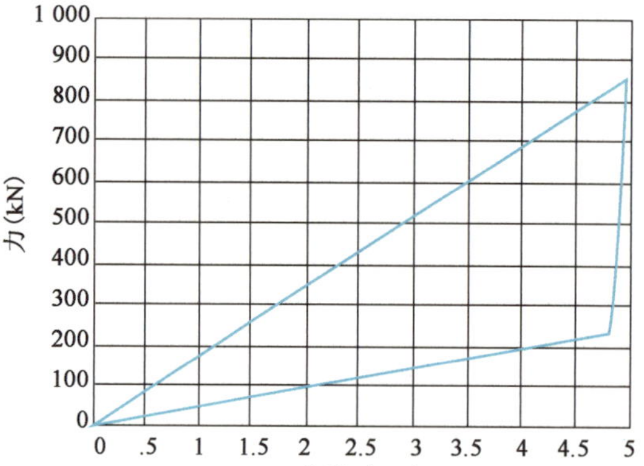

图 4-172　耗能曲线

不同摩擦系数分析：通过对相同循环位移量 $s=4$mm，摩擦系数从 0.004 ~0.2 的一个加载卸载周期能量消耗情况进行有限元分析。不同摩擦系数的耗能分析见表 4-23。

从表中可以看出，耗能率随摩擦系数的增大而增大，摩擦系数越大，压缩相同的位移所需要的压力也越大，即环形弹簧内外环之间的摩擦增加了弹簧的刚度。

不同摩擦系数的耗能分析　　表 4-23

摩擦系数 f	输入(J)	输出(J)	耗能(J)	耗能率 n(%)	最大压力(kN)
0.04	970.6	749.7	221	22.8	486
0.08	1 100	656	443.8	40.4	550
0.12	1 233	564	669	52.3	617
0.16	1 366	422	943	69	685
0.2	1 502	322	1 179	78.5	756

不同相同频率下不同位移量分析：通过相同摩擦系数 $f=0.16$，分析最大位移在 1 ~ 5mm 循环位移荷载下一个加载卸载周期能量消耗情况。不同位移下耗能分析见表 4-24。

不同位移下耗能分析　　表 4-24

位移量(mm)	输入(J)	输出(J)	耗能(J)	耗能率 n(%)	压力(kN)
1	85.2	26	59	69	170.4
2	341.3	106	235	68.89	341.3
3	768	238	529	68.87	513.7
4	1366	423	943	69	685.5
5	2132	664	1 468	68.86	854.7

对位移量与耗能之间的关系进行函数拟合，进行二次多项式拟合可以得到非常好的效果，拟合曲线如图 4-173 所示。

相同摩擦条件下，环形弹簧一个加载卸载周期消耗的能量随循环位移量程二次方增长。拟合见式(4-30)：

$$U = 58.39x^2 + 2.229x - 23.4 \tag{4-30}$$

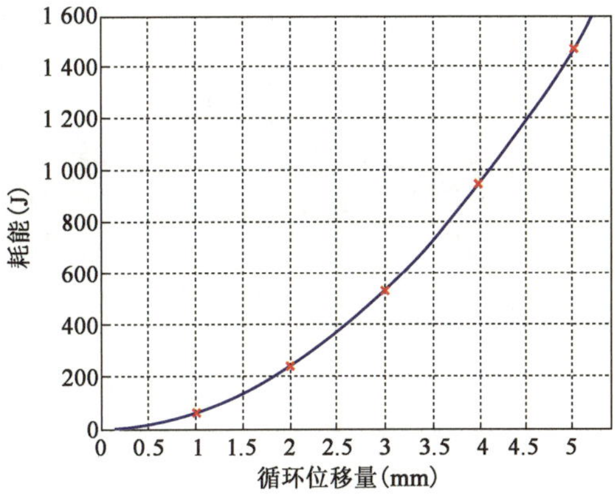

图 4-173　位移量与耗能之间的关系进行函数曲线

综上所述，环形弹簧的耗能能力基本上取决于摩擦系数，摩擦系数越高耗能越高，但在没有摩擦的情况下环形弹簧也具有一定的耗能能力，内外环之间的摩擦可以提高环形弹簧的刚度。位移量与弹簧压力呈正比例关系，相同摩擦条件下，环形弹簧一个加载卸载周期消耗的能量随循环位移量呈二次方增长。

2）样件试制和试验

根据支承装置的力学和结构分析，设计并制造了产品的研究，通过试验测试，测定该装置的水平和竖向力学特性，并分析其阻尼比。弹性支承装置样件如图 4-174 所示。

产品试验：根据产品设计要求，对弹性支承装置的竖向减震和水平减震能力进行试验测试。

竖向测试:测试装置的竖向变形能力和阻尼特性。将产品安装到试验台上,弹性支承装置的竖向支承能力、支承刚度和回复曲线进行测试。结果如图 4-175 所示。

图 4-174　弹性支承装置样件

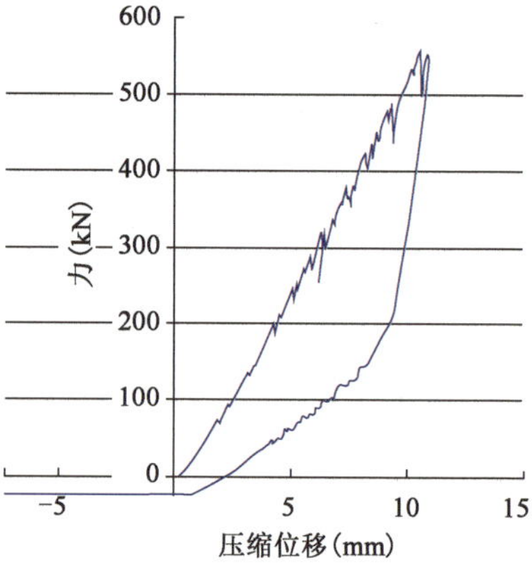

图 4-175　竖向力-压缩位移试验曲线

对比有限元分析结果和试验曲线可以看出,弹性装置的产品试验测试结构与理论计算以及有限元分析一致。通过计算分析和试验验证,竖向弹性装置在摩擦力和刚度的作用下,具有弹性缓冲和吸振能力。利用该减振性能可以缓冲桥梁动载的竖向支承。

水平位移试验:测试装置的水平阻尼特性。水平力测试,按照设计位移 ±135mm 进行测试,加载速度按照 0.01Hz、0.025Hz、0.03Hz 三种工况进行,如图 4-176 ~ 图 4-178 所示。

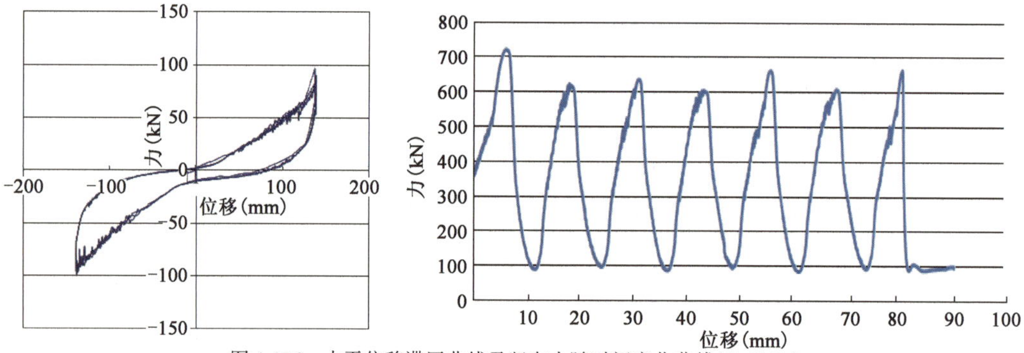

图 4-176　水平位移滞回曲线及竖向力随时间变化曲线(0.01Hz)

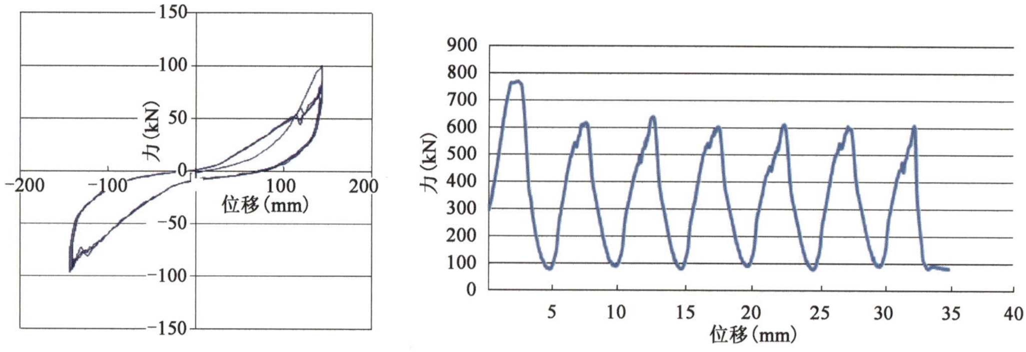

图 4-177　水平位移滞回曲线及竖向力随时间变化曲线(0.025Hz)

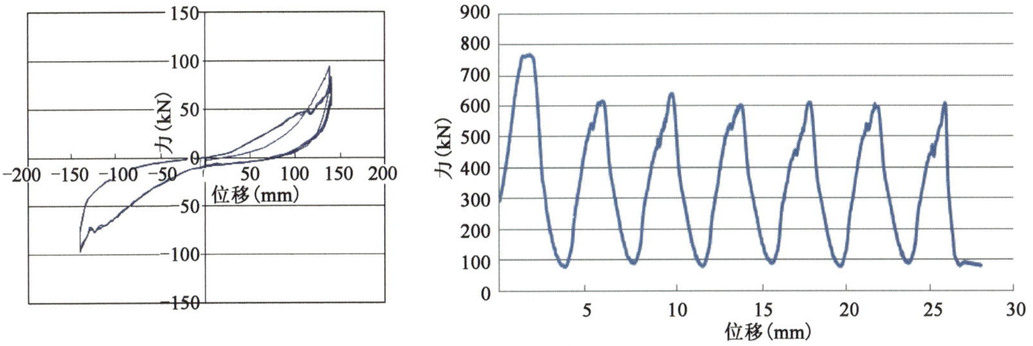

图 4-178 水平位移滞回曲线及竖向力随时间变化曲线(0.03Hz)

弹性支承装置在水平位移的作用下,有良好的减震耗能作用,同时在水平力作用下,保持装置竖向位移不变,弹性装置的竖向承载力随着水平位移的变化,竖向承载力成正弦曲线变化,第一个循环时,竖向反力较大,约 750kN,在后续的循环中,竖向反力在 90 ~ 610kN 区间变化。对于不同的频率(位移速度)弹性装置具有良好的水平耗能性能和稳定性,竖向弹性变形反力也较为稳定。

综述:通过对竖向弹性装置的理论分析和试验验证,试验数据和力学特性方向较为吻合,该装置能够在竖向和水平方向都具有减震和耗能,对特大跨度桥梁的竖向振动、水平减震和附加水平刚度上能够提供帮助。该装置可以用作特大型桥梁的横向和竖向支承,来解决特大型桥梁竖向振动、水平跨径在支承刚度和水平位移的需求。

3)隔震装置设计

弹性减震支座可看作是由"摩擦摆支座 + 竖向弹簧"组成,其性能是两者的结合。当梁体产生横向位移,梁体在摩擦摆上滑动,从而压缩竖向弹簧,产生竖向阻尼,由于梁体支承在球面上,具有一定的斜率,而产生水平分力,形成水平弹性刚度。当竖向弹簧承受轴向荷载时,内圆环受压缩而直径缩小,外圆环受拉伸而直径扩大,内外圆环沿圆锥面相对滑动产生轴向变形而起弹簧作用,形成阻尼。由于竖向弹簧与支座共同承受竖向荷载,对墩台竖向承载无影响,同时由于竖向弹簧的作用,实现了桥梁竖向减震。

主梁竖向支承装置如图 4-179 所示,由上支座板、曲面板、过渡板、竖向导块、环形弹簧及下座板等组成。

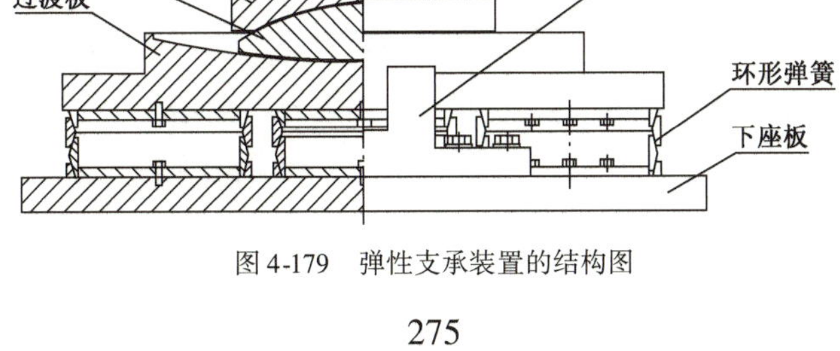

图 4-179 弹性支承装置的结构图

上支座板、曲面板、过渡板构成了摩擦摆支座，其水平方向具有摩擦摆支座的特性；摩擦摆支座通过竖向导块放置在环形弹簧上，使得支座在竖向具有弹簧的特性。

4）应用方法

主梁竖（侧）向支承装置主要针对大跨度桥梁的结构特点和灾变特性设计的。特别适用于跨江、跨海等特大型桥梁，特别是悬索桥、斜拉桥漂浮、半漂浮体系特大型桥梁。对于其他类型的桥梁也可以参考使用。

在对桥梁进行减隔震设计阶段，对于复杂桥型、采用较特殊减隔震装置的桥梁、结构动力特性较复杂的桥梁，均建议采用非线性动力时程分析方法。弹性支承装置的力学通过图4-180来模拟。

弹性装置的本构曲线，在水平方向上，可以看作是基于摩擦摆本构曲线上增加一定的刚度曲线。在竖向上可以看作是具有一定的内摩擦力的弹性曲线。弹性支承的本构曲线如图4-181所示。

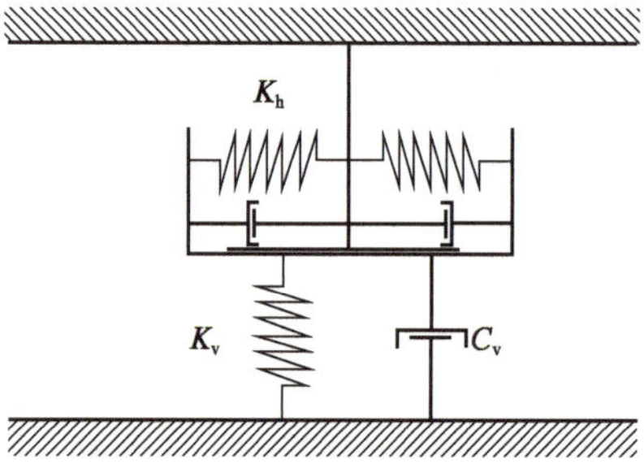

图4-180　弹性支承装置的力学模型

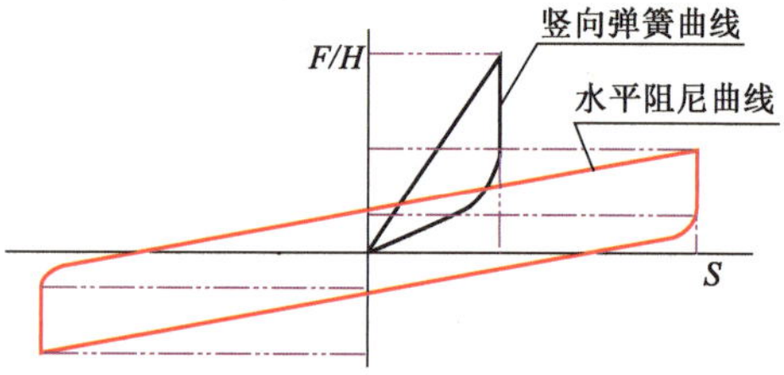

图4-181　弹性装置的本构曲线

一般应用要求：首先，对桥址进行灾变等因素进行安全评估，考查地质情况确定桥梁抗震设防要求，确定桥梁桥址和桥形；进行正常支承体系设计选形，确定支座正常使用设计参数，包括竖向荷载、设计转角和正常活动位移。其次，对桥梁抗震等各种灾变计算和分析，确定设计阻尼力、阻尼位移，确定桥梁结构受力和位移满足规范要求；计算确定弹性支承的设计参数，并进行弹性装置结构设计，确定外形安装尺寸，核对支座尺寸与安装空间匹配情况，进行修改调整，根据设计结果，优化桥梁结构设计。

4.5.4　主梁竖（侧）向支承有限元模型仿真

由前面理论分析结果可以得到支座的刚度变化曲线分别如图4-182和图4-183所示。支座布置时主梁重量首先由普通支座承载，随着滑动位移的增加，三向隔振支座竖向变性增大，竖向承载力逐渐增加，而普通支座的竖向承载力逐渐减小，三向隔振支座水平刚度随滑动位移变化，由计算结果可知随着滑动位移的增加，三向隔震支座水平刚度逐渐增大，而水平耗能支座水平刚度逐渐减小。三向隔震支座水平刚度随着自身竖向刚度的增大而增大，而水平耗能支座水平刚度随着三向隔振支座竖向刚度的增大而减小，且均呈现真比例关系。

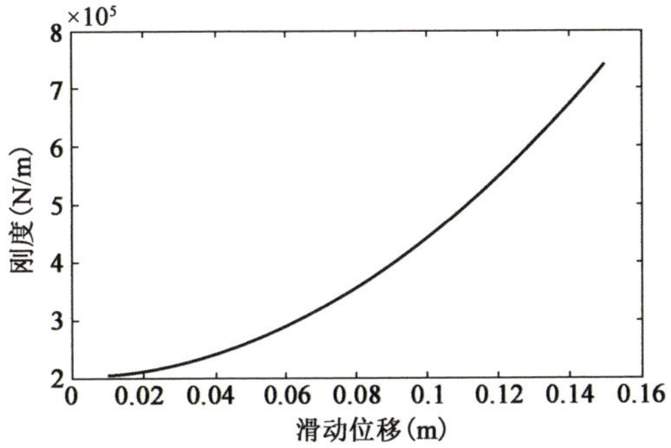

图 4-182　三向隔振支座水平刚度及阻尼比

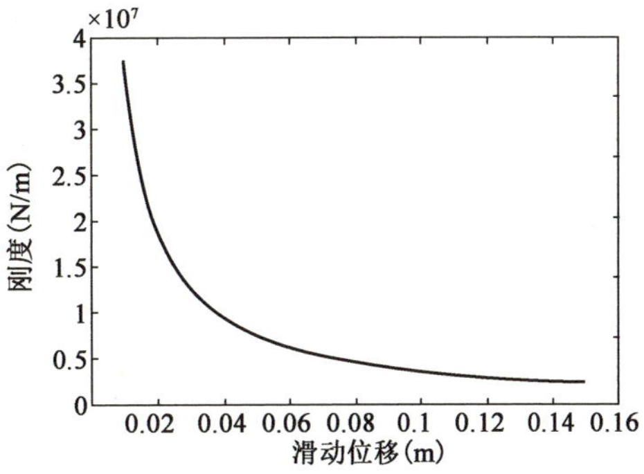

图 4-183　水平耗能支座水平刚度

1)大跨度悬索桥的有限元模型

大跨度悬索桥的有限元模型如图 4-184 所示。

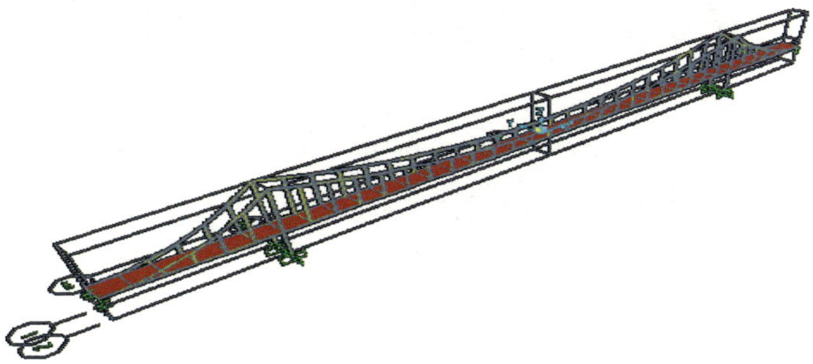

图 4-184　大跨度悬索桥模型

2)普通支座初始位置承载重量对地震响应的影响

为了研究安装初始位置时普通支座承载重量对组合支座地震响应的影响，分别计算普通支座承载为 W、$0.5W$ 时隔震桥梁的地震响应幅值，普通支座按照前面理论分析进行等效线性化计算并进行建模分析，地震输入波选用 El Centro 地震波。三向隔振支座力学参数如图 4-185和图 4-186 所示，普通支座水平力学性能如图 4-187 所示。

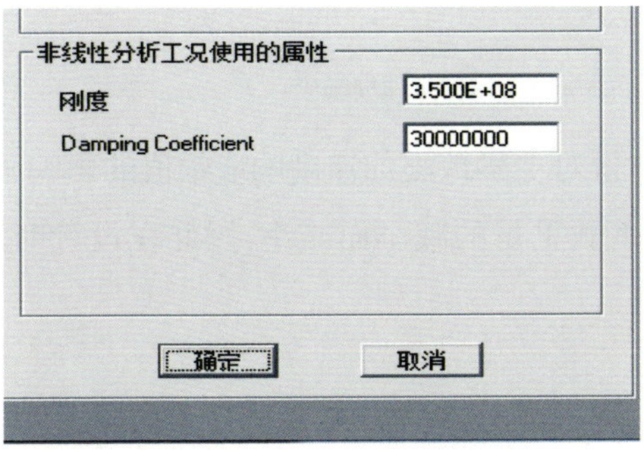

图 4-185　三向隔振支座竖向力学参数

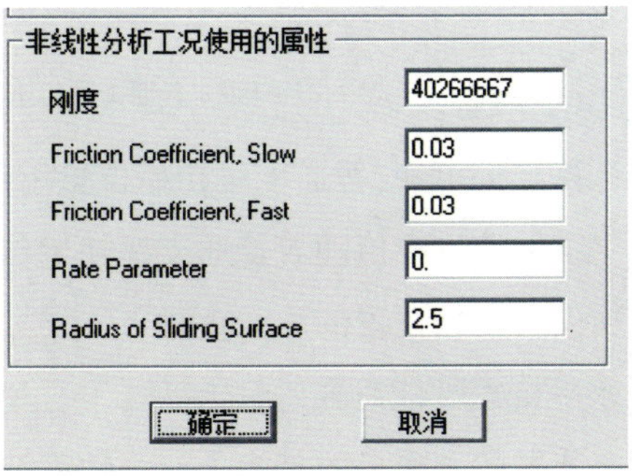

图 4-186　三向隔振支座水平向力学参数

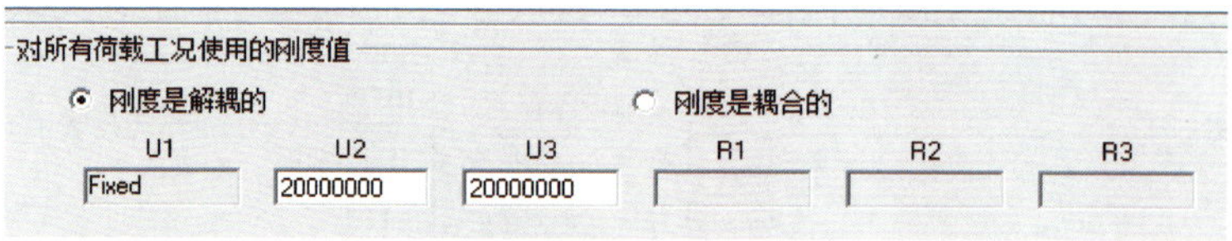

图 4-187　普通支座水平力学性能

由于有限元仿真无法模拟出支座随滑动位移变化过程中水平刚度的变化，因此采用等效线性化方法进行叠加计算，即分别计算初始位置和最终位置时摩擦摆支座的等效刚度，取两者的平均值为有限元仿真模型中的力学参数模型。如果普通支座初始位置时承受的竖向载荷越大，则在整个滑动过程中普通支座水平等效刚度越大，而摩擦摆支座的水平刚度越小。普通支座承载时主梁加速度响应如图 4-188 和图 4-189 所示。

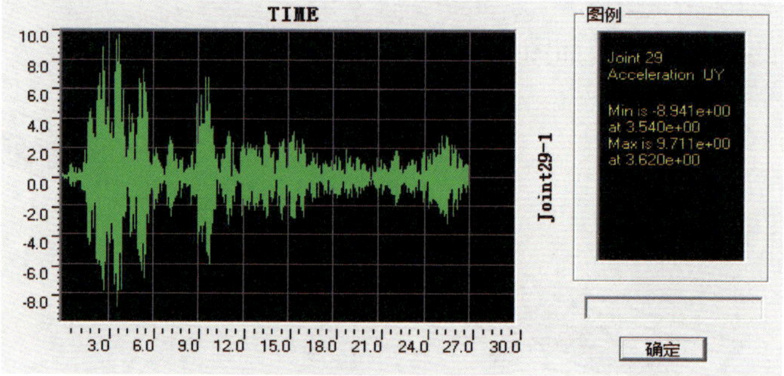

图 4-188　普通支座初始承载全部重量时主梁加速度响应

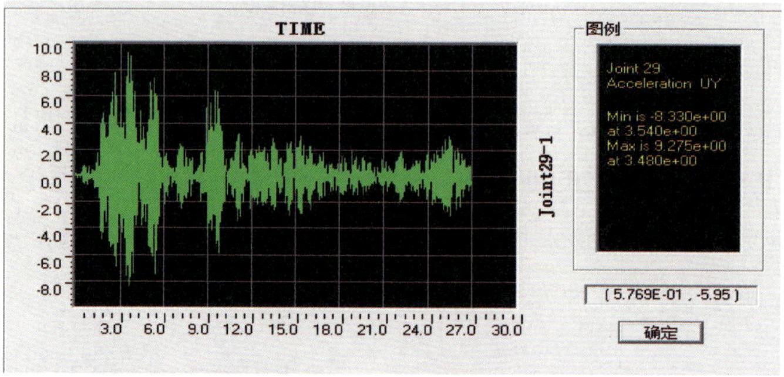

图 4-189　普通支座初始承载一半重量时主梁加速度响应

由计算结果可知，普通支座初始位置承载重量对主梁地震加速度响应幅值的影响很小，总体而言主梁加速度幅值随着普通支座初始位置承载重量的减小而减小，因此在设计时可适当减小普通支座初始位置的承载重量。

3）水平抗震性能研究

隔震装置的主要目的是为了减小地震波对桥梁结构的破坏力，主梁加速度及墩底剪力是判断隔震效果的重要参数，因此为了研究摩擦摆等隔震支座在地震波作用下的隔震效果，分别定义加速度及墩底剪力隔震率的计算方法如下所示：

$$\beta_1 = \frac{a_1}{a'_1} = \frac{\text{隔震桥梁主梁加速度幅值}}{\text{非隔震桥梁主梁加速度幅值}}$$

$$\beta_2 = \frac{f_1}{f'_1} = \frac{\text{隔震桥梁墩底剪力幅值}}{\text{非隔震桥梁墩底剪力幅值}}$$

由不同支座动力时程响应(图4-190)可知,相比于非隔震支座,摩擦摆支座具有较好的隔震能力,能够大大降低主梁的加速度响应、桥墩顶部的变形及整个桥梁基础的剪力幅值,对整个桥梁系统起到保护作用。

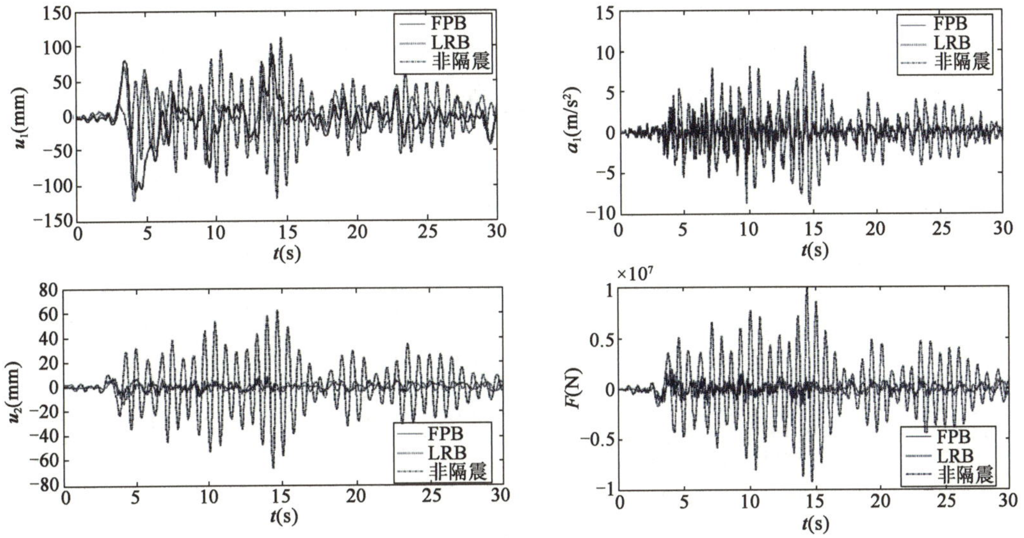

图4-190　不同支座动力时程响应

4)竖向抗震性能研究

为了研究隔震支座对桥梁系统竖向抗震性能的能力,以大跨度斜拉桥为研究对象,输入El Centro地震波,分别研究安装隔震支座和非隔震支座的桥梁系统动力学响应,对结果进行对比分析(图4-191和图4-192)。

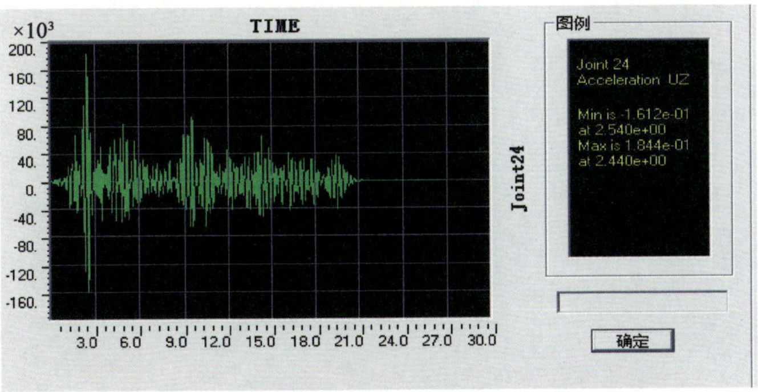

图4-191　桥梁支座处竖向加速度时程响应,隔震支座

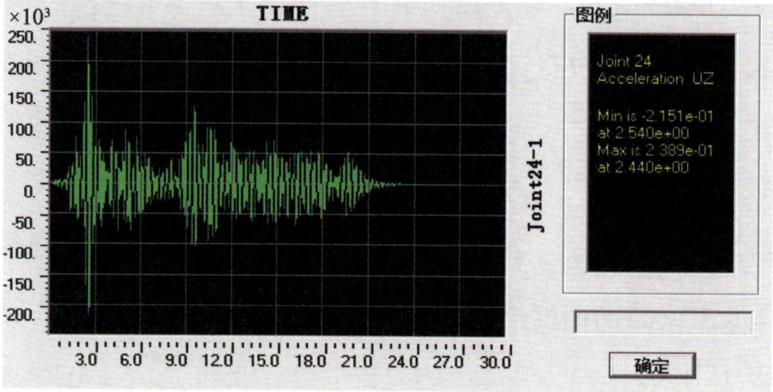

图 4-192　桥梁支座处竖向加速度时程响应，非隔震支座

隔震支座的应用能够有效降低桥梁系统的竖向加速度幅值。隔震与非隔震桥梁竖向力幅值分别为 0.184m/s²、0.239m/s²，幅值减小了 22.8%。

5 桥梁防灾减灾技术系统及装备技术指南研究

在考虑了我国桥梁工程建设和管理领域工程实际情况的基础上,求同存异,提取共同性、代表性的监测要素,编制了《公路长大桥梁结构监测系统技术条件》。系统总结了特大型桥梁缆索承重系统、塔梁墩等关键构件的各种不同类型防灾减灾技术系统与性能指标、适用范围与设计方法,编制了《特大跨径桥梁防灾减灾技术系统及装备指南》,为桥梁设计者提供了适用范围广、应用简洁明了的系统解决方案,推动了特大型桥梁防灾减灾技术创新与进步。

5.1 防灾减灾技术系统及装备指南

5.1.1 目的、意义和准则

为了贯彻执行国家的技术经济政策,在特大跨桥梁综合防灾减灾中做到安全适用、技术先进、经济合理、确保质量,编制了《特大跨径桥梁防灾减灾技术系统及装备指南》(以下简称"指南")。适用于特大跨桥梁的综合防灾减灾设计、施工、验收和维护。特大跨桥梁包括特大跨斜拉桥、特大跨悬索桥、特大跨斜拉-悬索协作体系桥。也适用于既有特大型桥梁的防灾减灾加固。

按照本指南设计与施工的防灾减灾桥梁的主要目标是:当遭受到风、地震等作用时,防灾减灾各关键装备能正常工作,主体结构不受损坏或不需要修理可继续使用;当遭受风、雨、地震等耦合作用时,防灾减灾各关键装备能正常工作,主体结构可发生轻度受损坏或快速修理后可继续使用;当遭受到极端风、地震作用时,防灾减灾各关键装备不应丧失功能,主体结构不致倒塌或发生危及生命的严重破坏;同时,防灾减灾关键装备的结构设计、施工、验收和维护,除应符合本指南外,尚应符合国家现行有关标准的规定。

5.1.2 总体方案与主要内容

指南共包含6个部分,分别为总则、术语与符号、总体设计、阻尼器装置、索网系统、塔梁墩等关键装置。

1)总则

总则明确了指南的适用范围和总的实施条件。

2）术语与符号

术语与符号定义了安全监测系统、传感器的动态频率响应、信号调理、内力状态识别、模态参数识别、预警、安全评估等重要术语。

3）总体设计

缆索结构灾变控制作用的功能要求为在缆索结构的使用设计寿命内，不发生由于超出承载能力极限状态而发生强度破坏、疲劳破坏，或由于振动幅值过大而影响桥梁结构的正常使用。在此基础上确定了缆索结构防灾减灾技术系统与装备的设计条件与方法。主要包括多种磁流变阻尼装置及吊杆/拉索减振的 on-off 多模态控制算法、纳米材料阻尼装置、负刚度阻尼装置、斜拉索多 TMD 等。

提出了特大型桥梁塔、梁、墩等关键构件灾变控制的作用与功能要求，并确定了各关键构件的设计方法等。主要包括主梁连续连接装置、主梁竖（侧）向支承装置、格构式组合断面、基于磁流变弹性体材料的变刚度调谐质量阻尼器、形状记忆合金塔（墩）梁连接装置等。

4）阻尼器装置

阐述了缆索减振阻尼器的基本原理、主要技术特征、设计方法、适用范围等，主要成果包括：基于速度自感知式、小型直流发电机自集能式和气体补偿式磁流变液阻尼器；纳米流体材料阻尼系统；负刚度阻尼器；被动自吸气自吹气套环；在斜拉索上设置的多 TMD 等。

5）索网系统

阐述了斜拉桥索网结构、悬索桥索网结构的索网体系工作原理、技术特性、使用条件、设计方法，以及索网结构施工方法和维护方法。

对辅助索连接节点的工作原理、技术特征和维护方法。

6）塔梁墩等关键装置

塔、梁、墩等防灾减灾关键装置主要包括主梁连续连接装置、主梁竖（侧）向支承装置、格构式组合断面、基于磁流变弹性体材料的变刚度调谐质量阻尼器、形状记忆合金塔（墩）梁连接装置等。具体阐述了各关键装置的工作原理、技术特征、使用条件、施工及维护方法。

5.2 桥梁结构监测系统设计技术条件

5.2.1 目的、意义和准则

在对我国公路行业桥梁结构监测领域广泛调研、总结我国公路行业桥梁结构安全监测或安全监测领域科研及工程实践成果的基础上，比较并借鉴了国际相关桥梁安全监测领域的标准、手册、指南，在考虑了我国桥梁工程建设和管理领域工程实际情况的基础上，求同存异，提取共同性、代表性的监测要素，编制了《公路长大桥梁结构监测系统技术条件》（以下简称“技术条件”）。

5.2.2 总体方案与主要内容

技术条件共包含8个部分,分别为总则,术语和定义,总体设计,监测内容与测点选择,传感器模块,数据采集、传输与管理,结构安全评估与预警,系统集成与状态显示。

1)总则

总则明确了技术条件的适用范围和总的实施条件。

2)术语和定义

术语和定义包括安全监测系统、传感器的动态频率响应、信号调理、内力状态识别、模态参数识别、预警、安全评估等重要术语。

3)总体设计

桥梁结构监测应根据桥梁的复杂性、重要性、环境与荷载条件、结构力学特性等,从总体上确定桥梁结构安全监测系统的监测内容及监测规模。明确了系统的监测内容、测点布置、监测设备选型、监测软件开发、数据采集频率、数据传输、数据管理方式应满足构件性能退化、构件预警、结构局部及整体状态评估、结构模型修正分析的总体框架。从传感器、数据采集与传输、结构安全预警与评估、系统集成与显示等各个具体模块进行了总体上的设计和说明。

4)监测内容与测点选择

桥梁结构安全监测的内容包括荷载与环境、结构整体响应和结构局部响应。测点选择应满足桥梁结构安全评估的需求,宜遵循采用少而精,以及代表性好的测点选择原则。明确了桥梁安全监测的内容和测点选择的总体原则:荷载与环境监测内容与测点应根据荷载与环境作用的特点确定;结构整体响应监测内容与测点应根据结构振动和变形的特点、模态参数识别和整体状态评估的要求确定;结构局部响应监测内容与测点根据结构易损性分析及内力分析确定。并针对不同的桥型,如斜拉桥、悬索桥等监测内容与测点的选择进行了详细的介绍。

5)传感器模块

桥梁结构安全监测传感器根据可维护性和可更换性分为埋入式和非埋入式。埋入式传感器的耐久性应不低于20年;非埋入式的传感器耐久性应不低于5年,且具有可维护性和可更换性。传感器的性能指标包括精度、量程、分辨率、动态频响特性、工作环境、信噪比、环境适应性、长期稳定性、经济性,传感器选型应综合考虑上述指标。传感器安装前应进行必要的标定、校准或自校。

对荷载与环境监测传感器、结构整体响应监测传感器、结构局部响应监测传感器的具体性能要求、使用条件等进行了分类阐述。

6)数据采集、传输与管理

数据采集包括数据采集硬件、软件和数据采集制度的设计、开发和安装。数据采集的硬件选型、软件预处理和数据传输软硬件设计与选型应保证及时获得高质量数据;采集及传输硬件设备的耐久性和技术指标应满足国家相关规范及标准的要求。数据采集制度的设计应包括数据采集模式、触发阈值、频次和采样频率的设定。数据处理应能纠正或剔除异常数据,提高数据质量。数据管理应具备标准化读取、存储接口,应能保证监测数据的安全、结构化、共享性以及对应用软件的便捷友好支持。

对数据采集、数据传输、数据处理、数据管理的具体方式进行了详细阐述。

7)结构安全评估与预警

桥梁结构安全监测系统应按照本标准进行桥梁结构安全评估,及时掌握桥梁的使用与安全状况;也可根据桥梁养护和管理需求增加评估内容。对监测项应设置相应的预警值;当出现极端环境与荷载以及结构异常响应时应进行预警。根据桥梁结构形式,结合国家现行桥梁结构设计规范、检测评定规程和标准,采用在线、离线或两者相结合的方法定期进行结构安全评估;特殊事件后应进行专项结构安全评估。桥梁结构的安全评估宜分为两级:

一级评估:利用监测数据,对比设计及规范的相关规定,直接对环境、荷载和结构关键构件的安全进行预警和评估。

二级评估:满足下列条件之一时,应进行桥梁结构的整体安全状态评估。

①桥梁遭受台风、地震、船撞、雪灾、洪水、特殊车辆荷载等对结构安全造成威胁的突发事件;

②一级评估结果发现了结构关键构件异常;

③桥梁服股中后期,每年至少进行了1次。

8)系统集成与状态显示

系统集成应从监测系统的整体出发,保障系统各个子系统及模块的兼容性、数据传输的可靠性、整体系统的稳定性、环境适应性、可扩展性与技术先进性。系统集成应基于统一软件工具平台开发,硬件集成应进行匹配性设计。系统集成应采用网络技术,宜考虑有线网络和无线网络有机融合,根据系统需求设计网络拓扑结构,宜采用TCP/IP参考模型。状态显示应包括桥梁基本信息、监测系统信息、监测数据、采集传输、存储管理、评估结果与预警等系统动态、静态信息。

参 考 文 献

[1] Zhang Xigang, Yuan Hong, Pei Minshan, et al. General design of Sutong Bridge[J]. Engineering Sciences, 2009, 7: 6-11.

[2] Zhang Xigang, Pei Minshan, Yuan Hong, et al. Study on structural system of Sutong Bridge[J]. Engineering Sciences, 2009, 7: 12-17.

[3] 宋晖,孟凡超. 舟山西堠门大桥关键技术介绍[J]. 公路,2009,5.

[4] 宋晖,王晓冬. 舟山大陆连岛工程西堠门大桥总体设计[J]. 公路,2009,1.

[5] 宋晖,林恰,唐茂林,等. 中央扣对不同悬吊结构体系悬索桥的影响分析[J]. 中国工程科学,2010,07.

[6] 欧进萍,段忠东,肖仪清. 海洋平台结构安全评定-理论、方法与应用[M]. 北京:科学出版社,2003.

[7] Nie Liying, Song Hui, Fan Lichu. Discussion on effects of fluid viscous damper on protecting function for expansion joints in long span bridges[J]. Journal of Earthquake Engineering and Engineering Vibration, 2007, 02.

[8] Pei Minshan, Zhang Xigang, Zhu Bing. Study on longitudinal wind load calculation method of cables for cable-stayed bridge[J]. Engineering Sciences, 2009, 07.

[9] 欧进萍,肖仪清,黄虎杰. 海洋平台结构实时安全监测系统[J]. 海洋工程,2001,05.

[10] 欧进萍,关新春. 土木工程智能结构体系的研究与发展[J]. 地震工程与工程振动,1999,06.

[11] 欧进萍. 土木工程结构用智能感知材料、传感器与健康监测系统的研发现状[J]. 功能材料信息,2005,09.

[12] 欧进萍,吴斌,龙旭. 耗能减振结构的抗震分析与设计方法[J]. 振动工程学报,1999,06.

[13] 欧进萍,王光远. 结构随机振动[M]. 北京:高等教育出版社,1998.

[14] 欧进萍. 重大工程结构智能传感网络与健康监测系统的研究与应用[J]. 中国科学基金,2005,02.

[15] 欧进萍,关新春. 磁流变耗能器及其性能[J]. 地震工程与工程振动,1998,09.

[16] 欧进萍. 结构振动控制-主动、半主动和智能控制[M]. 北京:科学出版社,2003.

[17] 裴岷山,张喜刚,袁洪,侯斌. 苏通大桥主桥结构体系研究和特殊阻尼器设计[C]. 北京:2006 年全国桥梁学术会议论文集,2006.

[18] 刘高,朱乐东,项海帆. 大跨悬索桥抖振内力响应分析[J]. 计算力学学报,2010,10.

[19] Gao Liu, Shangyou Chen, Tiancheng Liu, Hongbo Wu. Dynamic Response of Bridge Tower by Wave Forces[C]. Proceeding of 19th (2009) International Offshore (Ocean) and Polar Engi-

neering Conference, Japan, 2009.

[20] Liu Gao, Xu Y L, Zhu Ledong. Time domain buffeting analysis of long suspension bridges under skew winds[J]. Wind and Structures, 2004, 12.

[21] Ma Rujin, Chen Airong, Hu Xiaohong. Aerostatic Response and Dynamics of a Long Span Cable-Stayed Bridge Considering Nonliearity of Stay Cables[C]. International Conference on Infrastructure Development, 2008.

[22] Ma Rujin, Lan Cheng, Chen Airong. Buffeting Analysis of Stay Cables of Cable Stayed Bridges Based on the Database from Wind Tunnel Testing. IABSE Conference, Helsinki, Finland, June 4-6, 2008[C].

[23] Johnson E A, Christenson R E, Spencer B F, Jr. Semi-active damping of cables with sag[J]. Computer-Aided Civil and Infrastructure Engineering, 2003, 18: 132-146.

[24] Duan Y F. Vibration Control of Stay Cables Using Semi-active magneto-rheological (MR) Dampers[D]. Hong Kong: Hong Kong Polytechnic University, 2004.

[25] Liu Min. Vibration Contorl of Stay Cables Using Magneto-rheological Fluid Dampers and Superelastic Shape Memory Alloy Dampers(斜拉索-磁流变液阻尼控制系统及形状记忆合金耗能体系)[D]. 黑龙江:哈尔滨工业大学, 2006.

[26] Li H, Liu M, Ou J P. Field tests of vibration control of stay cables by using magnetorheological fluid dampers[C]. IEEE International Symposium on Intelligent Control &13th Mediterranean Conference on Control and Automation, WeA01-3, 1001-1006, Limassol, Cyprus, 2005.

[27] Yamaguchi H, Nagahawatta H D. Damping effects of cable Cross Ties in Cable-stayed Bridges [J]. Journal of Wind Engineering and Industrial Aerodynamic, 1995, 55(54): 35-43.

[28] 巍建东,杨佑发. 辅助索制振效果的有限元分析[J]. 中国公路学报, 2000, 13(4): 67-69.

[29] L M Sun, A R Chen. Study on cable vibration control scheme of a large span cable-stayed Bridge[J]. China-Japan Workshop on Vibration Control and Health Monitoring of Structure and Third Chinese Symposium on Structural Vibration Control, Shanghai, China, 2002.

[30] A Sulekh. Non-dimensionalized Curves for Modal Damping in Stay Cables with Viscous Dampers[D]. Japan: University of Tokyo, 1990.

[31] B M Pacheco, Y Fujino, A Sulekh. Estimation curve for modal damping in stay cables with viscous Damper[J]. Journal of Structural Engineering, 1993 119(6): 1961-1979.

[32] S Krenk. Vibrations of a taut cable with an external damper[J]. Journal of Applied Mechanics, ASME, 2000, 67: 772-776.

[33] J A Main, N P Jones. Evaluation of viscous dampers for stay-cable vibration mitigation[J]. Journal of Bridge Engineering, 2001, 6(6): 385-397.

[34] J A Main, N P Jones. Free vibration of taut cable with attached damper. I: Linear Viscous Damper[J]. Journal of Engineering Mechanics, 2002, 128(10): 1062-1071.

[35] J A Main, N P Jones. Free Vibration of Taut Cable with Attached Damper. II: Nonlinear Damper[J]. Journal of Engineering Mechanics, 2002, 128(10): 1072-1081.

[36] H Li, M Liu, J P Ou. Vibration Mitigation of A Stay Cable with One Shape Memory Alloy Damper[J]. Journal of Vibration Control and Health Monitoring, 2004, 11(1): 21-36.

[37] N Hoang, Y Fujino. Analytical study on bending effects in a stay cable with a damper[J]. ASCE Journal of Engineering Mechanics, 2007, 133(11): 1241-1246.

[38] Y Fujino, N Hoang. Design formulas for damping of a stay cable with a damper[J]. ASCE Journal of Structural Engineering, 2008, 134(2): 269-278.

[39] N Hoang, Y Fujino. Mulit-mode control performance of nonlinear dampers in stay cable vibrations[J]. Structural Control and Health Monitoring, 2009, 16: 860-868.

[40] E A Johnson, R E Christenson, B F Jr Spencer. Semi-active damping of cables with sag[J]. Computer-Aided Civil and Infrastructure Engineering, 2003, 18: 132-146.

[41] Y F Duan. Vibration Control of Stay Cables Using Semi-active magneto-rheological (MR) Dampers[D]. Hong Kong: Hong Kong Polytechnic University, 2004.

[42] 李惠，刘敏，欧进萍，关新春. 山东滨州黄河公路大桥斜拉索磁流变智能减振控制系统分析与设计[J]. 中国公路学报，2005，2(2)：37-41.

[43] 欧进萍. 结构振动控制：主动、半主动和智能控制[M]. 北京：科学出版社，2003.

[44] H Li, M Liu, et al. Vibration control of stay cables of shandong binzhou Yellow River Highway Bridge by using magnetorheological fluid dampers[J]. Journal of Bridge Engineering, 2007, 12(4): 401-409.

[45] H Li, M Liu, J P Ou. Negative stiffness characteristics of active and semiactive control systems of stay cables[J]. Structural Control and Health Monitoring, 2007, 15(2): 120-142.

[46] M Liu. Vibration Contorl of Stay Cables Using Magneto-rheological Fluid Dampers and Superelastic Shape Memory Alloy Dampers(斜拉索-磁流变液阻尼控制系统及形状记忆合金耗能体系)[D]. 黑龙江：哈尔滨工业大学，2006.

[47] C Boston, F Weber, L Guzzella. Optimal semi-active damping of cables: evolutionary algorithms and closed-form solutions[J]. Smart Material and Structures, 2009, 18(5).

[48] Q Zhou, S R K Nielsen, W L Qu. Semi-active Control of Three-dimensional Vibrations of An Inclined Sag Cable with Magnetorheological Dampers[J]. Journal of Sound and Vibration, 2006, 296: 1-22.

[49] H Li, Z Q Liu, J P Ou. Study on reinforeed conerete beams strengthened using shape memory

alloy wires in combination with carbon-fiber-reinforced polylner plates[J]. Smart Materials and Structures,2007,16:2550-2559.

[50] E J Graesser,F A Gozzarell. Shape memory alloys as new materials for seismic isolation[J]. Journal of Engineering Mechanics,1991,117(11):2590-2608.

[51] M Dolce,D Cardone,R Marnetto. Implementation and testing of passive control devices based on shape memory alloys[J]. Earthquake Engineering and Structural Dynamics,2000,29(7):945-968.

[52] Casciati F,Faravelli L,,Hamdaoui K. Performance of a base isolator with shape memory alloy bars[J]. Earthquake Engineering and Engineering Vibration,2007,6(4):401-408 .

[53] A M Sharabash,B O Andrawes. Application of shape memory alloy dampers in the seismic control of cable-stayed bridges[J]. Engineering Structures,2009,31:607-616.

[54] Choi E,Nam T H,,Cho B S. A new concept of isolation bearings for highway steel bridges using shape memory alloys Can[J]. J Civ Eng,2005,32(5): 957-967.

[55] Dolce M. Cardone D,Palermo G. Seismic isolation of bridges using isolation systems based on flat sliding bearings[J]. Bull Earthquake Eng. 2007,5:491-509.

[56] Wilde W,Gardoni P,Fujino Y. Base isolation system with shape memory alloy device for elevated highway bridges[J]. Engineering Structures,2000,20:222-229.

[57] 毛晨曦,李惠,欧进萍. 形状记忆合金被动阻尼器及结构地震反应控制试验研究和分析[J]. 建筑结构学报,2005,26(3):38-44.

[58] 毛晨曦. 结构地震损伤监测与控制的 SMA 智能系统[D]. 黑龙江:哈尔滨工业大学,2006.

[59] Hui Li,Chenxi Mao,Jinping Ou. Experimental and theoretical study on two types of shape memory alloy devices[J]. Earthquake Engineering and Structural Dynamics,2008,37(3):407-426.

[60] S S Sun,G Sun,Q H Li. An Analysis of the Thermo-mechanical behaviorof Shape Memory Alloy Connected with a Viscoelastic Solid[J]. Computational Materials Science,2001,21:17-25.

[61] R Lashlee,R ButlerR V Rao. Robust control of flexible structures using multiple shape memory alloy actuators[J]. Journal of lnielligent Material Systems and Structures,1994,5(5):702-712.

[62] S G Shu,D C Lagoudas,D Hughes. Modeling of a flexible beam actuated by shape memory alloy wires[J]. Smart Materials and Structures,1997,6:265-277.

[63] A Bhattacharyya. On the Role of Thermoelectric Heat Transfer in the Design of SMA actuators:Theoretical Modeling and Expements[J]. Smart Materials and Structures,1995,4:

252-263.

[64] G B Song, Y L Mo, K Otero, H Gu. Health monitoring and rehabilitation of a concrete structure using inielligent materials[J]. Smart Materials and Structures, 2006, 15: 309-314.

[65] H Li, Z Q Liu, J P Ou. Study on reinforeed conerete beams strengthened using shape memory alloy wires in combination with carbon-fiber-reinforced polylner plates[J]. Smart Materials and Structures, 2007, 16: 2550-2559.

[66] H N Li, D Cui, G B Song. Experiment investigation on self-rehabilitation of intelligenit conerete beams reinforced with shape memory alloys[J]. Earth and Space, 2006.

[67] 毛晨曦，李惠，欧进萍. 形状记忆合金被动阻尼器及结构地震反应控制试验研究和分析[J]. 建筑结构学报，2005，26(3)：38-44.

[68] E J Graesser, F A Gozzarell. Shape memory alloys as new materials for seismic isolation[J]. Journal of Engineering Mechanics, 1991, 117(11): 2590-2608.

[69] C D Dolcem, R Marnetto. Implementation and testing of passive control devices based on shape memory alloys[J]. Earthquake Engineering and Structural Dynamics, 2000, 29(7): 945-968.

[70] 李忠献，陈海泉，刘建涛. 应用 SMA 复合橡胶支座的桥梁隔震[J]. 地震工程与工程振动. 2002，22(2)：143-148.

[71] D Mauro, C Donatello, Roberto M. Implementation and testing of passive control devices based on shape memory alloy[J]. Earthquake Engineering and Structural Dynamics, 2000, 29(2): 945-968.

[72] H Li, C X Mao, J P Ou. Experimental and theoretical study on two types of shape memory ally devices[J]. Earhquake Engineering and Structural Dynamics, 2008, 37: 407-426.

[73] 李宏男，钱辉，宋钢兵，高东伟. 一种新型 SMA 阻尼器的试验和数值模拟研究[J]. 振动工程学报，2008，21(2)：179-184.

[74] 杨恒，倪立峰，李爱群. 工程结构的形状记忆合金超弹性阻尼减振技术研究进展[J]. 世界地震工程，2004，20(2)：86-90.

[75] D Mauro, C Donatello, M Roberto. Implementation and testing of passive control devices based on shape memory alloy[J]. Earthquake Engineering and Structural Dynamics, 2000, 29(2): 945-968.

[76] H Li, M Liu, J P Ou. Vibration mitigation of a stay cable with one shape memory alloy damper [J]. Structural Control and Health Monitoring, 2004, 11: 21-36.

[77] A M Sharabash, B O Andrawes. Application of shape memory alloy dampers in the seismic control of cable-stayed bridges[J]. Engineering Structures, 2009, 31: 607-616.

[78] A M Sharabash, B O Seismic control of cable-stayed bridges using shape memory alloy damp-

ers. The 14th World Conference on Earthquake Engineering, Beijing October, 2008[C].

[79] 金立新,郭慧乾. 多塔斜拉桥发展综述[J],公路,2010,7:24-29.

[80] 中交公路规划设计院,西南交通大学. 嘉兴至绍兴跨江公路通道工程嘉绍大桥刚性铰模型试验专题研究报告[R]. 2010.

[81] 杨万理,周凌远. 嘉韶大桥刚性铰内部支座试验研究[J],昆明理工大学学报,2010,1.

[82] Nazmy A S, Abdel Ghaffar A M. Effects of Ground Motion Spatial Variability on the Response of Cable stayed Bridges[J]. Earthquake engineering structural dynamics, 1992, 21:1-21.

[83] Zavoni E H, Vanmarcke E H. Seismic Random Vibration Analysis of Multi-support Structural Systems[J]. Journey of Engineering Mechanics, 1994, 120:1107-1128.

[84] 方圆,邓育林,李建中. 大跨独塔斜拉桥动力特性及抗震性能研究[J], 2009, 25(5): 72-77.

[85] Allam S M, Datta T K. Seismic behaviour of cable stayed bridges under multi-component random ground motion[J]. Engineering Structures, 1999, 21(1):62-74.

[86] T T Soong, G F Dargush. Passive energy dissipationsystems in structural engineering[M]. John Wiey&Sons Ltd, 1997:35-46.

[87] M C Constantinou, M D Symans. Experimental and Analytical Investigation of Seismic Response of Structures with Supplemental Fluid Viscous Dampers[R]. Report No. NCEER-92-0032, National Center for Earthquake Engineering Research, Buffalo, NY, 1992.

[88] 刘金龙. 地震作用下多塔斜拉桥失效模式控制研究[D]. 黑龙江:哈尔滨工业大学,2009.

[89] 项海帆,葛耀君. 悬索桥跨径的空气动力极限[J]. 土木工程学报,V01.38 No.1,2005.

[90] T Miyata, H Sato, M Kitagawa. Design considerations for super structures of the Akashi Kaikyo Bridge, Int. Seminar on Utilization of Large Boundary Layer Wind Tunnel, Tsukuka, 1993[C].

[91] M A Astiz. Wind related behaviour of alternative suspension systems. Proc. 15th Congress IABSE, Copenhagen, 1996[C].

[92] Luca Caracoglia a, Delong Zuob. Effectiveness of cable networks of various configurations in suppressing stay-cable vibration[J]. Engineering Structures, 31, 2009.

[93] G F Royer-Carfagni. Parametric-resonance-induced cable vibrations in network cable-stayed bridges. A continuum approach, Journal of Sound and Vibration, 262, 2003.

[94] Kawano K, Venkataramana K. Seismic reponse of offshore platform with TMD [A]//Proceedings of 10th World Conference on Earthquake Engineering [C]. 1992: 2241-2246.

[95] Abdel-Rohman M. Structural control of a steel jacket platform [J]. Structural Engineering and Mechanics, 1996, 4(2): 12-138.

[96] Li Huajun, Sau-Lon. James HU and Tomotsuka TAKAYAMA. The optimal design of TMD for

offshore structures [J]. China Ocean Engineering,1999,13(21): 133-144.

[97] Shi X,Mizuno T,Wu M. Long term effect of TMD on vibration control of an MDOF offshore fixed platform [J]. China Ocean Engineering,2003,17(4): 481-494.

[98] 吴斌.实时子结构试验技术及其在结构控制中的应用.第四届全国结构减震控制学术研讨会[C].广州,2003.

[99] S K Lee,E C Parka,K W Mina,J H Parkb. Real-time substructuring technique for the shaking table test of upper substructures[J]. Engineering Structures,2006,doi:10-1016.

[100] X Y Shao,A Reinhorn,S Mettupalayam. Real Time Dynamic Hybrid Testing Using Force-based Substructuring. The Eighth US National Conference on Earthquake Engineering[C]. San Francisco,2006.

[101] M Nakashima. Development of real-time pseudodynamic testing[J]. Earthquake Engineering and Structural Dynamics. 1992,9,21(1):79-92.

[102] A Blakeborough,M S Williams,A P Darby,D M Williams. The Development of Real-time Substructure Testing[J]. Phil. Trans. R. Soc. Lond,A (2001)359: 1869-1891.

[103] A P Darby,A Blakeborough,M S Williams. Real-time Substructure Tests Using Hydraulic Actuator. Journal of Engineering Mechanics,1999,125:1133-1139.

[104] T Horiuchi,M Inoue,T Konno. Development of A Real-time Hybrid Experimental System Using A Shaking Table. Proc. 12th World Conf. Earthquake Engineering[C]. Auckland, 2000,Paper No.0843.

[105] A Igarashi,H Iemura,H Tanaka. Development of substructure hybrid shake table test method and application to verification tests of vibration control devices[J]. China-Japan Workshop on Vibration Control and Health Monitoring of Structures and Third Chinese Symposium on Structural Vibration Control,Shanghai,China,2002.

[106] A Gonzalez-Buelga,D J Wagg,M I Wallace,S A Neild,J H G Macdonald. Testing an auto-parametric pendulum using a hybrid numerical experimental method[J]. Proceedings of the First International Conference on Advances in Experimental Structural Engineering,Nagoya, Japan,2005: 417-424.

[107] H Iemura,A Igarashi,T Aoki,Y Yamamoto. Real-time substructure hybrid earthquake loading system for super-high-damping rubber bearings[J]. Proceedings of the First International Conference on Advances in Experimental Structural Engineering, Nagoya, Japan, 2005: 401-408.

索　引

C

D

F

G

K

N

S

X

Z

后　　记

科技进步是推动特大型桥梁建设的坚强后盾。本书所展示的技术成果是特大型桥梁综合防灾减灾系统与装备发展道路上的一小步。为了进一步探索未来特大型桥梁综合防灾减灾技术系统与装备的形式及潜力，建议从以下几方面继续开展研究工作：

1. 促进特大型缆索承重桥梁综合防灾减灾技术系统进一步完善

特大型缆索承重桥梁对于发展国民经济，尤其是对于跨海通道、连岛工程等都有着举足轻重的作用。本书研究成果表明，基于现有的研究成果及核心技术，可进一步探索特大型缆索承重桥梁综合防灾减灾技术系统，研发智能型的综合防灾减灾装备。

2. 推动新型材料的开发与应用

材料领域的快速发展为特大型桥梁综合防灾减灾技术系统与装备提供了新的契机。应尽早开展新型材料的研究和技术储备，例如开展智能型、高性能材料的研发，新型纳米材料、碳纤维材料在桥梁缆索体系以及塔、梁、墩等构件控制系统中的应用研究等，明确有关设计方法、标准、工艺技术和关键参数，从具体工程应用层面进行技术储备。

3. 完善和深化桥梁综合防灾减灾技术系统与装备的设计理论和方法

本书研究了多种缆索及塔、梁、墩等构件的防灾减灾控制系统与装备，并建立了相应的设计理论和方法，融合了国内外桥梁综合防灾减灾技术系统与装备设计理论发展的总体趋势，体现了耐久、智能的先进设计理念。基于本书研究成果，可进一步补充和完善这一理论体系，深化其在实际工程和在其他桥型中的应用研究。

4. 促进设计指南及技术条件的推广应用

推广拥有自主知识产权的《特大跨径桥梁防灾减灾技术系统与装备指南》《公路长大桥梁结构监测系统技术条件》，提升我国特大型桥梁综合防灾减灾技术系统与装备、特大型桥梁结构监测系统的核心研发能力，培育和发展我国大跨径桥梁综合防灾减灾技术系统的核心技术分析平台。

作者

2018 年 12 月

图书在版编目(CIP)数据

特大型桥梁综合防灾减灾技术系统与装备 / 宋晖等著. — 北京 : 人民交通出版社股份有限公司, 2019.2

ISBN 978-7-114-14904-7

Ⅰ. ①特… Ⅱ. ①宋… Ⅲ. ①特大桥—长跨桥—防灾—工程设备 Ⅳ. ①U448.437

中国版本图书馆 CIP 数据核字(2019)第 027219 号

"十三五"国家重点图书出版规划项目

交通运输科技丛书 · 公路基础设施建设与养护

特大型桥梁防灾减灾与安全控制技术丛书(一期)

书　　名: **特大型桥梁综合防灾减灾技术系统与装备**

著 作 者: 宋　晖　陈艾荣　李　惠　黄李骥

责任编辑: 周　宇　潘艳霞　李　沛

责任校对: 刘　芹　赵媛媛

责任印制: 张　凯

出版发行: 人民交通出版社股份有限公司

地　　址: (100011)北京市朝阳区安定门外外馆斜街 3 号

网　　址: http://www.ccpress.com.cn

销售电话: (010)59757973

总 经 销: 人民交通出版社股份有限公司发行部

经　　销: 各地新华书店

印　　刷: 北京雅昌艺术印刷有限公司

开　　本: 787 × 1092　1/16

印　　张: 19.25

字　　数: 420 千

版　　次: 2019 年 3 月　第 1 版

印　　次: 2019 年 3 月　第 1 次印刷

书　　号: ISBN 978-7-114-14904-7

定　　价: 120.00 元